民航信息技术基础

杨 磊 平柳琼 刘在英 主编

清华大学出版社
北京

内 容 简 介

本书在民航高质量发展的背景下,为实践"智慧民航建设"目标而编写。本书包括信息技术基础知识与民航信息基本素养、操作系统、文字处理软件应用、电子表格软件应用、演示文稿软件应用以及智慧民航信息技术应用六章内容。书中融入了众多民航信息素养实例及课程思政相关内容,通过理论与实践相结合,提升民航专业学生的信息素养和借助信息技术解决实际问题的能力。

本书结构合理、内容通俗易懂,结合生动的操作案例,配合微课视频,实用性强,适合作为民航类专业信息技术课程教材和信息技术水平考试的参考用书,也可以作为民航类相关企业的培训用书。

本书封面贴有清华大学出版社防伪标签,无标签者不得销售。
版权所有,侵权必究。举报: 010-62782989,beiqinquan@tup.tsinghua.edu.cn。

图书在版编目(CIP)数据

民航信息技术基础/杨磊,平柳琼,刘在英主编.—北京:清华大学出版社,2023.9(2025.1重印)
ISBN 978-7-302-64549-8

Ⅰ.①民… Ⅱ.①杨… ②平… ③刘… Ⅲ.①民航管理－管理信息系统 Ⅳ.①F560.6-39

中国国家版本馆 CIP 数据核字(2023)第 167113 号

责任编辑:聂军来
封面设计:刘 键
责任校对:李 梅
责任印制:宋 林

出版发行:清华大学出版社
网 址: https://www.tup.com.cn, https://www.wqxuetang.com
地 址: 北京清华大学学研大厦 A 座
邮 编: 100084
社 总 机: 010-83470000
邮 购: 010-62786544
投稿与读者服务: 010-62776969,c-service@tup.tsinghua.edu.cn
质量反馈: 010-62772015,zhiliang@tup.tsinghua.edu.cn
课件下载: https://www.tup.com.cn,010-83470410
印 装 者: 三河市少明印务有限公司
经 销: 全国新华书店
开 本: 185mm×260mm
印 张: 20
字 数: 484 千字
版 次: 2023 年 9 月第 1 版
印 次: 2025 年 1 月第 4 次印刷
定 价: 59.00 元

产品编号: 100654-02

前　言

本书编写于2023年年初,正值我国第十四个五年规划期间、党的二十大胜利召开之后。党的二十大报告提出,加快建设制造强国、质量强国、航天强国、交通强国、网络强国、数字中国。针对现代化交通体系中不可缺少的民航业,国家明确以"智慧民航建设"作为"十四五"时期民航发展的主线,科技创新与新技术应用将成为民航业高质量发展的重要引擎,因而大力推进云计算、大数据、人工智能等现代信息技术与民航业深度融合具有重要意义。《智慧民航建设路线图》(民航发〔2022〕1号)明确了智慧民航建设的各个阶段性目标以及具体任务,为民航各单位加快推进智慧民航建设指明了方向。

受此鼓舞,编者作为中国民用航空局直属高校信息技术专业教师,深感责任重大,必须以实际行动践行智慧民航建设的使命。在民航高质量发展背景下,编写一本适用于高等院校民航类专业的信息技术基础教材的想法油然而生。在对行业企业、兄弟院校进行了线上线下大量调研之后,我们开始编写本书。

本书的编写贯彻理论联系实际的原则,在讲解理论知识的同时,结合民航行业的实际情况,以及民航学子实际学习和工作的需求,融入了大量的民航信息素养实例,设计了与民航相关的实践操作题,有利于加深学生对知识的理解,拓展学生的实际应用能力。

针对民航业"安全至上"的基本原则,本书融入了课程思政的先进理念,在提升学生信息素养的同时,注重学生的民航安全教育、思想品德教育,引导学生树立社会主义核心价值观,坚持德育和智育相结合,促进学生实现全面健康发展。

本书中的相关知识内容、软件选择以及难度基准,参考了上海市教委和教育考试院的要求,紧扣上海市高等学校信息技术水平考试(一级)考试大纲。

本书共有六章。第一章介绍信息技术基础知识,并通过实例介绍民航信息基本素养内容;第二章介绍Windows 10操作系统;第三～五章分别介绍Office 2016办公软件中的Word文字处理软件、Excel电子表格软件、PowerPoint演示文稿软件;第六章着重介绍大数据、云计算、物联网、人工智能等与智慧民航相关的新一代信息技术的应用。

本书配备了PPT课件、实践题素材、样例效果文件以及操作视频等教学资源,帮助师生掌握课程内容。

  本书由杨磊、平柳琼、刘在英担任主编。其中第一、二章由平柳琼编写,第三～五章由杨磊编写,第六章由刘在英编写。3人负责各自章节的PPT课件,并共同录制相关操作视频。

  在编写本书的过程中,编者参阅了相关的教材、文献资料和考试资料,在此向相关的作者表示衷心的感谢。

  由于编者水平有限,书中难免存在不足之处,恳请广大读者批评、指正,并提出宝贵的修改意见。

编 者
2023年5月

本书课件及素材资源

目　录

第一章　信息技术基础知识与民航信息基本素养 ·············· 1
 1.1　信息技术概述 ························· 1
 1.2　计算机系统 ·························· 12
 1.3　信息在计算机中的表示和存储 ··············· 24
 1.4　计算机网络基础 ······················ 31
 1.5　计算机网络安全 ······················ 56
 练习题 ······························ 61

第二章　操作系统 ··························· 64
 2.1　操作系统简介 ······················· 64
 2.2　典型的操作系统 ······················ 67
 2.3　获取 Windows ······················· 76
 2.4　设置 Windows ······················· 78
 2.5　使用 Windows ······················· 98
 2.6　Windows 搜索与分析 ··················· 108
 2.7　Windows 信息安全 ···················· 115
 练习题 ······························ 122

第三章　文字处理软件应用 ····················· 125
 3.1　文字处理基础 ······················· 125
 3.2　字符、段落格式及查找替换 ················ 138
 3.3　插入文档的各种元素 ··················· 145
 3.4　引用、邮件及审阅 ···················· 159
 练习题 ······························ 169

第四章　电子表格软件应用 ····················· 173
 4.1　电子表格基础 ······················· 173
 4.2　公式与函数 ························ 189
 4.3　工作表格式化 ······················· 200
 4.4　数据管理及数据可视化 ·················· 207
 练习题 ······························ 220

第五章 演示文稿软件应用 ·········· 224
5.1 演示文稿基础 ·········· 224
5.2 幻灯片基本元素 ·········· 236
5.3 幻灯片主题、背景及母版 ·········· 243
5.4 幻灯片切换、自定义动画及放映设置 ·········· 247
练习题 ·········· 253

第六章 智慧民航信息技术应用 ·········· 256
6.1 大数据技术 ·········· 256
6.2 云计算技术 ·········· 264
6.3 物联网技术 ·········· 272
6.4 人工智能技术 ·········· 280
6.5 信息安全 ·········· 290
6.6 移动通信技术 ·········· 295
6.7 区块链技术 ·········· 300
6.8 量子信息技术 ·········· 305
练习题 ·········· 308

附录 ·········· 311
附录1 Windows 常用快捷键 ·········· 311
附录2 练习题参考答案 ·········· 312

参考文献 ·········· 313

第一章　信息技术基础知识与民航信息基本素养

知识背景

信息技术是当今创新最活跃、渗透性最强、影响面最广的领域之一。以新一代信息技术为代表的科技成果正以前所未有的速度转化为现实生产力。民航作为我国交通运输业的重要运输方式之一，该行业信息化建设起步早，信息技术应用程度较高。现在，我国民航业的信息化建设已经走过了二十多年的发展历程。目前，随着信息技术的不断发展和应用，民航信息技术成为推动民航业现代化和数字化转型的重要力量，其在机场安全、航班调度、航空运输、客户服务等各个环节都有广泛的应用。因此，了解信息技术、计算机技术、计算机网络、网络安全等的基本概念，对于培养民航信息技术人才、推动民航业的数字化转型具有重要意义。

思政素养

通过本章的学习，学生将了解信息技术在民航领域的应用和作用，掌握计算机系统、网络和信息安全的基本概念，从而培养学生信息技术的运用能力和信息安全意识，引导学生始终保持开放创新的思维，践行"创新、协调、绿色、开放、共享"的发展理念，为今后融入建设信息化、智慧化民航事业奠定基础。

1.1　信息技术概述

知识导入

民航企业信息化是提高行业竞争力、推动民航业发展的必经之路。本节可以帮助学生了解信息的概念，了解信息技术的基本概念、计算机的发展与应用等，使学生认识到信息技术对于学习、工作和生活的重要意义，为后续学习打下良好的基础，也为今后融入民航信息化建设做好必要的准备。

1.1.1　信息技术基础知识

随着人类信息交流和通信的不断演化，信息技术也在不断发展。现代信息技术具有强大的社会功能，已经成为 21 世纪推动社会生产力发展和经济增长的重要因素。信息技术在改变社会产业结构和生产的同时，也对人类的思想观念、思维方式和生活方式产生着重大且深远的影响。

1. 数据与信息

数据是反映客观事物属性的可被计算机识别的符号，可为文字、数字、图像、动画、声音、符号等形式。

信息是事物运动状态变化和特征的反映,也是经过加工处理后的数据。信息只有经过数字化转变成数据才能存储和传输。数据是信息的载体,信息是数据所包含的意义。

2. 信息技术

1) 信息技术简介

信息技术(information technology,IT)是用于管理和处理信息所采用的各种技术的总称。它主要应用计算机科学和通信技术来设计、开发、安装和实施信息系统及应用软件。信息技术也常被称为信息和通信技术(information and communications technology,ICT),主要包括传感技术、计算机与智能技术、通信技术和控制技术。

信息技术的应用包括计算机硬件和软件、网络和通信技术、应用软件开发工具等。自计算机和互联网普及以来,人们开始日益普遍地使用计算机来生产、处理、交换和传播各种形式的信息(如书籍、报刊、电影、电视节目、语音、图形、影像等)。

2) 信息技术的定义

人们对信息技术的定义,因其使用的目的、范围和层次不同而有不同的表述,总而言之,信息技术是人类在生产生活和科学实验中认识自然和改造自然时所积累起来的获取信息、传递信息、存储信息和处理信息的技术总称。信息技术包括信息传递过程中的各个方面,即信息的产生、收集、交换、存储、传输、显示、识别、提取、控制、加工和利用等技术。

3. 信息技术的发展历程

按照信息的载体和通信方式的发展,信息技术可以大致分为古代信息技术、近代信息技术和现代信息技术三个不同的发展阶段。经历了语言的利用、文字的发明、印刷术的发明、电信革命及计算机技术的发明和利用五次重大的变革。

1) 古代信息技术

古代信息技术的特征是以文字记录为主要的信息存储手段,如图1-1所示。以书信传递为主要的信息传输方法,信息的采集、记录和传输都是在人工条件下实施的,因此,当时人们的信息活动范围小、效率低,可靠性也较差。

2) 近代信息技术

近代信息技术的发展是以电为主角的信息传输技术的突破作为先导。整个近代信息技术的发展过程就是信息技术的第四次重大变革——电信革命的过程。

1837年,美国科学家莫尔斯成功发明了电报机(图1-2)和莫尔斯电码,拉开了以信息的电传输技术为主要特征的近代信息技术发展的序幕。电通信是用电波作为信息载体,将信号传输到远方的通信方式。携带信息的电波沿着通信线路(电话线、各种通信电缆等)传输的通信方式称为"有线电通信";电波借助空间传播的通信方式称为"无线电通信"。电通信传递信息快、传递信息远、传送信息多。在电子学和电子技术发展的推动下,电报、有线电话、无线电话、传真、广播、电视等新的信息传播工具不断产生。

图1-1 古代文字

图 1-2　电报机

电信革命对人类的信息技术作出了非凡的贡献,也为现代信息技术奠定了坚实的基础。

3) 现代信息技术

现代信息技术是产生、转换、存储、加工和传输数字、文字、声音、图像信息的一切现代高新技术的总称,其核心包括计算机技术、通信技术和控制技术。

现代信息技术的基础是微电子技术,它包括数据的获取、传输、处理、控制、存储和展示等技术。微电子技术的主要成果是大规模和超大规模集成电路芯片。计算机的核心中央处理器(central processing unit,CPU)就是超大规模集成电路芯片。美国英特尔公司在 CPU 芯片的行业占据领先地位,它的产品从 20 世纪的 Intel 386 芯片发展到 20 世纪末达到顶峰的 Pentium 4 处理器,21 世纪又发展出双核、多核芯片,从双核(Core 2 Duo)、四核(Core 2 Quad)到 Core i7、Core i9(最高十八核)系列等。

业界著名的摩尔定律指出:集成电路芯片的集成度(即单片芯片中集成的电子元器件数)每 18 个月增加 1 倍,而价格保持不变甚至下降。芯片科技的快速发展,为计算机技术的发展提供了坚实的基础和强大的推动力。

电子计算机的诞生是人类社会进入现代信息技术发展阶段的标志。

4. 信息技术的分类

按表现形态不同,信息技术可分为硬技术(物化技术)与软技术(非物化技术)。前者指各种信息设备及其功能,如显微镜、电话机、通信卫星和多媒体计算机。后者指有关信息获取与处理的各种知识、方法与技能,如语言文字技术、数据统计分析技术、规划决策技术和计算机软件技术等。

按使用的信息设备不同,信息技术可分为电话技术、电报技术、广播技术、电视技术、复印技术、缩微技术、卫星技术、计算机技术和网络技术等。

按技术的功能层次不同,信息技术分为基础层次的信息技术(如新材料技术、新能源技术)、支撑层次的信息技术(如机械技术、电子技术、激光技术、生物技术、空间技术等)、主体层次的信息技术(如感测技术、通信技术、计算机技术、控制技术),以及应用层次的信息技术(如文化教育、商业贸易、工农业生产、社会管理中用以提高效率和效益的各种自动化、智能化、信息化应用软件与设备)。

按工作流程中基本环节不同,信息技术可分为信息获取技术、信息传输技术、信息处理技术、信息控制技术、信息存储技术和信息展示技术。

1.1.2 信息技术与计算机技术的定义与区别

信息技术和计算机技术是紧密相关的两个概念,但它们并不是同一个概念。下面分别从定义和区别两个方面进行介绍。

1. 信息技术与计算机技术的定义

1)信息技术的定义

信息技术是以计算机技术为基础,利用通信技术、多媒体技术、数据库技术等多种技术手段,对信息进行采集、处理、存储、传输和利用的一种综合性技术。

2)计算机技术的定义

计算机技术是指利用计算机进行数据处理、信息存储、计算和控制等方面的技术。

2. 信息技术与计算机技术的区别

1)技术范畴不同

计算机技术是指利用计算机进行数据处理、信息存储、计算和控制等方面的技术,是一种狭义的技术范畴;而信息技术是一种综合性的技术,它以计算机技术为基础,结合了通信技术、多媒体技术、数据库技术等多种技术手段,对信息进行采集、处理、存储、传输和利用。

2)技术应用不同

计算机技术主要应用于计算机软件开发、网络技术和系统维护等方面,其主要目的是提高计算机的效率和应用范围;而信息技术广泛应用于各个行业领域,包括金融、医疗、教育、娱乐、交通、物流、电商和农业等,其主要目的是提高信息的采集、处理、存储和传输效率,同时提高信息的利用价值。

3)技术工具不同

计算机技术主要依赖计算机硬件和软件等技术工具,包括计算机主机、显示器、键盘、鼠标、操作系统和编程语言等;而信息技术在依赖计算机技术的基础上,需要结合通信技术、多媒体技术和数据库技术等多种技术工具,包括网络设备、通信协议、多媒体设备和数据库管理系统等。

1.1.3 计算机技术基本知识

在现代信息技术中处于核心地位的是电子计算机。

1. 计算机的诞生

阿塔纳索夫-贝瑞计算机(Atanasoff-Berry computer,ABC)是世界上第一台电子计算机。它由美国科学家阿塔纳索夫在1937年开始设计,不可编程,仅仅设计用于求解线性方程组,并在1942年成功进行了测试。它是公认的计算机先驱,为大型机和小型机的发展奠定了坚实的基础。另外两位科学家莫克利和艾克特借鉴并发展了他的思想,制成了第一台数字电子计算机ENIAC,如图1-3所示。但ENIAC的设计思想实际上来源于阿塔纳索夫在此之前的设计:可重复使用的内存、逻辑电路、基于二进制运算、用电容作存储器。ENIAC是一个庞然大物,共有18000个电子管、1500个继电器,耗电功率150kW·h,重达30t,运算速度为每秒5000次加法或每秒400次乘法。当时用它来处理弹道问题,从人工计算的20h缩短到30s。它的诞生在人类文明史上具有划时代的意义,奠定了计算机的发展基础,成为计算机发展史上一个重要的里程碑,开辟了计算机科学的新纪元。

图 1-3　ENIAC

20世纪四五十年代,在理论上为计算机的发展作出了重大贡献的人物当数英国科学家艾伦·麦席森·图灵和美国科学家冯·诺依曼。

艾伦·麦席森·图灵在计算机科学方面的贡献主要有两个:一是建立了图灵机(Turing machine,TM),奠定了可计算理论的基础,图灵机的能力概括了数字计算机的计算能力,对认识计算机的一般结构、可实现性和局限性都产生了深远的影响;二是提出图灵测试(Turing test),如图1-4所示,奠定了人工智能的理论基础。

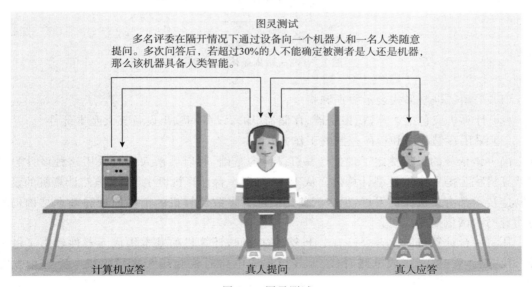

图 1-4　图灵测试

> 💡 小贴士:
> 　　图灵测试又称图灵判断,是一种测试机器是否具有智能的方法。图灵测试的原理是让一个人与一台机器进行对话,如果这个人不能确定他正在与一台机器进行对话,那么这台机器就可以被认为是具有智能的。

为纪念图灵对计算机科学的贡献,美国计算机学会(Association for Computing Machinery,ACM)于1966年设立了"图灵奖"。该奖每年颁发给在计算机科学领域作出杰出贡献的研究人员,被誉为计算机领域的诺贝尔奖。

> **小贴士:**
> 图灵测试既是人工智能领域中的一个重要概念,也是评估人工智能发展程度的标准之一。那么ChatGPT能否通过图灵测试呢?来看看它自己的回答:"作为一个AI语言模型,我可以进行针对语言理解和回答问题的任务,但是我并不是具有自我意识和思维的人类,因此我不符合图灵测试的标准。图灵测试是用来测试机器是否能够表现得和人类一样智能的测试,需要机器能够进行自我思考和表达自己的意见,而我只是一个根据程序设计和训练数据产生回答的AI模型,没有自我意识和思考能力。"

冯·诺依曼提出了存储程序和程序控制的概念,如图1-5所示,其主要思想如下。

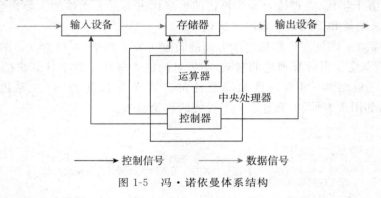

图1-5 冯·诺依曼体系结构

(1)采用二进制形式表示数据和指令。
(2)计算机应包括运算器、控制器、存储器、输入设备和输出设备五大基本部件。
(3)采用存储程序和程序控制的工作方式。

冯·诺依曼的思想奠定了现代计算机设计的基础,所以后来人们将采用这种设计思想的计算机称为冯·诺依曼型计算机。从1942年第一台计算机诞生至今,虽然计算机的设计和制造技术都有了极大的发展,但今天使用的绝大多数计算机的工作原理和基本结构仍然遵循着冯·诺依曼的思想。

从第一台计算机诞生至今已有七十多年的时间,计算机的基本构成元器件经历了电子管时代、晶体管时代、集成电路时代、大规模集成电路时代和超大规模集成电路五个发展时代。

1942—1958年的第一代电子管计算机,使用电子管作为主要电子器件,其主要特点是体积大、耗电多、重量重、性能低,且成本很高。

1958—1964年的第二代晶体管计算机,使用晶体管作为主要电子器件,其各项性能指标有了很大改进,运算速度提高到每秒几十万次。

1964—1971年的第三代集成电路计算机,使用小规模集成电路和中规模集成电路作为主要电子元器件,其性能和稳定性获得进一步提高。

1971年以后第四代大规模/超大规模集成电路计算机,计算机的逻辑元器件和主存储器采用了大规模集成电路(LSI)和超大规模集成电路(VLSI)。大规模集成电路是指在单片硅片上集成上万个晶体管的集成电路,其集成度比中、小规模的集成电路提高了1~2个数量级,而超大规模集成电路能在单片硅片上集成几百万至几千万个晶体管。这时的计算机发展到了微型化、耗电极少、可靠性很高的阶段。

2. 计算机的分类

1) 按处理方式分类

按处理方式分类,计算机分为模拟计算机、数字计算机及数字模拟混合计算机。模拟计算机主要用于处理模拟信息,如工业控制中的温度、压力等,模拟计算机的运算部件是一些电子电路,其运算速度极快,但精度不高,使用也不够方便。数字计算机采用二进制运算,其特点是解题精度高,便于存储信息,是通用性很强的计算工具,既能胜任科学计算和数字处理,也能进行过程控制和CAD/CAM等工作。数字模拟混合计算机是取数字计算机、模拟计算机之长,既能高速运算,又便于存储信息,但这类计算机造价昂贵。现在人们所使用的大多属于数字计算机。

2) 按功能分类

按功能分类,计算机分为专用计算机与通用计算机。专用计算机功能单一、可靠性高、结构简单、适应性差,但在特定用途下最有效、最经济、最快速,是其他计算机无法替代的,如军事系统、银行系统属专用计算机。通用计算机功能齐全,适应性强,目前人们所使用的大多是通用计算机。

3) 按规模分类

按计算机规模分类,并参考其运算速度、输入输出能力、存储能力等因素,计算机分为巨型机、大型机、小型机、微型机等几类。

(1) 巨型机。巨型机运算速度快,存储量大,结构复杂,价格昂贵,主要用于尖端科学研究领域,如IBM390系列、银河机等。

(2) 大型机。大型机规模次于巨型机,有比较完善的指令系统和丰富的外部设备,主要用于计算机网络和大型计算中心中,如IBM4300。

(3) 小型机。小型机较大型机成本较低,维护也较容易,小型机用途广泛,可用于科学计算和数据处理,也可用于生产过程自动控制和数据采集及分析处理等。

(4) 微型机。微型计算机是由大规模集成电路组成的体积较小的电子计算机。它是以微处理器为基础,配以内存储器及输入输出(I/O)接口电路和相应的辅助电路而构成的计算机。个人计算机(personal computer,PC)也就是通常所说的计算机,属于微型机的范畴。PC又可分为如下几种。

① 台式机。台式机是应用非常广泛的微型计算机,也叫桌面机。它是一种独立分离的计算机,体积相对较大,主机、显示器等设备一般都是相对独立的,需要放置在计算机桌面或者专门的工作台上,因此命名为台式机,如图1-6所示。台式机的机箱空间大、通风条件好,具有很好的散热性;独立的机箱方便用户进行光驱、硬盘等硬件升级;台式机机箱的开关键、重启键、USB和音频接口都在机箱前置面板中,方便用户使用。台式机又细分为品牌机和组装机。品牌机顾名思义就是有一个明确的品牌标识的计算机。它是由具有公司性质的企业人员组装起来的计算机,并且正式对外出售。品牌机经过兼容性测试,保证了质量并且有

完整的售后服务。一般品牌机不需要考虑配件以及兼容性的问题，相比较组装机省去了安装和测试的过程，节省了很多时间。常见的品牌有联想、DELL、华硕等。组装机顾名思义是用不同厂家生产的配件或根据自己的需求单买配件，进而组合在一起的计算机称为组装机。显示器和主机既可以是同一个品牌，也可以随意搭配。与品牌机相比，组装机有更多的选择性。

② 计算机一体机。计算机一体机是由一台显示器、一个键盘和一个鼠标组成的计算机，如图1-7所示。它的芯片、主板与显示器集成在一起，显示器就是一台计算机，因此只要将键盘和鼠标连接到显示器上，机器就能使用。随着无线技术的发展，计算机一体机的键盘、鼠标与显示器可实现无线连接，机器只有一根电源线，在很大程度上解决了一直为人诟病的台式机线缆多且杂的问题，如联想的 ThinkCentre、苹果的 iMac。

图1-6 台式机

图1-7 一体机

③ 笔记本电脑。笔记本电脑是一种小型、可携带的个人计算机，通常质量为1～3kg。它和台式机架构类似，但是具有更好的便携性。笔记本电脑除了键盘外，还提供了触控板或触控点，同时提供了更好的定位和输入功能。主流品牌有联想、苹果、惠普等。

④ 平板电脑。平板电脑也叫平板式计算机(tablet personal computer，Tablet PC、Flat PC、Tablet 或 Slates)，是一种小型、方便携带的个人计算机，以触摸屏作为基本的输入设备。它拥有的触摸屏(也称为数位板技术)允许用户通过触控笔或数字笔来进行作业，而不通过传统的键盘或鼠标。用户可以通过内置的手写识别、屏幕上的软键盘、语音识别或者一个真正的键盘(如果该机型配备的话)实现输入，如苹果的 iPad、华为的 MatePad。

4) 按工作模式分类

按工作模式分类，计算机分为服务器和工作站两类。

(1) 服务器。服务器是一种可供网络用户共享的、高性能的计算机，一般具有大容量的存储设备和丰富的外部设备，其上运行网络操作系统，要求较高的运行速度，因此，很多服务器配置了双 CPU。服务器上的资源可供网络用户共享。

(2) 工作站。工作站是高档微型计算机，它的独到之处就是易于联网，配有大容量内存、大屏幕显示器，特别适合于 CAD/CAM 和办公自动化。

5) 其他类型的计算机

(1) 量子计算机。量子计算机是一类遵循量子力学规律进行高速数学和逻辑运算、存储及处理量子信息的全新概念的计算机，其运算速度可能比 Pentium 4 芯片快10亿倍。它不仅运算速度快,还具有存储量大、功耗低和体积小的特点。

(2) 光子计算机。光子计算机是一种由光信号进行数字运算、逻辑操作、信息存储和处理的新型计算机,它的运算速度可达每秒万亿次,存储容量是现代计算机的几万倍,可以对语言、图形和手势进行识别和合成。目前,光子计算机的许多关键技术已获得突破,使运算速度呈指数级别上升。

(3) 分子计算机。分子计算机具有体积小、耗电少、运算快和存储量大等特点。分子计算机的运算过程是蛋白质分子与周围介质相互作用的过程。分子计算机的运行速度比人的思维速度快100万倍,其消耗的能量极小。因此分子计算机在医疗诊治、遗传追踪和仿生工程中发挥无法替代的作用。

(4) 纳米计算机。纳米计算机是用纳米(nm,$1nm = 10^{-9}$ m,大约是氢原子直径的10倍)技术研发的新型高性能计算机。纳米管元件尺寸在几纳米到几十纳米之间,其体积只有数百个原子大小,相当于人的头发丝直径的千分之一,有较强的导电性,几乎不耗费任何能量,而且性能比现在的计算机强大许多。

3. 计算机的特点

微型计算机的字长从4位、8位、16位、32位至64位迅速增长,运行速度越来越快,容量越来越大,其性能已赶上甚至超过20世纪70年代的中小型计算机的水平。微型计算机小巧玲珑、性能稳定、价格低廉,对环境没有特殊要求且易于成批生产,因此吸引了众多的用户,得到了快速发展。

现代计算机具有以下几个特点。

(1) 运算速度快。计算机内部电路可以高速准确地完成各种算术运算。当今计算机系统的运算速度已达到每秒万亿次,微型计算机的运算速度也可达每秒亿次以上,这使得大量复杂的科学计算问题得以解决。例如,卫星轨道的计算、大型水坝相关参数的计算、24小时天气预报的计算等,过去人工计算需要几年、几十年,而现在用计算机只需几天甚至几分钟就可以完成。

(2) 运算精度高。科学技术的发展特别是尖端科学技术的发展,需要高度精确的计算。计算机控制的导弹能准确地击中预定的目标,这与计算机的精确计算是分不开的。一般计算机可以有十几位甚至几十位(二进制)有效数字,计算精度可从千分之几到百万分之几,其他计算工具望尘莫及。

(3) 存储容量大。计算机不仅能计算,还能把参与运算的数据、程序以及中间结果和最后结果保存起来,供用户随时调用。计算机的存储器可以存储大量数据,这使计算机具有了"记忆"功能。随着计算机存储容量的不断增大,可存储记忆的信息越来越多。计算机与传统计算工具的一个主要区别在于具有"记忆"功能。

(4) 具有逻辑判断能力。计算机的运算器除了能够完成基本的算术运算外,还具有对各种信息进行比较、判断等逻辑运算的功能,这种能力是计算机处理逻辑推理问题的前提。

(5) 自动化程度高,通用性强。计算机内部操作运算是根据人们事先编好的程序自动控制进行工作的。用户根据解题需要,事先设计好运行步骤与程序,计算机十分严格地按照程序规定的步骤操作,整个过程不需要人工干预,自动化程度高,这一特点是一般计算工具所不具备的。计算机通用性强的特点表现在几乎能求解自然科学和社会科学中一切类型的问题,能广泛地应用于各个领域。

4. 计算机的应用领域

计算机所具备的特点使其应用十分广泛,从人工智能、工业控制到个人文秘、家庭小管家等,概括起来可以分为以下几个方面。

(1) 科学计算(数值计算)。科学计算或数值计算是计算机最早应用的领域。计算机根据公式或数理模型进行计算,可完成大量的计算工作,精确度高,速度快,结果可靠。

(2) 数据处理(信息处理)。计算机能对各种各样的数据进行处理,如收集、传输、分类、查询、统计、分析和存储等。在已进入信息社会的今天,数据或信息处理在计算机应用中所占的比重越来越大,已成为应用最广泛的领域,主要内容有办公自动化、事务处理、企业管理和信息资料检索等。

(3) 辅助技术。计算机辅助技术是以计算机为工具,配备专用软件以帮助人们更好地完成工作、学习等任务,达到提高工作、学习的效率和质量的目的,主要内容有计算机辅助设计(computer aided design,CAD)、计算机辅助制造(computer aided manufacturing,CAM)、计算机辅助工程(computer aided engineering,CAE)、计算机集成制造系统(computer integrated manufacturing system,CIMS)和计算机辅助教学(computer aided instruction,CAI)等。

(4) 网络应用。计算机技术与现代通信技术的结合构成了计算机网络。各个地区、各个国家的计算机与计算机之间的通信,各种软硬件资源的共享,也大大促进了各国之间的文字、图像、视频和语音等各类数据的传输与处理。这一应用领域的发展已经使整个世界进入了信息时代,改变了且继续改变着人类社会的面貌和生活方式。

(5) 多媒体计算机系统。多媒体计算机系统是利用计算机的数字化技术和人机交互技术,将文字、声音、图形、图像、音频、视频和动画等集成处理,提供多种信息表现形式。这一技术被广泛应用于电子出版、教学和休闲娱乐等方面。

(6) 人工智能。人工智能是利用计算机模仿人的高级思维活动,如模拟高水平医学专家进行疾病诊疗的专家系统,具有一定思维能力的智能机器人等。

5. 计算机的发展趋势

当前计算机正朝着巨型化、微型化、网络化和智能化等多个不同的方向发展。

(1) 巨型化。巨型化是指研制速度更快、存储量更大和功能更强大的巨型计算机。巨型计算机运算速度快、容量大,主要应用于天文、气象、地质以及核技术、航天飞机和卫星轨道计算等尖端科学技术领域。巨型计算机的技术水平是衡量一个国家科学技术和工业发展水平的主要标志。

"天河一号"为我国首台千万亿次超级计算机,如图1-8所示。每秒1206万亿次的峰值速度和每秒563.1万亿次的Linpack实测性能,使这台名为"天河一号"的计算机位居同日公布的中国超级计算机前100强之首,也使中国成为继美国之后世界上第二个能够自主研制千万亿次超级计算机的国家。

(2) 微型化。微型化是指利用微电子技术和超大规模集成电路技术使计算机的体积进一步缩小,价

图1-8 天河一号

格进一步降低。计算机的微型化已成为计算机发展的重要方向,各种笔记本电脑和掌上电脑(personal digital assistant,PDA)的大量面世是计算机微型化的标志。

(3) 网络化。网络技术可以更好地管理网上的资源,它把整个互联网虚拟成一台空前强大的一体化系统,犹如一台巨型机,在这个动态变化的网络环境中,实现计算资源、存储资源、数据资源、信息资源、知识资源和专家资源的全面共享,从而让用户享受可灵活控制的、智能的和协作式的信息服务,并获得前所未有的使用方便性。

(4) 智能化。智能化是指计算机具有模拟人的感觉和思维过程的能力。智能化的研究包括模拟识别、物形分析、自然语言的生成和理解、博弈、定理自动证明、自动程序设计、专家系统、学习系统和智能机器人等。

1.1.4 民航与信息技术

1. 民航业与信息技术的关系

民航业与信息技术之间有着密切的关联,主要表现在以下几个方面。

(1) 航班管理和调度。计算机技术和信息技术在航班管理和调度中发挥着重要作用,可以帮助航空公司和机场进行航班规划、资源分配、航班调度和机组人员安排等方面的工作。

(2) 机票销售和预订。计算机技术和信息技术在机票销售和预订方面也发挥着关键作用,航空公司可以通过互联网、移动端等渠道向客户提供在线预订、付款、退票等服务。

(3) 飞行安全和数据分析。民航业需要对飞行过程中产生的大量数据进行分析,计算机技术和信息技术可以帮助航空公司和机场进行飞行安全监测、数据挖掘和分析等方面的工作,提高飞行安全和管理水平。

(4) 绿色航空。"绿水青山就是金山银山",为积极响应"美丽中国"的号召,民航业加大了对环保问题和投入力度,大力推动绿色发展。中国民航倡导"绿色航空",通过信息化技术提高飞行效率和能源利用效率,降低了空气污染和二氧化碳排放量。

2. 民航信息素养

从事民航工作的人员需要具备以下信息素养。

(1) 信息搜索和分析能力。民航业需要从大量的数据和信息中获取和分析有用的信息,因此从事民航工作的人员需要具备较强的信息搜索和分析能力。

(2) 信息安全意识。民航业涉及大量的敏感信息,从事民航工作的人员需要具备一定的信息安全意识,保护好数据的机密性和完整性。

(3) 信息技术应用能力。从事民航工作的人员需要熟练掌握计算机技术和信息技术,能够灵活应用各种信息技术工具和系统。具体表现为以下几点。

① 计算机操作和应用。从事民航工作的人员需要熟练掌握计算机操作和应用,能够熟练使用各种办公软件和相关的民航管理软件。

② 信息安全技能。从事民航工作的人员需要具备一定的信息安全技能,能够保障信息的安全性和机密性。

③ 数据处理和分析技能。民航工作需要处理和分析大量的数据,从事民航工作的人员需要具备一定的数据处理和分析技能,能够熟练运用数据处理和分析工具进行数据分析。

④ 编程和开发技能。从事民航工作的人员需要具备一定的编程和开发技能,能够熟练

运用相关的编程语言和开发工具进行软件开发和系统维护。

在后续知识中,我们将通过"民航信息素养实例"来进一步说明民航业与信息技术的密切联系,并通过实例进一步提高信息素养。

1.2 计算机系统

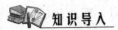

了解计算机常见配件的外观特征,能区分识别各种不同类型的配件或设备,了解计算机常见的性能指标,理解主频、外频及倍频的意义,理解存储容量的意义,理解显示器的接口意义,了解计算机选配的要素。假设现在某新建航站楼需要为地勤工作人员配置个人计算机,预算为每台 5000 元左右,根据本节所学的计算机组成及各种性能指标,提供一份配置清单。

1.2.1 计算机系统组成

完整的计算机系统主要由硬件和软件两大系统组成。计算机硬件是构成计算机系统各功能部件的集合,是由电子、机械和光电元件组成的各种计算机部件和设备的总称,也是计算机完成各项工作的物质基础。计算机硬件是看得见、摸得着的,是实实在在存在的物理实体。

计算机软件是指与计算机系统操作有关的各种程序以及任何与之相关的文档和数据的集合。其中程序是用程序设计语言描述的适合计算机执行的语句指令序列。

没有安装任何软件的计算机通常称为裸机,裸机是无法工作的。如果计算机硬件脱离了计算机软件,那么它就成了一台无用的机器。如果计算机软件脱离了计算机的硬件,就失去了它运行的物质基础;所以说二者相互依存,缺一不可,共同构成一个完整的计算机系统。计算机系统结构如图 1-9 所示。

1.2.2 计算机硬件系统的基本组成及工作原理

1. 存储程序原理

现代计算机是一个自动化的信息处理装置,它之所以能实现自动化信息处理,是因为采用了存储程序工作原理。这一原理是由冯·诺依曼和同事们于 1946 年在一篇题为《关于电子计算机逻辑设计的初步讨论》的论文中提出并论证的。存储程序原理是将程序像数据一样存储到计算机内部存储器中的一种设计原理。程序存入存储器后,计算机便可自动地从一条指令转到执行另一条指令。这一原理确立了现代计算机的基本组成和工作方式。

存储程序原理简要概括如下:①计算机由运算器、控制器、存储器、输入设备和输出设备五部分组成(硬件构成);②指令和数据都以二进制的形式顺序存放在存储器中(二进制原理);③机器自动顺序取出每条指令并进行分析,然后执行其规定的操作(程序控制原理)。

可以说,计算机硬件的五大部件中每个部件都有相对独立的功能,分别完成各自不同的工作。如图 1-10 所示,五大部件实际上是在控制器的控制下进行协调统一的工作。首先,把表示计算步骤的程序和计算中需要的原始数据,在控制器输入命令的控制下,通过输入设

第一章　信息技术基础知识与民航信息基本素养

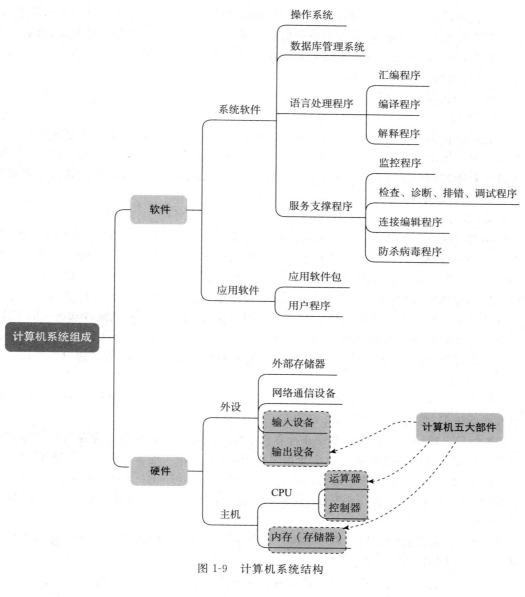

图 1-9　计算机系统结构

图 1-10　计算机工作原理

13

备送入计算机的存储器存储。当计算开始时,在取指令作用下把程序指令逐条送入控制器。然后控制器对指令进行译码,并根据指令的操作要求向存储器和运算器发出存储、取数命令和运算命令,经过运算器计算后把结果存放在存储器内。最后在控制器的取数和输出命令作用下,通过输出设备输出计算结果。

2. 计算机的硬件系统

1) 运算器

运算器也称为算术逻辑单元(arithmetic logic unit,ALU)。它的功能是完成算术运算和逻辑运算。算术运算是指加、减、乘、除及它们的复合运算。逻辑运算是指"与""或""非"等逻辑比较和逻辑判断等操作。在计算机中,任何复杂运算都转化为基本的算术与逻辑运算,然后在运算器中完成。

2) 控制器

控制器(control unit,CU)是计算机的指挥系统,它一般由指令寄存器、指令译码器、时序电路和控制电路组成。控制器的基本功能是从内存取指令和执行指令。指令是指示计算机执行某种操作的命令,由操作码(操作方法)及操作数(操作对象)两部分组成。控制器通过地址访问存储器、逐条取出选中单元指令,分析指令,并根据指令产生的控制信号作用于其他各部件来完成指令要求的工作。上述工作周而复始,保证了计算机能自动连续的工作。

通常将运算器和控制器统称为中央处理器(central processing unit,CPU),它是整个计算机的核心部件,也是计算机的"大脑",控制着计算机的运算、处理、输入和输出等工作。

3) 存储器

存储器(memory)是计算机的记忆装置,它的主要功能是存放程序和数据。程序是计算机操作的依据,数据是计算机操作的对象。

(1) 信息存储单位。程序和数据在计算机中以二进制的形式存放于存储器中。存储容量的大小以字节为单位来度量。经常使用 KB(千字节)、MB(兆字节)、GB(吉字节)和 TB(太字节)表示。它们之间的关系是:$1KB=1024B=2^{10}B$,$1MB=1024KB=2^{20}B$,$1GB=1024MB=2^{30}B$,$1TB=1024G=2^{40}B$。在某些计算中,为了计算简便经常把 2^{10}(1024)默认为是 1000。

位(bit):计算机存储数据的最小单位。机器字中一个单独的符号"0"或"1"被称为一个二进制位,它可存放一位二进制数。

字节(byte,简称 B):计算机存储容量的度量单位,也是数据处理的基本单位,8 个二进制位构成一个字节。一个字节的存储空间称为一个存储单元。

字(word):计算机处理数据时,一次存取、加工和传递的数据长度。一个字通常由若干个字节组成。

字长(word length):CPU 可以同时处理的数据的长度为字长。字长决定 CPU 的寄存器和总线的数据宽度。现代计算机的字长有 8 位、16 位、32 位和 64 位。

(2) 存储器的分类。根据存储器与 CPU 联系的密切程度,存储器可分为内部存储器(主存储器)和外部存储器(辅助存储器)两大类。内部存储器在计算机主机内,它直接与运算器、控制器交换信息,虽然容量小,但存取速度快,一般只存放那些正在运行的程序和待处理的数据。为了扩大内部存储器的容量,引入了外部存储器,外部存储器作为内部存储器的延伸和后援,间接和 CPU 联系,用来存放一些系统必须使用但又不急于使用的程序和数据,程序必须调入内部存储器方可执行。外部存储器存取速度慢,但存储容量大,可以长时间地保存大量信息。此外,在 CPU 和内存之间还有高速缓冲存储器,称为 Cache。它的速度接近 CPU,比内存要快得多,作为 CPU 和内存之间速度差的缓冲,所以称为高速缓冲存储器。高速缓冲存储器在工艺上相对内存更为复杂,价格昂贵,集成度无法达到目前的 RAM 芯片的高度,只能小容量地集成在芯片上。CPU 与 Cache、内存、外存的关系如图 1-11 所示。

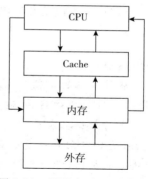

图 1-11　CPU 与 Cache、内存、外存的关系图

(3) 存储器工作原理。为了更好地存放程序和数据,存储器通常被分为许多等长的存储单元,每个单元可以存放一个适当单位的信息。全部存储单元按一定顺序编号,这个编号被称为存储单元的地址,简称地址。存储单元与地址的关系是一一对应的。应注意存储单元的地址和它里面存放的内容完全是两回事。

对存储器的操作通常称为访问存储器,访问存储器的方法有两种:一种是选定地址后向存储单元存入数据,被称为写;另一种是从选定的存储单元中取出数据,被称为读。可见,不论是读还是写,都必须先给出存储单元的地址。来自地址总线的存储器地址由地址译码器译码(转换)后,找到相应的存储单元,由读写控制电路根据相应的读写命令来确定对存储器的访问方式,完成读写操作。数据总线用于传送写入内部存储器或从内部存储器取出的信息。内部存储器的结构图如图 1-12 所示。

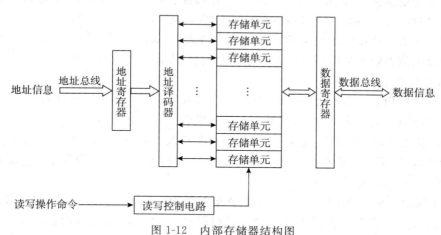

图 1-12　内部存储器结构图

4) 输入设备

输入设备是从计算机外部向计算机内部传送信息的装置,其功能是将数据、程序及其他信息从人们熟悉的形式转换为计算机能够识别和处理的形式,并输入计算机内部。常用的输入设备有键盘、鼠标、光笔、扫描仪、数字化仪和条形码阅读器等。

5) 输出设备

输出设备是将计算机的处理结果传送到计算机外部供计算机用户使用的装置,其功能是将计算机内部二进制形式的数据信息转换成人们所需要的或其他设备能接收和识别的信息形式。常用的输出设备有显示器、打印机、绘图仪等。

通常将输入设备和输出设备统称为 I/O 设备(input/output)。它们都属于计算机的外部设备。

> **小贴士：**
> 　　从计算机的组成来看，飞机上的飞行数据记录器(又称黑匣子，flight data recorder, FDR)通常包括存储器、输入/输出设备、处理器等部件，可以被归类为计算机的一个子系统。飞行数据记录器的主要功能是记录飞机的各种飞行数据，如飞行姿态、引擎参数、速度、高度和航向等信息。在飞机遭遇事故或意外时，飞行数据记录器的数据可以被用来分析事故原因、诊断故障、改进飞行安全等。因此，飞行数据记录器通常被认为是飞机上最重要的设备之一，也是保障飞行安全的重要措施之一。

1.2.3　计算机的软件系统

计算机的软件系统一般可以分为系统软件和应用软件两大类。

1. 系统软件

系统软件是用于对计算机进行资源管理、便于用户使用计算机而配置的各种程序。系统软件通常包括操作系统、程序设计语言、语言处理程序、语言模型、服务性程序、数据库管理系统，一般由计算机生产厂家随硬件系统一起提供。

1) 操作系统

操作系统是最基本、最重要的系统软件。它负责管理计算机系统的全部软件资源和硬件资源，合理地组织计算机各部件协调工作，为用户提供操作和编程界面。

目前计算机上使用的主要是 Windows 操作系统、macOS 操作系统和 Linux 操作系统，手机和平板电脑上则大量使用 iOS 操作系统和安卓(Android)操作系统。

2) 程序设计语言

编写程序所用的语言称为程序设计语言，它是人与机器之间交换信息的工具，可分为机器语言、汇编语言、高级语言、第四代语言和第五代语言。

(1) 机器语言是一种用二进制代码表示的，能够被机器直接识别和执行的面向机器的程序设计语言，是第一代算法语言，属于低级语言。用机器语言编写的程序称为机器语言程序，编写难度大，不容易被移植。

(2) 汇编语言是一种用助记符号表示的面向机器的程序设计语言，它比较接近机器语言，离人类语言仍较远，是第二代算法语言，属于低级语言。用汇编语言编写的程序称为汇编语言程序，不能被机器直接识别和执行，必须由汇编程序翻译成机器语言程序之后才能运行。

(3) 高级语言既是一种充分接近人们生活习惯的第三代算法语言，也是一种面向过程的程序设计语言，其中所用的符号、标记接近人们的习惯，便于理解、掌握和记忆。比较流行的高级语言有 Java、C、Python 等。

(4) 第四代语言是指第四代算法语言，也是一种面向问题的计算机编程语言，是非过程化的，可方便地解决特定的问题。

(5) 第五代语言也称为自然语言，合成了人工智能，可实现机器与人的直接交流。

3) 语言处理程序

语言处理程序的功能是除机器语言外，将其他计算机语言编写的程序转换成机器所能直接识别并执行的机器语言的程序。语言处理程序可以分为三种类型,即汇编程序、编译程序和解释程序。通常将汇编语言及各种高级语言编写的计算机程序称为源程序(source program),而把由源程序经过翻译(汇编或者编译)而生成的机器指令程序称为目标程序(object program)。语言处理程序中的汇编程序与编译程序具有一个共同的特点,即必须生成目标程序,然后通过执行目标程序得到最终结果。解释程序是对源程序进行解释(逐句翻译),翻译一句执行一句,边解释边执行,从而得到最终结果。解释程序不产生将被执行的目标程序,而是借助解释程序直接执行源程序本身。

以 C 语言为例,C 语言的编译过程就是把人类可以理解的高级语言代码转换为计算机可以理解的机器代码的过程,如图 1-13 所示。

图 1-13　C 语言的编译过程

4)语言模型

语言模型是一种用于自然语言处理的技术,它是一种学习自然语言的语法、语义和语境的概率模型。它的主要任务是预测一个给定的自然语言序列的概率,从而能够生成自然流畅的语言序列,如文本、对话等。常见的语言模型有 N-gram 模型、循环神经网络(RNN)语言模型、BERT 模型等。

> **小贴士:**
> ChatGPT 是一个基于自然语言处理的对话生成模型,不是自然语言编程(natural language programming,NLP)的一种形式。自然语言编程是指通过自然语言来编写程序,而不需要使用特定的编程语言或语法。它的目标是让计算机能够理解人类的语言,并且能够将自然语言转化为计算机可执行的代码。
> ChatGPT 是一种基于深度学习的语言模型,它使用神经网络来学习各种自然语言的语法、语义和语境,从而能够生成自然流畅的对话。它的主要应用领域是对话系统、聊天机器人等。
> ChatGPT 虽然不是自然语言编程的一种形式,但是可以通过人类自然语言输入来生成相应的计算机代码,这种技术被称为自然语言生成(natural language generation,NLG),是自然语言处理的一部分。

程序设计语言是一种用于编写计算机程序的语言,它是一种编程语言。程序设计语言通常是由计算机科学家和程序员设计和开发的,用于编写和执行特定的计算机程序。常见的程序设计语言有 C、C++、Java、Python 等。

虽然语言模型和程序设计语言都涉及语言的处理和使用,但是它们的任务和应用领域是不同的。语言模型主要用于自然语言处理和人工智能领域,而程序设计语言主要用于编写计算机程序。

5)服务支撑程序

服务支撑程序是指为了帮助用户使用与维护计算机,提供服务性手段,支持其他软件开发而编制的一类程序。此类程序内容广泛，主要有以下几种。

（1）工具软件。工具软件主要是帮助用户使用计算机和开发软件的软件工具，如美国 Central Point Software 公司推出的 PC Tools。

（2）编辑程序。编辑程序能够为用户提供一个良好的书写环境，如 Edit、写字板等。

（3）调试程序。调试程序用来检查计算机程序有哪些错误以及错误位置，以便修正，如 Debug。

（4）诊断程序。诊断程序主要用于对计算机系统硬件进行检测和维护，对 CPU、内存、软硬驱动器、显示器、键盘及 I/O 接口的性能和故障进行检测。

6）数据库管理系统

数据库技术是计算机技术中发展最快、用途最广泛的一个分支，可以说，在今后的各项计算机应用开发中都离不开数据库技术。数据库管理系统是对计算机中所存放的大量数据进行组织、管理和查询，提供一定处理功能的大型系统软件。数据库管理系统主要分为两类：一类是基于微型计算机的小型数据库管理系统，如 FoxBase 和 FoxPro；另一类是大型数据库管理系统。

2．应用软件

应用软件是为实现计算机的各种应用而编写的软件，侧重于解决实际问题，它往往涉及应用领域的知识，并且只有在系统软件的支持下才能运行。应用软件主要包括各种应用软件包和面向问题的各种应用程序。比较通用的应用软件一般是由软件生产商研制并开发成应用软件包，供用户选择使用。应用软件主要有以下几种。

（1）用于科学计算方面的数学计算软件包、统计软件包。

（2）文字处理软件包（如 PPT、Word）。

（3）图像处理软件包（如 Photoshop、Animate）。

（4）各种财务管理软件、税务管理软件、工业控制软件、辅助教育等专用软件。

民航信息素养实例

选配计算机

某航站楼需要为新进地勤人员选配几台个人计算机（PC）用于员工日常办公，预算在每台 5000 元左右。通过学习学生已经了解了计算机的组成，本实例将通过选配 PC 使学生对计算机有进一步的了解。

1．CPU

CPU 是计算机中最重要的组成部分，它相当于人的大脑，是整个计算机系统的核心。它是一块超大规模的集成电路，负责计算机系统指令的执行、数学与逻辑运算、数据存储及输入/输出等的控制。目前主流的 CPU 厂商有英特尔（Intel）公司和 AMD 公司。图 1-14 是 AMD 公司的锐龙（Ryzen）处理器。

图 1-14　AMD 公司的锐龙（Ryzen）处理器

1）CPU 主频

CPU 主频即 CPU 内核工作的时钟频率，也可以理解为"核心速度"，如酷睿 i7-10700K，主频为 3.8GHz。

2）CPU 外频

CPU 外频即 CPU 的基准频率,单位为 MHz,外频是 CPU 与主板之间同步运行的速度。

3）CPU 倍频系数

CPU 倍频系数是指 CPU 主频与外频之间的相对比例关系。在相同外频下,倍频越高,CPU 的频率越高。Intel 带 K 结尾的 CPU 都是允许调整倍频的,即可以超频。

主频＝外频×倍频,CPU 的速度相对于其他设备非常快,为了使 CPU 能和其他设备协同工作,于是引入了外频的概念,外频能够确保和其他设备进行较好的沟通运作。

4）缓存

缓存(cache)又称为高速缓存,是可以进行高速数据传输的存储器。由于 CPU 运行速度远远高于内存和硬盘等存储器,因此有必要将常用的指令和数据等放进缓存,让 CPU 在缓存中直接读取,以提升计算机的性能,缓解高速设备与低速设备的速度差,加快处理速度。一般计算机中有一级、二级、三级缓存,当然容量越大越好。

> **小贴士:**
>
> Apple Silicon(苹果硅)是苹果公司设计的一系列系统芯片和系统封装处理器,主要采用 ARM 架构。它是大多数新 Mac 计算机、iPhone、iPad、Apple TV、Apple Watch 等产品的基础。2020 年 6 月 22 日,苹果公司在全球开发者大会(worldwide developers conference,WWDC)上宣布,将 Mac 计算机从英特尔处理器换成苹果硅处理器。2020 年 11 月 10 日,第一代 Mac 计算机发布了苹果 M1 处理器。M1 相当于英特尔酷睿 i9。
>
> 苹果 M1 芯片参数如下:5nm 制程,160 亿个晶体管,八核 CPU 包括四个高性能核心和四个高能效核心。GPU 同样有八个核心,相比同类机型,性能提升了整整 6 倍。十六核的神经网络引擎,机器学习速度提升 15 倍。Mac 搭载 M1 芯片后续航能力提升了整整 1 倍。

2. 主板

主板(mainboard)是计算机上最大的一块线路板。它是计算机的"心脏",是整个计算机的组织和控制核心。主板虽然品牌繁多、布局不同,但其基本组成是一致的,主要包括插槽、接口、各种芯片和电子电路元器件。

主板采用开放式设计结构,它通过扩展插槽插接外围设备的控制卡(适配器),更换这些插卡可以对计算机系统进行局部升级,使厂家和用户在配置机型方面获得极大的灵活性。主板的结构如图 1-15 所示。

计算机上的所有部件不是直接安装在主板上,就是通过线缆连接到主板上,因此主板在整个计算机系统中扮演着举足轻重的角色。主板的类型和档次决定着整个计算机系统的类型和档次,主板的性能影响着整个计算机系统的性能。主板 I/O 接口如图 1-16 所示。

3. 内存

内存也称内部存储器,是计算机中重要的部件之一,也是程序与 CPU 进行沟通的桥梁。计算机中所有程序的运行都是在内存中进行的,因此内存的性能对计算机的影响非常大。内存的作用是暂时存放 CPU 中的运算数据、与硬盘等外部存储器交换的数据。只要计算机在运行中,CPU 就会把需要运算的数据调用到内存中进行运算,运算完成后 CPU 再将结果传送出来。因此,内存的稳定运行也与计算机的稳定运行息息相关。内存条如

图1-17所示。

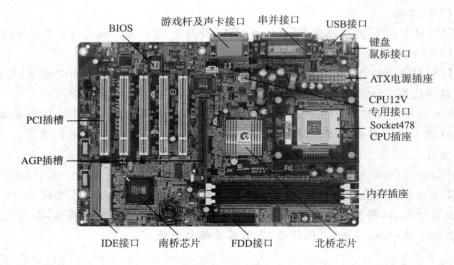

图1-15 主板的结构

图1-16 主板I/O接口

图1-17 内存条

内存的主要参数指标包括存储速度、存储容量、内存带宽、CAS延迟时间、SPD芯片和奇偶校验等。

目前常见的内存有SDRAM、DDR、DDR2、DDR3和DDR4（目前主流）五代产品。内存结构如图1-18所示，由内存颗粒、PCB、SPD、金手指等几部分组成。

在内存上均匀排布着的黑色集成块是内存颗粒，内存的性能主要由内存颗粒决定。在内存的表面还有一个黑色小ROM芯片，是用于存储内存SPD信息的。SPD信息是内存的"身份证"，上面记录着内存的生产厂商、内存容量、频率、时序等各种信息。一条内存的容量越大、频率越高、时序越低，则往往代表它的性能越强。随着内存频率的不断提高，对散热要求也越来越高，目前大部分DDR4内存都带有散热片。

1) 内存频率

内存主频和CPU主频一样，用来表示内存的速度，它代表着该内存所能达到的最高工作频率。内存主频越高，在一定程度上代表着内存与CPU交换数据的速度越快。内存频率：等效频率＝工作频率×2，工作频率是内存颗粒实际的工作频率，即用检测软件（如CPU-Z）SPD选项中显示的最大带宽，但是由于DDR/DDR2/DDR3/DDR4内存可以在脉冲

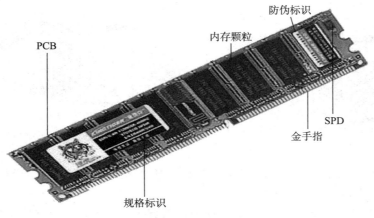

图 1-18　内存结构

的上升沿和下降沿都传输数据,因此传输数据的等效频率(标称频率)是工作频率的 2 倍,如 DDR4 的工作频率是 1333MHz,而等效频率是 2666MHz。

2)内存容量

内存容量是指该内存条的存储容量,是内存条的关键性参数,内存容量同硬盘容量,代表它能存储多少数据。目前市面上常见的有 4GB、8GB、16GB 和 32GB 等内存,在条件允许的前提下推荐买大的,以满足一些响应要求高的软件(数据库、游戏等)。

4. 硬盘

硬盘(hard disk)是计算机最重要的外部存储器之一,是用于存储各类软件和文件的媒介。

硬盘的主要性能参数包括容量、转速、缓存、平均访问时间、平均无故障时间和传输速率等。

1)按生产厂家分类

大部分人选择硬盘会先看厂家,然后才是容量、材质等信息,常见的硬盘厂家主要有:希捷(Seagate)、西部数据(Western Digital)、三星(SAMSUNG)、闪迪(SanDisk)、金士顿(Kingston)。

2)按照硬盘材质分类

(1)机械硬盘(hard disk driver,HDD)是传统硬盘,为计算机主要的存储媒介之一。由一个或者多个铝制或者玻璃制成的磁性碟片、磁头、转轴、控制电动机、磁头控制器、数据转换器、接口和缓存等几个部分组成,如图 1-19 所示。工作时,磁头悬浮在高速旋转的碟片上进行读写数据。机械硬盘是集精密机械、微电子电路和电磁转换为一体的计算机存储设备。

优点:容量大,价格实惠,寿命长。

缺点:读写慢,有噪声,体积大,怕振动,发热量高。

(2)固态硬盘(solid state disk,SSD)。固态硬盘是由多个闪存芯片加主控以及缓存组成的阵列式存储,属于以固态电子存储芯片阵列制成的硬盘,如图 1-20 所示。相对机械硬盘,读取速度更快,寻道时间更小,可加快操作系统启动速度和软件启动速度。

图 1-19　机械硬盘

图 1-20　固态硬盘

优点：读写速度快，防震抗摔性强，低功耗，无噪声，工作温度范围大，轻便。

缺点：容量小，寿命有限，售价高。

（3）混合硬盘（hybrid hard drive，HHD）。混合硬盘是机械硬盘与固态硬盘的结合体，采用容量较小的闪存颗粒存储常用文件，而磁盘才是最重要的存储介质，闪存仅起到了缓冲作用，将更多的常用文件保存到闪存内减少寻道时间，从而提升效率。

优点：读写快，防震抗摔性强，低功耗，无噪声，工作温度范围大。

缺点：容量比机械盘小，寿命比机械硬盘短，成本价高。

3）按接口分类

硬盘接口分为 IDE、SATA、SCSI 和光纤通道四种，如图 1-21～图 1-24 所示。IDE 接口硬盘多用于家用产品中，也可部分应用于服务器；SATA 既是比较流行的硬盘接口类型，也是市场上最普及的接口类型；SCSI 接口的硬盘主要应用于服务器市场；光纤通道只应用在高端服务器上，价格昂贵。

图 1-21　IDE 接口

图 1-22　SATA 接口

图 1-23　SCSI 接口

图 1-24　光纤接口

5. 显示器

显示器（display device）是计算机的输出设备。它是一种将一定的电子文件通过特定的传输设备显示到屏幕上的显示工具。显示器可以分为阴极射线管显示器(CRT)、液晶显示器(LCD)等。

1) 分辨率

分辨率(resolution)是指构成图像的像素和,即屏幕包含多少像素。分辨率越高,画面包含的像素数就越多,图像也就越细腻清晰。显示器的分辨率受显示器的尺寸、显像管点距、电路特性等方面影响。显示器分辨率见表 1-1。高分辨率适合修图、建模等设计类应用。

表 1-1 显示器分辨率

名称	分辨率(像素)	说 明	
1080P	1920×1080	P 意为逐行扫描	随着分辨率的提高,文字边缘的锯齿感会变好,但显卡的压力也成倍增加
2K	2560×1440	像素约是 1080P 的两倍	
4K	3840×2160	像素约是 2K 的两倍	

2) 刷新率

刷新率是指显示器一秒能够显示多少幅画面或者帧数(FPS),一般有 30Hz、60Hz、144Hz 和 240Hz 等几种,对 FPS 类游戏较高的应用,推荐选择 144Hz 以上的刷新率。高刷新率适合玩游戏。

3) 接口

显示器的接口是显示器和计算机之间传递视频数据的接口,目前最常见的接口类型有 VGA、DVI、HDMI 和 DP,如图 1-25 所示。

图 1-25 显示器接口

(1) 视频图形阵列。视频图形阵列(video graphics array,VGA)是 IBM 于 1987 年提出的一个使用模拟信号的计算机显示标准。VGA 接口是计算机采用 VGA 标准输出数据的专用接口。VGA 接口共有 15 针,分成 3 排,每排 5 个孔,是显卡上应用最为广泛的接口类型,绝大多数显卡带有此种接口。VGA 算是最早的一种显示器接口,仅支持冷插拔。目前已经处于即将淘汰的状态,不过市面上很多老款的台式主机以及显示器、投影仪等都还是这个接口。

(2) 数字视频接口。数字视频接口(digital visual interface,DVI)是一种视频接口标准,设计的目的是传输未经压缩的数字化视频,被广泛应用于 LCD、数字投影机等显示设备上。DVI 是高清接口,只传输画面图形信号,不传输音频信号。与 VGA 显示器接口不同的是,DVI 接口传输的是数字信号,支持热插拔,安装的过程中不需要关闭设备,相较于 VGA 信号接口而言,DVI 的数据传输速度更快,画面更清晰,也更加稳定。

(3) 高清多媒体接口。高清多媒体接口(high definition multimedia interface,HDMI)是一种全数字化视频和声音发送接口,可以发送未压缩的音频及视频信号,分辨率最高可以达到 10K。HDMI 可以通过一根数据线传送视频信号和音频信号,不需要额外配置多根线缆。

(4) 显示接口。显示接口(displayport,DP)有更强的抗干扰能力、更大的带宽传输。DP 比 HDMI 的分辨率更高,刷新率支持也更高。DP 接口可以简单理解为 HDMI 的升级版,有着更高的带宽和更省空间的外形,常见于中高端的显卡。

6. 显卡

显卡(graphics card)是连接显示器和计算机主板的重要组件,主要作用是将 CPU 传送过来的数据信号经过处理后送至显示器。如果不是玩大型游戏或者做设计,其实完全可以考虑使用 CPU 内置核显。如果核心显卡不能满足需求,则按需购买,要留意显卡的接口是否和购买的显示器相匹配。

另外,根据个人需求可以选配光驱、音箱等其他外围设备。

台式机配置单举例见表 1-2。

表 1-2　台式机配置单举例

零部件	品牌与型号	市场价格/元
CPU	AMD Ryzen 5 3600	1399
主板	华硕 PRIME B450M-A	599
内存	海盗船 DDR4 8GB 3000	299
硬盘	西部数据 1TB Blue	299
显卡	蓝宝石 RX 5500 XT 8GB	1399
机箱	酷冷至尊 110R	299
电源	全汉 FOCUS 550W	499
散热器	爱国者 PHANTOM	99
键盘	罗技 G213 Prodigy	239
鼠标	罗技 G102 Prodigy	129
合计	—	4250

1.3　信息在计算机中的表示和存储

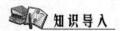
知识导入

熟悉二进制、十进制和十六进制三种常用的数制,并掌握相互转换的方法。了解信息的几种常用编码方式。

1.3.1 数制概述

数制是一种记数的方法,指用一组固定的符号和统一的规则来表示数值的方法。例如,在记数的过程中采用进位的法则称为进位记数制。进位记数制有数位、基数和位权三个要素。

(1) 数位:数字符号在一个数中所处的位置。

(2) 基数:在某种进位记数制中数位上所能使用的数字符号的个数。例如,十进制数的基数是 10。

(3) 位权:一个数码处在不同的位置所代表的值不同,每个数码所代表的真正数值等于该数码乘以一个与数码所在位置相关的常数。例如,4 在十进制的十位数位置上表示 40,在百位上表示 400。

三种进位制的对比如表 1-3 所示。

表 1-3 三种进位制的对比表

进位制	二进制	十进制	十六进制
规则	逢二进一	逢十进一	逢十六进一
基数	$r=2$	$r=10$	$r=16$
数符	0,1	0,1,…,9	0,1,…,9,A,B,C,D,E,F
位权	2	10	16
形式表示	B	D	H

位权的大小是以基数为底、以数码所在的位置的序号为指数的整数次幂,其中位置序号的排列规则为小数点左边从右至左依次为 $0,1,2,\cdots$;小数点右边从左至右依次为 $-1,-2,-3,\cdots$。

可以给数字加上括号,使用下标表示该数字的数制(当没有下标时默认为十进制)。以十进制为例,十进制的个位数位置的位权为 10,十位数位置的位权为 10^1,小数点位第 1 位的位权为 10,十进制数 3456.65 的值为

$$(3456.65)_{10}=3\times10^3+4\times10^2+5\times10^1+6\times10^0+6\times10^{-1}+5\times10^{-2}$$

除了用下标表示外,还可以用后缀字母表示数制:十进制数(decimal number)用后缀 D 表示或无后缀;二进制数(binary number)用后缀 B 表示;十六进制数(hexadecimal number)用后缀 H 表示。在数制中还有一个规则:N 进制必须是"逢 N 进一"。

1. 二进制

在现代电子计算机中,采用 0 和 1 表示的二进制数进行计算,基数为 2,其加法法则是"逢二进一"。二进制数 11001101 可以表示为 $(11001101)_2$ 或 $(11001101)B$,计算机使用二进制而不使用其他进制的主要原因是:二进制的运算法则较少,运算简单,使运算器的硬件结构大幅简化。例如,二进制的加法法则只有 4 条:$0+0=0,0+1=1,1+0=1,1+1=10$;二进制的乘法法则有:$0\times0=0,0\times1=0,1\times0=0,1\times1=1$。

二进制的 0 和 1 对应逻辑中的假和真,可以方便地进行逻辑运算。

2. 十进制

在日常生活中，人们使用的数制是十进制，采用 0~9 这 10 个数表示的十进制数进行计算，基数为 10，其加法法则是"逢十进一"。十进制数 354 可以表示为 354 或 354D。

3. 十六进制

十六进制的基数是 16，采用 0~9 和 A~F 表示的十六进制数进行计算，加法规则是"逢十六进一"。

常用数制之间的对应关系见表 1-4。

表 1-4 常用数制之间的对应关系

二进制	十进制	十六进制	二进制	十进制	十六进制
0000	0	0	1000	8	8
0001	1	1	1001	9	9
0010	2	2	1010	10	A
0011	3	3	1011	11	B
0100	4	4	1100	12	C
0101	5	5	1101	13	D
0110	6	6	1110	14	E
0111	7	7	1111	15	F

1.3.2 数制的转换

使用计算机的人每时每刻都在与数打交道，在计算机内部，数是以二进制表示的，而我们习惯上使用的是十进制数，所以计算机接收到十进制数后，要经过翻译，把十进制数转换为二进制数才能进行处理，这个过程是由计算机自动完成的。但是对程序员来说，有时需要把十进制数转换为二进制数、十六进制数和八进制数，或者把十六进制数转换为十进制数等，这都不是一件轻松的工作，下面介绍数制之间的转换法则。

1. 数制转换的原理

数制转换的基本原理是，将一个指定进制的数从高位到低位一位一位取出，并计算出每位的十进制值，然后乘以其基数的特定幂指数，得出这一位数的十进制值，将所有各位的十进制值相加得出这个数的十进制值，然后将该十进制数转换为指定数制的数。此过程可以采用求余法进行，用这个十进制数作为被除数，用指定的基数作为除数，连续求余，得出的余数按个位到十位、百位等的顺序组成新数，即得到指定数制的数，这就是数制转换的方法。

2. 非十进制数转换为十进制数

非十进制数转换为十进制数转换方法是用该数制的每位数乘以每位权数，然后将乘积相加。

例如：将二进制数 $(11010011)_2$ 和 $(11011111)_2$ 转换为十进制数。

$(11010011)_2 = 1\times2^7+1\times2^6+0\times2^5+1\times2^4+0\times2^3+0\times2^2+1\times2^1+1\times2^0 = 211$

$(11011111)_2 = 1\times2^7+1\times2^6+0\times2^5+1\times2^4+1\times2^3+1\times2^2+1\times2^1+1\times2^0 = 223$

3. 十进制数转换为二进制数

当十进制数转换为二进制数时,可以将数字分为整数和小数分别进行转换,然后拼接起来,如图1-26所示。

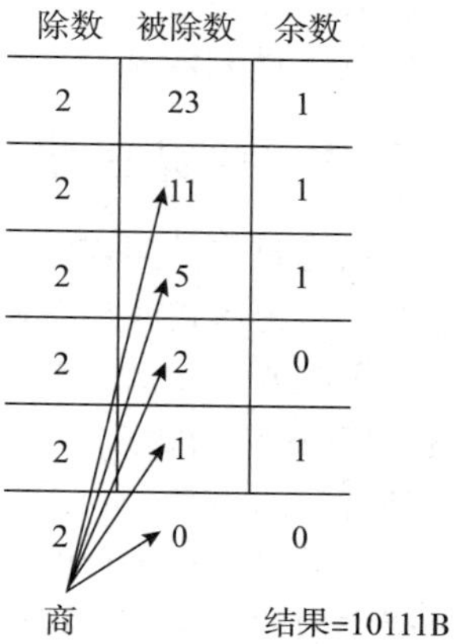

整数部分的转换方法是,采用"除2取余倒读"法,即将十进制数整数部分不断除以2取余数,直到商位是0为止,余数从右到左排列。

小数部分的转换方法是,采用"乘2取整正读"法,即将十进制数小数部分不断乘以2取整数,直到小数部分是0或达到所要求的精度为止,所得的整数自左向右排列。

因此,$(23)_{10}=(10111)_2$。

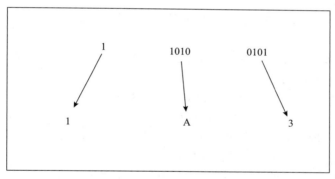

图1-26 十进制转二进制

4. 二进制数转换为十六进制数

二进制数转换为十六进制数是"取四合一",即四位二进制数转换成十六进制数是从右到左开始转换,不足时补0。

对照表1-4,(110100101)B=(1A3)H,如图1-27所示。

图1-27 二进制转十六进制

5. 十六进制数转换为二进制数

对照表1-4,每一位十六进制可转换为四位二进制数。

所以,(3CF)H=(0101 1100 1111)B,如图1-28所示。

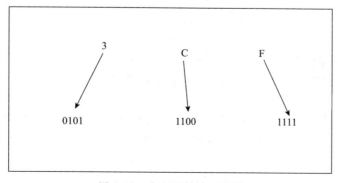

图1-28 十六进制转二进制

在实际应用中，可以用 Windows 操作系统中的计算器工具完成数制转换，用计算器将二进制数 0010 0011 1010 1011 分别转换成十进制数和十六进制数的例子如图 1-29 所示。

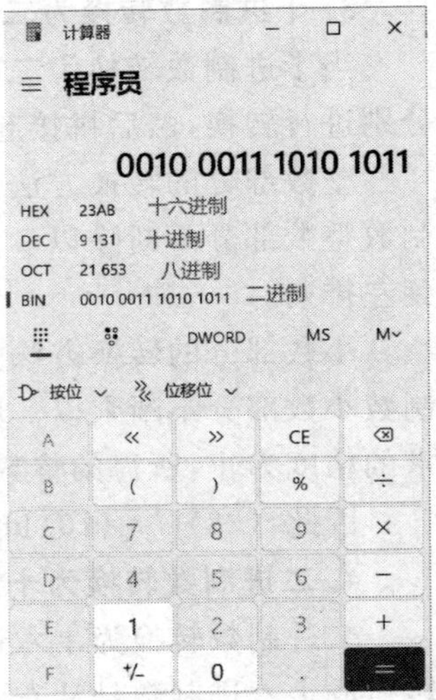

1.3.3　计算机中的信息编码

信息只有按照规定好的二进制形式表示才能被计算机处理，这些规定的形式就是编码。在计算机硬件中，编码（Coding）是在一个主题或单元上为数据存储、管理和分析的目的而转换信息为编码值（典型的如数字）的过程；在软件中，编码意味着逻辑地使用一种特定的语言（如 C 或 C++）来执行一个程序字符编码（使用二进制数对字符进行的编码称为字符编码）。下面详细介绍各种不同类型的信息在计算机中采用二进制进行编码的方法。

图 1-29　计算器

1. 原码、反码和补码

原码、反码和补码是对带有正、负号的符号数的编码，其实质是对负数的不同编码。

为了便于讲解，这里以整数为例，采用 8 位二进制编码，最高位为符号位。

1）原码

整数 X 的原码是：符号位 0 表示正，1 表示负；数值部分就是 X 绝对值的二进制表示。通常用 $[X]_原$ 表示 X 的原码。例如：

$$[+1]_原 = 00000001 \quad [-1]_原 = 10000001$$
$$[+127]_原 = 01111111 \quad [-127]_原 = 11111111$$

8 位原码表示的最大值为 127，最小值为 -127，表示数的范围为 -127～127。原码的优点是简单、易于理解，与其真值的转换方便；缺点是进行运算时符号位需要单独处理，增加了运算规则的复杂性，而且 0 的表示不唯一（$[+0]_原 = 00000000$，$[-0]_原 = 10000000$），增加了运算器的设计难度。

2）反码

整数 X 的反码是：对于正数，反码与原码相同；对于负数，符号位为 1，其数值位是 X 绝对值的二进制按位取反。通常用 $[X]_反$ 表示 X 的反码。例如：

$$[+1]_反 = 00000001 \quad [-1]_反 = 11111110$$
$$[+127]_反 = 01111111 \quad [-127]_反 = 10000000$$

8 位反码表示的最大值、最小值和表示数的范围与原码相同。

在反码中，0 也有两种表示形式，即 $[+0]_反 = 00000000$，$[-0]_反 = 11111111$。

反码运算也不方便，很少使用，一般用作求补码的中间码。

3）补码

整数 X 的补码是：对于正数，补码与原码、反码相同；对于负数，符号位为 1，其数值位是 X 绝对值的二进制按位取反后最低位加 1，即为反码加 1。通常用 $[X]_补$ 表示 X 的补码。例如：

$$[+1]_补 = 00000001 \quad [+127]_补 = 01111111$$
$$[-1]_补 = 11111111 \quad [-127]_补 = 10000001$$

由于 $[-0]_反 = 11111111$，加 1 后 $[-0]_补$ 应该为 100000000，由于超出 8 位字长的要舍弃最高位 1，故 $[-0]_补 = 00000000$，这样，在补码中 0 有唯一的编码：$[+0]_补 = [-0]_补 =$

00000000。多出来的一个编码 100000000 用来扩展补码表示的数值范围,即把最小值从 －127 扩大到－128,这里的最高位 1 既是符号位,又是数值位,其值为－128。利用补码可以方便地实现正、负数的加法运算。

2. ASCII 码

美国信息交换标准代码(American Standard Code for Information Interchange,ASCII)是基于拉丁字母表的一套计算机编码系统,主要用于显示现代英语和其他西欧语言。它是现今最通用的单字节编码系统,并等同于国际标准 ISO 646。

ASCII 码包含如下内容。

(1) 控制字符:回车键、Backspace、换行键等。

(2) 可显示字符:英文大小写字符、阿拉伯数字和西文符号。

(3) ASCII 扩展字符集:表格符号、计算符号、希腊字母和特殊的拉丁符号。

(4) 第 0～31 号及第 127 号(共 33 个)是控制字符或通信专用字符,如控制符 LF(换行)、CR(回车)、FF(换页)、DEL(删除)、BEL(振铃)等,通信专用字符 SOH(文头)、EOT(文尾)、ACK(确认)等。

(5) 第 32～126 号(共 94 个)是字符,其中第 48～57 号为 0～9 共 10 个阿拉伯数字,65～90 号为 26 个大写英文字母,97～122 号为 26 个小写英文字母,其余为一些标点符号、运算符号等。

在计算机的存储单元中,一个 ASCII 码值占一个字节(8 个二进制位),最高位($b7$)用作奇偶校验位。所谓奇偶校验是指在代码传送过程中用来检验是否出现错误的一种方法,一般分奇校验和偶校验两种。奇校验规定:正确的代码一个字节中 1 的个数必须是奇数,若非奇数,则在最高位 $b7$ 加 1;偶校验规定:正确的代码一个字节中 1 的个数必须是偶数,若非偶数,则在最高位 $b7$ 加 1。

3. Unicode 编码

Unicode 编码是一种全球性的字符编码标准,它可以表示世界上所有的字符,包括各种语言的文字、符号、表情等。下面是 Unicode 编码的几个例子。

1) 字母和数字

Unicode 编码可以表示所有的字母和数字,如英文字母、希腊字母、俄文字母、数字等,它们对应的 Unicode 编码值可以用十六进制表示。例如,字母 A 对应的 Unicode 编码是 0x0041,数字 1 对应的 Unicode 编码是 0x0031。

2) 汉字

Unicode 编码可以表示所有的汉字,包括简体中文汉字等。每个汉字对应一个唯一的 Unicode 编码值。例如,汉字"中"对应的 Unicode 编码是 0x4E2D,汉字"国"对应的 Unicode 编码是 0x56FD。

3) 表情符号

Unicode 编码可以表示各种表情符号,如笑脸、哭脸、心形符号等。这些符号对应的 Unicode 编码值可以用十六进制表示。例如,笑脸对应的 Unicode 编码是 0x1F600,哭脸对应的 Unicode 编码是 0x1F622。

4) 特殊符号

Unicode 编码还可以表示各种特殊符号,如音符、星号、箭头等。这些符号对应的

Unicode 编码值也可以用十六进制表示。例如,音符对应的 Unicode 编码是 0x266A,星号对应的 Unicode 编码是 0x2605。

4. 网页中的编码

在网页中,为了使各种字符、符号、图片等能够正确地显示出来,就需要使用合适的编码方式将它们进行编码,如在 HTML 中使用 HTML 编码,在 URL 中使用 URL 编码,在 CSS 中使用 CSS 编码,在图片中使用 Base64 编码或 UTF-8 编码等。这些编码方式都是基于 ASCII 码或 Unicode 编码标准,它们的设计目的是解决字符在不同的场合下的编码问题。

1) HTML 编码

在网页中使用 HTML 标签时,需要对一些特殊字符进行编码,以避免这些字符被浏览器解释为 HTML 标签。例如,小于号需要使用"<"来表示,大于号需要使用">"来表示,空格需要使用" "来表示。HTML 编码是一种基于 ASCII 码的编码方式。

2) URL 编码

在网页中使用 URL 链接时,需要对 URL 中的一些特殊字符进行编码,以保证 URL 能够正常传递。例如,空格需要使用"%20"来表示,中文字符需要使用 UTF-8 编码转换为"%XX"的形式表示(如"中文"需要使用"%E4%B8%AD%E6%96%87"来表示)。

3) CSS 编码

在网页中使用 CSS 样式时,需要对一些特殊字符进行编码,以避免这些字符被解释为 CSS 语句。例如,小于号需要使用"\3C"来表示,大于号需要使用"\3E"来表示。

4) 图片编码

在网页中使用图片时,需要对图片进行编码,以确保图片能够正确地显示出来。常用的图片编码方式包括 Base64 编码和 UTF-8 编码。UTF-8 编码方式是一种针对 Unicode 标准的编码方式,它能够表示 Unicode 中的所有字符,并且采用了一种可变长度的编码方式,使它能够在保持 ASCII 兼容性的前提下,更加高效地编码 Unicode 字符。

总之,编码在网页中的应用非常广泛,它能够保证网页中各种字符、符号、图片等准确地显示出来,从而为网页的设计和开发提供重要的支持。

5. 编码举例

当一张图片需要使用 Base64 编码时,它的二进制数据会被分成若干个 3 字节(24 位)的数据块,每个 3 字节的数据块转换为 4 个 6 位的数据块,并在 Base64 字符集中查找对应的字符。最后将所有的字符拼接在一起,就得到了图片的 Base64 编码字符串。

下面是一个使用 Python 语言将图片转换为 Base64 编码的示例代码。

```
import base64

# 读取图片文件
with open("image.jpg","rb") as f:
    img_data= f.read()

# 将图片数据转换为 Base64 编码字符串
base64_data= base64.b64encode(img_data).decode("utf-8")

# 输出 Base64 编码字符串
print(base64_data)
```

在这个示例中,我们读取了名为"image.jpg"的图片文件,并将其二进制数据转换为 Base64 编码字符串。最终输出的结果就是图片的 Base64 编码字符串。

需要注意的是,由于 Base64 编码会将 3 字节的数据块转换为 4 个字符,因此它会使数据的长度增加 33.3%(即每 3 字节的数据会变成 4 字节的数据)。因此在实际应用中,需要权衡使用 Base64 编码带来的数据大小增加和传输效率的问题。

1.4　计算机网络基础

计算机网络是利用通信设备和通信线路,将地理位置分散的、具有独立功能的多个计算机系统互连起来,通过网络软件实现网络中资源共享和数据通信的系统。计算机技术和现代通信技术相结合形成了计算机网络。计算机网络已经渗透到现代社会的各个领域。

通过本节学生将了解计算机网络的分类,理解计算机网络体系结构,熟悉计算机网络常用设备。

1.4.1　数据通信基本概念

计算机网络的目的是实现数据传输和共享,使不同的计算机和设备可以相互通信和协作,实现信息共享并提供服务。所以,了解数据通信的基本概念有助于理解计算机网络的工作原理。

1. 数据通信中的专用名词

下面我们以打电话这个数据通信过程为例,对涉及的数据通信基本概念进行简单介绍。当你使用手机拨打电话时,你的语音信号会通过手机的麦克风转换成模拟信号,然后通过手机的调制解调器将模拟信号转换成数字信号,最后通过手机网络的信道传输到对方的手机上,对方手机的调制解调器将数字信号转换成模拟信号,再通过对方手机的扬声器播放出来,这个过程中涉及了信息、数据、信号和信道这些概念。

1)信息

信息是指对某种事物或现象的描述或表达,可以是文字、图像、声音或其他形式。例如,新闻报道、商业报告、学术论文等都是信息的表达形式。

2)数据

数据是指数字化的信息,通常是由计算机或其他数据处理设备处理和存储的信息,可以是文本、图像、音频、视频等多种形式。例如,在计算机中存储的文档、图片、音乐等都是数据。

3)信号

信号是指在通信过程中传输的电磁波或其他物理量的变化,通常用来表示信息或数据。例如,在电话通话中传输的声音信号,在电视广播中传输的视频信号,在无线电通信中传输的调制信号等都是信号。

4)信道

信道是传输数据的路径或通道。经常有人把信道与传输介质相混淆。传输介质和信道都是用来传输数据的,但它们有所不同。传输介质是指传输数据所使用的物理媒介,如电

31

缆、光纤、无线信号等。信道是指数据在传输介质中传输的通道或路径。信道可以是物理通道，如电缆、光纤等；也可以是逻辑通道，如 TCP 连接、UDP 连接等。因此，传输介质是信道的一个组成部分，是信道的基础，但信道还包括传输数据的逻辑通道和通信协议等因素。常用的传输介质包括有线介质和无线介质。

(1) 有线介质包括双绞线、同轴电缆、光纤等。

① 双绞线（图 1-30）是目前最普遍的传输介质，分为屏蔽双绞线（STP）和非屏蔽双绞线（UTP）两类。

屏蔽双绞线具有一个金属甲套，对电磁干扰有较强的抵抗力，适合网络流量较大的高速网络协议应用。

非屏蔽双绞线有线缆外皮作为屏蔽层，适用于网络流量不大的场合。

图 1-30　双绞线

双绞线又可以分为三类、四类、五类、六类和七类双绞线。最常用的是五类 UTP，其频率带宽为 100MHz。

六类、七类双绞线可以分别工作在 200MHz、600MHz 的频率带宽上，并且采用特殊设计的 RJ45 插头。

双绞线常用在 10Base-T 和 100Base-T 的以太网中，双绞线每端需要一个 RJ45 插头。

RJ45 是布线系统中连接器的一种，连接器由插头（水晶头）和插座（模块）组成，如图 1-31 和图 1-32 所示。

图 1-31　RJ45 插头

图 1-32　RJ45 插座

RJ45 插座、插头与双绞线端接有 T568A 或 T568B 两种结构。RJ45 水晶头针顺序号应按照如下方法进行编号：将 RJ45 插头正面（有铜针的一面）朝自己，有铜针一头朝上方，连接线缆的一头朝下方，从左至右将 8 个铜针依次编号为 1～8。

引针 1 至引针 8 对应线序如图 1-33 所示。

T568A：① 白-绿、② 绿、③ 白-橙、④ 蓝、⑤ 白-蓝、⑥ 橙、⑦ 白-棕、⑧ 棕。

口诀 1：绿蓝橙棕，浅色在前，三五互换。

口诀 2：白绿绿，白橙蓝，白蓝橙，白棕棕。

T568B：① 白-橙、② 橙、③ 白-绿、④ 蓝、⑤ 白-蓝、⑥ 绿、⑦ 白-棕、⑧ 棕。

口诀 1：橙蓝绿棕，浅色在前，三五互换。

口诀 2：白橙橙，白绿蓝，白蓝绿，白棕棕。

为达到最佳兼容性，制作直通线时一般采用 T568B 标准。两种国际标准并没有本质的区别，只是颜色上有区别。需要注意的是，在连接两个 RJ45 水晶头时必须保证：①、②脚对

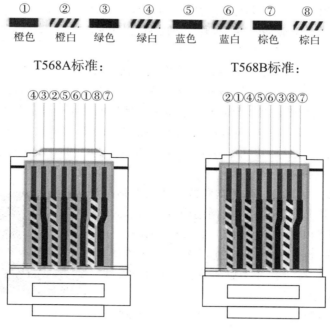

图1-33 线序

是一个绕对,③、⑥脚对是一个绕对,④、⑤脚对是一个绕对,⑦、⑧脚对是一个绕对。在同一个综合布线系统工程中,只能采用一种连接标准。制作连接线、插座、配线架等一般较多使用 TIA/EIA-568B 标准,否则,应标注清楚。

② 同轴电缆由一对导体组成,主要有基带同轴电缆(阻抗为 50Ω)和宽带同轴电缆(阻抗为 75Ω),如图 1-34 所示。

基带同轴电缆:用来直接传输数字信号,分为粗同轴电缆和细同轴电缆。粗同轴电缆适用于较大的局域网的网络干线,布线距离较长,可靠性高;但网络安装、维护比较困难,造价高。细同轴电缆安装容易,造价低;但受网络布线结构的限制,日常维护不太方便。

宽带同轴电缆:用于频分多路复用(FDM)的模拟信号发送、不使用频分多路复用的高速数字信号和模拟信号发送。闭路电视使用的 CATV 电缆就是宽带同轴电缆。

③ 光导纤维简称光纤,重量轻、体积小,如图 1-35 所示。使用光纤传输电信号时,需要在发送端先将光纤转换成光信号,然后在接收端由光检波器还原成电信号。光纤是利用内部全反射原理来传导光束的传输介质。

图1-34 同轴电缆

图1-35 光纤

多模光纤:使用的材料是发光二极管,价格便宜,定向性较差。

单模光纤:使用的材料是注入型二极管,定向性好,损耗少,效率高,传播距离长,但价格昂贵。

(2) 无线介质包括微波、激光、红外线等。

① 微波通信是在对流层视线距离范围内利用无线电波进行传输的一种通信方式,它沿直线传播,频率范围为2~40GHz。微波通信分为模拟微波通信和数字微波通信两种。我们经常听到的Wi-Fi,这一无线局域网技术的网络连接方式使用的就是微波通信技术。Wi-Fi使用的频段在2.4~5GHz范围内,这些频段都属于微波频段。Wi-Fi通过在这些频段内传输无线信号,实现了无线通信和互联网接入。另外蓝牙的工作频率约为2.4GHz,属于微波频段。因此,蓝牙也属于微波通信技术。

② 激光通信是一种高速、高带宽和低衰减的通信技术,具有广泛的应用前景。在计算机网络中,激光通信主要包括激光无线通信和激光卫星通信,如图1-36所示。

激光无线通信:利用激光光束进行无线数据传输,具有高速、高可靠性、抗干扰能力强等优点,适用于无线接入网络、无线移动通信等领域。

图1-36 激光

激光卫星通信:利用激光光束在卫星之间进行高速数据传输,具有高速、高带宽、低延迟等优点,适用于卫星通信、遥感、测绘等领域。

激光的优点是不需要敷设电缆,非常适合搭建公共场所的局域网;但缺点是对雨、雾、雷电等气候变化比较敏感。

③ 红外线通信是利用红外线进行的无线通信。红外线通信具有传输距离短、传输速率高、传输安全等特点,广泛应用于遥控器、红外线传输文件等领域。

5) 模拟信道和数字信道的区别

在电话通信中,模拟信道是指通过模拟技术将声音信号转换成电信号进行传输的通道。在传输过程中,信号会受到各种干扰导致失真,如噪声、衰减等。这些因素会导致信号的质量下降,从而影响通信质量。数字信道是指通过数字技术将声音信号转换成数字信号进行传输的通道。数字信号可以通过差错控制等手段进行纠错和恢复,从而提高通信质量和可靠性。

6) 调制和解调的概念

调制是指将模拟信号转换成数字信号的过程。在电话通信中,调制可以将声音信号转换成模拟电信号进行传输。解调是将模拟信号重新转换成数字信号的过程。在电话通信中,解调可以将模拟电信号转换成数字信号进行处理和分析。

7) 带宽和传输速率的关系

带宽是指信号在传输介质中所占据的频率范围。传输速率是指单位时间内传输的数据量。在数字通信中,带宽和传输速率是密切相关的,通常传输速率取决于信道的带宽和信噪比等因素。带宽越宽,传输速率越高,但是也会对信号的传输质量造成一定的影响。

8) 吞吐量的意义

吞吐量是指单位时间内传输的数据量。在数字通信中,吞吐量对于衡量通信系统的性能非常重要。一个高效的通信系统应该具有高带宽、低延迟、低丢包率等特点,从而可以实现高吞吐量的数据传输。

9) 奇偶校验和差错控制的应用

奇偶校验是一种简单的差错控制技术,用于检测数据传输中的错误。在奇偶校验中,发送端会将数据和一个校验位相加,从而得到一个奇偶性相应的校验码。接收端在接收到数据后,再次进行奇偶校验,如果校验码不一致,则表示数据传输中存在错误。差错控制还包括循环冗余校验(CRC)等技术,可以在数据传输过程中检测和纠正错误,提高通信的可靠性和抗干扰能力。

2. 数据通信系统

数据通信系统因应用和使用场景的不同,规模差别巨大。

最大的数据通信系统是 Internet,它是全球最大的计算机网络,连接了数十亿台设备和数以百万计的计算机网络。Internet 的规模之大,使其能够提供全球范围内的信息交流和互联互通,同时也带来了一系列的技术和安全挑战。

最小的数据通信系统可能是一个点对点通信系统,它是一种直接将信息从一个设备发送到另一个设备的简单数据通信系统,如通过 USB 将计算机和打印机连接起来实现打印功能,或通过蓝牙连接两个手机进行文件传输。

下面介绍几种数据通信系统。

1) 手机通信网络

手机通信网络是指现代手机使用的数据通信网络,它使用无线电波传输语音和数据。常见的手机通信标准包括 GSM、CDMA、LTE 等。4G 和 5G 是当前先进的手机通信标准,它们提供了更高的数据传输速度和更低的延迟。

4G(第四代移动通信技术):4G 技术使用长期演进(long-term evolution,LTE)技术来传输语音和数据。相比于早期的 2G 和 3G 网络,4G 提供了更高的数据传输速度,最高可以达到每秒数百兆比特(Mbit/s),同时延迟更低,可以实现更快的响应速度。4G 技术已经得到广泛应用,是现代移动通信的主流标准之一。

5G(第五代移动通信技术):5G 技术是目前最先进的手机通信标准,它使用高频率的无线电波(如毫米波)来传输数据和语音。5G 技术具有更高的传输速度和更低的延迟,最高可以达到每秒数千兆比特(Gbit/s),同时可以支持更多的设备连接和更复杂的应用场景。5G 技术已经开始商用,是未来数字通信系统发展的重要方向之一。

2) 公共交换电话网

公共交换电话网(public switched telephone network,PSTN)是一种基于有线电路的数字通信网络。PSTN 主要用于传输语音信号,是传统的固定电话网络。

3) 卫星广播系统

卫星广播系统是一种使用卫星传输信号的数据通信系统,它可以提供广播、电视、网络等多种服务。卫星广播系统通常使用地球同步卫星,覆盖范围广、信号稳定。

4) 无线电广播系统

无线电广播系统是一种使用无线电波传输信号的数据通信系统,它主要用于广播电台和电视台的信号传输。无线电广播系统通常使用调频(FM)或调幅(AM)技术,覆盖范围较小,但是在某些情况下具有很好的可靠性和传输质量。

民航信息素养实例

网线水晶头制作的方法

当使用局域网接入网络时都会用到水晶头,网络水晶头制作过程如下。

(1) 准备工具:RJ45 头、网线、剥线钳、压线钳和测试仪(可选)。

(2) 剥开网线的外皮,露出 8 根彩色线。使用剥线钳时要注意力度,不要损伤网线内层 8 芯绝缘皮,如图 1-37 所示。

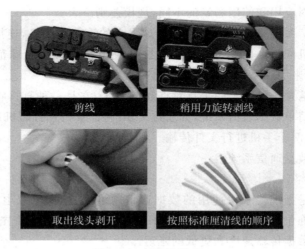

图 1-37　制作水晶头 1

(3) 将 8 根彩色线按照 T568B 标准的顺序排列,从左到右依次为橙白、橙、绿白、蓝、蓝白、绿、棕白、棕。

(4) 用手指捏紧,使其呈现出一条直线,并将网线剪齐。

(5) 将剪齐的 8 根彩色线插入 RJ45 水晶头中,注意要插到底部,不能留有空隙,如图 1-38 所示。

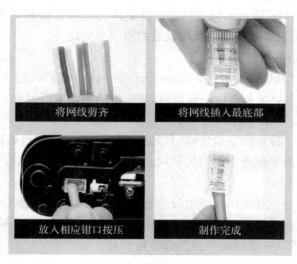

图 1-38　制作水晶头 2

(6) 用压线钳将 RJ45 水晶头压紧，使铜芯与插座充分接触。

(7) 重复以上步骤，制作另一端的 RJ45 水晶头。

(8) 使用测试仪检查网线是否正常工作。

1.4.2 计算机网络体系结构

计算机网络体系结构是指计算机网络层次结构模型，它是各层的协议以及层次之间的端口的集合。

1. 网络协议

网络协议（network protocol）是计算机网络中相互通信的对等实体之间为进行数据通信而建立的规则、标准或约定。它是一组使网络中的不同设备能进行数据通信而预先制定的一整套通信双方相互了解和共同遵守的格式和约定。

网络协议是由语义、语法、时序三个要素组成。

(1) 语义是解释控制信息每个部分的意义。它规定了需要发出何种控制信息，以及完成哪些动作与做出什么样的响应。

(2) 语法是用户数据与控制信息的结构与格式，以及数据出现的顺序。

(3) 时序是对事件发生顺序的详细说明（也可称为"同步"）。

人们形象地把这三个要素描述为：语义表示要做什么；语法表示要怎么做；时序表示做的顺序。

2. 开放系统互连参考模型

开放系统互连参考模型（open system interconnection reference model，OSI/RM）是国际标准化组织（ISO）和国际电报电话咨询委员会（CCITT）联合制定的，开放系统互连参考模型，为开放式互连信息系统提供了一种功能结构的框架。它从低到高分别是物理层、数据链路层、网络层、传输层、会话层、表示层和应用层。

下面以使用浏览器上网为例，用七层模型来描述这一过程。

通过这个模型，我们可以将浏览网页的过程分为七个层次来理解。第一是应用层，这个层次是指我们使用的应用程序，也就是浏览器。当我们要访问一个网站时，首先要在浏览器中输入网站的网址。第二是表示层，这个层次是指我们要将输入的网址转换成计算机能够理解的格式。此时，浏览器会使用 HTTP 将输入的网址转换成 HTTP 请求，这个请求是由 HTTP 报头和 HTTP 报文两部分组成的。第三是会话层，这个层次是指我们与目标网站进行通信时的会话。当向目标网站发送 HTTP 请求时，目标网站会返回一个 HTTP 响应，这个响应也是由 HTTP 报头和 HTTP 报文两部分组成的。通过这个过程建立会话，可以进行数据通信。第四是传输层，这个层次是指我们所使用的网络传输协议，也就是 TCP/IP。当我们发送一个 HTTP 请求时，这个请求会被 TCP/IP 分成多个数据包并发送到目标网站，目标网站会根据 TCP/IP 将这些数据包组合成一个完整的 HTTP 请求。第五是网络层，这个层次是指我们所使用的网络，也就是所连接的局域网或者互联网。当我们发送一个 HTTP 请求时，这个请求会经过多个路由器和交换机等设备，最终到达目标网站。第六是数据链路层，这个层次是指数据在物理层上的传输方式，也就是我们所使用的物理设备，如网卡、线缆等。当发送一个 HTTP 请求时，这个请求会被转换成一系列的电信号，并通过网卡和线缆等设备传输到目标网站。第七是物理层，这个层次是指数据传输的物理媒介，如光纤、电缆和无线等。综上所述,我们可以通过七层模型来分析浏览网页的全过程,从应用层到物理层一步步地深入理解。这不仅有助于我们了解计算机网络的工作原理,还能够帮助我们更好地优化浏览器的性能和网络连接的质量。简单总结如下。

(1) 物理层:通过物理层的传输介质(如电缆、光纤等)将数据传输到网络上。
(2) 数据链路层:将数据分割成数据包,并添加数据包头部和尾部,以便在网络上传输。
(3) 网络层:通过 IP 将数据包从源地址传输到目的地址。
(4) 传输层:使用 TCP 建立连接,传输数据,并保证数据的可靠性。
(5) 会话层:在客户端和服务器之间建立会话,以便在浏览器和服务器之间发送数据。
(6) 表示层:将数据转换为可读的格式,并进行加密和压缩等操作。
(7) 应用层:使用 HTTP 将请求发送给服务器,并接收响应,以显示网页内容。

当我们在使用网络进行其他操作时,其过程与使用浏览器访问网页是一样的。

3. TCP/IP 参考模型

传输控制协议/网际协议(transmission control protocol/internet protocol,TCP/IP)由它的两个主要协议即 TCP 和 IP 而得名。TCP/IP 并不一定单指这两个具体协议,而是表示互联网所使用的整个协议族。其中 IP 用来给各种不同的通信子网或域网提供一个统一的互联平台,TCP 用来为应用程序提供端到端的通信和控制功能。由于 OSI/RM 标准的制定与开发速度跟不上互联网的迅速发展,导致由厂商和市场推动的比较简单的 TCP/IP 体系结构成为互联网事实上的标准。

TCP/IP 共有四个层次,分别是网络接口层、网际层、传输层和应用层。TCP/IP 层次结构与 OSI 层次结构的对照关系如图 1-39 所示。

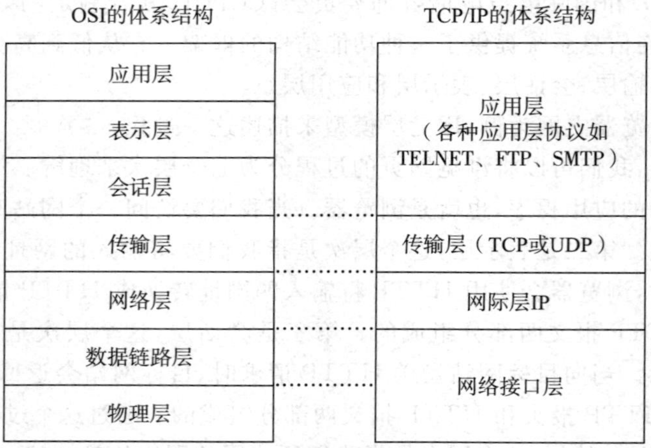

OSI的体系结构	TCP/IP的体系结构
应用层	应用层 (各种应用层协议如 TELNET、FTP、SMTP)
表示层	
会话层	
传输层	传输层(TCP或UDP)
网络层	网际层IP
数据链路层	网络接口层
物理层	

图 1-39 OSI 与 TCP/IP 对照图

可以看出,TCP/IP 模型将 OSI 模型的七层体系结构进行了合并,将应用层、表示层和会话层合并为应用层,将数据链路层和物理层合并为网络接口层,形成了更加简洁和实用的模型。

1) 应用层

应用层是最上层的协议层,在这一层的协议主要负责应用程序之间的通信和数据交换。常见的应用层协议包括如下几种。

（1）HTTP：超文本传输协议，是 Web 应用程序的基础协议。
（2）FTP：文件传输协议，用于在网络上传输文件。
（3）SMTP：简单邮件传输协议，用于在网络上传输邮件。
（4）DNS：域名系统，用于将域名转换成 IP 地址。

2）传输层

传输层主要负责数据传输的可靠性和正确性，它将数据分段传输，并对数据进行错误检测和纠正。常见的传输层协议有 TCP（transmission control protocol）和 UDP（user datagram protocol）。它们都是在网络通信中常用的传输层协议，有以下不同点。

（1）连接方式。TCP 是面向连接的协议，而 UDP 是无连接的协议。

（2）可靠性。TCP 提供可靠的数据传输，确保数据的正确性和完整性；而 UDP 不提供可靠的数据传输，数据传输过程中可能会出现丢包或乱序等问题。

（3）传输速度。UDP 的传输速度比 TCP 快，因为 UDP 不需要进行连接设置和错误校验等操作，数据包的头部信息也较小。

基于以上不同点，TCP 和 UDP 在应用场景上也有所不同：TCP 适用于对数据传输的可靠性要求较高的场景，如文件传输、电子邮件、网页浏览等，因为 TCP 可以确保数据的正确性和完整性，且可以提供流量控制和拥塞控制等功能，保证数据传输的稳定性和安全性；UDP 适用于对实时性要求较高的场景，如语音通话、视频直播、在线游戏等，因为 UDP 传输速度快，且不需要进行连接设置和错误校验等操作，可以尽可能地减少数据传输的延迟，保证数据的及时性和流畅性。

3）网际层

网际层主要负责数据包的传输和路由选择，将数据包从源主机传输到目的主机。常见的网际层协议有如下几种。

（1）IP：Internet 协议，是 TCP/IP 协议栈中最重要的协议之一，负责数据包的传输和路由选择。

（2）ICMP：Internet 控制消息协议，用于传输网络控制信息和错误消息，如 Ping 命令所用的协议。

（3）ARP：地址解析协议，用于将 IP 地址转换成 MAC 地址。

4）网络接口层

在 TCP/IP 中，网络接口层位于第一层。由于网络接口层兼并了物理层和数据链路层，故网络接口层既是传输数据的物理媒介，又可以为网络层提供一条准确无误的线路。常见的协议有如下几种。

（1）Ethernet：以太网协议，是最常见的局域网协议，用于在局域网中传输数据。

（2）Wi-Fi：无线局域网协议，用于在无线网络中传输数据。

（3）PPP：点对点协议，用于在拨号网络中传输数据。

使用浏览器访问网页的过程，用 TCP/IP 模型又是如何描述的呢？

（1）应用层。浏览器向服务器发送 HTTP 请求，请求网页的内容。

（2）传输层。使用 TCP 建立连接，进行数据传输，并保证数据的可靠性。

（3）网际层。使用 IP 将数据包从源地址传输到目的地址。

（4）网络接口层。通过物理传输介质（如电缆、光纤等）将数据传输到网络上。

在服务器端，数据的处理过程与上述过程相反，即从物理层到应用层逐层解析和处理数据。最终，服务器将 HTML、CSS、JavaScript 等文件发送回客户端，以便浏览器渲染网页。

民航信息素养实例

使用 HTTP 访问网页的全过程

在日常工作中，我们经常需要使用浏览器来访问网页，现在我们知道访问网页使用的应用层协议是 HTTP，在此过程中，浏览器就是客户端。当我们在浏览器地址栏中输入某网址后，客户端便向服务器发送请求，服务器接收请求后返回响应，浏览器上出现该网址的内容。这一过程具体如下。

1. 请求过程

客户端向服务器发送 HTTP 请求，请求消息由请求行、请求头和请求体组成。

（1）请求行：包括请求方法、请求资源的 URL 和 HTTP 的版本信息。

（2）请求头：包括请求的附加信息，例如请求的 User-Agent、Accept-Encoding 等。

（3）请求体：包括请求的数据，例如在 POST 请求中传输的表单数据。

2. 响应过程

服务器接收到请求后，根据请求的 URL 地址和请求方法进行处理，并返回响应消息给客户端。响应消息由状态行、响应头和响应体组成。

（1）状态行：包括 HTTP 的版本信息、状态码和状态码的描述信息。

（2）响应头：包括响应的附加信息，例如响应的 Content-Type、Content-Length 等。

（3）响应体：包括响应的数据，例如 HTML 文档、图片等。

3. HTTP 中常见的状态码

当我们收到服务器响应时，有时请求的网页找不到，浏览器会出现"404"的错误代码，如图 1-40 所示。那么在 HTTP 中有"404"还有哪些常见的状态码呢？

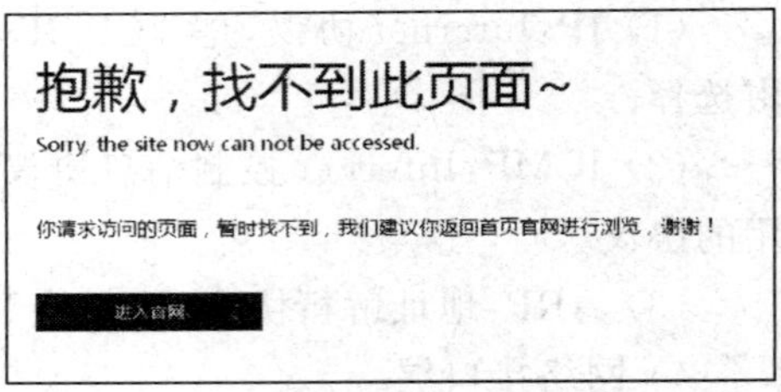

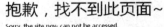

图 1-40　404 状态码

（1）1××：信息状态码，表示请求已被接收，继续处理。

（2）2××：成功状态码，表示请求已成功处理。

200 OK：请求成功，并返回请求的数据。

204 No Content：请求成功，但没有返回任何数据。

（3）3××：重定向状态码，表示请求的资源已被移动到其他位置。

301 Moved Permanently：请求的资源已被永久移动到其他位置。

302 Found：请求的资源已被暂时移动到其他位置。

（4）4××：客户端错误状态码，表示客户端请求有误。

400 Bad Request：客户端请求有语法错误。

403 Forbidden：客户端没有权限访问请求的资源。

404 Not Found：请求的资源不存在。

(5) 5××：服务器错误状态码，表示服务器处理请求时发生错误。
500 Internal Server Error：服务器内部错误。
503 Service Unavailable：服务器暂时无法处理请求，通常是因为服务器过载或停机维护。

1.4.3 计算机网络的分类

计算机网络的分类方式有很多种，可以按地理范围、传输介质、访问结构和拓扑结构等分类。

1. 按地理范围分类

1) 局域网

局域网（local area network，LAN）范围一般从几百米到10km 属于小范围内的联网。局域网是封闭型的，既可以由一个办公室内的几台计算机组成，也可以由一个公司内的上千台计算机组成。

2) 城域网

城域网（metropolitan area network，MAN）地理范围为10km～100km，可覆盖一个城市或地区，一个 MAN 通常连接着多个 LAN。

3) 广域网

广域网（wide area network，WAN）地理范围一般在几千千米，属于大范围联网。例如，几座城市、一个或几个国家是网络系统中最大型的网络，能实现大范围的资源共享，如 Internet。

2. 按传输介质分类

传输介质是指数据传输系统中发送装置和接收装置间的物理媒体。按传输介质分类，计算机网络可以划分为有线网络和无线网络两大类。

3. 按访问结构分类

1) 客户机和服务器结构

客户机和服务器（client/server，C/S）在客户机端只有安装客户端软件及相应环境后才能访问服务器（胖客户端）。传统的 C/S 结构虽然采用的是开放模式，但这只是系统开发一级的开放性，在特定的应用中无论是 Client 端还是 Server 端都还需要特定的软件支持。由于没能提供用户真正期望的开放环境，C/S 结构的软件需要针对不同的操作系统开发不同版本的软件，加之产品的更新换代十分快，已经很难适应百台计算机以上局域网用户同时使用，而且代价高、效率低。

2) 浏览器和服务器结构

浏览器和服务器（browser/server，B/S）在客户机端不用装专门的软件，只要一个浏览器即可（瘦客户端），B/S 结构如图 1-41 所示。B/S 结构是 Web 兴起后的一种网络结构模式，Web 浏览器是客户端最主要的应用

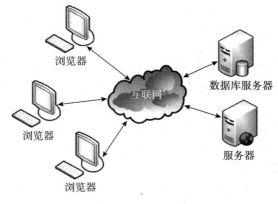

图 1-41　B/S 结构

软件。这种模式统一了客户端,将系统功能实现的核心部分集中到服务器上,简化了系统的开发、维护和使用。客户机上只要安装一个浏览器,如 Internet Explorer 或谷歌浏览器等。服务器安装 Oracle、MySQL 或 SQL Server 等数据库。B/S 结构通用浏览器实现了原来需要复杂专用软件才能实现的强大功能,节约了开发成本,是一种全新的软件系统构造技术,这种结构已成为当今应用软件的首选体系结构。

3) C/S 与 B/S 对比

B/S 架构是从 C/S 架构改进而来的,可以说是三层 C/S 架构,由此可见两者关系不一般。B/S 从 C/S 中脱离而出,后来随着 Web 技术的飞速发展以及人们对网络的依赖程度加深,B/S 成为当今流行的网络架构。两种架构都在各自岗位上发挥作用,它们各有千秋,都是非常重要的网络架构。在响应速度、用户界面和数据安全等方面,C/S 强于 B/S;但是在业务扩展和适用 WWW 条件下,B/S 明显胜过 C/S。可以这么说,B/S 的强项就是 C/S 的弱项,反之亦然。它们各有优缺点,相互无法取代。具体不同点见表 1-5。

表 1-5 C/S 与 B/S 的不同点

架构名称	C/S	B/S
硬件环境	专用网络	广域网
安全要求	面向相对固定的用户群,信息安全的控制能力强	面向不可知的用户群,对安全的控制能力相对较弱
程序架构	更加注重流程,系统运行速度可较少考虑	对安全以及访问速度都要有多重考虑,是发展趋势
软件应用	差	好
系统维护	升级难	开销小,方便升级
处理问题	集中	分散
用户接口	与操作系统关系密切	跨平台,与浏览器相关
信息流	交互性低	交互密集

4. 按拓扑结构分类

计算机网络拓扑结构(computer network topology)是指由计算机组成的网络之间设备的分布情况以及连接状态。

1) 星状结构

星状结构如图 1-42 所示,每个结点都由一个单独的通信线路连接到中心结点上。中心结点控制全网的通信,任何两台计算机之间的通信都要通过中心结点来转接。因此中心结点是网络的瓶颈。这种结构又称为集中控制式网络结构,这种结构是目前使用最普遍的拓扑结构,处于中心的网络设备跨越式集线器(hub)也可以是交换机。

优点:结构简单、便于维护和管理,因为当某台计算机或头条线缆出现问题时,不会影响其他

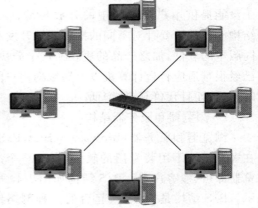

图 1-42 星状结构

计算机的正常通信,维护比较容易。

缺点:通信线路专用,电缆成本高,中心结点是全网络的可靠瓶颈,中心结点若出现故障则会导致网络的瘫痪。

2) 总线结构

网络上的所有计算机都通过一条电缆相互连接起来。

总线上的通信:在总线上,任何一台计算机在发送信息时,其他计算机必须等待。而且计算机发送的信息会沿着总线向两端扩散,从而使网络中所有计算机都会收到这个信息,但是否接收,还取决于信息的目标地址与网络主机地址是否一致。若一致,则接收;若不一致,则不接收。总线结构如图1-43所示。

优点:连接简单,易于安装,成本费用低。

缺点:传送数据的速度缓慢,共享一条电缆,只能有其中一台计算机发送信息,其他接收维护困难,因为网络一旦出现断点,整个网络将瘫痪,而且故障点很难查找。

3) 环状结构

环状结构是以一个共享的环形信道连接所有设备,称为令牌环。在环状结构中,信号会沿着环形信道按一个方向传播,并通过每台计算机。而且每台计算机都会在对信号进行放大后,传给下一台计算机。同时,在网络中有一种特殊的信号称为令牌,令牌按顺时针方向传输。当某台计算机要发送信息时,必须先捕获令牌,再发送信息,发送信息后再释放令牌。环状结构如图1-44所示。

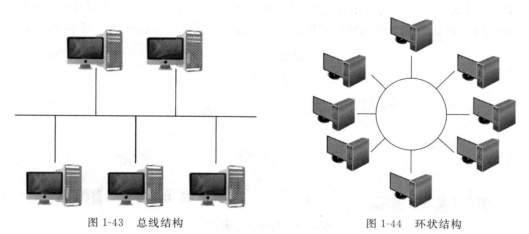

图1-43　总线结构　　　　　　　　图1-44　环状结构

优点:电缆长度短,环状结构网络所需的电缆长度和总线结构网络相似,但比星状结构要短。

缺点:结点过多时,影响传输效率。环状某处断开会导致整个系统的失效,结点的加入和撤出过程复杂。

4) 树状结构

树状结构是星状结构的扩展,它由根结点和分支结点构成,如图1-45所示。

优点:结构比较简单,成本低,扩充结点方便灵活。

缺点:对根结点的依赖性大,一旦根结点出现故障,将导致全网不能工作;电缆成本高。

5）网状结构与混合型结构

网状结构是指将各网络结点与通信线路连接成不规则的形状，每个结点至少与其他两个结点相连或者说每个结点至少有两条链路与其他结点相连。大型互联网一般采用这种结构，如我国的教育科研网 CERNET、Internet 的主干网都采用网状结构。网状拓扑如图 1-46 所示。

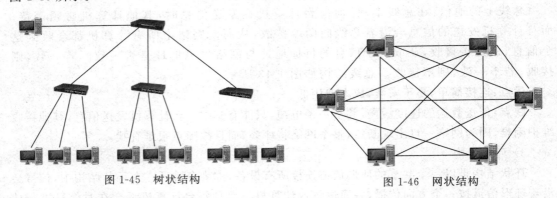

图 1-45　树状结构　　　　　　　　　　图 1-46　网状结构

优点：可靠性高，因为有多条路径，所以可以选择最佳路径，减少时延，改善流量分配，提高网络性能，但路径选择比较复杂。

缺点：结构复杂，不易管理和维护，线路成本高，适用于大型广域网。

混合型结构是由以上几种拓扑结构混合而成，如环-星状结构，它是令牌环网和 FDDI 网常用的结构；再如总线结构和星状结构的混合结构等。混合型结构如图 1-47 所示。

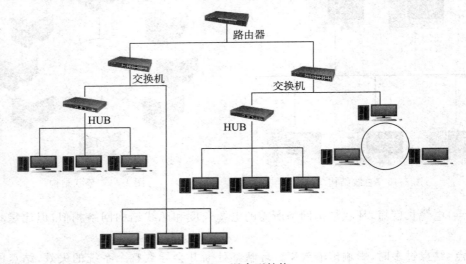

图 1-47　混合型结构

1.4.4　计算机网络常用互联设备

网络互联是指将分布在不同地理位置的相同或不同类型的网络通过网络互联设备（交换机、路由器等）相互连接，形成一个范围更大的网络系统，以实现各个网段或子网之间的数据传输、通信、交互与资源共享。

计算机网络常用的互联设备包括网卡、集线器(物理层)、交换机(数据链路层)和路由器(网络层)等。

1) 网卡

网卡(network interface card,NIC)也称网络适配器,是计算机与局域网相互连接的设备。

网卡的作用包括:一是将计算机的数据封装为帧,并通过网线(对无线网络来说就是电磁波)将数据发送到网络上;二是接收网络上其他设备传过来的帧,并将帧重新组合成数据,发送到所在的计算机中。具体如图 1-48 所示。

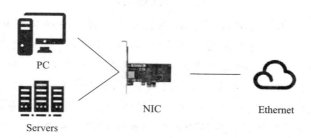

图 1-48　网卡的作用

无论是普通计算机还是高端服务器,只要连接到局域网,就需要安装一块网卡。如果有必要,一台计算机也可以同时安装两块或多块网卡。

2) 集线器(物理层)

集线器(hub)如图 1-49 所示,它组成的网络是共享式网络,每个端口连接的网络部分是同一个网络的不同网段,一个端口接收到数据后,将信号放大和再生,然后转发给其他所有处于工作状态的端口(广播信号)。集线器采用半双工方式,如果通过两个或多个端口输入,则输出时会发生冲突。

3) 交换机(数据链路层)

交换机如图 1-50 所示,它使用硬件来完成数据包的过滤、学习和转发过程的任务。交换机的每个端口都直接与每个主机相连。交换机采用全双工方式,能同时连多个端口,使每对相互通信的主机都能像独占通信媒体一样。交换机只知道 MAC 地址,并不识别 IP 地址。

图 1-49　集线器

图 1-50　交换机

4) 路由器(网络层)

路由器(router)如图 1-51 所示,它能理解数据中的 IP 地址,如果路由器接收到一个数据包,就检查其中的 IP 地址。如果目标地址是本地网络的就不理会(分组转发);如果是其他网络的目标地址,就将数据包转发

图 1-51　路由器

出本地网络(路由)。

路由器可以连接不同的网络,连接的网络之间是独立的。

目前 TCP/IP 网络全部是通过路由器互联起来的,Internet 就是成千上万个 IP 子网通过路由器互联起来的国际性网络。

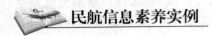 民航信息素养实例

民航数据通信网

随着航空运输业的不断发展,我国民航飞机在飞行过程中的实时动态以及相关的信息需要及时给予反馈,同时,需要将地面的有关信息及时传递给飞行中的飞机。过去不依赖于计算机数据的通信不论在安全性还是在效果上都存在着严重不足。针对这些问题,我国于 2005 年开始在民航通信中引入计算机数据通信系统,在试点机场获取成功之后逐渐推向全国的民用机场,实现了地对空、地对地通信一体化的计算机通信网络系统,让飞机与地面之间的通信更加高速、实时和可靠。现行的民航数据通信网就是全国范围内应用最广阔的通信网络之一。

1. 民航数据通信网

民航数据通信网总体网络构架包括传输网、IP 及 TDM 承载网、网络管理系统和网络安全系统等。

传输网是通信网底层物理网,提供传输通道,在总体架构上采用基于 MSTP 技术的层次化双星形网络架构,全网划分为核心层、汇聚层和接入层。业务承载网构建在传输网之上,构架民航 IP 承载网和 TDM 承载网,实现各类业务接入的有效承载。在网络接入层配置安全防护设备,在网控中心配置安全管理系统,在网络骨干节点配置入侵检测系统。网络管理系统采用分级部署、分级管理,在北京、上海网控中心建设一级网管,在 7 个地区空管局建设二级网管,在 37 个空管分局(站)节点设置监视终端。此外,还在北京网控中心部署实验测试、培训和运维分析管理系统以及在北京十里河空管机房配置全网应急容灾备份中心。

1) 传输网

传输网是民航通信网的底层物理传输网,提供传输通道,并实现中继资源的调度及业务的综合传送。传输网划分为核心层、汇聚层和接入层,设置了四个级别的节点:一级节点 2 个,分别设置在北京和上海网控中心;二级节点 14 个,设置在 7 个地区空管局、7 个区域管制中心;三级节点 37 个,设置在 37 个空管分局(站);四级节点 237 个,设置在民航局、民航局空管局、北京应急通信容灾中心、广州老白云空管通信楼、广州终端管制中心、上海终端管制中心、珠海进近管制中心、三亚区域管制中心、上海浦东机场航管楼、上海虹桥机场航管楼、首都机场航管楼、成都老航管楼、乌鲁木齐航管楼,以及 7 个地区管理局、41 个监管局、9 个地区空管局同城机场(含拉萨)、167 个民航地方机场。在各级节点分别配置了对应等级的传输设备。

北京网控和上海网控之间通过 622M 冗余互联,北京网控和各地区空管局之间通过 622M 互联,上海网控和各区域管制中心之间通过 622M 互联。地区空管局、区域管制中心分别和空管分局(站)之间通过 155M 互联;区域管制中心通过双 622M 互联至地区空管局,终端管制中心(三亚区管、珠海进近)通过双 622M 连接至地区空管局。空管分局(站)通过

双155M接入至地区空管局,监管局通过双155M接入至空管分局(站);航管通信楼通过155M中继接入本地汇聚节点;9个地区空管局同城机场(含拉萨)通过155M接入地区空管局,167个民航机场通过10M接入至传输网。

在北京网控中心区域和其他区域内,通过运营商或本地裸光纤连接DWDM节点形成区域内光环网,实现区域内大数据业务的交互,同时通过电信运营商线路与MSTP传输网相连,实现区域间的信息交互。

2) IP及TDM承载网

IP承载网构建在传输网之上,实现IP业务接入的有效承载。IP承载网承载的业务,包括民航电子政务视频系统、民航局运行决策视频系统、民航电子政务办公系统、民航档案信息管理系统、民航财务管理信息系统、民航电子政务异地灾备系统、民航公安安保系统、民航航班时刻信息系统、民航安全信息管理系统、民航人力资源管理系统、民航运输保障应用系统、民航飞行标准管理应用系统、民航空管行业安全审计管理系统、气象会商和气象数据库、航行情报信息系统、空管局视频系统、空管办公自动化和信息化互联、通用航空管理系统等,并针对以上业务的自身带宽需求及业务特性设计了服务质量(QoS)保障机制。

IP承载网的结构与传输网大致相同,也包括3个网络层次(核心层、汇聚层和接入层),共设置762个节点。其中,2个全网核心节点,设置在北京和上海网控中心;14个区域核心节点,设置在7个地区空管局以及7个区域管制中心;37个地区汇聚节点,设置在37个空管分局(站);709个业务接入节点,设置在民航局、民航局空管局、北京应急通信容灾中心(十里河)、2个终端管制中心、三亚区域管制中心、珠海进近管制中心、7个地区管理局、41个监管局、6个航管通信楼、2个地区空管局办公楼(华北、西北)、212个民航机场、31个航空公司以及403个空管台站。各级节点分别配置相应等级的IP业务接入路由设备。

(1) 路由、IP和组播策略。民航通信网所有网络节点位于一个自治域内,使用私有自治域系统(AS)号码65219。域间路由协议采用BGP,在AS边界通过EBGP控制路由的发送、接收、汇总和属性修改等。

IP地址规划和网络结构、路由协议、流量及业务规划等结合并与网络层次相对应。IP地址划分包括网络设备Loopback/管理地址、设备互联地址和业务地址。

网络建设初期采用PIM-SSM,当组播业务流量达到一定量级时,逐步采用PIM-SM平滑过渡。民航IP承载网路由器设备具备NGMVPN演进能力,实现组播数据流量和控制报文在BGP/MPLSIPVPN网络上的分层转发。

(2) 网络服务质量(QoS)策略。在民航数据通信网中,QoS在边缘完成业务的分类和标记,在核心根据QoS标记进行分类转发。结合网络的实际情况,在接入及边缘设备层、汇聚层和核心骨干层采用不同的QoS模型实现机制。

接入层采用DiffServ+IntServ混合模式的QoS策略,对于一般业务用DiffServ实现业务的分类、标记和聚合,重点保障业务通过IntServ模型实现端到端的QoS保证。

汇聚层采用DiffServ模型,实现队列调度和拥塞避免,完成对其他业务数据包的DSCP-EXP映射转换,同时根据数据包不同的DSCP或EXP值,使用PQ和WRR进行队列调度,并使用WRED进行拥塞避免。

核心层采用DiffServ模型,实现基于硬件的流量整形和拥塞避免机制,核心层使用WRED进行拥塞避免,在核心设备的所有端口实施MDRR和WRED。

报文分类一般按照 IP 报文头的 CoS(class of service,优先级字段)、VLANTAG 报文的 802.1p、MPLS 报文的 EXP、用户的优先级、复杂流分类等字段和方法。QoS 策略按照 DiffServ 模型和业务开展的需要在网络不同位置实施,原则上在网络边界实施分类标记和流量控制,在全网实施拥塞控制。民航 IP 承载网的服务质量保障方案设计以链路轻载方式为主,以区分服务(DiffServ)、快速路由收敛和快速重路由(FRR)等技术为辅,实现 QoS 保证。

(3) TDM 承载网。TDM 承载网满足甚高频话音、雷达、自动转报等业务的接入要求,支持 ADS-B、管制移交电话业务接入发展需要。TDM 承载网利用传输层实现与 IP 承载网的物理隔离,采用 IP 技术体制,经交换设备搭建骨干承载网,通过落地设备和接入设备搭建接入网。

TDM 承载网构架在传输网之上,其结构与传输网大致相同,共设置 681 个节点。其中:一级节点 16 个,设置在北京网控、上海网控、7 个地区空管局以及 7 个区管中心;二级节点 50 个,设置在民航局、民航局空管局、北京应急通信容灾中心、2 个终端管制中心、三亚区域管制中心、珠海进近管制中心、6 个航管通信楼、37 个空管分局(站);三级节点 615 个,设置在 403 个空管台站。各级节点分别配置相应等级的 TDM 承载设备。

3) 网络管理系统

在北京和上海设置两套异地互备的一级网管,负责全网的技术支持、全网协调、资源优化、电路配置和信息管理等;在 7 个地区空管局分别设置一套二级网管,负责各自辖区内的设备保障、电路配置等;在 37 个空管分局(站)分别配置网管监视终端,负责日常运维监视;在北京应急通信容灾中心(十里河)进行网管系统数据和运维数据的容灾备份。

网管系统的底层硬件平台是承载传输网管、IP 网、TDM 专业网络管理系统及综合网络管理平台的支撑系统,采用云计算虚拟化技术实现,系统包括网络层、服务器及存储层、业务功能区、广域网区域链路负载均衡和应用区域的应用负载均衡等各个区域层次。

4) 网络安全系统

在网络信息安全越来越受到重视的今天,民航通信网也针对网络信息安全的需要,在各级节点都配置了相应的网络安全设备。民航通信网配置的网络安全设备大体上可分为三类。

(1) 入侵检测系统。包括网络攻击检测系统、等级保护支撑服务系统,安装在北京网控中心,覆盖上海网控中心、北京应急通信容灾中心、各地区空管局、各空管分局(站)的三级设备旁路。

(2) 安全防护设备。包括安全访问控制设备、病毒过滤网关、综合安全网关和边界安全网关,安装在民航通信网的网络边界处,包括民航局、民航局空管局、北京应急通信容灾中心、北京网控中心、上海网控中心、各地区管理局、监管局、地区空管局、区域管制中心、终端管制中心、各空管分局(站)、地方机场以及航空公司等节点。

(3) 安全管理系统。包括网络安全管理系统、终端安全管理系统、病毒防护管理系统、安全设备网管及终端、运维堡垒主机、网络综合审计设备和网络身份识别等。安装在北京和上海网控中心以及各地区空管局。

2. 民航通信网的特点

作为一个覆盖全民航的专用通信网络,民航通信网覆盖面广,承载业务种类繁多。根据前述内容及网络设计原则,民航通信网具有以下几个特点。

1) 可靠性

为保障所承载的业务数据可以高效、高可靠地传输,民航通信网从网络架构层面、路由层面和硬件设备层面三个方面来考虑整体的网络架构可靠性。物理架构层面,重要节点全部配置双设备、双链路,以此保证整个骨干网在物理架构层面形成完全冗余的架构,同时还采用相应的路由技术实现整个路由的冗余和快速切换。路由架构层面,IP 承载网采用 MPLS-TE、FRR、BFD 等链路快速切换技术,当某条物理链路出现故障时,可以保证快速检测并快速切换至冗余链路进行数据传输,有效保障业务传输的实时性和可靠性;TDM 承载网采用设置冗余点到点隧道迂回路由的方式进行可靠性保障。设备性能层面,在重要节点配备高端设备,配置双引擎、双电源,重要业务通过配置双板卡等冗余保障机制来实现物理设备自身的冗余保障。

2) 安全性

民航通信网依据国家关于等级保护系统三级的要求,在全网部署综合安全防护体系及防护策略。根据各类节点的安全防护需求,在全网部署不同性能的安全设备。其中,高性能设备是安全访问控制设备、病毒过滤网关,部署在 IP 承载网中核心、汇聚节点的网络边界处;中等性能设备综合安全网关,可同时提供访问控制和病毒过滤功能,部署在地区管理局、监管局以及汇聚节点的网络边界处;边界安全网关,功能与综合安全网关相同,但性能略低,部署在接入层节点。

3) 实时性

为满足各类业务系统的带宽需求,民航通信网具有处理突发数据的实时传输能力,具备良好的服务质量(QoS)保障能力。QoS 设计根据不同的业务系统,对网络的不同需求分配不同的 QoS 保障策略,以保障不同业务对网络性能的需求。

4) 扩展性

民航通信网具备强大的网络扩展能力。一方面,系统预留了冗余带宽、接口、板卡等资源;另一方面,系统采用的组网技术也具备充分方便的扩展能力。

1.4.5 Internet 基础知识

Internet 是接有许多小的网络的国际性大网络,在各个小网络内部使用不同的通信机制,各个小网络之间是通过 TCP/IP 进行相互通信的。TCP/IP 是 Internet 的核心,它实现了计算机之间和局域网之间的信息交换,它的诞生使全球互联成为可能。

1. 超文本标记语言

超文本标记语言(hyper text mark-up language,HTML)是一种文档结构的标记语言,它使用一些约定的标记对页面上的各种信息(包括文字、声音、图形、图像、视频等)、格式以及超级链接进行描述。当用户浏览网页上的信息时,浏览器会自动解释这些标记的含义,并将其显示为用户在屏幕上所看到的网页,这种用 HTML 编写的网页又称为 HTML 文档。

1) 文本

文本(text)是可见字符(字母、数字、汉字、符号等)的有序组合,也就是普通文本。

2) 超文本

超文本(hypertext)包含文本信息、图形图像、视频和语音等多媒体信息,其中的文本包括:可以链接到其他文档的超文本链接;允许从当前正在阅读的文本的某个位置切换到超文本链接所指向的另一个文本的某个位置。这一切换跳转可能是在一个机器之间进行,也可能是在不同的机器之间进行。

3) HTML5

HTML5 是 HTML(超文本标记语言)的第五个版本,是 Web 标准的一部分,由 W3C(万维网联盟)制定。HTML5 是一种用于创建网页和应用程序的标准,引入了很多新的语言特性和 API(应用程序接口),使开发者能够更加灵活、高效地构建现代化的 Web 应用和网页。

HTML5 的主要特点包括语义化标签、多媒体支持、本地存储、Canvas 绘图、Web Workers、Web Sockets、拖放等。这些特性使 Web 应用的开发变得更加容易,同时也提高了 Web 应用的性能和用户体验。

HTML5 的目标是成为一个跨平台的开发平台,支持各种设备和操作系统,包括桌面、移动设备和其他嵌入式设备。HTML5 的出现也推动了 Web 应用的发展,使 Web 应用能够与桌面应用相媲美,为 Web 应用的未来发展奠定了坚实的基础。

以下是一个更加简单的 HTML5 网页示例,只包含一个标题和一个段落:

```
< IDOCTYPE html>
< html>
< head>
    < title> 我的网页< /title>
    < meta charset= "UTF-8">
</head>
< body>
    < h1> 欢迎来到我的网页! < /h1>
    < p> 这是我的第一个网页。< /p>
</body>
< /html>
```

2. WWW

经常有人把 WWW 与 Internet 混淆,WWW 是指万维网(world wide web),是一种基于互联网的信息交流方式,它通过超文本链接将不同的网页相互连接起来,形成一个由全球数十亿网页组成的巨大信息资源库。

Internet 是指全球范围内通过各种网络技术互相连接起来的计算机网络,它包含许多不同的服务和应用程序,如电子邮件、文件传输、远程登录等。

因此,WWW 是 Internet 上的一种应用程序,它是一种通过超文本链接将不同的网页连接在一起的技术,使得用户可以轻松地访问和浏览全球各地的网页。简而言之,WWW 是 Internet 上的一种应用,是 Internet 的一部分。

3. IP 地址

IP 地址是 TCP/IP 网络中用来唯一标识每台主机或设备的地址,目前 Internet 使用的地址都是 IPv4 地址,IPv4 地址由 32 位(共四个 8 位组)的二进制组成。32 位 IPv4 地址按 8 位一组分成 4 组,每组数值用十进制数表示,组与组之间用小数点隔开,每组的数值范围为 0~255。例如,210.47.247.10 就是网络上一台计算机的 IP 地址。

IP 地址分为两部分:左边网络编号部分用来标识主机所在的网络;右边部分用来标识主机本身,这部分称为主机地址。连接到同一网络的主机必须拥有相同的网络编号。

1) IP 地址的分类

根据 IP 地址的引导位(最高位)的不同,可将 IP 地址分为 A~E 五类,如图 1-52 所示。

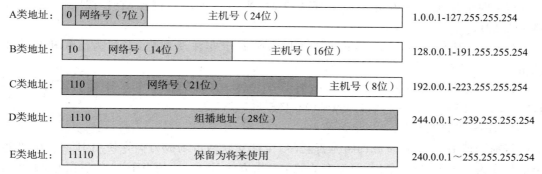

图 1-52　IP 地址分类

A 类地址是指在 IP 地址的四段号码中,第一段号码为网络号,剩下的三段号码为主机号。

B 类地址是指在 IP 地址的四段号码中,前两段号码为网络号,后两段号码为主机号。

C 类地址是指在 IP 地址的四段号码中,前三段号码为网络号,剩下的一段号码为主机号。

D 类地址的第一个字节以"1110"开始,是一个专门保留的地址。

E 类地址以"1111"开始。

2) 子网掩码

子网掩码(subnet mask)又称网络掩码,它用来指明一个 IP 地址的哪些位标识的是主机所在的子网,以及哪些位标识的是主机的位掩码。子网掩码不能单独存在,它必须结合 IP 地址一起使用。

不同类 IP 对应不同的子网掩码见表 1-6。

表 1-6　不同类 IP 对应不同的子网掩码

地址类	子网掩码类	子网掩码
A 类	11111111.00000000.00000000.00000000	255.0.0.0
B 类	11111111.11111111.00000000.00000000	255.255.0.0
C 类	11111111.11111111.11111111.00000000	255.255.255.0

3) 特殊 IP 地址

在 A、B、C 类中,有少量 IP 地址不可分配给主机,仅用于特殊用途,即特殊 IP 地址。特殊意义的地址有以下几种。

(1) 自测试地址。127.X.X.X 用来访问本机,一般使用 127.0.0.1。

(2) 全 0 地址。0.0.0.0 表示"本网络中的本主机",用于机器启动时与其他机器之间的通信,机器一旦知道自己的 IP 地址后就不再使用。

(3) 广播地址。网内编号位全部为 1 时,表示在本网络内进行广播。例如,181.121.255.255 表示将数据广播到网络 181.121 中的所有主机上。

(4) 有限广播地址。在不知道本网网络号时,可以用 255.255.255.255 地址来实现本网内的广播。

(5) 网络地址。网内编号位全部为 0 时,表示本网络。例如,181.121.0.0 表示网络 181.121。

(6) 私有地址。私有地址(private address)属于非注册地址,专门为组织机构内部使用。

以下列出留用的内部私有地址:A 类 10.0.0.0～10.255.255.255;B 类 172.16.0.0～172.31.255.255;C 类 192.168.0.0～192.168.255.255。

4) IPv6

目前全球 IPv4 地址资源即将全部耗尽,全球互联网市场极力倡导使用 IPv6。IPv6 地址的长度为 128 位,也就是说,可以有 2 的 128 次方的 IP 地址,相当于 10 的后面有 38 个 0,如此庞大的地址空间,足以保证地球上每个人拥有一个或多个 IP 地址。

(1) IPv6 数据包格式。IPv6 数据包有一个 40 字节的基本首部(base header),其后允许有 0 个或多个扩展首部(extension header),再后面是数据,格式如图 1-53 所示。

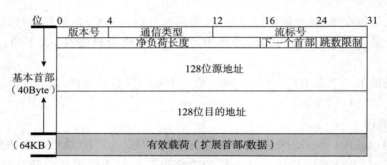

图 1-53　IPv6 数据包

(2) IPv6 基本类型有以下三类。

① 单播(unicast):传统点对点通信。

② 多播(multicast):一对多通信。

③ 任播(anycast):IPv6 新增的类型,终点是一组计算机,数据包只交付其中一个。

(3) 冒号十六进制记法。冒号十六进制记法是 RFC2373 中定义的首选格式。将 IPv6 的 128 位地址每 16 位划分为一段,每段被转换为一个 4 位十六进制数,并用冒号隔开,这种表示方法称为冒号十六进制表示法,下面是一个二进制的 128 位 IPv6 地址。例如:

00100000000000010000010000010000000000000000000000000000000000001
00000000000000000000000000000000000000000000000001000101111111111

将其划分为每 16 位一段。

0010000000000001 0000010000010000 0000000000000000 0000000000000001
0000000000000000 0000000000000000 0000000000000000 0100010111111111

将每段转换为十六进制数,并用冒号隔开。

2001:0410:0000:0001:0000:0000:0000:45ff

(4) 零压缩。上面的 IPv6 地址中有很多 0,有的甚至一段中都是 0,表示起来比较麻烦,可以将"不必要的 0"去掉。什么是"不必要的 0"? 以上面的例子来看,在第二个段中的 0410,可以省掉开头的 0,而结尾的 0 不能省。所以压缩表示后,这个段为 410。对于一个段中中间的 0,如 2001,不做省略;对于一个段中全部数字为 0 的情况,保留一个 0。根据这些原则,上述地址可以表示成如下形式:

2001:410:0:1:0:0:0:45ff

这仍然比较麻烦,为了更方便书写,RFC2373 中规定:当地址中存在一个或多个连续为 0 的段时,为了缩短地址长度,可用一个"::"(双冒号)表示,但一个 IPv6 地址中只允许有一个"::"。因此上述地址又可以表示为如下形式:

2001:410:0:1::45ff

4. 域名

尽管 IP 地址能够唯一地标识网络上的计算机,但 IP 地址是数字型的,用户记忆这类数字十分不方便,于是人们又发明了另一套字符型的地址方案,即域名(domain name)地址。

域名由两组或两组以上的 ASCII 或各国语言字符构成,各组字符间由点号分隔开,最右边的字符组称为顶级域名或一级域名,倒数第二组称为二级域名,倒数第三组称为三级域名,以此类推。顶级域名又分为三类:一是国家和地区顶级域名(country code Top-Level Domains,简称 ccTLDs),200 多个国家都按照 ISO 3166 国家代码分配了顶级域名,例如中国是". cn",日本是". jp"等;二是通用顶级域名(generic top-level domains,简称 gTLDs),例如表示工商企业的是". com",表示网络提供商的是". net",表示非营利组织的是". org"等;三是新顶级域名(New gTLD)如通用的是". xyz",代表"高端"的是". top",代表"红色"的是". red",代表"人"的是". ren"等 1000 多种。

IP 地址和域名是一一对应的,域名地址最右边的部分为顶级域名,最左边的是这台主机的机器名称。一般域名地址可表示为:主机机器名.单位名.网络名。例如,东航官网服务器 IP 地址为 122.228.26.48,域名为 www.ceair.com,www 代表 Web 网站主机名,ceair 代表东方航空公司,com 为顶级域名,代表商业机构。

域名地址的信息被存放在域名服务器(domain name server,DNS)的主机内,使用者只需了解易记的域名地址,其对应转换工作就留给了 DNS。DNS 就是提供 IP 地址和域名之间转换服务的服务器。

域名的命名规则如下:域名无大小写之分;域名最长为 255 个字符,每段最长为 63 个字符;域名只包含 26 个英文字母字和连词号"-"。

5. SMTP

简单邮件传输协议(simple mail transfer protocol,SMTP)是一组用于由源地址到目的地址传送邮件的规则,可以帮助计算机在发送或中转信件时找到下一个目的地。通过 SMTP 所指定的服务器可以把电子邮件寄到收信人的服务器上。

(1) SMTP 主要用于发送电子邮件。

(2) SMTP 通常用于电子邮件服务器之间的邮件传输。当发送电子邮件时,邮件服务器使用 SMTP 将邮件传输到收件人的电子邮件服务器上。

（3）SMTP可以通过身份验证确保发送邮件的人是其所声称的人。这有助于防止垃圾邮件和电子邮件欺诈。

6. POP3

POP3(post office protocol3,邮局协议的第3个版本)是规定个人计算机连接到互联网上的邮件服务器进行收发邮件的协议。POP3协议允许用户从服务器上把邮件存储到本地主机(即个人计算机)上,同时根据客户端的操作删除或保存在邮件服务器上的邮件。POP3服务器是遵循POP3协议的接收邮件服务器用来接收电子邮件。

POP3协议主要用于接收电子邮件。POP3协议将电子邮件从邮件服务器下载到本地计算机中的邮件客户端。这意味着可以在没有网络连接的情况下查看电子邮件。

POP3协议可以在下载电子邮件后从邮件服务器上删除它们,以便更好地管理电子邮件。

SMTP和POP3都是用于电子邮件的协议,SMTP主要用于发送电子邮件,POP3协议主要用于接收电子邮件。

7. IMAP

IMAP(internet message access protocol,互联网消息访问协议)是一种用于从远程服务器上收取电子邮件的协议。IMAP允许用户在电子邮件客户端和服务器之间同步,以便在多个设备上访问邮件时能够保持一致。

IMAP与POP3协议不同,它允许用户在服务器上管理电子邮件,而不是只能下载到本地计算机上。这意味着,当在电子邮件客户端上删除、移动或标记邮件时,这些更改会被同步到服务器上,从而可以在其他设备上看到相同的更改。IMAP还支持在多个文件夹中组织邮件,以及搜索和过滤邮件等高级功能。

IMAP的优点包括:可以在多个设备上同步邮件,无须手动管理多个邮件文件;可以在服务器上管理邮件,从而可以访问和处理所有邮件;支持高级功能,如搜索、过滤、组织邮件等。

总之,IMAP是一种用于从远程服务器上收取电子邮件的协议,它允许用户在多个设备上同步邮件,并支持高级功能。

> **小贴士：**
> QQ邮箱、163邮箱和Outlook邮箱都支持多种邮件协议。
> QQ邮箱、163邮箱都支持POP3、SMTP和IMAP,用户可以根据自己的需求选择使用不同的协议。
> Outlook邮箱除支持POP3、SMTP、IMAP外,还支持Exchange ActiveSync协议。Exchange ActiveSync协议是一种微软开发的用于移动设备的协议,可以在移动设备和Outlook邮箱之间同步电子邮件、日历、联系人和任务等信息。

8. 统一资源定位器

统一资源定位器(uniform resource locator,URL)是为标识Internet上资源位置而设的一种编址方式,平时所说的网页地址指的就是URL,它一般由三部分组成:

传输协议://主机IP地址或域名地址/资源所在路径和文件名

如以下网址就是互联网某网站上一张图片的URL地址:

http://www.tup.tsinghua.edu.cn/upload/bigbookimg3/097300-01.jpg

1.4.6 计算机接入 Internet

Internet 是指全球范围内通过各种网络技术互相连接起来的计算机网络。目前常用的 Internet 接入方式有以下五种。

1. 公用电话网接入

借助公用电话网(PSTN)接入的方式有调制解调器拨号接入和 ADSL 接入两种。

(1) 调制解调器拨号接入是窄带接入方法，就是通过电话线，利用当地的 ISP 提供的接入号码，拨通号码来接入 Internet，但是速率不超过 56kbit/s，使用比较方便，但是需要有电话线，而且上网占用的是语音频道，所以打电话和上网不能同时进行。

(2) 非对称数字用户环路(ADSL)接入，用户使用时先拨号建立连接，获取一个动态的 IP 地址，从而实现上网。ADSL 可以实现同时上网和打电话。

2. 有线电视接入

有线电视(CATV)接入方法利用了有线电视的电视网，通过有线电视网接入 Internet，通过线缆调制解调器连接有线电视网，进而连接到 Internet。

3. 局域网接入

局域网接入是将多台计算机组成一个局域网，局域网再接入 Internet。局域网接入分为共享接入和路由器接入两种方法。

(1) 共享接入是指多台计算机组成一个局域网，通过局域网代理服务器上网，局域网代理服务器上有两个网卡，对象分别是局域网内的计算机和 Internet。对外，局域网的网卡对应 Internet 的公网 IP 地址，由此获取网络；对内，局域网的网卡对应局域网内部使用的保留 IP 地址，供局域网内的计算机使用。就是说，共享接入时，局域网的计算机想上网只有一条路：先获取局域网内的保留 IP 地址，然后在局域网代理服务器中进行网络地址转换(NAT)，获取公网 IP 地址，最后通过公网 IP 上网。优点是安全性较高；缺点是当上网的主机较多时，访问 Internet 的速度会明显下降。

(2) 路由器接入是指通过路由器访问外网，会给一个用户分配一个单独的 IP 地址。路由器的一端接在局域网上，另一端与 Internet 相连，将整个局域网加入 Internet 中，形成一个开放式的局域网，这种方式会给局域网内每一个用户都分配一个 IP 地址。

4. 光纤宽带接入

光纤宽带接入是指通过光纤接入小区节点或楼道，再由网线连接到各个共享点上，提供一定区域的高速互联接入。光纤宽带接入的特点是速率高、抗干扰能力强，适用于家庭、个人或各类企事业团体。

5. 无线接入

无线接入 Internet 的两种主要方式为无线局域网方式和移动蜂窝网方式。

无线局域网(WLAN)是利用无线连接的局域网，它和传统局域网的区别就是使用复合 Wi-Fi 标准格式的无线电磁波连接并进行通信，而传统的局域网只使用网线连接，并没有本质的区别。

WALN 只能在一个有无线接入点的区域内实现，计算机通过无线网卡连接到无线接入点，无线接入点经由路由器接入 Internet。处于同一路由器下的各计算机可以看作物理上的局域网。

值得一提的是 WLAN 与 Wi-Fi 的关系为：事实上 Wi-Fi 就是 WLANA（无线局域网联盟）的一个商标,该商标仅保障使用该商标的商品互相之间可以合作,与标准本身没有关系,但因为 Wi-Fi 主要采用 802.11b 协议,因此人们逐渐习惯用 Wi-Fi 来称呼 802.11b 协议。从包含关系上来说,Wi-Fi 是 WLAN 的一个标准,Wi-Fi 包含于 WLAN 中,属于采用 WLAN 协议中的一项新技术。

移动蜂窝网是运营商建立的基站,可以覆盖整个城市甚至整个国家,使手机用户走到哪里都可以连接,并且解决了更大范围的信号覆盖问题,可以使终端用户从一个区域移动到另一个区域,而始终保持通信不中断。目前,客户端使用 SIM 卡进行认证授权计费,是一种收费的网络。例如,中国移动、中国联通、中国电信的 SIM 卡都是需要按月缴费的。

1.5 计算机网络安全

知识导入

网络安全是一个广泛而且复杂的话题,它包括网络攻击、数据泄露、恶意软件等多个方面。对于民航行业来说,保障网络安全显得尤为重要,因为民航行业的信息系统涉及航班安全、乘客信息、机场信息等重要数据,一旦被攻击或泄露就会造成严重的后果,甚至可能引发安全事故。

1.5.1 网络攻击的类型

网络攻击的类型可以分为多种,以下是常见的几种网络攻击。

1. DDoS 攻击

分布式拒绝服务（distributed denial of service,DDoS）攻击是通过大量恶意流量向目标服务器发送请求,导致服务器不可用,从而影响网站的正常访问。

DDoS 攻击可以采取多种形式,包括 ICMP 洪泛、SYN 洪泛、HTTP 洪泛等。攻击者可以使用不同类型的攻击来占用目标系统的网络带宽、处理能力或资源,使其无法为合法用户提供服务。

DDoS 攻击可能对受害者造成重大损失,包括服务停止、数据泄露、网络延迟、客户流失等。为了减轻 DDoS 攻击的影响,目标系统可以采取多种防御措施,包括网络设备配置、应用程序优化、流量分流等。

2. SQL 注入攻击

SQL（structured query language,结构化查询语言数据库）注入攻击是一种利用 Web 应用程序中未经过滤的用户输入,向后端数据库注入恶意 SQL 代码的攻击。攻击者通过操纵 SQL 语句,可以获取、修改、删除或添加数据库中的数据,甚至可以完全控制受害者的数据库服务器。

SQL 注入攻击通常利用 Web 应用程序中的漏洞,如不正确的输入验证、错误的参数过滤、不安全的数据库访问等。攻击者可以向 Web 应用程序发送带有恶意 SQL 代码的请求,从而绕过应用程序的身份验证和授权机制,对数据库进行非法操作。

为了避免 SQL 注入攻击,开发人员应该实施有效的输入验证和参数过滤,使用参数化查询或存储过程来执行数据库操作,以及使用最小特权原则来限制数据库用户的权限。此外,还可以使用安全开发框架和安全审计工具来帮助识别和防御 SQL 注入攻击。

3. XSS 攻击

XSS 攻击(跨站脚本攻击)是一种利用 Web 应用程序中未经过滤的用户输入,向其他用户注入恶意代码的攻击。攻击者可以通过向 Web 应用程序发送带有恶意脚本的请求,将这些脚本注入 Web 页面中,并在其他用户访问该页面时执行。

XSS 攻击通常分为反射型、存储型和 DOM 型三种类型。反射型 XSS 攻击是通过将恶意脚本注入 URL 中,诱骗用户单击链接来触发攻击;存储型 XSS 攻击是通过将恶意脚本注入 Web 应用程序中的数据库,然后当其他用户访问相关页面时执行;DOM 型 XSS 攻击是通过修改页面中的 DOM 元素,将恶意脚本注入页面中,再让其他用户访问时执行。

XSS 攻击可以导致多种危害,包括窃取用户信息、伪造用户操作、篡改网页内容等。为了防御 XSS 攻击,开发人员应该对用户输入进行过滤和转义,避免直接将用户输入作为 HTML、JavaScript、CSS 等代码输出到页面上。同时,还可以使用内容安全策略(content security policy,CSP)等安全机制来限制 Web 应用程序中的脚本执行。用户也可以通过禁用浏览器脚本执行、使用浏览器插件等方式来防御 XSS 攻击。

4. 物理攻击

1) 物理攻击的类型

物理攻击是一种利用物理手段攻击计算机系统或设备的攻击方式,通常包括以下几种类型。

(1) 窃听攻击。攻击者通过监听计算机系统或设备的物理信号(如电磁波、声波等)来获取敏感信息。

(2) 偷窃攻击。攻击者通过盗窃计算机系统或设备来获取其中存储的敏感信息。

(3) 破坏攻击。攻击者通过物理破坏计算机系统或设备来使其无法正常运行,或者擅自更改系统或设备的配置和参数。

(4) 内部攻击。攻击者通过擅自进入计算机系统或设备的内部,以获取或更改系统或设备中的敏感信息或参数。

(5) 拦截攻击。攻击者通过拦截计算机系统或设备之间的通信信号,以获取敏感信息或者篡改通信内容。

2) 针对物理攻击采取的措施

为了防御物理攻击,可以采取以下措施。

(1) 实施物理安全措施,如安装监控摄像头、闸机门禁、电子锁等。

(2) 加密敏感数据,防止窃听攻击。

(3) 限制设备的物理访问权限,并进行严格的身份验证和授权管理。

(4) 实施设备安全性检查,及时发现和修复可能存在的物理安全漏洞。

(5) 对内部人员进行安全意识培训,加强对物理安全的重视和保护。

5. 木马攻击

木马攻击是一种常见的网络攻击方式,它是指通过在目标计算机中植入木马程序,从而控制或监视目标计算机的操作。木马程序通常隐藏在看似无害的文件或软件中,一旦被用户下载或运行，就会悄悄地在计算机中安装并开始运行。

木马程序可以执行多种恶意操作，如窃取用户敏感信息、控制计算机、下载和安装其他恶意软件等。攻击者可以通过木马程序远程控制受感染的计算机，执行各种恶意行为，如窃取密码、监视用户活动、篡改文件等。木马程序通常很难被发现和清除，因为它们可以隐藏在系统进程中，而且可以随时自我更新和改变。

为了防御木马攻击，可以采取以下措施。
(1) 安装杀毒软件和防火墙，并定期更新病毒库。
(2) 注意安全下载和安装软件，不要下载来路不明的软件和文件。
(3) 禁止运行未知来源的软件，避免打开来路不明的邮件和附件。
(4) 定期检查系统安全漏洞，并及时更新系统和软件的补丁。
(5) 建立良好的安全意识，避免轻信不明来源的网站和信息。

6. 社会工程学攻击

社会工程学攻击是指利用社交技巧和心理学原理，通过与目标交互来欺骗或诱导目标进行某种行为，从而达到攻击的目的。社会工程学攻击通常不依赖技术手段，而是利用人的天性和社交行为来进行攻击。

社会工程学攻击可以采取多种形式，如钓鱼邮件、电话诈骗、假冒身份、假冒网站等。攻击者通过伪装成可信的身份，如银行工作人员、系统管理员、客服人员等，诱骗用户提供敏感信息，如账号、密码、信用卡信息等。攻击者还可以通过心理学原理，如诱惑、恐吓、感激等手段，来达到攻击的目的。

为了防御社会工程学攻击，可以采取以下措施。
(1) 建立良好的安全意识，学习社会工程学攻击的常见形式和防御方法。
(2) 建立多重身份验证机制，如密保问题、短信验证码、二次确认等，来验证用户身份。
(3) 不轻信来路不明的邮件和信息，避免单击不明链接和附件。
(4) 验证可信的身份和信息，如通过正式渠道联系银行工作人员、客服人员等。
(5) 定期备份重要数据，避免数据丢失和损坏。

7. 蜜罐攻击

蜜罐攻击是一种安全策略，它是指在网络中设置一个虚拟的、看似易受攻击的系统，用来吸引攻击者，并监控攻击者的行为，以便发现攻击者的攻击方式和手段，从而改进系统的安全性。

蜜罐通常模拟一些常见的漏洞和弱点，以吸引攻击者的注意力。攻击者会试图攻击这些蜜罐系统，从而暴露他们的攻击手段和方式，这些信息可以用来改进系统的安全性。蜜罐可以设置在内网或互联网上，它们既可以是真实的系统，也可以是虚拟的系统。

蜜罐攻击可以帮助组织发现安全漏洞和弱点，从而加强系统的安全性。但是蜜罐也存在一些风险和挑战，如蜜罐系统被攻击后可能影响到真实系统的安全，攻击者可能发现蜜罐的存在，并通过其他手段攻击真实系统等。

为了实施蜜罐攻击，需要考虑以下几个因素。
(1) 蜜罐的设置和配置，包括选择合适的蜜罐系统、设置蜜罐的漏洞和弱点、配置监控和日志记录等。
(2) 蜜罐的部署和管理，包括选择合适的部署位置、管理蜜罐的访问权限和监控、及时更新和维护蜜罐系统等。

（3）蜜罐的监控和分析，包括收集和分析蜜罐日志、检测和响应攻击事件、及时修复蜜罐漏洞等。

8. DNS 劫持攻击

通过篡改 DNS 解析记录，将用户的访问请求导向恶意网站或服务器。

DNS(domain name system，域名系统)劫持攻击是指攻击者通过篡改 DNS 解析记录的方式，使用户在访问目标网站时被重定向到攻击者控制的恶意网站。DNS 劫持攻击可以用来窃取用户的账号、密码等敏感信息，或者将用户引导到含有恶意软件的网站上，从而造成用户信息泄露和计算机系统被攻击的风险。

DNS 劫持攻击可以采用多种手段进行，如通过修改 DNS 服务器的解析记录、利用路由器漏洞或恶意软件等方式。攻击者可以伪造 DNS 解析记录，将目标网站的域名解析到攻击者控制的服务器上，从而欺骗用户访问恶意网站。DNS 劫持攻击还可以针对某些特定的网站或服务实施针对性的攻击，如在线银行、电子邮件等。

为了防范 DNS 劫持攻击，可以采取以下措施。

（1）使用可靠的 DNS 服务商，并及时更新 DNS 解析记录。

（2）使用 HTTPS 进行网站访问，以加密网站传输内容，防止被中间人攻击。

（3）使用 DNSSEC 协议，该协议可以对 DNS 解析记录进行数字签名，确保 DNS 解析记录的完整性和可信性。

（4）安装杀毒软件和防火墙，定期更新系统和软件补丁，从而防止恶意软件感染和利用系统漏洞进行攻击。

（5）避免使用不可信的公共 Wi-Fi 网络，以免遭受中间人攻击。

（6）定期检查路由器配置和固件，避免路由器漏洞被攻击者利用。

DNS 劫持攻击是一种常见的网络攻击手段，对于用户和企业来说都是一个严重的安全威胁。采取上述防范措施可以帮助减少 DNS 劫持攻击的风险。

以上是常见的几种网络攻击类型，网络攻击手段不断更新换代，需要不断加强网络安全防范和应对能力。

1.5.2 网络安全技术

网络安全技术主要有以下几种。

1. 防火墙技术

防火墙主要用于阻止未经授权的访问，可以根据 IP 地址、端口号、协议等参数来限制访问，针对 DDoS 攻击、木马攻击、蜜罐攻击等具有一定的防御能力。

2. 入侵检测技术

入侵检测技术主要用于检测网络中的异常活动，如 DDoS 攻击、SQL 注入攻击、XSS 攻击等，可以通过实时监控网络流量、日志分析等手段来发现异常行为。

3. 加密技术

加密技术主要用于保护数据的机密性，可以通过加密算法来对数据进行加密，从而防止黑客窃取敏感信息，如 SSL/TLS 协议用于保护网站的数据传输安全。

4. 身份验证技术

身份验证技术主要用于确认用户的身份,可以通过用户名、密码、指纹、人脸识别等方式来验证用户的身份,从而防止黑客通过欺骗等手段获取敏感信息。

5. 补丁管理技术

补丁管理技术主要用于修复系统漏洞,及时更新系统补丁,从而防止黑客利用漏洞进行攻击。

6. 安全审计技术

安全审计技术主要用于监测网络中的安全事件,如入侵、异常操作等,可以通过日志分析等手段来发现安全事件,从而及时采取措施进行应对。

以上是常见的几种网络安全技术,不同的技术可以针对不同的网络攻击进行防御和应对。

1.5.3 网络安全管理

网络安全管理主要包括以下几个方面。

(1) 安全策略制定:制定企业或组织的网络安全策略,明确网络安全目标和要求,规定网络安全的管理体系和相关流程。

(2) 安全意识教育:加强员工的安全意识教育,提高员工对网络安全的认识和应对能力,避免因人为因素造成的安全漏洞。

(3) 网络安全风险评估:对网络安全风险进行评估,识别和分析潜在的网络安全威胁和风险,制定相应的防范措施。

(4) 设备和系统管理:对网络设备和系统进行安全配置和管理,包括网络设备的防火墙、入侵检测系统、加密技术等。

(5) 日志审计和分析:建立日志审计和分析机制,对网络安全事件进行实时监控、报警、记录和分析。

(6) 安全事件响应:建立安全事件应急响应机制,及时对网络安全事件进行处置和恢复,降低安全事件对组织的影响。

(7) 安全漏洞管理:建立安全漏洞管理制度,及时发现和修复网络安全漏洞,防止黑客利用漏洞进行攻击。

(8) 第三方评估和认证:定期对网络安全进行第三方评估和认证,提高组织的安全水平和信誉度。

以上是网络安全管理的主要方面,通过综合利用这些措施,可以有效提高网络安全水平,保障组织信息的安全和可靠性。

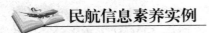

民航信息素养实例

航空公司网络安全案例

据美联社报道,管理着全球主要航空公司(超过 400 家航空公司,包括星空联盟和 OneWorld 会员)的机票处理和常旅客数据的 IT 服务公司——SITA(全球信息技术公司)宣布服务器被黑客入侵,攻击者使用了"高度复杂"的攻击手段,全球多家知名航空公司和航旅企业的顾客数据遭泄露。目前大约有十二家航空公司已经通知乘客,攻击者已经入侵了 SITA 的旅客服务系统(PSS)来访问他们的某些隐私数据,PSS 是 SITA 用来处理乘客从订票、登机和行李控制的一系列交易的关键业务系统。

在确认事件的严重性后,SITA 立即采取行动,已通知了受波及的几家航空公司:马来西亚航空、芬兰航空、新加坡航空、韩国济州航空,这些航空公司也就数据泄露发表了声明。

欧洲航空安全组织在最新一系列研究报告中使用了从其欧洲空中交通管理计算机应急响应团队(EATM-CERT)收集的数据,分析表明,2019~2020 年,经报告或确认的网络攻击数量增加 530%,2020 年航空公司共遭受了 775 次网络攻击,这一数字远远高于紧随其后的两个航空行业的总和,航空原始设备制造商仅 200 多家,机场仅 150 家。EATM-CERT 在报告中指出,这些攻击中的绝大多数(95%)是出于经济目的,有 55% 的攻击造成经济损失,有 34% 的攻击造成个人数据泄露。EATM-CERT 还对针对航空公司和其他公司的攻击类型进行了分类,发现 2020 年网络攻击以欺骗性网站和数据盗窃为主要目标。

这类事件的发生提醒我们"网络空间的安全是关系到国家安全的重要组成部分"。在网络安全方面要加强防范,定期进行安全审计,及时修补漏洞,加强数据加密保护,避免乘客个人信息被泄露。作为未来的民航人,我们学生当前要做的就是培养良好的信息素养,关注信息技术、计算机技术的更新换代,了解网络安全前沿动态,掌握必要的网络安全常识。

练 习 题

1. 计算机和互联网的使用是信息技术发展历程中的第_____次重大变革。
   A. 二 B. 三 C. 四 D. 五
2. 古代信息技术以_____为主要的信息存储手段。
   A. 影像 B. 文字记录 C. 语音 D. 手势
3. 信息技术的发展经历了五次重大变革,进入现代信息技术阶段的标志是_____。
   A. "信息爆炸"现象的产生 B. 电话的普及
   C. 互联网的出现 D. 电子计算机的发明
4. 现代信息技术的基础是_____。
   A. 光电子技术 B. 微电子技术
   C. 通信技术 D. 计算机技术
5. 现代信息技术主要指_____等技术。
   A. 新材料和新能量 B. 电子、微电子、激光
   C. 计算机技术、通信技术、控制技术 D. 信息传输和信息处理
6. 现代信息技术的内容包括数据获取技术、数据传输技术、_____、数据控制技术、数据存储技术和信息展示技术。
   A. 信息交易技术 B. 信息推广技术
   C. 数据处理技术 D. 信息增值技术
7. 根据计算机所采用的物理器件,其发展可分为电子管时代、_____、集成电路时代、大规模集成电路时代和超大规模集成电路时代。

A. 数据处理时代　　　　　　　　　　B. 过程控制时代
C. 晶体管时代　　　　　　　　　　　D. 网络时代

8. 数据通信的目的是交换_____。
   A. 信息　　　　B. 知识　　　　C. 内容　　　　D. 地址

9. _____是微波线路通信的主要缺点。
   A. 传输差错率大　　　　　　　　　B. 传输距离比较近
   C. 传输速率比较慢　　　　　　　　D. 只能直线传播，受环境条件影响较大

10. 数字信号传输时，传输速率 bit/s 是指_____。
    A. 每秒字节数　　　　　　　　　　B. 每分钟字节数
    C. 每秒通信的次数　　　　　　　　D. 每秒通过的位数

11. _____不是数据通信的主要技术指标。
    A. 完整率　　　B. 传输速率　　C. 差错率　　　D. 带宽

12. _____是数字信道带宽的单位。
    A. Hz　　　　　B. bit/s　　　　C. baud　　　　D. fps

13. 实现计算机资源共享是建立计算机网络的主要目的，计算机资源主要指_____。
    A. 软件与数据库　　　　　　　　　B. 服务器、工作站与软件
    C. 硬件、软件与数据　　　　　　　D. 通信子网与资源子网

14. 通常情况下，用户使用浏览器阅读邮件时，使用的是互联网的_____服务。
    A. FTP　　　　B. Telnet　　　C. DNS　　　　D. WWW

15. 以太网是专用于_____的技术规范。
    A. 局域网　　　B. 广域网　　　C. 城域网　　　D. 物联网

16. _____不属于按网络的覆盖范围进行分类。
    A. 局域网　　　B. 物联网　　　C. 城域网　　　D. 广域网

17. 城域网的英文缩写是_____。
    A. LAN　　　　B. MAN　　　　C. WAN　　　　D. CYW

18. 通常情况下，假设采用一台交换机作为中心节点把几台计算机连接成网络，那么此网络的拓扑结构是_____。
    A. 总线　　　　B. 星状　　　　C. 环状　　　　D. 网状

19. 通常情况下，学校的机房网络物理拓扑结构是_____。
    A. 总线　　　　B. 星状　　　　C. 网状　　　　D. 环状

20. 在 OSI/RM 的七层结构中，_____是从上往下的第三层。
    A. 传输层　　　B. 网络层　　　C. 表示层　　　D. 会话层

21. 在 OSI/RM 的七层结构中，从下往上传输层是第_____层。
    A. 2　　　　　B. 3　　　　　C. 4　　　　　D. 5

22. TCP/IP 的参考模型共分四层，其中最高层是_____。
    A. 网络层　　　B. 表示层　　　C. 会话层　　　D. 应用层

23. 网络地址转换技术很好地解决了_____问题。
    A. 网络入侵　　　　　　　　　　　B. 存储空间不足
    C. IP 地址紧缺　　　　　　　　　　D. 系统安装

24. _____不是正确的 IP 地址。
    A. 192.120.87.15
    B. 127.79.33.256
    C. 16.1.249.33
    D. 160.228.23.17
25. A 类 IP 地址的默认子网掩码是_____。
    A. 255.0.0.0
    B. 255.255.0.0
    C. 255.255.255.0
    D. 255.255.255.255

第二章 操作系统

知识背景

在之前的学习中我们已经对计算机的组成有了较为完整的了解,知道了计算机操作系统是应用软件与硬件的中间层,管理着计算机的资源和进程以及所有的硬件和软件。本章将对操作系统(operating system,OS)这一计算机上最基本也是最重要的系统软件作深入介绍,包括操作系统的基本概念、几个典型的操作系统的举例,最主要的是针对 Windows 10 这一常用操作系统,对其桌面、文件管理、应用程序管理等方面作详细介绍,旨在帮助学生更好地理解和掌握操作系统的基本概念和操作技巧。同时,针对民航从业人员在信息安全意识和应对能力方面的高要求,本章还增加了 Windows 10 信息安全、搜索与分析等方面的内容。

思政素养

通过本章的学习,学生将了解操作系统的由来及其分类,掌握操作系统的基本概念、操作和管理技能,熟悉几个典型操作系统的特点和应用场景,掌握 Windows 10 的基本操作和信息安全知识。通过提高学生的计算机操作能力和信息安全意识,引导学生树立正确的人生观、价值观和社会责任感,积极拥抱信息时代的变革和发展,为今后更好地融入数字化民航、数字化中国的建设打下坚实的基础。

2.1 操作系统简介

知识导入

本节首先从计算机操作系统(不特指 PC 上的操作系统)这个广义的角度展开对操作系统的概述,帮助学生在今后的学习工作中理解各种机型上的操作系统。通过本节的学习,学生将通过操作系统诞生的历史深入了解操作系统对于计算机的重要作用,从操作系统的功能演变理解操作系统的工作原理及其基本分类。

2.1.1 操作系统

1. 操作系统的由来

从 1946 年诞生第一台电子计算机以来,它的每一代进化都以减少成本、缩小体积、降低功耗、增大容量和提高性能为目标,随着计算机硬件的发展,同时也加速了操作系统的形成和发展。

最初的计算机没有操作系统,人们通过各种按钮来控制计算机,后来出现了汇编语言,操作人员通过有孔的纸带将程序输入计算机进行编译。这些将语言内置的计算机只能由制作人员编写程序来运行,不利于程序、设备的共用。为了解决这种问题,就出现了操作系统,这样就很好地实现了程序的共用,以及对计算机硬件资源的管理。

操作系统是软件的一部分,它是硬件基础上的第一层软件。作为用户与计算机硬件之间的桥梁,负责用户指令的"翻译",协调计算机系统资源,保证计算机内部工作有条不紊地进行。操作系统为计算机硬件和应用软件提供了一种中间层,使硬件和应用软件可以分离,让我们无须关注硬件的实现,可以把关注点更多地放在软件应用上。

纵观计算机的历史,操作系统与计算机硬件的发展息息相关。操作系统原是提供简单的工作排序能力,后为辅助更新更复杂的硬件设施而逐渐演化。从最早的批量模式开始,分时机制也随之出现,在多处理器时代来临时,操作系统随之添加了多处理器协调功能,甚至是分布式系统的协调功能。其他方面的演变也与此类似。另外,个人计算机的操作系统硬件越来越复杂,功能越来越强大,逐步实现了以往只有大型机才有的功能。

2. 操作系统的定义

操作系统是一组主管并控制计算机操作、运用和运行软硬件资源和提供公共服务来组织用户交互的相互关联的系统软件程序。

操作系统管理着计算机的硬件与软件资源,是计算机系统的内核与基石。操作系统负责配置内存、决定系统资源供需的优先次序、控制输入与输出设备、操作网络与管理文件系统等基本事务。操作系统的形态非常多样,不同机器安装的操作系统可从简单到复杂,也可从手机的嵌入式系统到超级计算机的大型操作系统。

2.1.2 操作系统的主要功能

从使用者角度来说,首先操作系统可以对计算机系统的各项资源板块开展调度工作,其中包括软硬件设备、数据信息等,运用操作系统可以减少人工资源分配的工作强度,使用者对于计算的操作干预程度减少,计算机的智能化工作效率可以得到很大的提升。其次在资源管理方面,如果由多个用户共同管理一个计算机系统,那么可能会有冲突矛盾存在于两个使用者的信息共享中。为了更加合理地分配计算机的各个资源板块,协调计算机系统的各个组成部分,需要充分发挥操作系统的职能,对各个资源板块的使用效率和使用程度进行最优的调整,使得各个用户的需求都能够得到满足。最后,操作系统在计算机程序的辅助下,可以抽象处理计算系统资源提供的各项基础职能,以可视化的手段来向使用者展示操作系统功能,降低计算机的使用难度。

归结起来,计算机操作系统的主要功能如下。

1. 进程管理

进程管理主要是进程调度,在单用户单任务的情况下,处理器仅为一个用户的一个任务所独占,进程管理的工作十分简单。但在多道程序或多用户的情况下,组织多个作业或任务时,就要解决处理器的调度、分配和回收等问题。

2. 存储管理

存储管理主要是指针对内存储器的管理。主要任务是:分配内存空间,保证各作业占用的存储空间不发生矛盾,并使各作业在自己所属存储区中不互相干扰。

3. 设备管理

设备管理是指负责管理各类外围设备(简称外设),包括分配、启动和故障处理等。主要任务是:当用户使用外部设备时,必须提出要求,待操作系统进行统一分配后方可使用;当用户的程序运行到要使用某外设时,由操作系统负责驱动外设。操作系统还具有处理外设中断请求的能力。

4. 文件管理

文件管理是指操作系统对信息资源的管理。在操作系统中,将负责存取的管理信息的部分称为文件系统。文件是在逻辑上具有完整意义的一组相关信息的有序集合,每个文件都有一个文件名。文件管理支持文件的存储、检索和修改等操作以及文件的保护功能。操作系统一般提供功能较强的文件系统,有的还提供数据库系统来实现信息的管理工作。

5. 作业管理

每个用户请求计算机系统完成的一个独立的操作称为作业。作业管理是对用户提交的诸多作业进行管理,包括作业的组织、控制和调度等,尽可能高效地利用整个系统的资源。

2.1.3 操作系统的分类

计算机的操作系统根据不同的用途分为不同的种类,从功能角度分析,分别有批处理操作系统、分时系统、实时操作系统、嵌入式操作系统、网络操作系统和分布式操作系统。

1. 批处理操作系统

批处理(batch processing)操作系统的工作方式是:用户将作业交给系统操作员,系统操作员将许多用户的作业组成一批作业,之后输入计算机中,在系统中形成一个自动转接的、连续的作业流,然后启动操作系统,系统自动、依次执行每个作业。最后由操作员将作业结果交给用户。

2. 分时系统

分时系统(time-sharing system)是指一台计算机采用时间片轮转的方式同时为几个、几十个甚至几百个用户服务的一种操作系统。由于时间间隔很短,每个用户的感觉就像自己独占计算机一样。

(1) 分时系统的特点:允许多个用户同时运行多个程序;每个程序都是独立操作、独立运行、互不干涉的,可有效增加资源的使用率。

(2) 批处理操作系统和分时系统的区别:在批处理操作系统中,一个作业可以长时间地占用 CPU;而在分时系统中,一个作业只能在一个时间片(time slice,一般取 100ms)的时间内使用 CPU。

3. 实时操作系统

实时操作系统(real time operating system)是指在一定时间限制内完成特定功能的操作系统。实时是指系统能及时响应外部事件的请求,在规定的时间内完成对该事件的处理,并控制所有实时任务协调一致地运行。

实时操作系统的特点是及时响应和高可靠性。

实时操作系统分类如下。

(1) 硬件实时操作系统,代表产品为 VxWorks。VxWorks 应用举例:中高档汽车中使用的气囊。当报告车辆碰撞的传感器中断 CPU 后,操作系统应快速地分配展开气囊的任务,并且不允许任何其他非实时处理进行干扰。晚一秒展开气囊比没有气囊的情况更糟糕。

（2）软件实时操作系统，代表产品为 Linux。Linux 应用举例：IPTV 数字电视机顶盒需要实时处理（解码）视频流，如果丢失了一个或几个视频帧，那么会造成视频的品质更差，但是只要做过简单的抖动处理的系统，丢失几个视频帧并不会对整个系统造成不可挽救的影响。

4. 嵌入式操作系统

嵌入式操作系统（embedded operating system）是将操作系统嵌入器件内部，为特定应用而设计的专用操作系统。

嵌入式操作系统的特点是：系统内核小、专用性强、系统精简、高实时性、多任务的操作系统、需要专门的开发工具和环境。

嵌入式操作系统可广泛应用于制造工业、过程控制、通信、仪器、仪表、汽车、船舶、航空、航天、军事装备、消费类产品等领域。例如，应用在智能手机和平板电脑中的 Android、iOS 等都属于嵌入式操作系统。

5. 网络操作系统

网络操作系统（network operating system）是基于计算机网络的操作系统，是使联网的计算机能方便、有效地共享网络资源，为网络用户提供所需各种服务的软件和有关协议的集合。功能主要包括：高效、可靠的网络通信；对网络中共享资源进行有效的管理；提供电子邮件、文件传输、共享硬盘、打印机等服务；网络安全管理；提升互操作能力。

网络操作系统的目标是用户可以突破地理条件的限制，方便地使用远程计算机资源，实现网络环境下计算机之间的通信和资源共享。例如，Novell NetWare 和 Windows NT 都是网络操作系统。

6. 分布式操作系统

分布式操作系统（distributed operating system）是分布式计算机系统配置的操作系统，能直接对系统中的各类资源进行动态的分配和调度、任务划分、信息传输协调工作，并为用户提供一个统一的界面和标准的接口，用户通过这一界面实现所需要的操作以及使用系统资源，使系统中若干台计算机相互协作完成共同的任务，有效地控制和协调诸任务的并行执行，并向系统提供统一、有效的接口软件集合。

分布式操作系统是网络操作系统的更高级形式，它既具有网络操作系统全部的功能，同时又具有透明性、可靠性、高性能等。

网络操作系统与分布式操作系统虽然都属于管理分布在不同地理位置的计算机，但两者最大的差别是：网络操作系统工作时必须确认网址，而分布式操作系统用户不必知道计算机的确切地址；分布式操作系统负责整个系统的资源分配，通常能够很好地隐藏系统内部的实现细节，如对象的物理位置、并发控制、系统故障等，这些对用户都是透明的。

2.2 典型的操作系统

知识导入

当今世界上主流的操作系统一般包括 Windows、UNIX、Linux、Mac OS、iOS、Android 等。本节将对以上几种典型操作系统作简要介绍。

2.2.1 Windows

1. Windows 概述

Windows 是美国微软（Microsoft）公司开发的个人计算机操作系统，以其优异的图形用户界面、强大的网络、多媒体技术支持、可靠的安全措施、便捷的操作方法，成为历史上最成功的桌面操作系统，奠定了微软在个人计算机（PC）操作系统领域的霸主地位。

微软于 1983 年开始研制 Windows 操作系统，自 20 世纪 80 年代初问世以来，Windows 操作系统版本不断更新，从昔日的 Windows 1.0、Windows 3x 系列、Windows 9x 系列、Windows 2000、Windows XP、Windows Vista、Windows 7、Windows 8 发展到 Windows 10、Windows 11。这些版本在用户视觉感受、操作灵活性、使用快捷性等方面不断地在提高。其中 Windows 10 恢复了"开始"菜单，新增了虚拟桌面的功能，任务栏中添加了全新的"查看任务"按键并拥有全新的 Microsoft Edge 浏览器。

Windows 10 的新特性如下。

1) 采用了多桌面、多任务、多窗口人机交互界面

Windows 10 增强了多窗口分屏功能，既可以在屏幕中同时摆放四个窗口，还可以在单独的窗口内显示正在运行的其他应用程序。Windows 10 还可以根据不同的目的和需要创建多个虚拟桌面。

2) 提供了全新的命令提示符功能

Windows 10 命令提示符的功能得到了加强，不仅直接支持拖动选择，还可以直接操作剪贴板，使用 Ctrl＋V 快捷键进行粘贴操作。

3) 提供了完整的触控功能

在旧版本 Windows 操作系统使用键盘、鼠标习惯的基础上，Windows 10 提供了完整的触控功能。

2. Windows 资源管理

Windows 的核心操作包括文件系统管理、磁盘管理和系统环境管理三大部分。

1) 文件系统管理

操作系统中负责管理和存储文件信息的软件机构称为文件管理系统，简称文件系统。文件是计算机内有名称的一组相关信息集合，如计算机中的一篇文章、一组数据、一段声音、一张图片等都是文件，任何程序和数据都是以文件的形式存放在计算机的外存储器（如磁盘等）上。磁盘上的文件具有自己的名字，称为文件名。文件名是存取文件的依据，文件的属性包括文件的名字、大小、类型、创建和修改时间等。

Windows 把文件按一定准则存放在不同的文件夹中，文件夹里除了包含文件外，还可以包含其他文件夹。被包含的文件夹称为子文件夹。文件夹由文件夹图标和文件夹名称组成。在 Windows 中，用户可以逐层进入文件夹。

有关 Windows 文件夹和文件的详细操作将在后续小节中作详细介绍。

2) 磁盘管理

磁盘管理主要是显示磁盘属性、格式化磁盘、磁盘复制和磁盘维护等。

3) 系统环境管理

Windows 在系统安装、配置、维护和管理方面提供了快捷方法。以 Windows 10 为例，

单击"开始"菜单选择"设置"命令就打开了"设置"窗口。使用"设置"窗口，用户可以设置诸如显示、蓝牙、打印机、Wi-Fi、屏幕保护程序、账户、时间和语言等功能。

2.2.2 UNIX

1. UNIX 概述

UNIX 操作系统是在美国麻省理工学院 1965 年开发的分时操作系统 Multics 基础上演变而来的。该系统原是 MIT 和贝尔实验室为美国国防部研制。

UNIX 为美国贝尔实验室的 Ken Thompson 和 Dennis Ritchie 在 DEC PDP-7 小型计算机系统上开发的一种分时操作系统。而后 Dennis Ritchie 于 1972 年使用 C 语言对 UNIX 操作系统进行了改写，同时 UNIX 操作系统在大学中得到广泛的推广。

UNIX 是一个功能强大、性能全面、多用户、多任务的分时操作系统，从巨型计算机到个人计算机等多种不同的平台上都有着十分广泛的应用。UNIX 操作系统目前已经成为大型系统的主流操作系统。

2. UNIX 系统架构

UNIX 操作系统通常被分成三个主要部分：内核、Shell 和文件系统，如图 2-1 所示。

1）内核

内核（kernel）是 UNIX 操作系统的核心，直接控制着计算机的各种资源，能有效地管理硬件设备、内存空间和进程等。

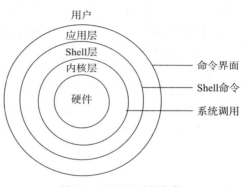

图 2-1 UNIX 系统架构

2）外壳

外壳（Shell）是 UNIX 内核与用户之间的接口，是 UNIX 的命令解释器。目前常见的 Shell 有 Bourne Shell（sh）、Korn Shell（ksh）、C Shell（csh）等。

3）文件系统

文件系统是指对存储在存储设备（如硬盘）中的文件进行组织管理，通常是按照目录层次的方式进行组织。每个目录包括多个子目录以及文件系统以"/"为根的目录。常见的目录有"/etc"（常用于存放系统配置及管理文件）、"/dev"（常用于存放外围设备文件）、"/usr"（常用于存放与用户相关的文件）等。

2.2.3 Linux

1. Linux 概述

Linux 操作系统于 1991 年诞生，是源代码开放的自由软件，目前已经成为主流的操作系统之一。已经在服务器、嵌入式系统和个人计算机等多个领域得到广泛应用。

Linux 系统由内核、Shell、文件系统和应用程序四个主要部分组成，一起形成了基本的操作系统结构，可以运行程序、管理文件并使用系统。系统架构如图 2-2 所示。

图 2-2 Linux 系统架构

1）Linux 内核

内核是操作系统的核心，由内存管理、进程管理、文件系统、设备驱动程序和网络管理等几部分组成，负责管理系统的进程、内存、设备驱动程序、文件和网络，决定着系统的性能和稳定性。

2）内存管理

Linux 为满足应用程序对内存大量需求这一问题，采用了"虚拟内存"管理方式，将内存划分为容易处理的"内存页"，以便充分利用有限的物理内存。

3）进程管理

进程实际是某特定应用程序的一个运行实体。在 Linux 系统中能够同时运行多个进程。Linux 通过在短的时间间隔内轮流运行这些进程而实现"多任务"。这一段的时间间隔称为时间片，让进程轮流运行的方法称为进程调度，完成调度的程序称为调度程序。以这种方式避免了进程之间的互相干扰以及"坏"程序对系统可能造成的危害。为了完成某特定任务，有时需要综合两个程序的功能。例如，一个程序输出文本，而另一个程序对文本进行排序。为此，操作系统还提供进程间的通信机制来帮助完成这样的任务。Linux 中常见的进程间通信机制有信号、管道、共享内存、信号址和套接字等。

4）文件系统

Linux 只有一个文件树，整个文件系统是以一个树根"/"为起点的，所有的文件和外部设备都以文件的形式挂结在这个文件树上，包括硬盘、软盘、光驱、调制解调器等，从而使不同的文件系统结合成为一个整体。这和以驱动器盘符为基础的 Windows 有很大的不同，也是 Linux 被公认为是一个简洁清晰的操作系统的重要原因。Linux 文件系统结构如图 2-3 所示。

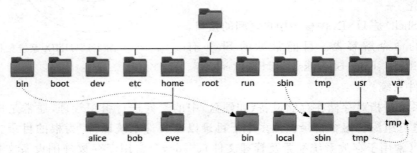

图 2-3　Linux 文件系统结构

5）设备驱动程序

设备驱动程序是 Linux 内核的主要部分。和操作系统的其他部分类似，设备驱动程序可以直接对硬件进行操作，其缺点是任何一个设备驱动程序出现错误，都可能导致操作系统崩溃。

6）网络接口

网络接口提供了对各种网络标准的存取和各种网络硬件的支持。网络接口可分为网络协议和网络驱动程序。Linux 内核的网络部分由 BSD 套接字、网络协议层和网络设备驱动程序组成。网络设备驱动程序负责与硬件设备通信。每种硬件设备都有相应的设备驱动程序。

2. Linux 与 UNIX

Linux 是一种 UNIX 的克隆系统,采用了几乎一致的系统 API 接口。Linux 和 UNIX 主要存在如下区别。

(1) UNIX 操作系统大多数是与硬件配套的,操作系统与硬件进行了绑定;而 Linux 可运行在多种硬件平台上。

(2) UNIX 操作系统是一种商业软件(授权费大约为 5 万美元);而 Linux 操作系统是一种自由软件,是免费的,并且公开源代码。

(3) UNIX 的历史要比 Linux 悠久,但是 Linux 操作系统由于汲取了其他操作系统的经验,其设计思想虽然源于 UNIX,但是要优于 UNIX。

(4) Linux 操作系统的内核是免费的;而 UNIX 的内核并不公开。

(5) 在对硬件的要求上,Linux 操作系统要比 UNIX 要求低;在对系统的安装难易度上,Linux 比 UNIX 容易得多;在使用上,Linux 相对没有 UNIX 那么复杂。

总体来说,Linux 操作系统无论在外观上还是在性能上,都与 UNIX 相同或者比 UNIX 更好。在功能上,Linux 仿制了 UNIX 的一部分与 UNIX 的 System V 和 BSD UNIX 相兼容。在 UNIX 上可以运行的源代码,一般情况下在 Linux 上重新进行编译后就可以运行,甚至 BSD UNIX 的执行文件可以在 Linux 操作系统上直接运行。

3. Linux 与 Windows

为什么 Linux 系统下的应用程序不能直接在 Windows 下运行? 其中一点是因为 Linux 系统和 Windows 系统的格式不同,格式就是协议,就是在固定位置有意义的数据。Linux 下的可执行程序文件格式是 elf,可以使用 readelf 命令查看 elf 文件头。Windows 下的可执行程序是 PE 格式,它是一种可移植的可执行文件。

还有一点是因为 Linux 系统和 Windows 系统的 API 不同,这个 API 是指操作系统的 API,Linux 中的 API 被称为系统调用,是通过 int 0x80 这个软中断实现的。Windows 中的 API 是放在动态链接库文件中的,也就是 Windows 开发人员所说的 DLL,这是一个库,里面包含代码和数据。Linux 中的可执行程序获得系统资源的方法和 Windows 不一样,所以显然不能在 Windows 中运行。

2.2.4 macOS

1. macOS 概述

macOS 是一套运行于苹果 Macintosh 系列计算机上的操作系统,也是首个在商用领域成功运行的图形用户界面操作系统。

Mac 系统是基于 UNIX 内核的图形化操作系统,一般情况下在个人计算机上无法安装该操作系统。该操作系统的最新版本为 OS 10,代号为 macOS X,如图 2-4 所示。

macOS X 操作系统界面非常独特,突出了形象的图标和人机对话方式。并且由于 Mac 的架构与 Windows 不同,所以很少受到病毒的袭击。

2. macOS 架构

macOS 架构采用系统软件和接口的分层结构,其中一层依赖它的下一层。并且 macOS 需要把不同的一组技术继承到一起,并将这套统一整合后的技术建立在一个高级内核环境的基础上。

Mac 系统把其操作系统分为四个层次，分别为应用层、应用框架层、核心框架层和达尔文框架层，如图 2-5 所示。

图 2-4　macOS 用户界面

图 2-5　Mac OS 架构

1）应用层

应用层包括用户能接触到的图形应用，如 Spotlight（系统自带搜索栏）、Aqua（Mac 计算机全新用户界面的名字）、SpringBoard（苹果 iDevice 的桌面）等。

2）应用框架层

应用框架层是开发人员接触到的 Cocoa 等框架。Cocoa 框架包括 Foundation 框架和 Application kit 框架；Cocoa Touch 框架是指 Foundation 框架和 UIKit 框架。Cocoa 框架用于 Mac OS X 桌面和笔记本电脑的应用程序开发，而 Cocoa Touch 框架用于 iPhone 与 iTouch 的应用程序开发。

3）核心框架层

核心框架层含各种核心框架，如 CoreFoundation、OpenGL（ios 是 OpenGL ES）等。

4）达尔文框架层

达尔文框架层也就是操作系统的核心，包括系统内核、驱动、Shell 等内容，这一层是开源的，所有源码都可以在 opensource.apple.com 里找到。这里的 Shell 就是命令行解释程序。

3. 对比 Windows 与 Mac

下面对苹果 Mac 和 Windows 的 PC 对这两类计算机作对比。

1）苹果的优势

（1）苹果产品拥有出色的外观设计，一直是引领数码产品设计的排头兵。苹果一直与高性能图形设计相关联。有一些用于图形设计的工具和应用程序也仅适用于 Mac。虽然大多数设计软件是为 Windows 设计的，但人们仍然认为 Mac 是视觉图像设计所必需的。

（2）续航时间长，优秀的触控板多指操作。

（3）由于苹果严格控制其设备上的软件，因此安装在系统上的危险软件要少得多。

但从目前 Windows 阵营的计算机的出货量来看，Windows 计算机毋庸置疑还是多数人的选择。

2) Windows 的优势

(1) Windows 的一大优势是价格。由于 Windows 计算机制造商众多,因此可以找到不同价位的设备。接近苹果产品价格的 Windows 计算机配置会更高,选择也更多。

(2) Windows 对触摸操作更友好。从 Windows 8 就开始以触摸屏为设计理念;笔记本电脑可以转换为平板电脑,台式机可以使用触摸操作,平板电脑可以像计算机一样使用。

(3) Windows 计算机更容易升级维护,对于不同的配件有更多的选择。如果 Mac 可升级,则只能升级内存和存储驱动器。Windows 用户可以从主板、处理器、内存、硬盘、显卡、声卡等众多组件中进行选择。这使 Windows 用户能够快速轻松地组装个人计算机或进行配置升级。

(4) 在硬件方面,Windows 还具有提供更多连接接口、接口类型,以及根据连接数量和类型选择系统功能的优势。

(5) 这一点对于喜欢玩游戏的朋友很重要,在 Mac 上运行游戏当然没问题,但不适合运行高性能游戏。游戏开发商主要为 Windows 开发,Windows 通常被认为更适合硬核游戏。

2.2.5 iOS

iOS 是由苹果公司开发的移动操作系统。iOS 与苹果的 macOS X 操作系统一样,属于类 UNIX 的商业操作系统。原本这个系统名为 iPhone OS,因为 iPad、iPhone、iPod iTouch 都使用 iPhone OS,所以在 2010 年的苹果全球开发者大会上宣布改名为 iOS。

1. iOS 的架构

iOS 的架构分为核心操作系统层(core OS layer)、核心服务层(core services layer)、媒体层(media layer)和可触摸层(cocoa touch layer)四个层次,如图 2-6 所示。

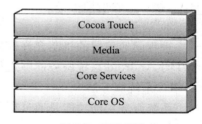

图 2-6 iOS 架构

1) 核心操作系统层

核心操作系统层包含核心部分、文件系统、网络基础、安全特性、能量管理和一些设备驱动,还有一些系统级别的 API。

2) 核心服务层

核心服务层提供字符串处理函数、集合管理、网络管理、URL 处理工具、联系人维护、偏好设置等核心服务。

3) 媒体层

媒体层的框架和服务依赖核心服务层,向可触摸层提供画图、声音、图片、视频等多媒体服务。

4) 可触摸层

可触摸层框架基于 iPhone OS 应用层直接调用,提供触摸事件、照相机管理等服务。

2. iOS 的优点

(1) iOS 与硬件的整合度高于 Android 系统。

(2) iOS 拥有最直观的用户体验。

(3) iOS 提供了强大的数据安全性保护能力。

（4）App Store 提供了海量应用程序供用户选择使用。

2.2.6 Android

Android 一词的本义指"机器人"，是 Google 于 2007 年基于 Linux 平台开发的开源手机操作系统名称，Android 不同版本的图标如图 2-7 所示。

Android 是基于 Linux 内核的操作系统，采用了软件堆层（software stack，又名软件叠层）架构，主要分为三个部分。底层 Linux 内核提供基本功能；其他的应用软件由各公司自行开发，部分程序用 Java 语言编写。目前 Android 已经跃居成为全球受欢迎的智能手机平台。该系统不但应用于智能手机，而且在平板电脑市场急速扩张。

图 2-7 Android 不同版本的图标

1. Android 系统架构

Android 系统架构分为五层，自上而下分别是应用程序框架（Application Framework）、进程通信层（Binder IPC）、系统服务层（Android System Services）、硬件抽象层（HAL）和 Linux 内核（Linux Kernel）。

1）应用程序框架

应用程序框架对于 App 开发者使用最为频繁。硬件开发者只需认识到这些 APIs 是 HAL 接口的映射即可。

2）进程通信层

进程间通信层的机制允许框架跨进程边界调用 Android 系统服务的代码，这使得框架 API 与 Android 系统服务能够进行交互。对于开发者来说，这种通信机制是隐藏的。

3）系统服务层

系统服务层的功能是通过框架 APIs 与系统服务通信，以实现底层硬件的访问。服务是模块化的，主要部件有 Window Manager、Search Service、Notification Manager。Android 包括系统服务（如 Window Manager、Notification Manager）和媒体服务（包括播放和录制的媒体服务）两类服务。

4）硬件抽象层

硬件抽象层定义了一个标准接口，用于硬件厂商的实现。HAL 允许功能实现，而不会影响或修改上层的系统。HAL 的实现被打包成模块".so"文件，并在适当时被加载进 Android 系统。

5）Linux 内核

开发设备驱动程序类似开发一个典型的 Linux 设备驱动程序。Android 使用 Linux 内核，再加上一些特殊的特性，如 Wake Locks、Binder IPC 驱动，以及用于移动嵌入式平台重要的其他功能。这些增加主要用于系统功能，而不会影响驱动程序的开发。

2. Android 平台的特色优势

1）开放性

Android 平台显著的开放性可以使每个应用程序调用其内部的任何核心应用源码。更多的开发者可以根据自己的需要自行定制基于 Android 操作系统的移动端产品,对于用户来说也可以获得更丰富的软件资源。

2) 开放的移动运营

在 Android 平台上,手机可以使用各种方式接入不同的网络,不再依赖运营商的控制,用户可以更加方便地连接网络。

3) 支持丰富的硬件

Android 平台支持丰富的硬件。众多厂商推出多种移动产品的差异和特色,不会对数据同步与软件的兼容性产生影响。

4) 应用程序平等

在 Android 平台中,其内部的核心应用与第三方应用之间的关系完全平等。用户能根据自己的喜好定制手机服务系统。Android 的应用程序框架支持组件的重用与替换,程序员也可以平等地调用其内部核心程序或第三方应用程序。

5) 无缝连接的 Google 应用

Android 平台手机将无缝结合诸如地图、邮件、搜索等 Google 服务。

随着 Android 系统的不断发展,未来的 Android 应用将会让人们的工作与生活更加方便、快捷。

民航信息素养实例

飞机操作系统

1. 飞机操作系统的主要功能

飞机操作系统是一种专门为飞机设计的实时操作系统,其主要功能是管理和控制飞机的各种系统和设备,保证飞机的正常运行和安全性。以下是飞机操作系统主要功能概括。

(1) 飞行控制:飞机操作系统可以控制飞机的姿态、高度、速度和航向等参数,实现飞机的自动导航、自动驾驶等功能。

(2) 系统管理:飞机操作系统可以监控和管理各种飞机系统和设备,如引擎、起落架、电气系统和液压系统等,确保它们的正常运行。

(3) 通信管理:飞机操作系统可以控制和管理飞机的通信设备和系统,如雷达、通信卫星和空对空通信等,实现飞机与地面、飞机与飞机之间的通信。

(4) 故障检测与诊断:飞机操作系统可以检测和诊断飞机系统和设备的故障,并提供相应的警告和提示信息,帮助机组人员快速排除故障。

(5) 数据存储与传输:飞机操作系统可以存储和传输各种数据,如航线数据、飞行数据和维修记录等,以便机组人员和地面人员进行分析和管理。

(6) 安全保护:飞机操作系统可以提供各种安全保护机制,如密码保护、访问控制和数据加密等,确保飞机系统和数据的安全性和保密性。

2. 典型的飞机操作系统

商用客机通常使用专门为航空业设计的自定义操作系统。例如,波音公司的 737、747、767、777 和 787 系列客机使用的是名为 Boeing 的操作系统;而空中客车公司的 A320、A330、A350 和 A380 系列客机使用的是名为 AFDX 的实时操作系统。

3. 飞机操作系统的特点

飞机操作系统和个人计算机用的操作系统的设计目的和使用场景都不同,因此它们的设计和实现也有所不同。不同之处主要体现在以下几方面。

(1) 实时性要求:飞机操作系统必须具有高度的实时性,以确保飞机能够快速响应飞行员的指令。相比之下,个人计算机用的操作系统不需要高度的实时性。

(2) 可靠性和安全性:飞机操作系统必须具有高度的可靠性和安全性,以确保在极端情况下系统不会崩溃或被攻击。相比之下,个人计算机用的操作系统更注重用户友好性和易用性。

(3) 资源限制:飞机操作系统通常具有严格的资源限制,包括内存和处理器速度。相比之下,个人计算机用的操作系统通常拥有更多的资源可供使用。

(4) 软件更新:飞机操作系统的软件更新需要经过严格的测试和验证,确保其不会对系统的安全性和稳定性造成影响。相比之下,个人计算机用的操作系统可以更容易地进行软件更新。

4. VxWorks 简介

VxWorks 是美国 Wind River System 公司(简称"风和公司")推出的实时操作系统,主要用于军工和航天领域,VxWorks 是一个功能强大且复杂的操作系统,是专门为嵌入式实时系统设计开发的操作系统,内核可以实现实时多任务调度、中断管理、实时的系统资源和任务通信;程序员更多的是在应用层上进行开发,基于 VxWorks 操作系统下的应用程序可以在不同的 CPU 平台移植。

VxWorks 系统主要包括任务管理、存储管理、设备管理、文件系统管理、网络协议及系统应用几大部分。

VxWorks 运行环境支持的 CPU 包括 PowerPC、68K、CPU32、SPARC、i960、x86 和 mips 等,同时支持 RISC、DSP 技术。

VxWorks 的微内核 wind 是高性能实时操作系统,主要特点包括快速多任务切换、抢占式任务调度、任务间通信多样化等。该内核与其他嵌入式实时操作系统相比,任务切换时间短、中断延时小、网络流量大,更加具有优势。

VxWorks 具有良好的兼容性,在不同的环境中可以方便移植;VxWorks 是最早兼容 POSIX1003.1b 标准的嵌入式实时操作系统之一。VxWorks 支持 POSIX1003.1b 规范以及 1003.1 规范的基本系统调用,主要包括进程原语、文件目录、I/O 原语、语言服务以及目录管理;此外,VxWorks 还遵循 POSIX1003.1b 的实时扩展的标准,包括异步 I/O、技术信号量、消息队列、信号、内存管理以及任务调度。

VxWorks 的 TCP/IP 协议栈部分在保持与 BSD4.4 版本的 TCP/IP 兼容的基础上,在实时性方面也有较大的提高,这使得基于 BSD4.4 UNIX Socket 的应用程序可以方便地移植到 VxWorks 中,并且网络的实时性得到提高。

2.3 获取 Windows

知识导入

在第一章中我们为民航某部门的新入职员工配置了计算机,经过对比分析,目前办公室主流的操作系统一般采用 Windows 系统,本节将以 Windows 10 为例(2022 年上海市高校信息技术水平考试所使用的操作系统版本)介绍操作系统的获取与安装。

2.3.1 获取 Windows 10

尽管现在大多数计算机能满足 Windows 10 的安装需求,但要想升级系统,特别需要查看是否满足以下条件。

(1) CPU 时钟频率至少为 1GHz 的处理器。

(2) 内存(RAM)为 1~2GB,Microsoft 推荐的是 4GB。

(3) 硬盘中至少有 16GB 的空间。

在系统安装过程中也要验证计算机硬件,并告知它是否符合 Windows 10 升级的条件。如果没有,则无法安装。

打开微软官方网站,如图 2-8 所示。

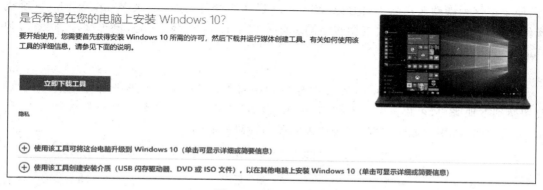

图 2-8　访问微软官网

单击"立即下载工具"按钮,下载完成后打开 MediaCreationTool(图 2-9)。

图 2-9　下载 MediaCreationTool

1) 选项 1

适用于已经预装了操作系统的计算机,可能为 Windows 早期版本(如 Windows 7),也有可能为较新版本 Windows 11。值得一提的是,如果是已经升级到 Windows 11 的计算机,如试用超过 10 天,无法通过"恢复"退回到 Windows 10。而 MediaCreationTool 可以通过全新安装的方式重新回到 Windows 10。

2) 选项 2

适用于还没有安装操作系统的计算机。此时需要一台已经联网的计算机,在该计算机上下载并运行 MediaCreationTool,选择选项 2 制作安装盘,然后根据引导在新计算机上进行安装。

2.3.2 Windows 10 账户

获取 Windows 后，首先面临的选择是本地账户还是微软账户。

1. 两种账户进行对比

本地账户就是 Windows 7 及更早版本的操作系统的账户。账户配置信息只保存在本机。本地账户在重装系统、删除账户时会彻底消失。使用本地账户无权访问应用商店、OneDrive。

Microsoft 账户是免费且易于设置的系统账户，用户可以使用自己所选的任何电子邮件地址完成该账户的注册。使用 Microsoft 账户的登录方式叫作联机登录，账户配置文件保存在云（OneDrive）。若重装系统、删除账户，并不会删除账户的配置文件；若使用微软账户登录第二台计算机，会为两台计算机分别保存两份配置文件，并以计算机品牌型号命名配置，便于记忆。微软账户除了可登录 Windows 操作系统外，还可登录 WindowsPhone 手机操作系统，实现计算机与手机的同步。同步内容包括日历、配置、密码、电子邮件、联系人和 OneDrive 等。

2. 两种账户的切换

在默认情况下，Windows 10 安装引导过程中将使用 Microsoft 账户进行登录，如果需要切换到本地账户，可单击"开始"按钮，弹出"设置"界面，再单击"账户信息"，如图 2-10 所示，最后单击"改用本地账户登录"按钮来完成两种账户的切换。

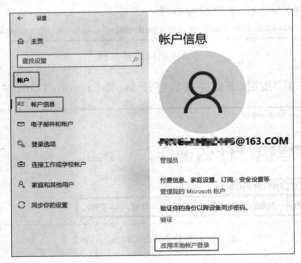

图 2-10 账户信息窗口

2.4 设置 Windows

知识导入

在 2.3 节中我们完成了 Windows 10 操作系统的安装与登录，为了更好地满足我们对工作与生活的需求，本节需要对 Windows 界面进行了解，并根据需要改变默认设置。

> **小贴士：**
> 值得一提的是，在 Windows 10 中既保留了 Windows 之前版本的"控制面板"，同时又可通过"开始""设置"来完成对系统的设置。有些功能两处都有，但有些只在一处。这就为用户带来了很多不便。如何规避这个问题？以下提供解决办法。

2.4.1 认识桌面

启动 Windows 10 后，系统将整个显示器屏幕作为工作桌面（简称桌面），如图 2-11 所示。在桌面上排放着许多操作对象，主要包括桌面图标、"开始"按钮、任务栏等内容。根据需要还可以加入虚拟桌面的多桌面功能。

1. 个性化

右击桌面空白处，在弹出的快捷菜单中选择"个性化"命令，可对桌面背景、开始菜单和任务栏进行设置。也可通过"开始"菜单，在弹出的"设置"界面中找到"个性化"，如图 2-12 所示。

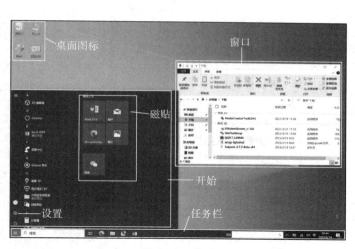

图 2-11 桌面

图 2-12 个性化菜单

2. 桌面图标

对于 Windows 的老用户，Windows 10 一个比较难适应的地方是桌面上默认只有"回收站"一个系统图标，没有"此电脑""网络""控制面板"等。没有这些图标会给用户带来很多不便，如何找到这些图标呢？

打开"个性化"中的"主题"，在弹出的界面中单击"桌面图标设置"，在弹出的"桌面图标设置"对话框中选中需要的复选框，如图 2-13 所示，即可完成桌面图标的添加。

"个性化"中的"主题"除了可对"背景""颜色""声音""鼠标指针"进行设置外，单击"桌面图标"还可添加需要的系统图标。

3. "开始"菜单

"开始"菜单包含了 Windows 的大部分功能，是操作计算机程序、文件夹和系统设置的主要入口。通过"设置""个性化"中的"开始"，可对"开始"菜单进行设置，如图 2-14 和

图 2-15 所示。根据这样的设置,"开始"菜单左窗格从下至上分别是电源、设置、文件资源管理器、下载和文档,如图 2-16 所示。单击"所有应用"时,显示已安装的所有程序列表,样式如同 Windows 7,应用程序按照英语字母顺序排列。

图 2-13 添加桌面图标

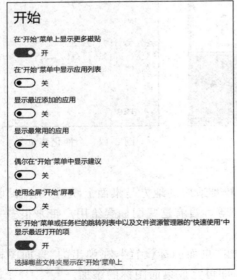

图 2-14 设置开始菜单(1)

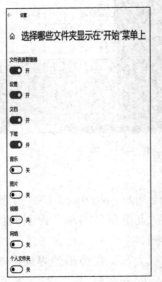

图 2-15 设置开始菜单(2)

图 2-16 开始菜单

磁贴(tile)是指"开始"屏幕中的应用程序图标,呈现矩形或正方形,并依次排列在"开始"屏幕界面中,单击"磁贴"可以启动相应的应用程序。用户可以调整磁贴的位置和形状,且能对磁贴进行命名、分组、添加和删除等操作。安装好一个新的应用程序后,计算机会自动将应用程序以磁贴的形式添加到"开始"屏幕中。对于经常需要打开的应用程序或内容

（如每天访问的网站、聊天的联系人或文件夹等），可以将相应的磁贴添加到"开始"屏幕上，从而快速找到它们。

通过鼠标单击"所有应用"列表中的某个程序，如图 2-17 所示，在快捷菜单中选择"固定到开始屏幕"，可在"磁贴"中添加该应用程序。如果想删除磁贴，可右击该磁贴，在弹出的快捷菜单中选择"从'开始'屏幕取消固定"命令。

图 2-17　添加"磁贴"

4. 任务栏

任务栏默认位于桌面的底部，呈现为水平长条，主要由搜索栏、任务视图、任务栏按钮、通知区域、显示桌面按钮等部分组成，如图 2-18 所示。

图 2-18　任务栏

1) 显示与隐藏

如同"开始"菜单，如图 2-19 与图 2-20 所示，用户可通过"设置""个性化"中的"任务栏"对其进行设置。例如，单击"选择哪些图标显示在任务栏上"可控制任务栏上通知图标的数量。

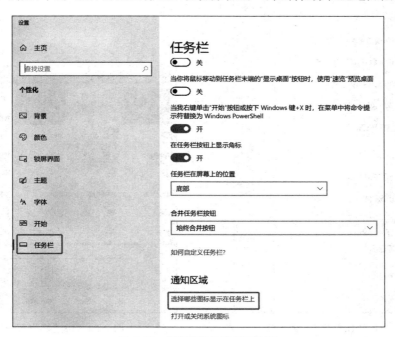

图 2-19　设置"任务栏"图标(1)

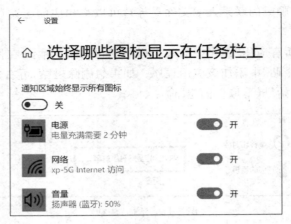

图 2-20　设置"任务栏"图标（2）

2）编辑快速操作

对任务栏的各组成部分进行显示或隐藏,可通过右击任务栏空白处在弹出的快捷菜单中设置,如图 2-21 所示。

在"设置""通知与操作"中单击"编辑快速操作",可对"快速操作"菜单中的按钮进行增减,如图 2-22 和图 2-23 所示。

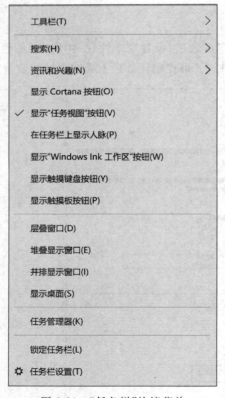

图 2-21　"任务栏"快捷菜单

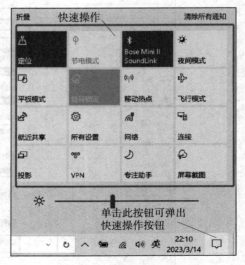

图 2-22　快速操作菜单

3）搜索框

"搜索框"可以通过 Ctrl＋S 组合键来打开。Windows 10 的搜索功能非常强大，除了能搜索本机上的文档、图片外，还可以用于搜索互联网上的软件、参考资料等，如图 2-24 所示。

图 2-23　编辑快速操作

图 2-24　搜索框

> **小贴士：**
> 　　上文我们提到在 windows 10 中的各种设置主要分布在"控制面板"与"设置"两处位置。有些设置两处都有，有些则只在一处，而且有时需要单击多级菜单，找起来非常费劲。有了"搜索栏"就可以直接搜索，例如："注册表编辑器""剪贴板设置"等。

5．虚拟桌面

在以往的 Windows 版本中，我们可以通过 Alt＋Tab 组合键在多个任务中进行切换。Windows 10 将之前的 Alt＋Tab 组合键切换任务模式重构为"任务视图"，同时引入了一种类似于 Linux 的高效桌面管理方法，称为"虚拟桌面"。

在 Windows 10 中创建一个虚拟桌面，就好像重新打开了一台计算机，在一个完全干净的桌面环境下工作。而之前的桌面打开的软件和文档依然保留，可以随时在多个不同的桌面环境中切换。

单击桌面任务栏的三方块图标 ，或者按 Windows＋Tab 组合键。再单击最右侧的"新建桌面"，就可以新建虚拟桌面了。

使用虚拟桌面的好处在于，当桌面软件和应用开得特别多时，如当窗口超过 7 个时，按 Alt＋Tab 组合键切换就会变得烦琐。有了"虚拟桌面"就可对这些窗口进行归类整理。

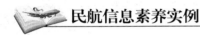 **民航信息素养实例**

虚　拟　桌　面

为了有更好的计算机使用体验，创建两个虚拟桌面：民航工作与生活娱乐。将 Word、PPT、论文查看的浏览器窗口归到民航工作桌面，将微信、酒店预订浏览器窗口、图片窗口归到生活娱乐桌面。

（1）单击"新建桌面"，如图 2-25 所示。

图 2-25　新建虚拟桌面

（2）单击微信窗口，拖动至生活娱乐桌面，如图 2-26 所示。

（3）使用快捷键可方便地在虚拟桌面间切换。

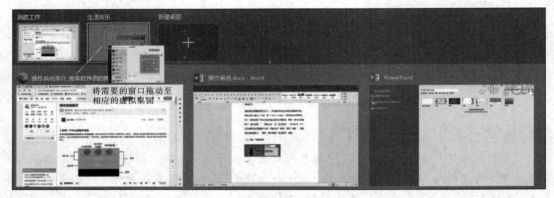

图 2-26　为虚拟桌面添加窗口

Windows＋Ctrl＋左键：切换到相邻左侧的虚拟桌面。

Windows＋Ctrl＋右键：切换到相邻右侧的虚拟桌面。

2.4.2　添加和删除软件

计算机操作系统在安装过程中一般已经完成了联网工作，所以安全软件的安装刻不容缓。下面介绍应用程序的管理。

1. 准备工作

下载安装软件前需要先了解该软件对于操作系统和硬件配置的需求，如处理器需要64 位还是 32 位、需要的操作系统最低版本是多少等。有些用户在安装一些专业软件（如 Dreamweaver）时发现部分功能缺失，这很有可能是因为该机器的操作系统为非专业版。

右击"此电脑"，在弹出的快捷菜单中选择"属性"命令，即可查看本机的系统配置情况。如图 2-27 所示的机器配置了 64 位处理器，安装了 Windows 10 专业版。

2. 下载并安装软件

安装程序的获取可通过复制的形式获得，也可通过软件厂商的官网直接获得最新版本。如需下载"火绒安全软件"：

（1）在"搜索框"中直接搜索"火绒"，在搜索结果中选择单击火绒官网。

（2）在页面找到"火绒安全软件"链接，单击下载。下载时浏览器可能弹出阻止消息，右击，在弹出的快捷菜单中选择"保留"命令，如图 2-28 所示。

（3）下载成功后单击"打开文件"，如图 2-29 所示，此时进入软件安装界面，只需根据引导一步步往下即可完成安装。

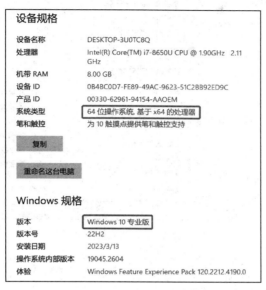

图 2-27　查看设备信息

图 2-28　保留下载的文件

图 2-29　打开文件

3. 使用软件

安装路径在"C:\Program Files(x86)\"文件夹下，通过右击"应用程序""HipsMain"，在弹出的快捷菜单中选择"发送到"中的"桌面快捷方式"命令即可在"桌面"添加"火绒"快捷方式，如图 2-30 所示。

此外通过右击"应用程序"，在弹出的快捷菜单中还可将软件添加到"开始"菜单的"磁贴"或者"任务栏"中。

安装完成后，计算机就在"火绒"的保护之中。如图 2-31 所示，通过在任务栏单击"隐藏的图标"找到该软件，再单击图标即可打开"火绒"进行"病毒查杀""垃圾清理""弹窗拦截""启动项管理"等操作，如图 2-32 所示。

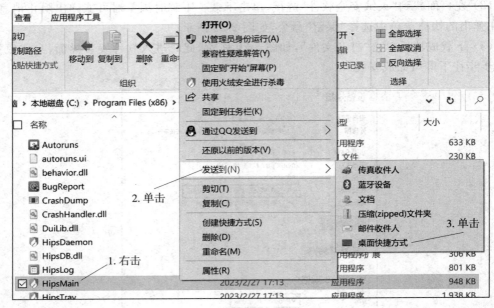

图 2-30 添加快捷方式

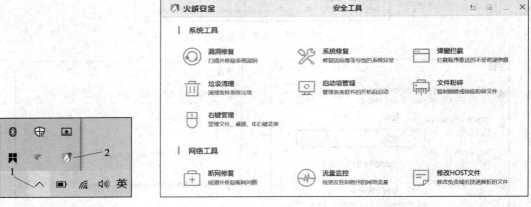

图 2-31 单击图标　　　　　　图 2-32 火绒安全软件

4. 关闭程序

正常情况下可以通过窗口右上角的 ✕ 按钮关闭程序,但如果出现程序未响应的情况,则需要通过"任务管理器"来进行强制关闭。右击"任务栏"空白处,在弹出的快捷菜单中选择"任务管理器"命令,或者按 Ctrl+Alt+Delete 组合键可打开它。选择需要关闭的程序,单击"结束任务"即可强制关闭应用程序,如图 2-33 所示。

5. 卸载软件

可以通过以下三种方法管理软件。

(1) 单击"控制面板"中的"程序",如图 2-34 所示。

(2) 在"开始"菜单"设置"中单击"应用",如图 2-35 所示。

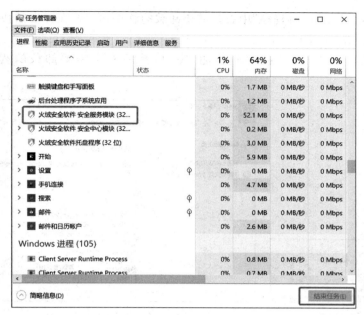

图 2-33　关闭任务

图 2-34　控制面板

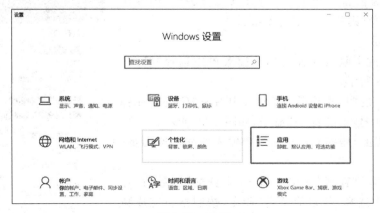

图 2-35　应用

(3) 在"开始"菜单"所有程序"中找到需要卸载的软件,右击,在弹出的快捷菜单中选择"卸载"命令,如图 2-36 所示。

通过以上三种方式打开"程序和功能"窗口,然后右击需要卸载的程序进行卸载,如图 2-37 所示。

图 2-36　右击应用程序

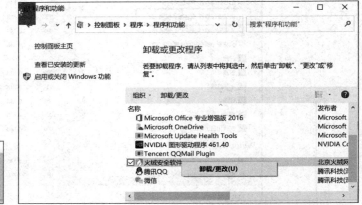

图 2-37　程序与功能窗口

2.4.3　分区

1. 分区的原因

Windows 10 是有必要分区的,因为分区对系统配置比较好,同时也方便保存数据,避免重装系统出现数据丢失等问题。

2. 分区的方法

第一个区(默认是 C 盘)用来安装操作系统,对于 Windows 10 来讲,大于 100GB 即可,一般的应用软件全部安装在 C 盘(大型游戏特别占用空间的这些应用除外)。

第二个区(D 盘)可用于存放用户数据,如文档、图片、安装文件及一些绿色软件。建议把用户的各种数据路径,如我的文档、我的音乐、我的图片等全部都转移到 D 盘。这些用户数据目录,其默认的路径都在 C 盘,如果系统出现问题,需要一键还原或者重装系统,所以这些数据必须提前备份出来,否则数据就会丢失;但如果修改路径到 D 盘,则重装系统时不会丢失。

3. 新建分区

(1) 右击"此电脑",在弹出的快捷菜单中选择"管理"命令,如图 2-38 所示。

(2) 在弹出的"计算机管理"窗口中右击"C 盘",在弹出的快捷菜单中选择"压缩卷"命令,如图 2-39 所示。

(3) 在弹出的"压缩 C:"对话框中输入压缩的空间量,如图 2-40 所示。

(4) 在"计算机管理"窗口中右击"未分配"区域,在弹出的快捷菜单中选择"新建简单卷"命令,按照指引完成新建,如图 2-41 所示。

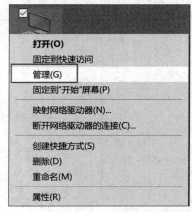

图 2-38　右击"此电脑"

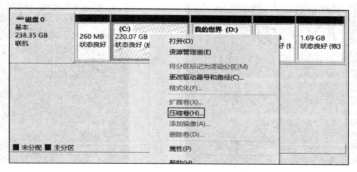

图 2-39　计算机管理窗口

图 2-40　输入空间量

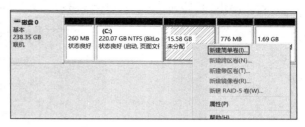

图 2-41　新建简单卷

2.4.4　添加和删除设备

1. 蓝牙设备

（1）在"搜索框"中输入"蓝牙"即弹出"蓝牙和其他设备设置"界面。也可以通过"控制面板"或者"设置"找到，如图 2-42 所示。

（2）单击"＋"添加蓝牙或其他设备，如图 2-43 所示。

图 2-42　搜索"蓝牙"

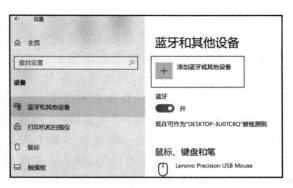

图 2-43　单击添加蓝牙设备

（3）单击"蓝牙"可用于添加鼠标、键盘、音箱等蓝牙设备，如图 2-44 所示。

（4）在设备列表中选择需要添加的蓝牙设备，如图 2-45 所示。

图 2-44 选择蓝牙设备

图 2-45 添加蓝牙设备

2. 添加打印机

(1) 在"搜索框"中输入"打印机",如图 2-46 所示。

(2) 单击"打印机和扫描仪",选择需要的打印机,再单击"添加设备",如图 2-47 所示。

图 2-46 搜索"打印机"

图 2-47 添加设备

(3) 添加完成后,单击"管理",可对打印机进行设置,如图 2-48 所示。

(4) 单击"打印首选项",在弹出的对话框中选中"双面打印"和"灰度打印"复选框,如图 2-49 所示。

如果打印设备不在列表中,例如需要将 Word 文档拿到其他计算机打印,但那台计算机没有安装 Office 软件。这时就可以通过"打印到文件"功能,将文档"打印"成 prn 文件保存到 U 盘。每个 prn 文件本质上都是由具体的某种打印机的打印命令组成的,即 prn 文件相当于一种针对特定打印机的驱动程序文件。具体操作如下:在上面的第(2)步操作后继续以下操作。

图 2-48 单击"管理"

(1) 单击"我需要的打印机不在列表中",如图 2-50 所示。

(2) 在弹出的"添加打印机"对话框中选中"通过手动设置添加本地打印机或网络打印机"单选按钮,如图 2-51 所示。

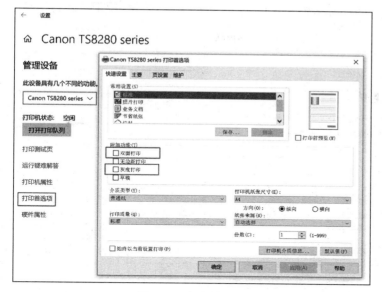

图 2-49 打印首选项

图 2-50 单击"我需要的
打印机不在列表中"

图 2-51 手动设置

(3) 单击"下一页"按钮,在弹出的对话框中选中"使用现有的端口"单选按钮,在弹出的下拉菜单中选择"FILE:(打印到文件)"命令,如图 2-52 所示。

图 2-52 打印到文件

（4）单击"下一页"按钮，在弹出的对话框中单击"Windows 更新"按钮，用于更新打印机列表，如图 2-53 所示。

图 2-53　Windows 更新

（5）在列表中选择需要的打印机型号，系统会自动下载相应的驱动程序。

（6）单击"打印测试页"按钮，这时会提示保存打印输出文件为".prn"格式的文件，如图 2-54 所示。

图 2-54　保存为"*.prn"格式文件

3. 添加显示器

当我们做某些工作时常常感到屏幕不够用，比如需要一边从网上查资料一边编辑文档时。使用 Windows 可以方便连接两个显示器。

iPad 之类的平板电脑现在基本是每个家庭的必备电子用品。那么可否使用 iPad 作为第二块屏幕呢？答案是肯定的。只需安装"EV 扩展屏"这类的软件即可实现。

（1）在计算机和 iPad 端分别安装"EV 扩展屏"，同时打开后即可完成连接，如图 2-55 所示。

（2）默认情况下，iPad 上会复制主显示器上的内容，在计算机端"设置""系统""屏幕"中更改为"扩展这些显示器"。通过设置还可调整 iPad 为"竖屏"还是"横屏"。此时即可在两个屏幕协同工作，如图 2-56 所示。

图 2-55　EV 扩展屏

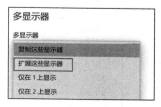

图 2-56　扩展显示器

2.4.5　接入互联网

Windows 的安装引导过程中已经完成了网络接入，但当更换计算机使用地点时，往往需要对网络进行重新设置。通常分为无线接入和有线接入两种方式。

1. 无线接入

（1）单击任务栏通知区域的"网络图标"，如图 2-57 所示。

（2）在弹出的快捷菜单选择需要接入的无线网络，单击"连接"即可。

当我们去到没有 Wi-Fi 的环境，还可通过连接手机热点来接入互联网。

（3）打开手机"设置"，单击"个人热点"，如图 2-58 所示。

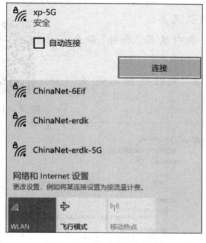

图 2-57　单击网络图标

图 2-58　打开"设置"

（4）在"个人热点"中选择"允许其他人加入"，如图 2-59 所示。为了安全起见，可重新设置密码。

（5）在计算机"任务栏"单击通知区域的"网络图标"，如图 2-60 所示。选择手机热点进行接入。

图 2-59　打开个人热点

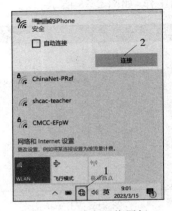

图 2-60　单击网络图标

2. 有线接入

在使用有线接入时，需要先将网线的水晶头插入计算机的网卡接口，然后对计算机进行网络设置。

民航信息素养实例

网络设置

假设你刚入职民航企业的某部门，单位给你配置的新计算机需要通过有线方式接入单位局域网，请将本机的 IP 地址设置为 10.24.2.224，子网掩码设置为 255.255.255.0，默认网关设置为 10.24.2.253，DNS 服务器地址设置为 10.1.1.6。配置完成后使用 ipconfig 命令查看当前网络配置，并使用"ping"命令测试是否能 ping 通默认网关。

（1）右击桌面图标"网络"，在弹出的快捷菜单中选择"属性"命令，如图 2-61 所示。

（2）在弹出的"网络和共享中心"窗口中单击"更改适配器设置"，如图 2-62 所示。

微课：《网络设置》

图 2-61　右击"网络"

图 2-62　网络和共享中心

(3) 在弹出的窗口中右击"本地连接",在弹出的快捷菜单中选择"属性"命令,如图 2-63 所示。

(4) 在弹出的"本地连接-属性"对话框中选择"Internet 协议版本 4(TCP/IPv4)"命令,如图 2-64 所示。

图 2-63 本地连接

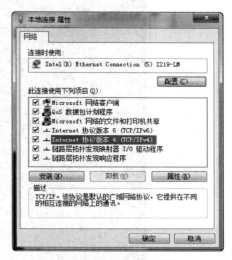

图 2-64 本地连接属性

(5) 单击"属性"按钮,在弹出的"Internet 协议版本 4(TCP/IPv4)属性"对话框中设置网络属性,如图 2-65 所示。

(6) 测试网络,具体分为以下三点。

① 在"搜索框"中输入"CMD"打开"命令提示符",如图 2-66 所示。

② 在弹出的"管理员:命令提示符"窗口中输入"Ipconfig/all"获取 Windows IP 配置,如图 2-67 所示。由此可知当前计算机是通过无线局域网适配器连接到无线网络的,内网 IP 地址为 10.24.2.224,默认网关为 10.24.2.253。如果无法接入互联网,首先就要测试与默认网关是否相通。

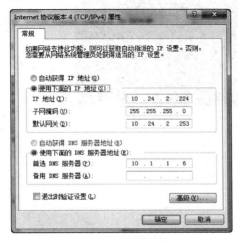

图 2-65　IPv4 属性　　　　　图 2-66　搜索命令提示符

③ 使用 ping 命令测试与默认网关是否相通,如图 2-68 所示。

使用地址 127.0.0.1 测试本机网络连通是否正常。

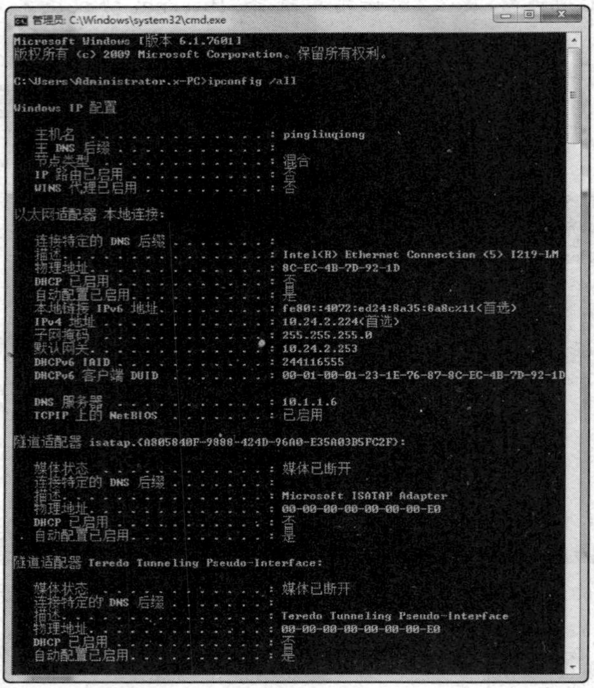

图 2-67 ipconfig

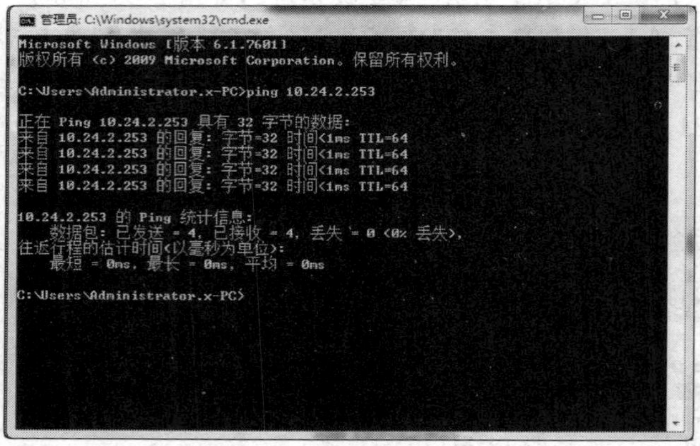

图 2-68 ping 命令

2.4.6 Windows 自带程序

1. 截屏

Windows 自带的截图功能如下。

(1) Print Screen 键进行全屏截图。

(2) Alt+Print Screen 组合键可对活动窗口截屏。

（3）Shift＋Windows＋S 组合键可以框选屏幕任意区域，并使用"截图和草图"打开该截图进行编辑，如图 2-69 所示。

图 2-69　截图和草图

2. Xbox game bar

Windows＋G 组合键可以打开"捕获"，对屏幕进行录制，如图 2-70 所示。

3. 画图 3D

Windows 自带"照片"，除了可对照片进行裁剪、添加滤镜等操作外，还可通过画图 3D 对图片进行智能抠图。

（1）使用 Windows 自带的"照片"软件打开图片，然后选择"照片"窗口中的"编辑 & 创建"，如图 2-71 所示。

图 2-70　捕获窗口

图 2-71　选择"编辑 & 创建"

（2）选择"照片"窗口中的"编辑 & 创建"后，系统会自动打开"画图 3D"软件，如图 2-72 所示。选择"神奇选择"，然后调整"选择区域"里需要抠图的范围，再选择"下一步"，即可完成抠图。

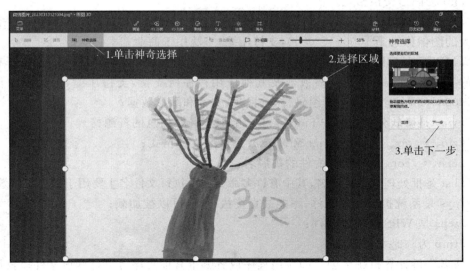

图 2-72　画图 3D

2.5 使用 Windows

 知识导入

在 Linux 和 UNIX 的世界里"一切皆文件",而 Windows 也一直在朝着这个方向努力,旨在使开发者仅需要使用一套 API 和开发工具即可调取系统中大部分资源。

对于用户来说,使用 Windows 其实也就是在和文件打交道。本节介绍 Windows 下的文件与文件夹。

2.5.1 文件类型

Windows 文件名包含由句点分隔的两个部分:第一部分是文件名;第二部分是定义文件类型的三字符扩展名或四字符扩展名。例如,在"expenses.xlsx"中,文件名的第一部分是"expenses",扩展名为"xlsx"。

Windows 通过文件的扩展名来区分不同的文件,同种类型的文件可以使用相同的文件扩展名,常用的如下:

- .drv 为设备驱动程序;
- .ini 为初始化信息文件;
- .txt 为文本文件;
- .doc 和 *.rtf 也是文本文件,它们是 Word 产生的文件;
- .htm 和 *.html 为主页文件;
- .par 为交换文件;
- .pwl 为口令文件;
- .bmp 为一种位图文件格式;
- .gif 为图形交换格式;
- .psd 是 Adobe Photoshop 的位图文件格式,被 Macintosh 和 MS Windows 平台所支持,最大的图像像素是 30000×30000,支持压缩,广泛用于商业艺术;
- .MPEG 是国际标准化组织的运动图像专家小组开发的动画文件格式,被所有平台和 Xing Technologies MPEG 播放器及其他应用程序所支持,支持压缩,最大图像像素是 4095×4094×30 帧/每秒,用于编码音频、视频、文本和图形数据;
- .wav 是微软公司用作 Windows 平台上保存音频信息的资源格式;
- .zip、*.rar、*.lzh、*.jar 和 *.cab 是压缩文件格式;
- .exe、*.com 是可执行文件的扩展名;
- .bat 是批处理文件扩展名,其中有许多命令或可执行文件名主要用于提高工作效率;
- .sys 是系统扩展管理文件,不能被直接执行,但可以被加载;
- .wps 是 WPS 产生的文件;
- .tmp 为临时文件。

扩展名告诉计算机哪个创建的应用程序或者哪个其他程序可以打开该文件以及用于该文件的图标。例如,"docx"扩展名告诉计算机 Microsoft Word 可以打开该文件,并且当在

"文件资源管理器"中查看它时会告诉计算机显示 Word 图标。如图 2-73 所示,"龙胜梯田.jpg"目前显示为照片图标,也就是默认会使用"照片"程序来打开。右击文件,在弹出的快捷菜单选择"打开方式"命令,可以选择用其他程序来打开该文件,如"画图"。如果需要的程序不在列表中,也可选择"选择其他应用"命令来进行选择。

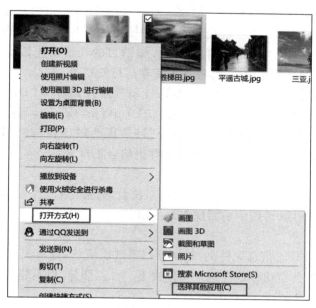

图 2-73 打开方式

大多数文件扩展名与已安装的多个程序兼容。可以通过更改文件扩展名来改变文件的性质。例如,可以将文件"hello.txt"修改为"hello.bat",此时该文件就由文本文档改为批处理文件。

2.5.2 文件夹与路径

1. 文件夹

在计算专业术语中,文件夹和目录是一个意思,目录是早期的叫法(DOS 时期的称呼),文件夹是后来的叫法(Windows 操作系统时期的称呼)。文件夹或目录就是一个装有数字文件系统的虚拟容器,可以保存一组文件和其他目录。在一个目录中的另一个目录被称作子目录(子文件夹)。目录的下级目录称为子目录,子目录的上一级目录称为父目录。子目录和父目录是相对的。比如 AA\BB\CC,BB 是 AA 的子目录,BB 是 CC 的父目录。当前目录就是正在使用的目录,又称为工作目录。

2. 路径

用户在软盘上寻找文件或子目录时,所历经的线路称为路径。U 盘下"IPC"文件夹的路径如图 2-74 所示。

路径又分为绝对路径(absolute path)和相对路径(relative path)。

绝对路径:从盘符(表示硬盘分区的字符)开始的路径,以"\"作为开始,如图 2-74 所示的路径就是:

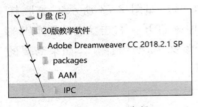

图 2-74 路径

"E:\20 版教学软件\Adobe Dreamweaver CC 2018.2.1 SP\packages\AAM\IPC"

像这种直接指明了文件所在的盘符和所在具体位置的完整路径即为绝对路径。

相对路径:从当前目录开始的路径。在制作网页文件链接、设计程序使用的图片时,使用的都是文件的相对路径信息。这样做的目的在于防止因为网页和程序文件存储路径变化,而造成网页不正常显示、程序不正常运行的现象。

例如,制作网页的存储根目录是"D:\dirHtm",图片路径是"D:\dirHtm\pic",当在"D:\dirHtm"里存储的网页文件里插入"D:\dirHtm\pic\xxx.jpg"的图片时,使用的路径只需是"pic\xxx.jpg"即可。当把"D:\dirHtm"目录移动到"E:\"甚至是"C:\dirW\Help"比较深的目录时,打开 dirHtm 目录的网页文件仍然会正常显示。

3. 系统盘重要文件夹

操作系统安装在哪个盘,那么这个盘就叫系统盘,通常为 C 盘。C 盘下有很多重要的文件夹,千万不要轻易删除,否则影响系统正常使用。

1) PerfLogs

PerfLogs 是系统日志信息文件夹,如软盘扫描错误信息,是系统自动生成的,系统测试之后测试记录文件也会自动存放在这个文件夹下。可以删掉,但不建议删掉,否则会降低系统速度。

2) Program Files

Program Files 是系统自带应用和软件的安装目录。64 位系统会有 Program Files (X86)文件夹,这是系统中 32 位软件的安装目录。

3) Windows

它是 Windows 系统安装文件所在的文件夹,一般用来存储系统安装文件和硬件驱动程序等内容,是系统正常运转的必要保证。

4) 用户

用户是用来储存系统所有用户数据、用户应用程序数据、桌面、我的文档、我的图片、我的视频和开始菜单等内容的文件夹。

2.5.3 文件资源管理器

文件资源管理器是 Windows 操作系统用来浏览文件夹和文件的文件管理应用程序。它提供了一个图形界面,供用户浏览和访问存储在计算机中的文件。

1. 打开

可以通过多种方法打开文件资源管理器。

(1) 单击"开始"菜单,选择"文件资源管理器",如图 2-75 所示。

(2) 单击任务栏图标 。

(3) 按 Windows+E 组合键。

(4) 任意双击一个文件夹。

图 2-75 开始

2. 界面介绍

Windows 10 的文件资源管理器如图 2-76 所示,主要由功能区、导航栏、地址栏组成。

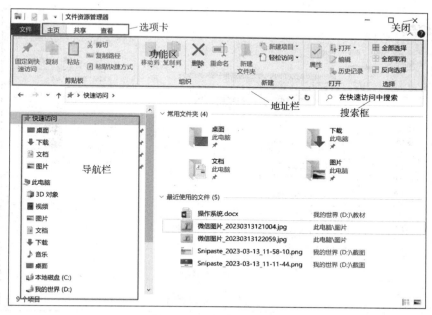

图 2-76　文件资源管理器

1) 功能区

在 Windows 10 中,文件资源管理器具有新的功能区工具栏,类似最新版本的 Microsoft Office 中的功能区。此功能区包含用于最常见任务的按钮和命令。

功能区包含"文件""主页""共享""查看"四个选项卡。这些选项卡的数量和内容会根据用户所选择的不同对象作出相应的变化,每个分组选项卡中又包含多个分类排列的操作功能图标。

功能区下方有后退、前进、上一级、地址栏以及搜索框,单击"前进"右边的小三角按钮,还可以从下拉菜单中查看并选择最近浏览的位置。

"文件"菜单中包含非常丰富的功能,包括打开新窗口、打开命令提示符、打开 Windows PowerShell 和删除历史记录等。

在左侧导航窗格中选择"此电脑",再单击盘符,可以看到"驱动器工具"分类,并且"主页"选项卡会变成"计算机","计算机"选项卡中有属性、打开、重命名、访问媒体、映射网络驱动器、添加一个网络位置、打开设置、卸载或更改程序、系统属性和管理等功能按钮。

如果选择盘分区或者文件夹,则选项卡显示为"主页",其中包含常用的文件操作功能,如复制、粘贴、剪切、复制路径、移动、删除、重命名、新建文件夹、属性、各种选择方式等,可以大大提高文件操作的效率。

当选择某个盘分区、文件夹或者文件时,共享选项卡包含常用的文件操作功能,如发送电子邮件、压缩、刻录、打印、传真、共享和安全设置等。选择"查看"选项卡,其中包含常用的查看操作功能,如导航窗格、布局图标尺寸、排序方式等,选中"项目复选框""文件扩展名""隐藏的项目"等复选框,可以直接查看文件的扩展名以及隐藏项目。打开"选项"中的"文件夹选项"对话框,选择"查看"选项卡,取消选中"隐藏已知文件类型的扩展名"复选框,如图 2-77 所示。

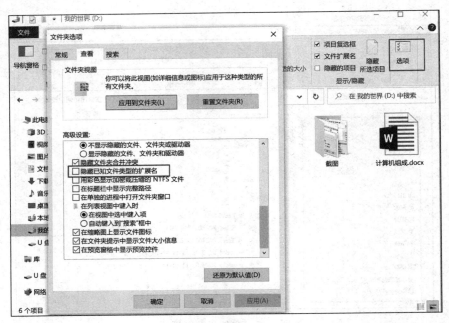

图 2-77　文件夹选项

选中"显示隐藏的文件、文件夹和驱动器",也可查看扩展名和隐藏的项目。打开"详细信息窗格",可以在下方的内容显示窗口中打开右侧的详细信息预览窗格,单击文件可以在不打开文件的情况下,快速查看文件的详细信息。

2) 库

导航栏位于"文件资源管理器"的左侧,可以快速访问"此电脑""库""网络"等。其中最值得一提的是"库"。Windows 10 提供的库功能就能很好地解决文件乱的现状。

 民航信息素养实例

库 的 使 用

在民航工作中,我们经常需要从网络下载资料,有时通过浏览器,有时通过网盘,有时是同事从微信发送给我们。现在需要新建一个名叫"下载的文件"的库,将这三处下载的文件进行重组,从使用者的角度看就好像这些文件是在一个文件夹中,但事实上它们存放的位置并没有改变。

(1) 显示库。Windows 10 中默认是将库隐藏起来的。开启的方法是选择资源管理器的"任务栏"中的"查看"选项卡,单击"导航窗格",在弹出的下拉菜单中选择"显示库"命令,开启 Windows 10 的库功能,如图 2-78 所示。

开启后,可以看到资源管理器的左侧栏中出现库分支。现在就可以使用"库功能"了。

(2) 新建库。在库的图标上右击,在弹出的快捷菜单中选择"新建"→"库"命令,如图 2-79 所示,就完成库的创建。

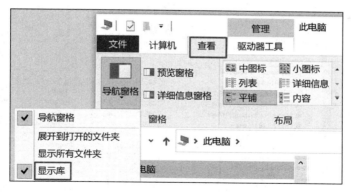

图 2-78 显示库

(3)将"新建的库"改名为"下载的文件"。
(4)右击这个库,在弹出的快捷菜单中选择"属性"命令,如图 2-80 所示。

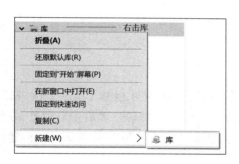

图 2-79 新建库

图 2-80 库属性

(5)为"下载的文件"库添加三个位置,分别是来自网页的下载资料、微信的资料和百度网盘,如图 2-81 所示,单击"添加"按钮。

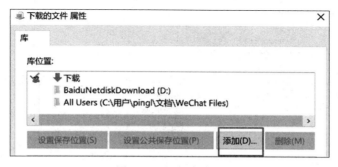

图 2-81 添加库位置

(6)此时单击"下载的文件"这个库就会将三处的文件全部列在一起,查找起来非常方便,不用在三个文件夹之间跳转,如图 2-82 所示。

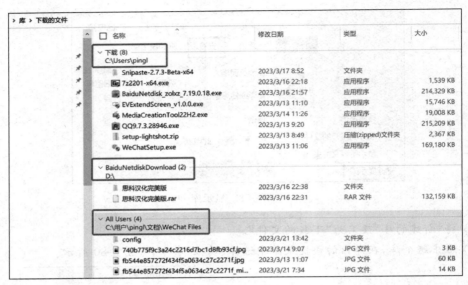

图 2-82　查看库

2.5.4　文件与文件夹操作

1. 创建文件和文件夹

1）创建文件

创建文件一般是通过软件操作，例如 Photoshop 软件可创建 .psd 文件，Microsoft Office Word 可创建 .docx 文件。也可以直接在需要创建文件的位置右击空白处，在弹出的快捷菜单中选择"新建"命令，如图 2-83 所示，在弹出的快捷子菜单中选择需要创建的文档类型，如 Microsoft Office Word 文档、文本文档等。

图 2-83　新建

2）创建文件夹

例如，需要在 D 盘下创建"民航工作"文件夹，可通过至少两种方法：其一是在 D 盘根目录下,右击空白处,在弹出的快捷菜单中选择"新建"→"文件夹"命令(图 2-83),默认文件夹名为"新建文件夹",将其改名为"民航工作";其二是通过单击"主页/新建文件夹"创建文件夹,如图 2-84 所示。

图 2-84　新建文件夹

2. 选定文件或文件夹

在对文件或文件夹进行操作前,先要选定文件或文件夹,一次可选定一个或多个文件或文件夹,并呈高亮度显示。选定状态和未选定状态如图 2-85 所示。

图 2-85　选定状态和未选定状态

(1) 单击选定:单击要选定的文件和文件夹。

(2) 拖动选定:在文件夹窗口中按住鼠标左键拖动,将出现一个虚线框,框住要选定的文件和文件夹,然后释放鼠标左键。

(3) 多个连续文件或文件夹:单击要选定的第一个文件或文件夹,按住 Shift 键,然后单击最后一个文件或文件夹,释放 Shift 键。

(4) 多个不连续文件或文件夹:单击要选定的第一个文件或文件夹,按住 Ctrl 键,然后单击需要选定的文件或文件夹,最后释放 Ctrl 键。

(5) 选定所有文件或文件夹:执行"主页/全部选择"命令,或者按 Ctrl+A 组合键。

3. 删除及恢复文件或文件夹

在 Windows 中选择"删除"命令时,硬盘中被删除的文件或文件夹并没有被真正删除,而是被放入了"回收站"中,以便必要时可以恢复。

1) 删除文件或文件夹

对于文件或文件夹的删除、复制、移动等操作,都可以在选定的状态下通过"文件"选项卡完成,如图 2-86 所示。

图 2-86　"文件"选项卡

删除操作也可以通过按 Delete 键,或者右击操作对象,在弹出的快捷菜单中选择"删除"命令;或者将操作对象直接拖到桌面上的"回收站"中;或者在"文件"菜单下选择"删除"命令。注意当按住 Shift 键进行删除操作时,被删除的文件或文件夹将被永久删除而不能再恢复。如果对 U 盘上的文件或文件夹进行操作,则按下 Delete 键将永久删除对象。

2）恢复文件或文件夹

在"回收站"选中需要恢复的文件,在工具栏中单击"还原此项目",或者将该文件直接拖动到左窗格的目标文件夹中即可恢复文件或文件夹。

3）临时文件清理

系统运行时将产生大量的临时文件,通过"设置"可对此进行清理。

(1) 单击"设置"→"系统"→"存储",找到"临时文件",如图2-87所示。

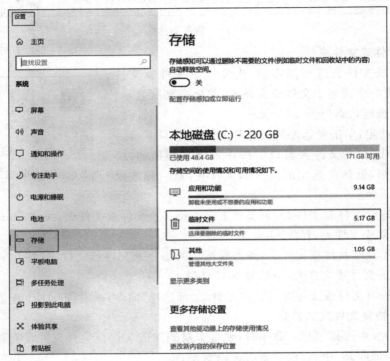

图2-87 临时文件

(2) 在临时文件中选择需要清理的文件类型,单击"删除文件"按钮,如图2-88所示。

也可通过安全软件的"安全工具"对系统运行垃圾及其他顽固垃圾进行清理,如图2-89所示。

4. 复制与移动文件或文件夹

除使用"功能区"外,文件或文件夹的复制和移动,可以使用组合键[剪切(Curl+X)、复制(Ctrl+C)和粘贴(Ctrl+V)]来完成。

(1) 若要移动文件或文件夹,可以先使用剪切(Ctrl+X)命令,再到目标文件夹使用粘贴(Ctrl+V)命令。

(2) 若要复制文件或文件夹,可以先使用复制(Ctrl+C)命令,再到目标文件夹使用粘贴(Ctrl+V)命令。还可以通过拖曳更为方便地进行复制与移动,但要注意在同一软盘与不同软盘操作有所不同。

(3) 在同一个软盘中,按住Ctrl键的同时,拖动选中的文件或文件夹到预定的位置,完成复制操作;直接拖动选中的文件或文件夹到预定的位置,完成移动操作。

（4）在不同的软盘中，按住 Ctrl 键的同时，拖动选中的文件或文件夹到预定的位置，完成复制操作；按住 Shift 键的同时，拖动选中的文件或文件夹，完成移动操作。

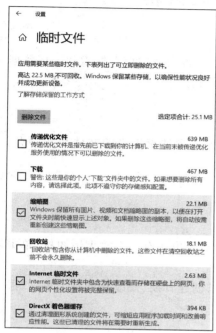

图 2-88　选择需要删除的文件　　　　　图 2-89　清理垃圾

> **小贴士：**
> 　　剪贴板是 Windows 系统在内存区开辟的临时数据存储区。这个存储区用于存放通过"复制"或"剪切"操作获得的文本、图像、图形、声音以及之前介绍的各类屏幕截图。这些录入的信息可通过"粘贴"输入其他应用程序。因此，剪贴板是在应用程序或文档间传递信息的中间存储区。

5. 重命名文件或文件夹

对单个文件或文件夹进行重命名，只需右击选中文件或文件夹，在弹出的快捷菜单中选择"重命名"命令，在光标处输入新名称。

Windows 10 还允许对多个对象进行批量重命名，具体操作如下。

（1）选定需要批量重命名的文件或文件夹，如图 2-90 所示。
（2）按 F2 键后输入新的文件名或者文件夹名，如图 2-91 所示。
（3）按 Ctrl＋Enter 组合键完成批量重命名，如图 2-92 所示。

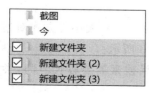 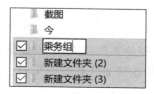 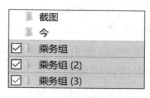

图 2-90　选定对象　　　　图 2-91　输入新名称　　　　图 2-92　确定

2.6 Windows 搜索与分析

知识导入

在第一章的 1.1.4 小节中,我们强调从事民航业需要具备较强的信息搜索和分析数据的能力,在操作系统的使用中具体可以从以下几个方面展开。

2.6.1 搜索文件和文件夹

Windows 10 文件资源管理器的搜索框可以帮助快速找到计算机中的文件和文件夹。以下是使用 Windows 10 文件资源管理器搜索框的步骤。

1. 打开文件资源管理器

单击任务栏上的文件夹图标,或按 Windows+E 组合键。

2. 定位到搜索框

在文件资源管理器窗口的右上角找到搜索框。搜索框旁边还有一个放大镜图标,单击可使用高级搜索选项。

在高级搜索选项中,可以设置过滤条件,如文件大小、创建日期、修改日期等。单击"添加筛选器"按钮以添加筛选条件。

3. 输入搜索关键字

如果在搜索框中输入文件名的一部分,Windows 将显示与输入的内容匹配的所有文件名。

还可以使用通配符来搜索多个文件。例如,使用"*"来表示任意数量的字符或"?"表示一个字符。通配符"*"和"?"可以用于在 Windows 10 文件资源管理器中进行高级搜索,以便更精确地查找文件和文件夹。

(1)"*"通配符:用于代表任意数量的字符。如果要查找所有以"报告"开头的 Word 文档,可以在搜索框中输入"报告*.docx",将返回文件名以"报告"开头且扩展名为".docx"的所有文件。

(2)"?"通配符:用于代表单个字符。如果要查找名为"report1.docx"和"report2.docx"的文件,可以在搜索框中输入"report?.docx",将返回所有以"report"开头且扩展名为".docx"的文件,其中"?"代表单个字符。

注意:通配符"*"和"?"不能单独使用,必须与其他字符一起使用。

4. 开始搜索

按回车键或单击搜索框旁边的放大镜图标开始搜索。

5. 查看搜索结果

搜索结果将显示在文件资源管理器窗口中。可以按照名称、日期、大小等方式对搜索结果进行排序,以便更轻松地找到所需的文件或文件夹,如图 2-93 所示。

搜索速度可能会受到计算机性能和文件数量的影响。如果搜索需要较长时间,尝试缩小搜索范围或使用高级搜索选项。

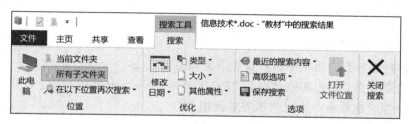

图 2-93　高级搜索选项

2.6.2　使用命令提示符或 PowerShell 搜索

1. PowerShell 简介

命令提示符和 PowerShell 是 Windows 10 中的命令行工具,可以使用命令来搜索文件、文件夹、进程等信息。这需要具备分析命令输出和过滤信息的能力。不同于传统的 Windows 命令行工具,如 cmd.exe、PowerShell 是一个更为强大、灵活的命令行工具。

在 PowerShell 中,可以使用大量的命令来完成各种任务,如管理文件和文件夹、操作注册表、启动进程和管理服务等。这些命令可以组合成脚本,以实现更为复杂的操作。与传统的命令行工具相比,PowerShell 具有以下优点。

(1) 强大的脚本语言。PowerShell 内置了一种功能强大的脚本语言,可以使用逻辑运算、循环、条件语句等语法,使脚本更加灵活、可读性更高。

(2) 丰富的命令集。PowerShell 提供了许多内置的命令,也可以通过安装模块或编写自定义命令来扩展命令集。

(3) 支持对象管道。PowerShell 支持使用管道操作符"|",将命令的输出作为输入传递给另一个命令,以便对输出进行过滤、排序等操作,使操作更加高效。

(4) 支持 .NET 框架。PowerShell 是基于 .NET 框架开发的,因此可以使用 .NET 框架提供的许多功能。

2. 常用的 PowerShell 搜索命令

1) 搜索文件或文件夹

使用 Get-ChildItem 命令可以列出指定目录下的所有文件和文件夹。例如,要在 C 盘根目录下搜索所有名为"example"的文件,可以使用以下命令:

```
Get-ChildItem C:\ -Recurse -Filter "example"
```

该命令将搜索 C 盘根目录及其所有子目录中名为"example"的文件。

2) 搜索进程

使用 Get-Process 命令可以列出当前正在运行的所有进程。例如,要搜索名为"chrome"的进程,可以使用以下命令:

```
Get-Process chrome
```

该命令将列出所有名为"chrome"的进程及其相关信息。

3) 搜索事件日志

使用 Get-EventLog 命令可以列出指定类型的事件日志。例如,要列出所有应用程序事

件日志,可以使用以下命令:

```
Get-EventLog-LogName Application
```

该命令将列出所有应用程序事件日志及其相关信息。

除了上述命令外,还有其他命令可用于在 PowerShell 中进行搜索,如 Select-String、Where-Object 等。这些命令可以根据需要使用。

2.6.3　使用事件查看器分析系统日志

Windows 10 的事件查看器可以记录系统事件和错误,如应用程序崩溃、安全事件等。通过事件查看器可以快速分析系统日志,并找到有关特定事件的详细信息。

(1)在"搜索框"中输入"事件查看器"并打开,如图 2-94 所示。

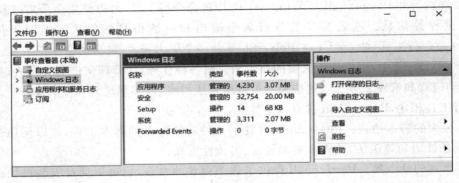

图 2-94　事件查看器

(2)选择需要查看的事件类型,如应用程序、安全或者系统等,在"操作"栏选择"筛选当前日志",如图 2-95 所示。

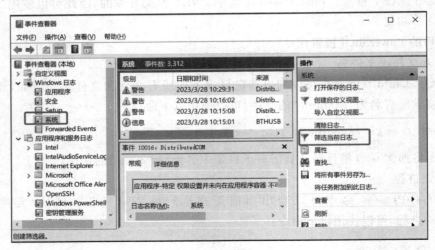

图 2-95　创建筛选器

(3)在弹出的"筛选当前日志"对话框中设置"记录时间""事件级别""所有事件 ID"和"用户"等条件,如图 2-96 所示。

图 2-96　设置筛选条件

2.6.4　使用性能监视器分析系统性能

Windows 10 的性能监视器可以显示系统资源，如 CPU、内存、软盘和网络等的使用情况。通过性能监视器，可以分析系统性能瓶颈，找到影响系统性能的因素。

1. 打开性能监视器

在 Windows 10 中，可以通过在搜索栏中输入"性能监视器"来打开工具，也可以通过运行"perfmon"命令来打开，如图 2-97 所示。

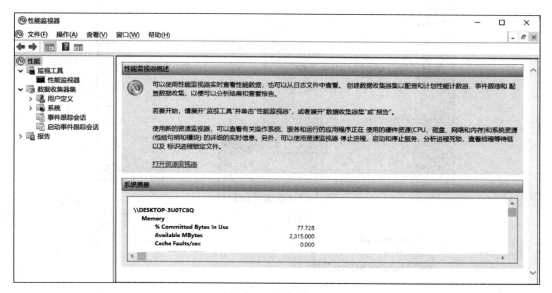

图 2-97　性能监视器

2. 创建数据收集器

在性能监视器中，可以创建数据收集器，用于收集性能数据。方法是在"数据收集器集"中右击"用户定义"，在弹出的快捷菜单中选择"新建"→"数据收集器集"命令，如图 2-98 所示。

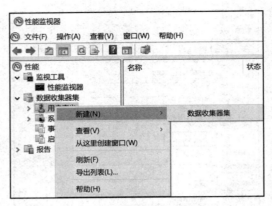

图 2-98 新建数据收集器

3. 配置数据收集器

在创建数据收集器后,可以对其进行配置。选择需要收集的性能指标,如 CPU 使用率、内存使用情况、软盘 I/O 等,如图 2-99 所示。还可以设置收集频率、数据存储位置等,如图 2-100 所示。

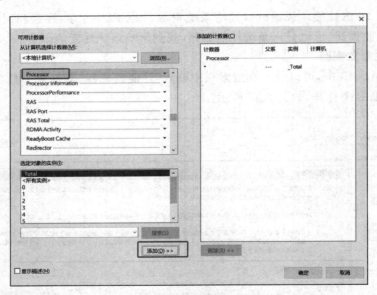

图 2-99 添加性能指标

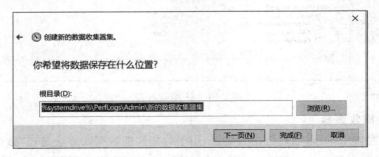

图 2-100 保存路径

4．启动数据收集器

配置完毕后,可以启动数据收集器,开始收集性能数据。在"数据收集器集"中,右击,在弹出的快捷菜单中选择"开始"命令,如图 2-101 所示。

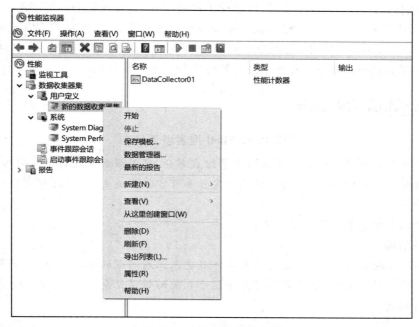

图 2-101　启动数据收集器

5．查看性能数据

收集器开始工作后,可以查看收集到的性能数据。在"数据收集器集"中,选择数据收集器,右击,在弹出的快捷菜单中选择"查看最近的报告"命令,即可查看性能数据,如图 2-102 所示。

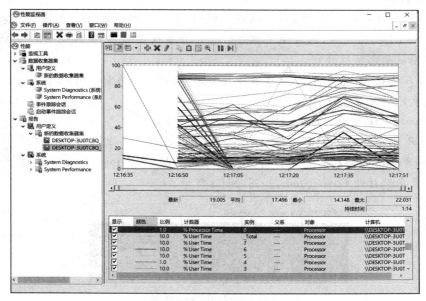

图 2-102　查看报告

6. 分析性能数据

可以使用性能监视器提供的图表和报表分析性能数据，如查看CPU利用率、内存使用情况等。可以根据数据分析结果判断系统的性能状况，找出性能的瓶颈和异常。通过调整系统配置、优化应用程序代码等方式，可以改善性能瓶颈，提高系统的性能表现。

总之，从事民航业需要具备较强的搜索和分析数据的能力，这在使用Windows 10时也是需要的。在Windows 10中，可以使用搜索功能、命令提示符、PowerShell、事件查看器和性能监视器等工具来快速分析和搜索系统和应用程序相关的信息。

民航信息素养实例

使用PowerShell搜索事件日志

查看事件日志是管理计算机系统的重要组成部分，可以帮助管理员诊断问题、增强安全性和优化性能。在民航业中，保持系统的稳定性和可靠性至关重要，因此对事件日志的监控也显得尤为重要。

哪些情况下需要查看事件日志呢？

1. 系统故障

当计算机出现故障时，可以通过查看事件日志来识别问题的根源。例如，如果计算机无法启动或出现蓝屏等故障，事件日志可能会显示相关的错误信息，帮助技术人员诊断问题。

2. 安全审计

事件日志可以记录许多与安全有关的事件，如登录尝试、权限更改、文件访问等。检查这些日志可以帮助管理员确定是否存在安全威胁，或者是否需要进一步加强安全措施。因为安全审计对于民航业显得尤为重要，当航空公司遭到黑客攻击时，安全审计的疏忽将直接导致用户信息泄露等网络安全问题，所以民航从业者必须做好工作用计算机的安全审计工作。

3. 性能监控

事件日志还可以用于监控系统的性能。例如，它可以记录关键应用程序或系统服务的性能指标，如CPU使用率、内存使用率等。通过分析这些日志，管理员可以识别系统的瓶颈，并采取措施优化系统性能。

我们可以通过"事件查看器"来查看事件日志，也可以使用PowerShell查看。

1) 打开PowerShell

在Windows 10中打开PowerShell有以下几种方法。

（1）在开始菜单中搜索"PowerShell"，然后单击打开PowerShell应用程序。

（2）按Windows键 ，在弹出的快捷菜单中选择"Windows PowerShell（管理员）"命令，以管理员身份打开PowerShell，如图2-103所示。

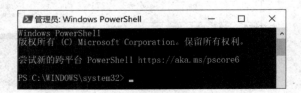

图2-103　打开PowerShell

(3) 在资源管理器中打开任意文件夹,然后在地址栏中输入"powershell"并按下回车键,即可在该文件夹的上下文中打开 PowerShell。

(4) 使用"运行"对话框打开 PowerShell。按下 Windows+R 组合键弹出"运行"对话框,然后输入"powershell"并按下回车键即可打开 PowerShell。

无论采用哪种方法,打开 PowerShell 后都会看到一个命令行窗口。在该窗口中可以输入命令、执行脚本等操作。

2) 输入 SQL 查询语句

`Get-EventLog-List`

该命令将返回一个包含所有可用事件日志的列表,如应用程序、安全、系统、Windows PowerShell 等,如图 2-104 所示。

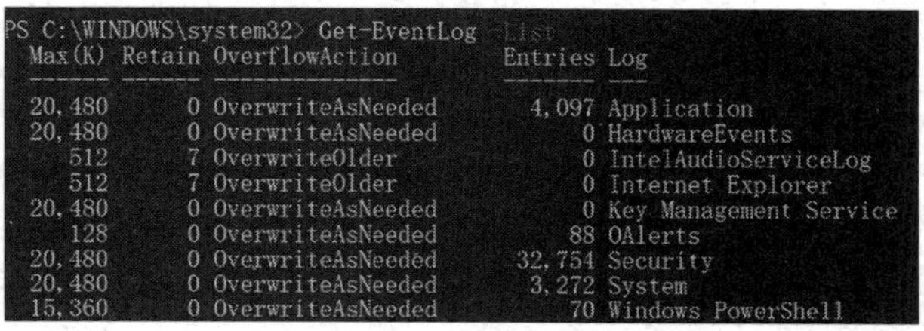

图 2-104　SQL 查询 1

`Get-EventLog-LogName Security-InstanceId 4624-Newest 10`

该命令将返回最近 10 次成功登录的事件,如图 2-105 所示。

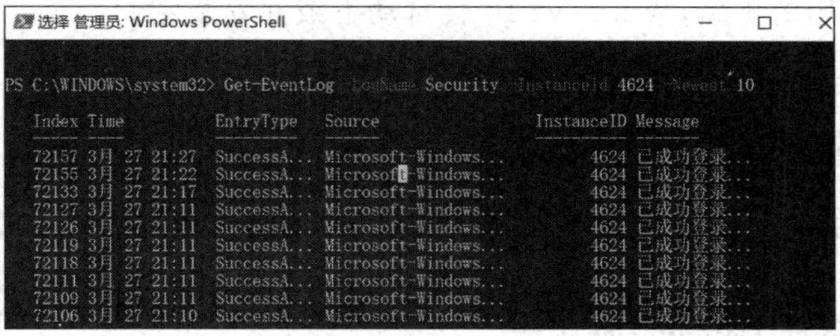

图 2-105　SQL 查询 2

2.7　Windows 信息安全

在第一章 1.1.4 小节民航与信息技术中,我们反复强调信息安全在民航业的重要性,本节将以 Windows 10 操作系统为例,介绍在日常工作中使用操作系统时应该从哪些方面做好信息安全工作,提高信息安全素养。

2.7.1　更新系统和软件

定期更新 Windows 10 系统和安装的软件,以获取最新的安全补丁和功能更新。
Windows 10 可以通过以下步骤进行更新。

(1) 单击"开始"菜单,然后选择"设置"(齿轮形状的图标)。
(2) 在弹出的"设置"窗口中,选择"更新和安全"。
(3) 在"更新和安全"页面中,选择"Windows 更新"。
(4) 在"Windows 更新"页面中,单击"检查更新"按钮,如图 2-106 所示。

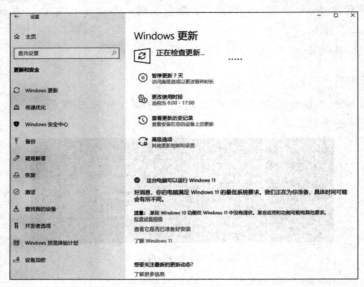

图 2-106　Windows 更新

(5) 如果有可用的更新,Windows 10 会自动下载并安装它们。
(6) 完成更新后,系统会提示重新启动计算机。

2.7.2　使用防火墙与杀毒软件

Windows 10 的防火墙被称为 Windows Defender 防火墙,它是 Windows 10 操作系统内置的基本防火墙。下面是一些正确使用 Windows Defender 防火墙的建议。

1) 启用 Windows Defender 防火墙

在"搜索框"中输入"安全中心",选择"Windows 安全中心",在左侧栏选择"防火墙和网络保护",如图 2-107 所示。

默认情况下,Windows Defender 防火墙是启用的,但是如果已经被禁用了,请确保重新启用,如图 2-108 所示。

2) 配置防火墙规则

可以通过 Windows Defender 安全中心中的"防火墙和网络保护"选项卡来配置防火墙规则,选择"允许应用通过防火墙"可允许特定应用程序的访问,如图 2-109 所示。

3) 定期更新防火墙规则

应该定期检查和更新防火墙规则,以确保它们仍然符合安全需求。

4) 配合使用其他安全工具

Windows Defender 防火墙可以与其他安全工具(如杀毒软件、反间谍软件等)配合使用,提高计算机的安全性。安装可靠的杀毒软件,及时更新病毒库,并进行全盘扫描,确保系统没有病毒、恶意软件和间谍软件等威胁。在2.4.3小节中我们就介绍了杀毒软件"火绒"的安装与使用。

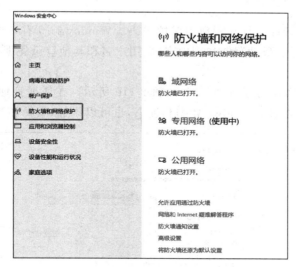

图 2-107　防火墙和网络保护

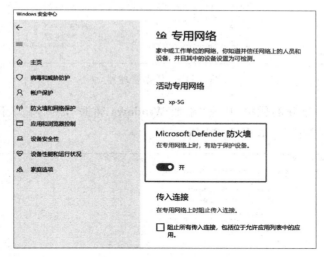

图 2-108　启用防火墙

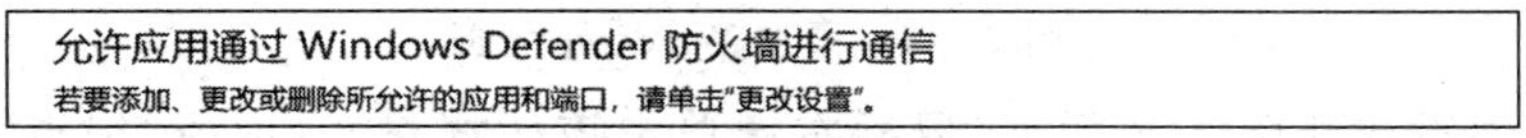

允许应用通过 Windows Defender 防火墙进行通信
若要添加、更改或删除所允许的应用和端口，请单击"更改设置"。

图 2-109　允许应用通过防火墙

2.7.3　加强密码安全

1. 使用强密码，并定期更改密码

强密码（strong password）指不容易猜到或破解的密码。强密码应该具有如下特征。

（1）强密码长度至少有8个字符。

（2）不包含全部或部分用户账户名。

(3)至少包含以下四类字符中的三类：大写字母、小写字母、数字以及键盘上的符号（如！、@、#），如 Abc@scac123iloveyou。

2. 凭据管理器

还可以使用密码管理工具来管理和保护密码。Windows 10 有一个内置的密码管理器称为凭据管理器，它可以帮助存储和管理密码、用户名和其他登录凭据。以下是使用凭据管理器的步骤。

（1）在搜索框中输入"凭据管理器"，如图 2-110 所示。在凭据管理器中，可以查看已存储的凭据，包括 Web 凭据、Windows 凭据和证书，也可以添加、编辑和删除凭据。

图 2-110　凭据管理器

（2）若要添加一个新的凭据，单击"添加 Windows 凭据"，然后输入网站或应用程序的地址、用户名和密码等信息，如图 2-111 所示。

图 2-111　添加 Windows 凭据

（3）若要编辑或删除一个凭据，鼠标右键单击该凭据，然后选择"编辑"或"删除"，如图 2-112 所示。

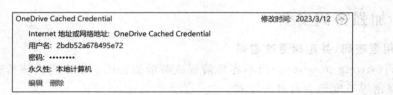

图 2-112　编辑删除凭据

2.7.4 加密敏感数据

使用 Windows 10 的 BitLocker 功能来加密硬盘和移动存储设备，可以保护敏感数据不被盗取或泄露。以下是使用 BitLocker 的步骤。

（1）在"搜索框"中输入"BitLocker"，然后选择"管理 BitLocker"。

（2）在弹出的"BitLocker 驱动器加密"对话框中，选择要加密的驱动器，然后单击"启用 BitLocker"，如图 2-113 所示。

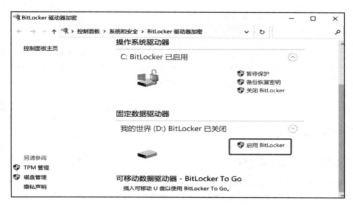

图 2-113　BitLocker 驱动器加密

（3）在弹出的界面中选择希望解锁驱动器的方式，可以选择使用密码、智能卡或 USB 设备等方式，如图 2-114 所示。

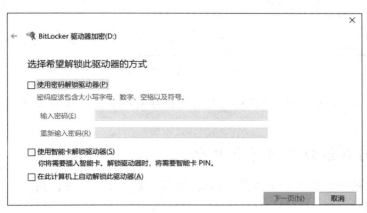

图 2-114　解锁驱动器

（4）单击"下一页"按钮，在弹出的界面中选择要使用的加密驱动器的模式，可以选择"新的加密模式"或"兼容模式"，如图 2-115 所示。

（5）单击"下一页"按钮，在弹出的界面中创建一个备份密钥，以防忘记密码或无法使用其他解锁方式。也可以选择将备份密钥保存到文件或打印出来，如图 2-116 所示。

开始加密驱动器，这可能需要一段时间，具体时间长短取决于驱动器的空间大小和计算机的性能。加密完成后，可以在控制面板中查看加密状态和解锁选项。

图 2-115　加密模式

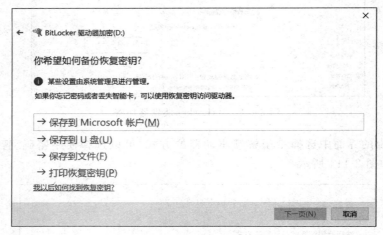

图 2-116　备份恢复密钥

启用 BitLocker 需要管理员权限,同时需要记住密码或备份密钥,以便将来访问加密的驱动器。

2.7.5　关闭不必要的服务和共享

关闭不必要的网络服务和文件共享功能,以减少系统暴露的攻击面。

1. 关闭服务

按下 Windows+R 组合键,在弹出的"运行"对话框中输入"services.msc",单击"确定"按钮,弹出"服务"窗口。

在"服务"窗口中找到要关闭的服务,右击该服务,在弹出的快捷菜单中选择"停止"或"禁用"命令,如图 2-117 所示。

如果要禁用服务,需要在服务属性中将"启动类型"设置为"禁用"。

2. 关闭共享

(1) 在文件资源管理器中,右击要取消共享的文件夹,在弹出的快捷菜单中选择"属性"命令,在弹出的"属性"对话框中单击"高级共享"按钮,如图 2-118 所示。

图 2-117　停止服务

（2）在弹出的"高级共享"对话框中，取消选中"共享此文件夹"复选框，如图 2-119 所示。

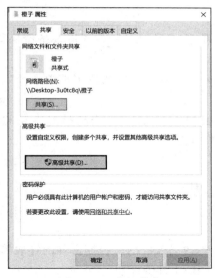

图 2-118　高级共享

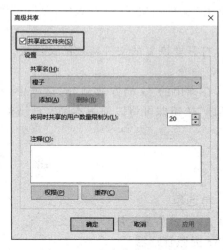

图 2-119　取消共享此文件夹

（3）确认停用共享后，该文件夹将不再共享。

需要注意的是，关闭服务和共享可能会影响系统的正常功能，因此在关闭之前，建议备份系统和数据，并仔细评估其可能产生的影响。

2.7.6　备份重要数据

定期备份重要数据，以防止数据丢失或被勒索软件攻击。Windows 10 的文件历史记录功能可以自动备份文件，并可以轻松恢复以前版本的文件。以下是使用 Windows 10 文件历史记录功能的步骤。

（1）打开"设置"并单击"更新和安全"。

(2) 在左侧菜单中,选择"备份"。

(3) 在右侧菜单中,找到"文件历史记录"并单击"添加驱动器"按钮,选择要用于备份的外部驱动器,如图 2-120 所示。

(4) 启用"文件历史记录"开关,单击"更多选项",如图 2-121 所示。

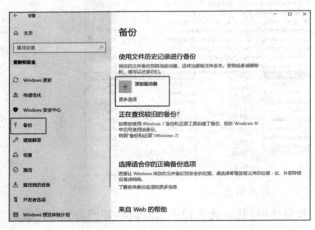

图 2-120　备份

图 2-121　文件历史记录

(5) 在"文件历史记录"设置中,可以更改备份频率、备份文件的位置以及备份保留时间等选项。

(6) 打开要恢复的文件所在的文件夹。右击该文件,在弹出的快捷菜单中选择"还原以前的版本"命令。

(7) 在弹出的"文档专属性"对话框中,在"以前的版本"选项卡中选择要恢复的版本。单击"还原"按钮即可将以前版本的文件恢复到计算机上。

练 习 题

一、单选题

1. ＿＿＿＿＿＿＿负责为用户建立文件,存入、读出、修改、转储文件、控制文件的存取等。

A. 资源管理器　　　　　　　　　　B. 文件管理器

C. 资源系统　　　　　　　　　　　D. 文件系统

2. ＿＿＿＿＿＿＿操作系统不是微软公司开发的。

A. Linux　　　　　　　　　　　　B. Windows Server 2012

C. Windows 7　　　　　　　　　　D. Windows 10

3. ＿＿＿＿＿＿＿操作系统只能使用命令输入方式。

A. DOS　　　　　　　　　　　　　B. Mac OS

C. Microsoft Windows XP　　　　　D. Microsoft Windows 2010

4. ＿＿＿＿＿＿＿不属于 DOS 操作系统的特点。

A. 单用户　　　　　　　　　　　　B. 单任务

C. 命令行界面　　　　　　　　　　D. 图形用户界面

5. 在 Windows 操作系统中,常用的文件系统有_____。
   A. FAT 和 NTFS
   B. FAT 和 Ext3
   C. NTFS 和 HFS
   D. Ext3 和 UFS
6. 在 Windows 操作系统中,文件的扩展名可以用于识别_____。
   A. 文件的大小
   B. 文件的用途
   C. 文件的类型
   D. 文件的路径
7. 剪贴板的作用是_____。
   A. 临时存放应用程序剪贴或复制的信息
   B. 作为资源管理器管理的工作区
   C. 作为并发程序的信息存储区
   D. 在使用 DOS 时划给的临时区域
8. 在 Windows 10 中,_____不能利用任务栏中的"搜索框"命令查找。
   A. 文件
   B. 文件夹
   C. 硬盘的生产日期
   D. 应用程序
9. _____是关于 Windows 的文件类型和关联的不正确说法。
   A. 一种文件类型可不与任何应用程序关联
   B. 一个应用程序只能与一种文件类型关联
   C. 一般情况下,文件类型由文件扩展名标识
   D. 一种文件类型可以与多个应用程序关联
10. 以下是安装文件的是_____。
    A. AB.docx
    B. Tupian.jpg
    C. Donghu.swf
    D. WeChatSetup.exe
11. 在 Windows 操作系统中,如果要更改或卸载程序,可以在"控制面板"中选用_____功能。
    A. 系统和安全
    B. 硬件和声音
    C. 程序
    D. 外观和个性化
12. "开始"菜单由"开始"列表和"开始"屏幕组成,两大部分由许多子模块组成,下面不属于"开始"菜单的基本组成的是_____。
    A. 程序列表
    B. 任务按钮栏
    C. 常用磁贴
    D. 常用功能菜单
13. 关于 Windows10 的"任务栏",描述正确的是_____。
    A. 显示系统的所有功能
    B. 只显示当前活动程序窗口名
    C. 只显示正在后台工作的程序窗口名
    D. 便于实现程序窗口之间的切换
14. 如果要调整日期时间,可以右击_____,在弹出的快捷菜单中选择"调整日期/时间"命令。
    A. 桌面空白处
    B. 任务栏空白处
    C. 任务栏通知区
    D. 通知区日期/时间

15. 为了防止计算机在使用过程中的系统崩溃，Windows 操作系统可通过_____功能防患于未然。
    A. 重新启动　　　　B. 结束进程　　　　C. 安装和删除　　　　D. 备份和恢复

16. 在资源管理器窗口中，若要选定连续的几个文件或文件夹，可以在选中第一个对象后，用_____键＋单击最后一个对象的方法完成选取。
    A. Tab　　　　B. Shift　　　　C. Alt　　　　D. Ctrl

17. 直接永久删除文件而不是将其移至回收站的组合键是_____。
    A. Esc＋Delete　　　　　　　　B. Alt＋Delete
    C. Ctrl＋Delete　　　　　　　　D. Shift＋Delete

18. 在清理回收站的下列操作中，_____操作无法将文件从磁盘中彻底删除。
    A. 在回收站的快捷菜单中选择"清空回收站"
    B. 在回收站中选取文件后选择"删除"命令
    C. 在回收站中选取文件后按 Delete 键
    D. 在回收站中选取后选择"还原"命令

19. 在 Windows 10 的下列操作中，无法创建应用程序快捷方式的是_____。
    A. 在目标位置右击　　　　　　B. 在对象上右击
    C. 右击拖动对象　　　　　　　D. 在目标位置单击

20. 在 Windows 环境下，剪贴板是_____上的一块区域。
    A. 软盘　　　　B. 硬盘　　　　C. 光盘　　　　D. 内存

二、操作题

1. 在 C 盘新建 KS 文件夹，在文件夹中创建文本文件 caac.txt，文本内容为"中国民航"。设置 caac.txt 属性为只读。

2. 在 C:\KS 文件夹下建立一个名为 JSQ 的快捷方式，指向 Windows 系统文件夹中的应用程序 calc.exe，设置运行方式为最大化，并指定快捷键为 Ctrl＋Shift＋J。

3. 使用计算器将二进制数"10101110"转换成十进制数，并将结果窗口截图保存为 C:\KS\BtoD.jpg。

4. 使用通配符在 C:\Windows 文件夹中搜索文件名第二个字符为 o、扩展名为 .exe 的文件。

5. 在第 4 题搜索的结果中复制任意一个符合要求的文件到 C:\KS 文件夹中，并将其压缩为 notepad.rar，保存在 C:\KS 文件夹中。

6. 解压 C:\素材 文件夹中的压缩文件 DG.rar 中的所有图片文件到 C:\KS 中。

7. 安装一台打印机，厂商为 Microsoft，型号为列表中的第 1 个，打印测试页文件到 C:\KS\MS.prn。

8. 打开 C:\素材\WY.html，保存该网页中的任意一张图片到 C:\KS 文件夹中，文件名为 WY.png。将该网页以 PDF 格式保存在 C:\KS 文件夹中，文件名为 WY.pdf。

9. 在 C:\KS 文件夹中创建 IP.txt 文件，测试本机与 IP 地址为 192.168.0.1 的主机的连通是否正常，将使用的命令与反馈的信息粘贴在 IP.txt 文件内。

10. 在 C:\KS 文件夹中创建 CT.txt 文件，将当前计算机的 IPv4 地址、子网掩码、默认网关信息粘贴在内，每个信息独占一行。

第三章 文字处理软件应用

知识背景

从语言形成到文字产生,信息交流的手段一直发展至今。人类在龟甲兽骨上雕琢,在木材竹简上刻字,发明纸张印刷书籍,直到电子读物问世,在这个过程中,文字处理始终是一项需要人类投入很大精力来完成的工作。在信息爆炸的现代生活中,即使在短视频日益火爆的当下,在各种生活场景依然存在着海量的文字处理需求。制作出内容严谨和结构美观的报告、说明、论文,是本章学习使用文字处理软件的目标。

思政素养

作为现代化民航强国的大学生,能够应用文字处理软件是必须具备的基本技能。了解和掌握相关软件对自身学习和工作办公都有着不可或缺的作用。通过相关小节的学习,培养民航学子的责任意识,增强民航建设使命感。

3.1 文字处理基础

知识导入

了解常用的文字处理软件,熟悉 Word 2016 软件操作界面,掌握文字内容录入选定、页面布局以及快速设置格式的方法。

3.1.1 常用文字处理软件

1. Microsoft Office Word

Microsoft Office Word 是微软公司的产品,是 Microsoft Office 软件套装的一部分,用于文字处理。Word 2016 的开始界面如图 3-1 所示。

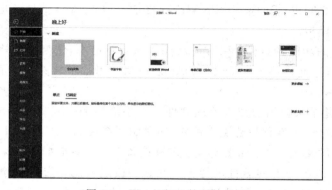

图 3-1 Word 2016 的开始界面

Word通常用于文档的创建,如计划通知、总结报告、表格报表等,并进行图文混合排版,还可以进行长文档的处理,如排版科学论文、书籍等。

作为Office软件套件的核心,Word提供了许多易于使用的文档创建工具,同时也提供了丰富的功能集,方便用户在创建复杂的文档时使用,帮助用户节省时间,并实现优雅美观的效果。使用Word的文本格式化操作或图片处理,可以使文档的最终效果变得比纯文本更具吸引力。从问世至今的很长一段时间里,Microsoft Office Word都是流行的文字处理软件。

2. WPS文字

WPS(word processing system,文字处理系统)是北京金山办公软件股份有限公司自主研发的一款办公软件。WPS 2019的文字处理主界面如图3-2所示。

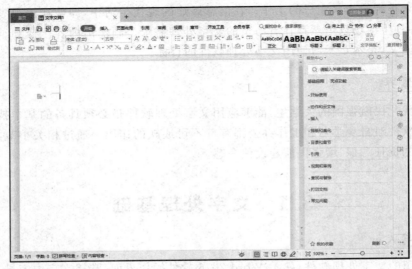

图3-2 WPS 2019的文字处理界面

WPS文字是WPS Office套装软件中的文字处理软件,可以帮助用户快速创建和编辑文档,使文字处理更为简便。它与Microsoft Office、LibreOffice和Google Docs等办公套装软件兼容。作为流行的办公软件,WPS Writer允许用户创建各种格式的文档,并提供完整的功能以满足用户的所有办公需求。WPS Writer完全兼容多种文件格式,包括Microsoft Word(.doc、.docx、.docm、.dotm)和RTF,用户可以轻松地在不同的文件格式(如PDF和Word)之间进行转换。WPS Writer在业务报告、个人简历和电子邮件等类别中提供专业而美观的模板。

除了拥有以上的功能特点外,WPS的软件体积相对更小,作为国产软件有支持电子政务的政府专用版本,这些优势扩大了软件的受众面,大大增加了软件的竞争力。

3. iWork Pages

iWork Pages是苹果公司的文字处理软件。它将恰当的工具置于恰当的位置,无论是选择外观、自定义字体、个性化设置文字样式,还是添加精美的图案,都可以轻松自如地帮助用户创作精美悦目的文稿。iWork Pages在多种设备上的主界面如图3-3所示。

在最新版本的Pages中,对软件进行了一些新的改进。用户可以共享文稿并进行团队协作,可以直接在协作文稿中发送信息或者开始FaceTime通话,可以使用新的"空白布局"

图 3-3　iWork Pages 在多种设备上的主界面

模板轻松创建可随意排列文本和图形的文稿。苹果公司设计的模板使 Pages 在很多项目上比其他文字处理软件更便捷，包括新闻报道、报纸、请柬、办公、简历、教育项目和市场项目等。此外，用户还可以自动移除图像的背景来分离其中的主体，通过附加的颜色、线条和数字格式控制制作别具一格的图表。

Pages 的文件兼容性支持十分完善，可以打开 Microsoft Word 的 .docx 和 .doc 文件，同时可以将制作好的文本文档保存为 Pages 文件（.pages）、Microsoft Word 文件（.docx）、Adobe PDF 文件（.pdf）、网页文件（.html）、多信息文本文件（.rtf）和纯文本文件（.txt）。

4. Adobe Acrobat Pro

Adobe Acrobat Pro 是由 Adobe 公司推出的 PDF 文档编辑软件。它是目前主流的 PDF 编辑软件，经历多年多代更新后已经相当稳定。Acrobat Pro 主界面如图 3-4 所示。

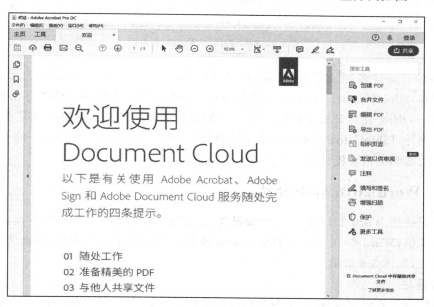

图 3-4　Acrobat Pro 主界面

Adobe Acrobat Pro 允许用户创建不同的文本内容，支持直接创建新的 PDF 文件，或者将现有文件导入软件进行编辑。此外，软件支持 PDF 文件浏览、添加注释、填写、签名等功能，功能强大齐全。通过它能够帮助用户进行更为有效的交流与合作。另外，用户可以使用软件把扫描件、图片、网页、Microsoft Office 文件转换成 PDF 文件,或者直接编辑 PDF 文件,使用非常方便。

5. LibreOffice Writer

LibreOffice 是一款功能强大且免费的办公套件,起源于 OpenOffice.org,而 Writer 是该套件中的文字处理组件。其主界面如图 3-5 所示。该软件已经进行了多年的开发,并且已被数百万人用于各种场景。无论是一封信、一篇论文、一本小册子,还是财务报告、营销演示文稿、技术图样和图表,通过 LibreOffice 制作的文件都显得专业且干净。LibreOffice 凭借其强大的样式系统和结构化工具,让用户可以更专注于文档的内容。

图 3-5　LibreOffice Writer 主界面

LibreOffice 与多种文档格式兼容,如 Microsoft Word(.doc、.docx)、Excel(.xls、.xlsx)、PowerPoint(.ppt、.pptx)和 Publisher。用户可以以多种不同格式导出作品,包括 PDF。LibreOffice 在对开放文档格式(ODF)的原生支持方面做得更好。除了默认提供的众多功能之外,LibreOffice 还拥有强大的扩展机制,用户可以在 LibreOffice 的专用网站上获取更多功能和文档模板。

3.1.2　Word 2016 界面介绍

在学习使用 Word 2016 进行文档编辑之前,首先需要熟悉软件的工作界面。以默认的页面视图为例,Word 2016 的工作界面主要由四个部分组成,包括标题栏、功能区、文档编辑区和状态栏,如图 3-6 所示。

1. 标题栏

标题栏位于界面的最顶端,从左至右由快速访问工具栏、文档名称、用户登录按钮、功能区显示选项和窗口控制按钮五个部分组成,如图 3-7 所示。

1) 快速访问工具栏

快速访问工具栏包含软件默认的保存按钮、撤销键入按钮、重复键入按钮,以及用户自定义添加的按钮,用于快速访问并执行相应的命令。

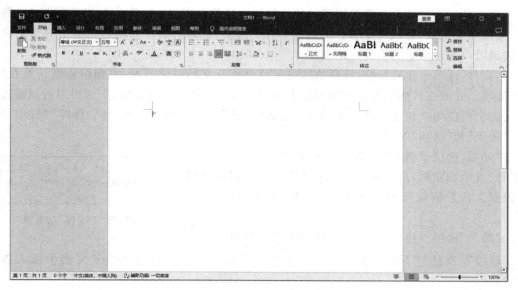

图 3-6　Word 2016 工作界面

图 3-7　标题栏

2）文档名称

该区域用于显示当前文档名称以及当前软件名称。两个名称之间用"-"符号分隔。

3）用户登录按钮

该区域用于显示登录的 Office 用户账户名称。单击该按钮可以进行用户的登录、切换及注销。

4）功能区显示选项

该区域用于设置显示或隐藏功能区。功能区就是各选项卡及其包含的各功能组。

5）窗口控制按钮

该区域包括最小化按钮、最大化/还原按钮和关闭按钮，用于调整窗口的不同状态。

2．功能区

功能区由选项卡组成，每个选项卡由若干个功能组成。

如图 3-8 所示，选项卡显示各个选项的名称，在每个选项卡中有多个功能组对功能进行分组。选项卡的形式类似 Office 早期版本的菜单栏，但比菜单栏更直观，能使用户对各选项卡中的内容一目了然。

图 3-8　选项卡

通过功能区的各个功能按钮可以执行相关的功能操作命令。有的功能组里设置内容很多,无法完全显示,会在功能组右下角有个右下箭头,称为对话框启动器。单击对话框启动器按钮可以弹开该组的设置对话框。

"文件"选项卡比较特殊,选择该选项卡后会离开文档编辑界面,左侧窗格默认处在"开始"选项。此时在右侧主界面上部可以看到多种模板供用户快速新建,下部可以看到最近编辑过的文档供用户快速打开。左侧窗格包含"开始""新建""打开""信息""保存""打印""共享""关闭"和"选项"等常用命令。

"开始"选项卡包含"剪贴板""字体""段落""样式"和"编辑"五个功能组,用于对 Word 文档进行文字编辑和格式设置。它是最常用的选项卡。"字体"功能组如图 3-9 所示。

图 3-9 "字体"功能组

"插入"选项卡包含"页面""表格""插图""加载项""媒体""链接""批注""页眉和页脚""文本和符号"等功能组,用于在 Word 文档中插入各种元素。

"设计"选项卡包含"主题""文档格式"和"页面背景"三个功能组。用于对 Word 文档格式进行配色等设计,并对页面背景进行设置。

"布局"选项卡包含"页面设置""稿纸""段落""排列"等功能组,用于对 Word 文档中的页面进行设置及布局。

"引用"选项卡包含"目录""脚注""引文与书目""题注""索引""引文目录"等功能组,用于实现在 Word 文档中插入目录、注释、引用等比较高级的功能。

"邮件"选项卡包含"创建""开始邮件合并""编写和插入域""预览结果""完成"等功能组,专门用于在 Word 文档中进行邮件合并方面的操作。

"审阅"选项卡包含"校对""见解""语言""中文简繁转换""批注""修订""更改""比较""保护"等功能组,用于对 Word 文档进行校对和修订等操作。

"视图"选项卡包含"文档视图""显示""显示比例""窗口""宏"等功能组,用于设置 Word 文档操作窗口的视图类型以及宏的录制。

此外,Word 2016 还有动态选项卡。动态选项卡平时不在主界面上显示,只有单击相应目标时才会显示。例如,单击文档中的一张图片,在功能区会出现"图片工具"的"图片格式"动态选项卡。

3. 文档编辑区

文档编辑区是进行文档编辑的主要区域。

1) 编辑区域

用户在编辑区域可以进行文档的录入、编辑、修改和排版等工作。

2) 滚动条

滚动条位于界面的右侧,当文档无法完全显示时,用于显示、定位剩余内容的滑块。

3) 标尺

标尺位于文档编辑区域的上方(图 3-10)以及界面的左侧,用于文档内容对齐参照。通过拖动标尺上的滑块,可以手动调整页边距、缩进和制表位。

图 3-10　标尺

4. 状态栏

状态栏位于界面的最底端,如图 3-11 所示,用于显示当前文档的工作状态。状态栏由多个部分组成,从左至右包括文档当前的页码、字数、错误校对、语言、辅助功能、视图模式和缩放比例等。在状态栏上右击可以自定义状态栏,增加或减少显示选项。

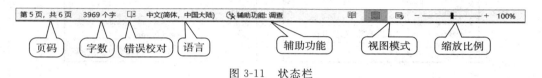

图 3-11　状态栏

3.1.3　文字选定、页面布局及快速设置格式

1. 文字选定

在进行文字录入时,可以通过光标确定文字录入的位置。确定光标位置,可以使用鼠标进行定位,也可以使用键盘上的上下左右方向键进行定位。

通过按住鼠标左键拖动,可以进行文字的选定。在没有鼠标的情况下,也可以通过键盘上的 Shift 键配合上下左右方向键进行文字的选定。

将鼠标放在左侧页边时,单击可以选中光标所在的整行文字,双击可以选中光标所在的整段文字,三击或者按 Ctrl+A 组合键可以选中整篇文字。

2. 页面布局

在编辑文档时,先要设定好文档页面的相关格式,即页面布局。页面布局主要分为三个部分内容:页面背景、页面设置和稿纸设置。

图 3-12　"页面背景"功能组

1) 页面背景

"页面背景"功能组位于"设计"选项卡中,包含"水印""页面颜色""页面边框"三个按钮,如图 3-12 所示。

单击"页面背景"功能组的"水印"下拉按钮,弹出下拉列表如图 3-13(a)所示,在此可以选择"机密"等预设的水印,也可以单击"自定义水印"按钮,弹出"水印"对话框,自行新建水印,如图 3-13(b)所示。

根据需要,自定义水印可以选择"图片水印"和"文字水印"两种形式。

"页面颜色"和"页面边框"分别为页面设置背景颜色和边框效果。其中,"页面边框"的设置位于"边框和底纹"选项卡中,区别于段落边框,对于页面可以特别地设置"艺术型"边框。

（a）"水印"按钮　　　　　　　　（b）"水印"对话框

图 3-13　"水印"设置

2）页面设置

与"页面背景"功能组不同，"页面设置"功能组位于"布局"选项卡中，包含"文字方向""页边距""纸张方向""栏""分隔符"等按钮，如图 3-14 所示。

图 3-14　"页面设置"功能组

页面设置可以设置文档中文字的方向、所用纸张的大小和方向、文档内容距离页面上下左右四边的留白距离。这些都是编辑文档前就需要考虑和确定的，由此文档的编辑才真正开始。如果在文档内容都编排好之后再来调整页面设置，会对内容排版造成影响，从而导致大量的修改。

页面设置还可以为文档内容设置分页、分节和分栏。

当处理长文档时，可以通过分页、分节将文档分成若干部分，并且可以对不同的部分设置不同的页面格式。"分页符"和"分节符"可以在"页面设置"功能组中"分隔符"按钮的下拉列表中找到，如图 3-15 所示。

分隔符在默认状态下是不显示在文档中的，如果要查看分隔符，需要单击"开始"选项卡的"段落"功能组中的"显示/隐藏编辑标记"按钮，使其处于选中状态。

文档中的文字默认是一整片的区域，通过分栏可以将文字分成几个区域显示，从而提高文档的阅读性和版面的美观程度。单击"页面设置"功能组的"栏"按钮，在弹出的下拉列表中可以直接选择内置的分栏方案如图 3-16（a）所示；也可以选择"更多栏"命令，在弹出的"栏"对话框中进行分栏设置，如图 3-16（b）所示。

3）稿纸设置

"稿纸设置"按钮位于"布局"选项卡的"稿纸"功能组中，单击此按钮可以弹出"稿纸设置"对话框，对文档所采用的中文稿纸方案进行设置，如图 3-17 所示。

第三章 文字处理软件应用

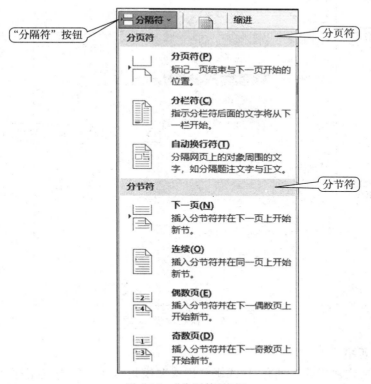

图 3-15 "分隔符"按钮

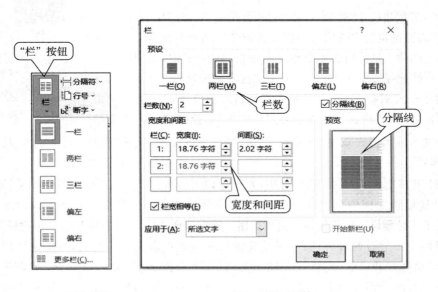

（a）"栏"按钮　　　　　　（b）"栏"对话框

图 3-16 分栏

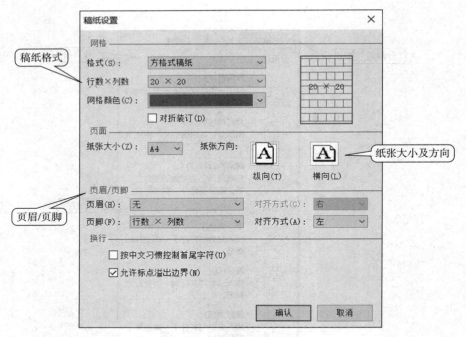

图 3-17 "稿纸设置"对话框

3. 快速设置格式

快速设置格式常用的工具有"格式刷""样式""模板",在文档中使用这些工具可以显著提升编辑格式的效率。

1) 格式刷

"格式刷"按钮位于"开始"选项卡的"剪贴板"功能组中,如图 3-18 所示,用于将已选定文本或图形的格式快速套用到其他指定文本或图形上。当文档中大量的内容需要重复添加相同的格式时,用户就可以利用格式刷快速完成操作,既节省时间,又提高编辑效率。

图 3-18 "格式刷"按钮

在使用格式刷前,先选定需要被复制格式的文本或图形。单击"格式刷"按钮,鼠标指针会变为带格式刷的图标,此时再选定需要粘贴格式的文本或图形。双击"格式刷"按钮,可以将格式依次粘贴到多个目标文本或图形。

2) 样式

"样式"功能组位于"开始"选项卡中,如图 3-19(a)所示。样式是一系列字符和段落格式的集合,用于快速设置文档中字符和段落的格式,方便地使文档内的文字保持一致的外观。Word 2016 提供了多种预设的样式供用户直接套用。除自带样式外,用户还可以自行创建样式。

创建样式一般有两种方法:一种是先按需求设置一段文字的格式,再选定该段带有格式的文本,创建样式并命名,将样式存储于文档中;另一种是在"样式"功能组,或者单击"样式"功能组右下角的对话框启动器按钮,在"样式"窗格中直接创建样式,并更改样式所包含的格式,如图 3-19(b)所示。

此外,"设计"选项卡的"文档格式"功能组中还包含 Word 内置的样式集,如图 3-20 所示,可以方便地设置从各级标题到正文的格式。用户也可以在此保存自己设置好的样式集。

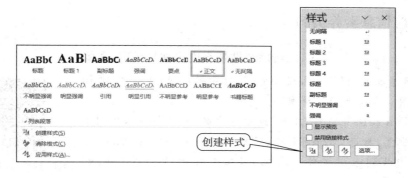

（a）"样式"功能组　　　　　　（b）"样式"窗格

图 3-19　"样式"设置

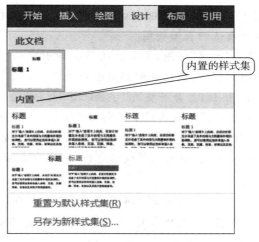

图 3-20　"样式集"设置

3）模板

模板是指一整套包含固定格式、内容布局和版式设置的文件，用于帮助用户快速生成特定类型的 Word 文档。如图 3-21 所示，Word 2016 内置了一些模板，除了默认的空白文档模板之外，还有如简历、报表、书法等模板可供用户选择。用户也可以下载使用 Microsoft Office 官方或者其他用户制作好的模板。模板文件本身也是一种 Word 文档类型，文件扩展名为 .dotx。

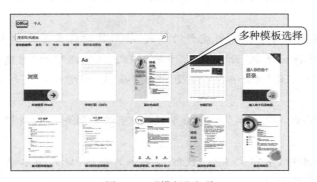

图 3-21　"模板"选项

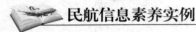

民航信息素养实例

制作《民航旅客携带充电宝乘机规定》文稿

(1) 打开素材文件"Word3-1.docx",打开标尺,切换视图,并切换回页面视图。查看字数统计。

① 在 Word 2016 中选择"文件"选项卡中的"打开"命令,找到素材文件所在位置,打开"Word3-1.docx"文件。或者直接在 Windows 资源管理器中找到素材文件所在位置,双击打开"Word3-1.docx"文件。

微课:制作《民航旅客携带充电宝乘机规定》文稿

② 选中"视图"选项卡的"显示"功能组中的"标尺"复选框,打开标尺。

③ 选择"视图"选项卡的"视图"功能组中的各个选项,或者选择状态栏上的各视图选项,进行视图切换,再切换回默认的页面视图。

在此过程中,如果选择了"大纲"视图,需要通过单击新出现的"大纲显示"选项卡的"关闭"功能组中的"关闭大纲视图"按钮来切换回到页面视图。

④ 选择状态栏上的字数按钮,打开并查看"字数统计"对话框。

(2) 在文末录入一段文字:"民航旅客携带充电宝乘机规定。"通过键盘选定的方式选定这段文字,设置居中对齐。将这段文字移动到第一自然段前,使其成为新的第一自然段。

① 用鼠标或者键盘将光标定位到文末预设的空行,切换中文输入法,输入文字"民航旅客携带充电宝乘机规定"。

② 按住 Shift 键,配合上下左右方向键↑↓←→,选定刚刚输入的"民航旅客携带充电宝乘机规定"这段文字。单击"开始"选项卡的"段落"功能组中的居中对齐按钮,使该段文字在页面中水平居中。

③ 按住鼠标左键,将选定的这段文字拖动到第一自然段前。或者按 Ctrl+X 组合键,剪切已选定的这段文字后,将光标移动到第一自然段前,再按 Ctrl+V 组合键,粘贴该段文字。

(3) 利用格式刷,将红色部分文字的格式复制给第一自然段。

① 选中文中的红色部分文字。通过单击"开始"选项卡的"剪贴板"功能组中的"格式刷"按钮,复制该段文字的格式。

② 使用带有格式刷图标的鼠标指针,选定第一自然段,将已复制的格式粘贴给第一自然段。

(4) 为第一自然段的文字格式创建新的样式,将所建的样式名称命名为"Word3-1"。

① 选定第一自然段。选择"开始"选项卡的"样式"功能组中的"创建样式"命令,在弹出的"根据格式化创建新样式"对话框中,修改"名称"属性,将所建样式命名为"Word3-1",如图 3-22 所示。

② 单击"确定"按钮,在"样式"功能组中观察,可以看到创建的新样式出现在快速样式列表中。

(5) 为文档添加水印,水印文字为"民航",字体为楷体,版式为水平。将最后一段段落分成栏宽相等、带分隔线的两栏。

①单击"设计"选项卡的"页面背景"功能组中的"水印"按钮,选择"自定义水印"。在弹出的"水印"对话框中选中"文字水印"单选按钮。输入水印文字内容为"民航",字体选择楷体,版式选中"水平"单选按钮,单击"确定"按钮,如图3-23所示。

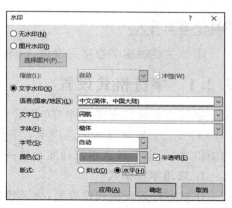

图3-22 "根据格式化创建新样式"对话框设置　　　　图3-23 "水印"对话框设置

②选定最后一段段落(注意不要选中文末的段落标记),单击"布局"选项卡的"页面设置"功能组中的"栏"按钮,选择"更多栏"选项。在弹出的"栏"对话框中选择预设的"两栏",选中"栏宽相等"和"分隔线"。

(6) 以原文件名保存文件。将文档另存为模板,命名为"Word3-1.dotx"。

①单击标题栏左侧的"保存"按钮,或者选择"文件"选项卡中的"保存"命令,文件将覆盖原文件保存,不更改文件名和保存位置。

②选择"文件"选项卡中的"另存为"命令,在原保存位置弹出"另存为"对话框。在"另存为"对话框中输入文件名为"Word3-1",选择保存类型为"Word 模板(*.dotx)",如图3-24所示。

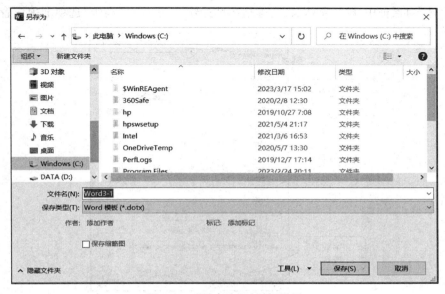

图3-24 "另存为"对话框设置

3.2 字符、段落格式及查找替换

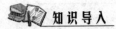

本节主要讲述字符格式设置、段落格式设置以及文档内容的查找和替换的使用方法。

3.2.1 字符格式设置

字符格式设置主要集中在"开始"选项卡的"字体"功能组中。"开始"选项卡是 Word 2016 打开之后默认显示的选项卡,"字体"功能组是 Word 2016 界面上最容易看见和找到的功能组之一,也是最常用的功能组之一。

1. 常用字符格式

在对字符进行格式设置前,先要使用鼠标或者键盘对需要设置格式的文字进行选定。

在"字体"功能组中可以设置字符的字体、大小、加粗、倾斜、字体颜色和文本突出显示颜色等常用的格式效果,此外还有拼音指南、带圈字符等格式可供使用。当需要清除所选字符的格式时,可以单击功能组中的"清除所有格式"按钮。也可以直接在所选文字旁的浮动工具栏中快速完成一些基本设置,如图 3-25 所示。

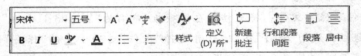

图 3-25 "字体"浮动工具栏

通过单击"字体"功能组右下角的对话框启动器按钮,可以弹出"字体"对话框,如图 3-26 所示。或者在所选文字上右击,在弹出的快捷菜单中选择"字体"命令,也可以弹出"字体"对话框。在"字体"对话框中,除了字体、大小等基本设置外,还可以在"高级"选项卡中设置字符的

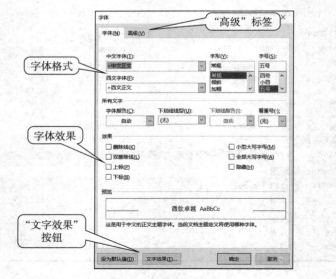

图 3-26 "字体"对话框

间距、缩放及位置等格式。

2. 特殊字符格式

在 Word 2016 中,除了常用的字符格式设置外,还预设了多种特殊的文本效果,可以方便快速地丰富文档中字符的视觉效果。

如图 3-27 所示,单击"字体"功能组中的"文本效果和版式"按钮,可以在弹出的下拉列表中选择预设的字体效果,以及轮廓、阴影、映像、发光等特殊效果。

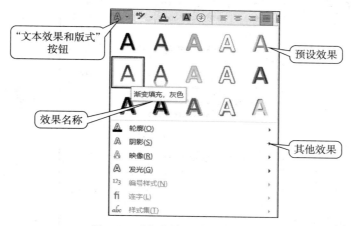

图 3-27 "文本效果和版式"按钮

也可以如图 3-28 所示,在"字体"对话框中单击"文字效果"按钮,打开"设置文本效果格式"对话框,进行文本填充、文本轮廓、阴影、映像、发光、柔化边缘以及三维格式的效果设置。

图 3-28 "设置文本效果格式"对话框

3.2.2 段落格式设置

在对段落进行格式设置前,先要使用鼠标或者键盘对需要设置格式的段落进行选定。如果没有选定,则段落格式会设置给光标所在的当前段落。

段落格式设置主要集中在"开始"选项卡中的"段落"功能组中。常用的段落格式设置有项目符号和编号、对齐方式、缩进、底纹和边框、制表位。也可以通过单击"段落"功能组右下角的对话框启动器按钮,在弹出的"段落"对话框中进行段落格式设置,如图 3-29 所示。

1. 项目符号和编号

对文档内容进行编排时,项目符号和编号是常用的格式。设置项目符号和编号,可以使文档更具层次感和条理。

直接单击"项目符号"按钮可以在光标所在的段落前添加一个默认的、最近使用过的项

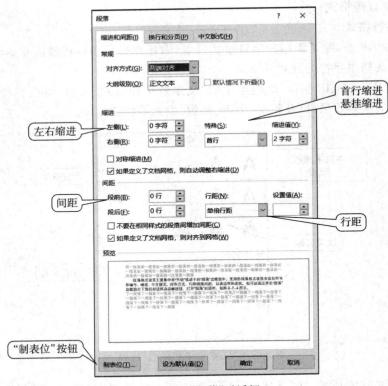

图 3-29 "段落"对话框

目符号。单击"项目符号"按钮右侧的下拉按钮,可以打开"项目符号库"选择其他现有项目符号,或者定义新的项目符号,如图 3-30(a)所示。

类似地,直接单击"编号"按钮可以在光标所在的段落前添加一个默认的、最近使用过的编号。单击"编号"按钮右侧的向下箭头,可以打开"编号库"选择其他现有编号,或者定义新的编号格式,如图 3-30(b)所示。

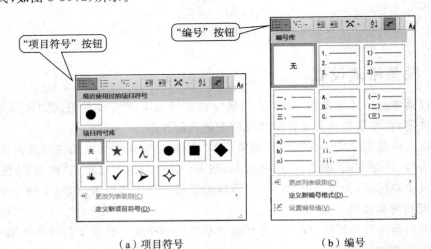

(a)项目符号　　　　　　　　　　(b)编号

图 3-30 "项目符号"和"编号"按钮

2. 对齐方式

如图 3-31 所示,段落的"对齐方式"按钮从左至右为"左对齐""居中""右对齐""两端对齐""分散对齐",对应段落相对于页面位置的各种对齐方式。

图 3-31 "对齐方式"按钮

其中,两端对齐和分散对齐是两种特殊的字符对齐方式,两者都可以通过自动调整字符之间的距离,使字符均匀分布在段落的行中。两者的区别在于:采用两端对齐的段落,当字符不满一行时,该行会靠左排列,不会自动拉大字符间距;而分散对齐会自动调整字符间距,使其占据一整行。

3. 缩进

常用的段落缩进设置有"左缩进""右缩进""首行缩进""悬挂缩进"。可以在"段落"对话框中设置缩进,也可以直接在标尺上拖动各个对应的滑块设置缩进。标尺左上方三角滑块设置首行缩进,左下方三角滑块设置悬挂缩进,左下方矩形滑块设置左缩进,右下方三角滑块设置右缩进。

4. 底纹和边框

底纹和边框的作用是给文字和段落设置背景颜色和边框效果。

直接单击"底纹"按钮可以给已选定的段落添加一个默认的、最近使用过的颜色底纹。单击"底纹"按钮右侧的向下箭头,可以选择其他颜色底纹。

类似地,直接单击"边框"按钮可以给已选定的段落添加一个默认的、最近使用过的框线。单击"边框"按钮右侧的下拉按钮,可以选择其他框线、绘制表格,或者选择"边框和底纹"命令[图 3-32(a)],在弹出的"边框和底纹"对话框[图 3-32(b)]中进行进一步的详细设置。

(a)"边框和底纹"命令

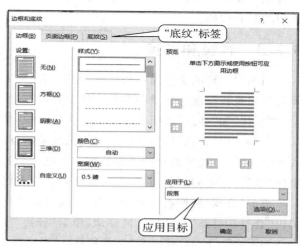

(b)"边框和底纹"对话框

图 3-32 "边框和底纹"命令和对话框

在使用"边框和底纹"对话框进行操作时,要注意观察对话框右下方"应用于"选项是否应用于正确目标。例如,希望给段落加边框和底纹,则应用目标应该显示"段落",如果显示"文字",则说明目标选定错误,需要重新正确选定段落再进行设置;反之亦然,如果希望应用于文字,而显示的应用目标是"段落",也需要重新正确选定文字再进行设置。

5. 制表位

在 Word 2016 中,要对不连续的文本进行格式整齐的布局,可以使用制表位。在"段落"对话框中单击"制表位"按钮,弹出"制表位"对话框,如图 3-33 所示。

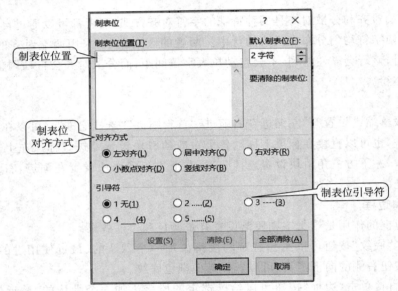

图 3-33 "制表位"对话框

也可以直接在标尺上设置制表位。单击水平标尺左端的图形按钮,可以在两种缩进和五种制表位之间切换。当处于某种制表位时,在水平标尺上需要的位置进行单击,可以添加相应的制表位标记。

3.2.3 查找和替换

当编辑处理的文档篇幅很长时,如果要在文中寻找一处或者多处重复的特定文字内容,需要用到查找功能。如果在查找之后要对内容进行进一步的修改,则需要用到替换功能。"查找"和"替换"按钮位于"开始"选项卡的"编辑"功能组中。

直接单击"查找"按钮可以在编辑区域左侧打开导航窗格。在导航窗格的"搜索框"中输入搜索关键字,被搜索到的内容会被突出显示。如果有多个结果符合搜索关键字,通过导航窗格"结果"标签右侧的上、下箭头按钮可以分别切换到上一个和下一个搜索结果。

单击"查找"按钮右侧的向下箭头,还可以选择高级查找和定位。两者的操作结果都是弹出"查找和替换"对话框。同样地,单击"替换"按钮,也会弹出"查找和替换"对话框。

如图 3-34 所示,可以在"查找和替换"对话框中对需要查找和替换的内容进行格式以及特殊格式的设置,也可以对搜索条件进行设置,如"区分大小写""区分全/半角"等。利用对话框中的"查找下一处"按钮,配合"替换"可以逐一完成所需要的替换,方便用户一边观察文本内容一边替换。如果需要直接一次性完成多处查找内容的替换,则可以通过单击"全部替换"按钮实现。

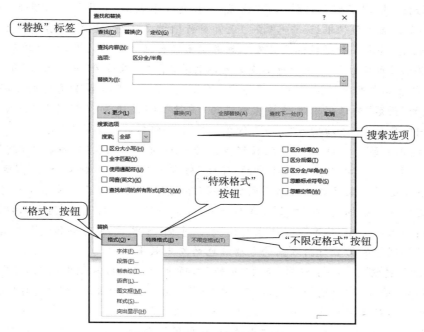

图 3-34 "查找和替换"对话框

值得注意的是,在对替换内容进行格式设置时,需要先将光标定位到"替换为"输入框再设置格式,否则容易将格式误设给查找内容,导致无法搜到正确结果。一旦设置的格式发生错误,可以通过单击对话框中的"不限定格式"按钮来清除已设置的格式。

民航信息素养实例

制作《民航专业岗位面试注意事项》文稿

(1)打开素材文件"Word3-2.docx",设置标题字体为隶书、加粗、四号,标准色:蓝色,居中对齐。标题字符间距加宽 2 磅。标题中的"民航""岗位""注意"字符位置上升 5 磅。

① 在 Word 2016 中选择"文件"选项卡中的"打开"命令,找到素材文件所在位置,打开"Word3-2.docx"文件。或者直接在 Windows 资源管理器中找到素材文件所在位置,双击打开"Word3-2.docx"文件。

微课:制作《民航专业岗位面试注意事项》文稿

② 选定标题文字,在"开始"选项卡的"字体"功能组中,按题目要求设置字体为"隶书",字形为"加粗",字号为"四号",字体颜色为"标准色"中的"蓝色"。也可以单击"字体"功能组右下角的对话框启动器按钮,在弹出的"字体"对话框中设置字体效果。

③ 单击"开始"选项卡"段落"功能组中的"居中"命令按钮,使标题居中。

④ 保持标题文字选定,单击"字体"功能组右下角的对话框启动器按钮,在弹出的"字

体"对话框中选择"高级"选项卡,在"间距"下拉列表中选择"加宽"命令,磅值选择"2磅"。

⑤ 选定标题文字中的"民航",按住 Ctrl 键,继续选定"岗位""注意",共三组字符。打开"字体"对话框,选择"高级"选项卡,在"位置"下拉列表中选择"上升"命令,磅值选择"5磅"。

(2) 为第二自然段("根据……准备")设置首行缩进 2 字符,段前、段后间距为 5 磅,行距为 1.5 倍行距。为各小标题段落设置文本效果中第 2 行第 3 列的效果,添加右上偏移的外部阴影、4 磅偏移量的半映像、8 磅绿色的发光变体效果,并设置编号为"一、二、三(简)…"。

① 选定第二自然段("根据……准备"),单击"段落"功能组右下角的对话框启动器按钮,在弹出的"段落"对话框中选择特殊缩进为"首行",缩进值为"2 字符"。将默认的段前、段后间距内容删除,并手动输入"5 磅",行距选择"1.5 倍行距",单击"确定"。

② 选定正文第 1 行的"准备",按住键盘上的 Ctrl 键,继续选定"形象""守时"等段落文字,共 8 个小标题。单击"开始"选项卡的"字体"功能组中的"文本效果和版式"按钮,在弹出的下拉列表中选择效果库第 2 行第 3 列的效果(不同版本及联网后效果名称会略有不同)。继续保持选定 8 个小标题,在"文本效果和版式"下拉列表中分别选择"阴影"的"外部"类别中的"偏移:右上";选择"映像"的"映像变体"类别中的"半映像:4 磅偏移量";选择"发光"的"发光变体"类别中的第 2 行第 6 列的 8 磅绿色的发光效果。

③ 继续保持选定 8 个小标题,单击"开始"选项卡"段落"功能组中的"编号"按钮,在弹出的下拉列表"编号库"中选择"一、二、三(简)…"。也可以在下拉列表中选择"定义新编号格式",在弹出的对话框中选择编号样式为"一、二、三(简)…"。

(3) 为第三、第四自然段文字("形象……微笑")添加颜色为"蓝色,个性色 1,淡色 40%",宽度为 3 磅,样式为样式列表中第二种的阴影边框,并添加填充色为"绿色,个性色 6,淡色 40%",样式为"10%",颜色为"自动"的底纹。

① 选定第三、第四自然段文字("形象……微笑")。单击"开始"选项卡"段落"功能组中的"边框"按钮,在下拉列表中选择"边框和底纹"命令选项,打开"边框和底纹"对话框。在"边框和底纹"对话框默认的"边框"标签中选择边框为"阴影"。单击"样式"列表,选择列表中的第二个选项。设置颜色为"蓝色,个性色 1,淡色 40%",宽度为 3 磅。

② 保持"边框和底纹"对话框打开,选择"底纹"标签,设置底纹的填充为"绿色,个性色 6,淡色 40%",样式为"10%",颜色为"自动",单击"确定"。

(4) 使用"替换"功能,将全文中"不要"二字及其后任意一个字符替换为字体华文新魏,三号,倾斜,带着重号。

① 选定全文。单击"开始"选项卡"编辑"功能组中的"替换"按钮,打开"查找和替换"对话框。在默认的"替换"标签中,输入查找内容为"不要"。保持插入点光标不动,单击当前对话框的"更多>>"按钮,在展开的部分单击"特殊格式"按钮,选择"任意字符"选项,在"不要"后插入"^?"。

② 在"查找和替换"对话框中,将插入点光标定位到"替换为"文本框中,单击"格式"按钮,在弹出的列表中选择"字体"。设置字体为华文新魏,三号,倾斜,带着重号。设置完成后的"查找和替换"对话框如图 3-35 所示。

③ 在"查找和替换"对话框中,单击"全部替换",完成"不要"二字及其后任意一个字符的格式替换后,关闭对话框。

(5) 在文档末尾设置制表符,参数为 2 字符的左对齐、15 字符的竖线对齐、20 字符的居中对齐、40字符的带引导符3的右对齐。文本内容如样张所示。以原文件名保存文件。

① 将插入点光标移到文档末尾,按回车键另起一段。单击"开始"选项卡"段落"功能组右下角的对话框启动器按钮,在弹出的"段落"对话框中单击"制表位"按钮,弹出"制表位"对话框。

② 在"制表位"对话框中,设置2字符的左对齐、15字符的竖线对齐、20字符的居中对齐、40字符的带引导符3的右对齐,如图3-36所示。完成后单击"确定"按钮。

图3-35 "查找和替换"对话框设置

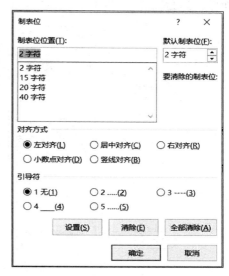

图3-36 制表位参数

③ 如图3-37所示,输入文字,制表位与制表位之间用Tab键进行切换。

面试公司	面试日期	报名情况
中国东方航空公司	3.7	已报名
中国国际航空公司	3.10	已报名
中国南方航空公司	4.2	待报名

图3-37 制表位样张

④ 通过"保存"命令以原文件名保存文件。

3.3 插入文档的各种元素

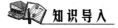 知识导入

本节将介绍"插入"选项卡,掌握插入表格、插图、符号等文档常用元素的方法。

3.3.1 "页面"功能组

"插入"选项卡中的"页面"功能组一共有三个按钮:"封面""空白页""分页",如图3-38所示。

图3-38 "页面"功能组

1. 封面

制作文档时经常需要制作封面,使用封面功能可以方便完成封面的制作。

单击"页面"功能组中的"封面"按钮,在弹出的下拉列表中内置了很多封面模板可供选择。选择模板后,封面会自动插入当前文档的第一页,其他的文档页面会自动后移。在封面填上文档标题、文档副标题、摘要、作者名和日期等相关信息。如果需要更换封面,可以单击下拉列表中的"删除当前封面"按钮,再选择其他封面模板。用户也可以将自己编辑好的封面保存到封面库中,以便后续使用,如图3-39所示。

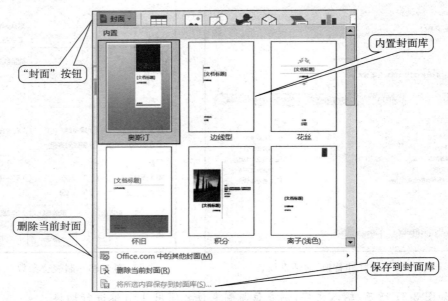

图3-39 "封面"按钮

2. 空白页

将光标定位到需要插入空白页的位置,单击"页面"功能组中的"空白页"按钮即可完成。

3. 分页

当文档内容占满一页时会自动换页开启新的页面。当文档内容未满一页时就需要另起一页,可以通过单击"页面"功能组中的"分页"按钮来实现。

3.3.2 "表格"功能组

"插入"选项卡中的"表格"功能组只有"表格"一个按钮,单击该下拉按钮会弹出下拉列表。

1. 插入表格

在Word 2016中插入表格有多种方法,最简单快速的方法就是直接在"表格"按钮下拉列表的方格阵列区域中滑动鼠标(不需要按住鼠标左键拖动),滑动到需要的表格行数和列数后,单击在文档中的插入点位置插入一个空白表格。如图3-40所示就是选择插入一个4行4列的空白表格。

插入表格的另一种方法是选择下拉列表中的"插入表格"命令,在弹出的"插入表格"对话框中输入列数、行数参数,并设置自动调整的方式,如图3-41所示。

第三章　文字处理软件应用

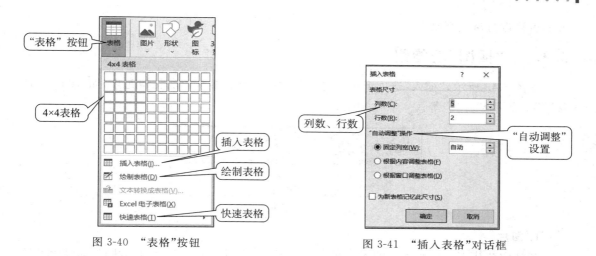

图 3-40　"表格"按钮　　　　　图 3-41　"插入表格"对话框

"快速表格"命令也是一种插入表格的方法，Word 2016 提供了多种内置表格方案供用户选择使用。用户也可以将自己编辑好的表格保存到快速表格库中，以便重复利用。

除了自动插入表格外，用户还可以手动绘制表格。选择下拉列表中的"绘制表格"命令，此时光标会变成铅笔形状，直接在需要插入表格的区域按住鼠标左键绘制表格线框，即可完成表格的制作。

2. 表格工具

插入表格之后，如果需要对表格进行修改调整，可以单击表格，在功能区调出"表格工具"进行表格设置。"表格工具"包括"表设计"[图 3-42（a）]和"布局"[图 3-42（b）]两个动态选项卡。动态选项卡平时不显示，只有在选中相应对象后才会出现在功能区。

（a）"表设计"选项卡

（b）"布局"选项卡

图 3-42　表格工具

"表设计"选项卡侧重于表格的样式外观方面的格式设置，如表格标题行、汇总行；边框、底纹配色调整等。"布局"选项卡侧重于表格内容安排布局方面的格式设置，如表格拆分、合并；插入、删除行或列；表格内文字对齐方式等。通过这两个选项卡的配合使用，可以对已插

147

入的表格进行格式修改。

3.3.3 "插图"功能组

如图 3-43 所示,"插入"选项卡中的"插图"功能组有较多常用的文档元素,如"图片""形状""SmartArt"、图表等。

图 3-43　"插图"功能组

1. 图片

文档中往往需要用到大量的图片来丰富内容,这些图片可以是来自本机的"此设备"图片,也可以是来自网络的"联机图片"。从具体操作上来说,用户可以通过选项卡插入图片,也可以通过对图片的复制,直接在文档中粘贴图片。

与表格类似,在文档中插入图片之后,如果需要对图片进行修改调整,可以单击图片,在功能区调出"图片工具"进行设置。如图 3-44 所示,"图片工具"只有"图片格式"一个动态选项卡,对图片的所有格式设置均集中在这一处。

图 3-44　图片工具

1）图片样式

如图 3-45 所示,图片样式中有 Word 2016 内置的多种样式方案,为图片添加预设的包括形状、边框、阴影、渐变过渡等视觉表现形式,使图片的呈现不再单调。

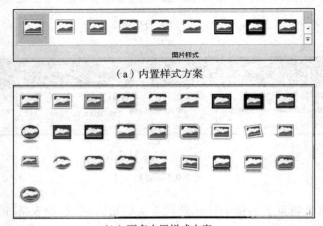

（a）内置样式方案

（b）更多内置样式方案

图 3-45　图片样式

2）图片效果

除设置内置的图片样式方案外,还可以进一步设置图片边框、图片效果和图片版式。

如图 3-46 所示,图片效果中也有预设的方案。另外还针对阴影、映像、发光、柔化边缘、棱台和三维旋转等效果单独准备了非常丰富的方案。

图 3-46　图片效果

3）图片大小

单击图片,在图片四周出现可以拖动的控制点,用来调整图片的大小。此外,如图 3-47 所示,"图片格式"选项卡中的"大小"功能组可以直接设置具体的高度和宽度参数。"裁剪"工具用来裁切大小和内容不合适的图片,保留图片中真正需要的部分。

图 3-47　图片大小

4）图片位置和环绕文字

图片位置[图 3-48（a）]和环绕文字[图 3-48（b）]两个功能主要是用来对图片进行定位。位置侧重于图片相对于文档的页面的位置,有左上右下等方位可供选择。环绕文字侧重于图片在文字中的呈现方式,常用的有"四周型""上下型环绕""衬于文字下方"等布局方式,以对应不同的需求。

2. 形状

如图 3-49 所示,在文档中制作简单的示意图可以使用"形状"功能。常用的形状有"线条"与"基本形状"。"箭头总汇"用于指出目标、标识方向,"流程图"用于绘制流程,"标注"用于注释。

与图片类似,选中文中插入的形状,可以在功能区调出"绘图工具",其中包括"形状格式"一个选项卡。设置的基本内容也与图片格式设置接近。

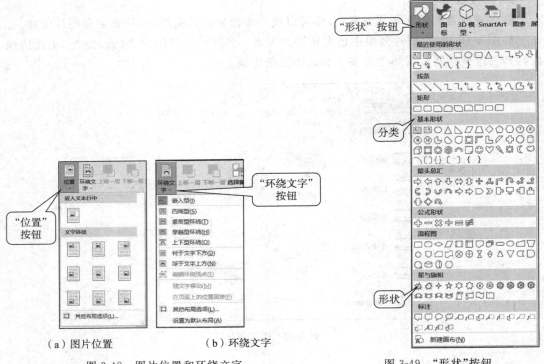

（a）图片位置　　　　（b）环绕文字

图 3-48　图片位置和环绕文字　　　　　图 3-49　"形状"按钮

3. SmartArt

SmartArt 在早期的 Microsoft Office 版本中是没有的。在后续版本开发中发现用户有大量的制作图形结合文字说明的需求，这种图形与文字的结合呈现出一定的逻辑关系，于是 SmartArt 便应运而生。单击"插图"功能组中的"SmartArt"按钮，弹出"选择 SmartArt 图形"对话框。如图 3-50 所示，Office 提供了丰富的内置的 SmartArt 图形选择，左侧是各种逻辑关系分类，有"列表""循环""层次结构""关系"等常用的逻辑结构；中间是每种分类的具体图形选项；右侧是每种图形选项的具体配色及注释，可以很好地帮助用户选择自己需要的 SmartArt 图形。

图 3-50　"选择 SmartArt 图形"对话框

4. 图表

在文档编辑中，尤其是数据分析类的文档，经常需要用到图表。相较于单独的表格数据,图表可以更加直观地展示数据间的关系。得益于 Microsoft Office 软件套装的强大功能,Word 可以借助 Excel 电子表格软件来进行图表的编辑和制作,再将完成的图表插入文档中。

3.3.4 "页眉和页脚"功能组

页眉和页脚分别是指在页面顶端和底端的区域部分,处于页面上的正文内容之外。页眉和页脚常用于显示文档的附加信息,可以插入日期、时间、图形、微标、文档标题、文件名或作者姓名等信息。此外,页码是页眉和页脚的一种特殊形式,多用于长篇文档。"插入"选项卡中的"页眉和页脚"功能组由"页眉""页脚"和"页码"三个按钮组成,如图 3-51 所示。

单击"页眉"或"页脚"按钮,可以在弹出的下拉列表中选择系统内置的页眉和页脚类型,也可以自行编辑所需要的页眉和页脚格式。当编辑页眉和页脚时,可以调出"页眉和页脚工具"动态选项卡,设置插入的内容、奇偶页不同及位置等效果。

单击"页码"下拉按钮,在弹出的下拉列表中选择"设置页码格式"命令,弹出"页码格式"对话框,在此可以进行页码编号格式、章节号、页码编号方式的设置,如图 3-52 所示。

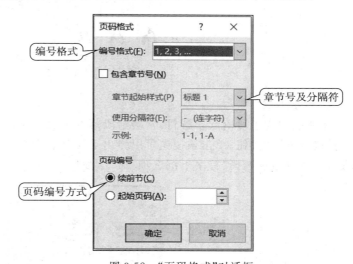

图 3-51 "页眉和页脚"功能组　　　　图 3-52 "页码格式"对话框

3.3.5 "文本"功能组

如图 3-53 所示,"插入"选项卡中的"文本"功能组有较多常用的文档元素,如"文本框""艺术字""日期和时间""对象"等。

图 3-53 "文本"功能组

1. 文本框

文档中除了常规编辑的大段文字外,经常还会遇到一些特殊排版的情况,此时使用文本框可以方便地将文本定位在页面中所需要的位置。文本框内的文字可以横排、竖排,也可以加入图片进行混排,还可以对文本框进行配色和格式设置,使文档的视觉效果更加丰富。

在文档中插入文本框之后,单击文本框对其进行设置,可以调出"形状格式"动态选项卡。由此可见,在 Microsoft Office 的逻辑中,文本框属于"形状"的一种特殊表现形式。

2. 文档部件

文档中需要反复固定地插入相同的信息，如单位地址、联系电话等，可以使用文档部件来保存模板，在需要使用时直接调用即可。使用文档部件后，当需要修改内容（如单位地址）时，不需要逐处修改，只需修改文档部件的模板，其他调用此地址的相关信息会同步更新。

3. 艺术字

在制作标题等特殊效果的文字时，除了可以使用"文本效果"功能外，还可以使用"艺术字"。因为已经有了文本效果的丰富选择，所以 Word 2016 可供选择的内置艺术字样式较少，如图 3-54 所示。在文档中插入艺术字之后，单击该艺术字可以调出"形状格式"动态选项卡，可对其进行进一步的设置。

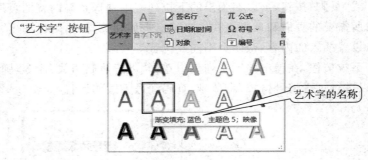

图 3-54 "艺术字"按钮

4. 首字下沉

在文档中为了段落起首醒目，常会给段落首字设置下沉效果。在"文本"功能组中有相应的"首字下沉"按钮，单击该按钮可以弹出下拉列表设置首字"下沉"或"悬挂"。如需进一步设置，可以通过选择"首字下沉选项"命令，弹出"首字下沉"对话框，如图 3-55 所示。

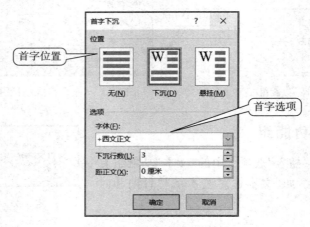

图 3-55 "首字下沉"对话框

5. 日期和时间

单击"文本"功能组中的"日期和时间"按钮，可以打开相应对话框，如图 3-56 所示。根据选择的语言不同，左侧"可用格式"列表中会有不同的格式出现。当显示的日期和时间需要根据文档阅读者的时间自动变化时，可以选中"自动更新"复选框。

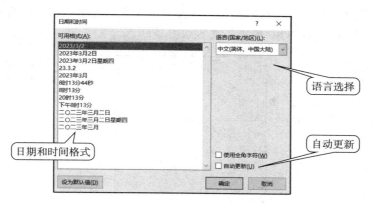

图 3-56 "日期和时间"对话框

6. 对象

"对象"按钮虽然处在"文本"功能组中,但其插入的内容已经超越了文本的范畴。如果需要在文档中插入视频或者音频,可以单击"对象"按钮,在弹出的相应对话框中选择"由文件创建"选项卡,选中本地的视频或音频文件后插入文档。值得注意的是,作为对象被插入文档中的视频和音频,在文档中仅显示对象图标和文件名,需要双击对象图标启动相应的媒体播放软件并进行播放,Word 2016 本身是不具备播放功能的。

3.3.6 "符号"功能组

如图 3-57 所示,"插入"选项卡中的"符号"功能组有"公式""符号"和"编号"三个选项。

图 3-57 "符号"功能组

1. 公式

1) 公式输入

直接单击"符号"功能组中的"公式"按钮,可以在文档中插入一个公式编辑框,同时调出"公式"动态选项卡。用户可以在"公式"动态选项卡中按需求选择公式结构[图 3-58(a)]和公式符号[图 3-58(b)],完成公式的手动输入。

(a) 公式结构

(b) 公式符号

图 3-58 公式的结构和符号

单击"公式"按钮右侧的下拉按钮,可以在弹出的下拉列表中选择内置的公式,也可以选择"插入新公式"命令,或者使用"墨迹公式",如图 3-59 所示。

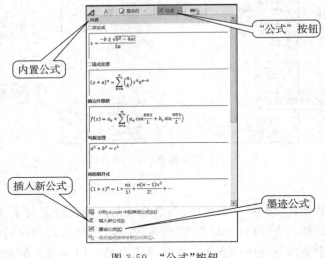

图 3-59 "公式"按钮

2)墨迹公式

"墨迹"顾名思义就是手持笔墨写字留下的痕迹,墨迹公式是 Word 2016 中用于智能识别手写公式的工具。墨迹公式可以识别因使用鼠标或触控板操作的不正规书写。在手写输入以及智能识别准确的情况下,使用"墨迹公式"比使用公式结构和符号输入更快捷。

如图 3-60 所示,当手写公式后,对于默认识别造成的错误,可以使用"选择和更正"功能来人为修改识别结果,并选择正确的结果替换原公式的结果。

3)"专业"和"线性"

在 Word 2016 中,公式的输入默认采用"专业"型,即在传统书本教材上看到的形式,如图 3-61(a)所示。通过"公式"选项卡的"转换"按钮,可将"专业"公式转化为"线性"公式,如图 3-61(b)所示。

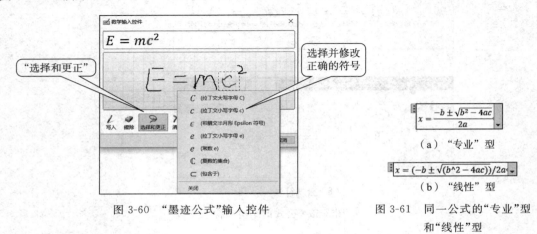

图 3-60 "墨迹公式"输入控件

图 3-61 同一公式的"专业"型和"线性"型

两种方式各有优点:"专业"公式更容易被读者理解;而"线性"公式因为只占据一行,更有利于文档的排版。

2. 符号和编号

1)符号

单击"符号"功能组中的"符号"按钮,可以在弹出的下拉列表中选择近期使用过的符号。选择下拉列表中的"其他符号"选项,弹出"符号"对话框,如图 3-62 所示。

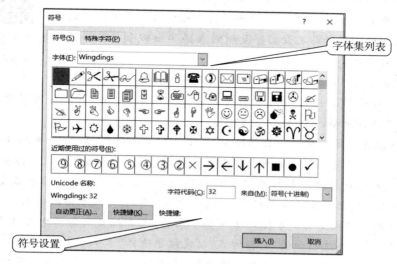

图 3-62　"符号"对话框

"符号"对话框的"字体"选项中包含丰富有趣的符号,可以通过切换不同的字体集得到所需要的符号。

2)编号

单击"编号"按钮,可以在弹出的"编号"对话框(图 3-63)中选择编号类型,在文档中插入中文数字、天干地支、英文字母、阿拉伯数字或罗马数字等编号。"编号"的作用类似前面章节中介绍的"项目符号和编号",区别在于"编号"可以直接在文档段落中任意位置插入,而不需要固定在段落起首位置。

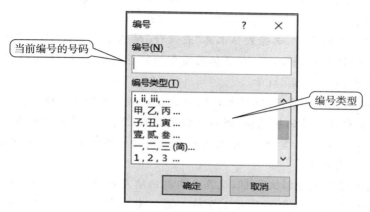

图 3-63　"编号"对话框

民航信息素养实例

制作《北京大兴国际机场》文稿

（1）打开素材文件 Word3-3.docx，在第二自然段前插入一个 2 列 3 行的表格，设置表格所有内容在单元格中水平居中。合并表格第 1 行的两列，输入文字"北京大兴国际机场"，在文字后插入飞机符号"✈"。如样张所示，修改表格第 1 行与第 2 行之间的边框线为细双线，将第二自然段中的四段世界之最文字复制到表格其余四个单元格中，并删除原第二自然段。

微课：制作《北京大兴国际机场》文稿

① 在 Word 2016 中选择"文件"选项卡的"打开"命令，找到素材文件所在位置，打开 Word3-3.docx 文件。或者直接在 Windows 资源管理器中找到素材文件所在位置，双击打开 Word3-3.docx 文件。

② 将插入点光标定位到第一自然段末，单击"插入"选项卡"表格"功能组中的"表格"按钮，弹出下拉列表。在下拉列表的方格阵列区域中滑动鼠标（不需要按住鼠标左键拖曳），选出 2×3 的列数和行数后单击鼠标左键完成表格的插入。或者单击下拉列表中的"插入表格"选项，在弹出的对话框中输入列数 2、行数 3，单击"确定"完成表格的插入。

③ 通过单击表格左上角十字标记选中整个表格，或者拖曳鼠标选中表格所有单元格，在表格工具"布局"动态选项卡的"对齐方式"功能组中选择"水平居中"。

④ 拖曳鼠标选中表格第 1 行的两个单元格，在表格工具"布局"动态选项卡的"合并"功能组中选择"合并单元格"。或者选中表格第 1 行后，单击鼠标右键，在弹出的快捷菜单中选择"合并单元格"选项。在合并后的第 1 行中输入文字"北京大兴国际机场"。保持插入点光标位置不变，单击"插入"选项卡"符号"功能组中的"符号"按钮，在弹出的下拉列表中选择"其他符号"选项，打开"符号"对话框。在"符号"对话框中，选择 Wingdings 字体集中的"✈"符号，完成符号的插入。

⑤ 拖曳鼠标选中表格第 1 行，单击表格工具"表设计"动态选项卡的"边框"功能组中的"边框"按钮的下拉箭头，在弹出的下拉列表中选择"边框和底纹"选项，打开"边框和底纹"对话框。如图 3-64 所示，选择"自定义"边框的细双线样式，在预览中单击下方框线，使之变为细双线，单击"确定"。

也可以选中表格第 1 行，选择表格工具"表设计"动态选项卡的"边框"功能组中的边框样式为细双线，使用"边框刷"工具，在鼠标图案变为钢笔的状态下，在表格第 1 行和第 2 行之间直接绘制双线，如图 3-65 所示。

⑥ 按样张复制第二自然段中的"世界规模最大的单体机场航站楼"到第 2 行第 1 列，复制"世界施工技术难度最高的航站楼"到第 2 行第 2 列，复制"世界最大的采用隔震支座的机场航站楼"到第 3 行第 1 列，复制"世界最大的无结构缝一体化航站楼"到第 3 行第 2 列，完成后删除整个第二自然段。

（2）将最后一段插入竖排文本框，设置文本框的填充色为"橙色，个性色 2，淡色 60%"，边框色为"标准色：蓝色"，边框粗细为 1.5 磅。插入素材图片 Word3-3.jpg，设置图片环绕方式为"四周型"，高度为 4 厘米，保持高宽比不变。设置图片样式为"柔化边缘椭圆"，图片

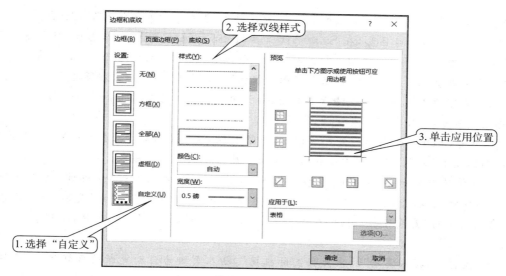

图 3-64 双线设置

效果为圆形棱台,在样张所示位置图文混排。

① 拖曳鼠标选中最后一段文字,单击"插入"选项卡"文本"功能组中的"文本框"按钮的下拉箭头,在弹出的下拉列表中选择"绘制竖排文本框"。单击文本框的边缘框线选中文本框,拖动四周控制点,按样张将文本框的大小和位置调整好。

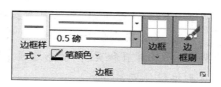

图 3-65 双线绘制

② 保持文本框的选定状态,单击绘图工具的"形状格式"动态选项卡"形状样式"功能组中的"形状填充"按钮,在弹出的下拉列表中将文本框的填充色设置为"橙色,个性色2,淡色60%"。

③ 保持文本框的选定状态,单击绘图工具的"形状格式"动态选项卡"形状样式"功能组中的"形状轮廓"按钮,在弹出的下拉列表中将文本框的边框色设置为"标准色:蓝色",粗细设置为1.5磅。

④ 将插入点光标定位到文末的段落标记,单击"插入"选项卡的"插图"功能组中的"图片"按钮,在弹出的下拉列表中选择"此设备",在弹出的"插入图片"对话框中按路径找到素材图片 Word3-3.jpg,完成图片的插入。

⑤ 选中图片,在图片工具的"图片格式"动态选项卡的"排列"功能组中单击"环绕文字"按钮,在弹出的下拉列表中选择"四周型"。在"大小"功能组中设置高度为4厘米,默认保持高宽比不变,宽度跟随高度改变。

⑥ 在图片工具的"图片格式"动态选项卡的"图片样式"功能组中单击"其他"按钮,在弹出的下拉列表中选择"柔化边缘椭圆"。单击"图片样式"功能组中的"图片效果"按钮,在弹出的下拉列表中选择"棱台"中的"圆形"。

⑦ 按住鼠标左键将图片拖曳到第一自然段中,按样张位置进行图文混排。

(3) 按样张,在文末插入 SmartArt 并录入文字,设置其高度为6厘米,宽度为14厘米。设置其 SmartArt 样式为"三维"类别中的"优雅",更改颜色为"彩色范围-个性色3至4"。

① 将插入点光标定位到文末,单击"插入"选项卡"插图"功能组中的"SmartArt"按钮,在

弹出的"选择SmartArt图形"对话框中选择"层次结构"类别中的第一个选项"组织结构图"。

②选中SmartArt图形,在SmartArt工具的"SmartArt设计"动态选项卡"创建图形"功能组中单击"添加形状"按钮。按照样张,单击SmartArt中的各个形状,依次录入文字。其中,"北京首都机场集团"和"北京大兴国际机场"两处输入完成后,需在第4个字后手动换行来保持文字的排列美观。按键盘上的Shift+回车组合键可完成分行。如果直接按回车键,将完成分段,文字之间会有空隙,影响美观。

③单击SmartArt图形的外部边框,选中整个SmartArt图形。在SmartArt工具的"格式"动态选项卡"大小"功能组中设置其高度为6厘米,宽度为14厘米。

④保持选中整个SmartArt图形。在SmartArt工具的"SmartArt设计"动态选项卡"SmartArt样式"功能组中单击"其他"按钮,选择SmartArt样式为"三维"类别中的"优雅"。再单击同组中的"更改颜色"按钮,在弹出的下拉列表中选择"彩色"类别中的"彩色范围-个性色3至4"。

(4) 按样张,插入页眉"北京大兴国际机场",插入页脚为自动更新的日期时间,选择日期格式为阿拉伯数字的"××××年××月××日星期×"。

①单击"插入"选项卡"页眉和页脚"功能组中的"页眉"按钮,在弹出的下拉列表中选择内置的"空白"型页眉,进入页眉编辑状态。

②在页眉占位符中录入"北京大兴国际机场",删除页眉中多余的空行。单击页眉和页脚工具的"页眉和页脚"动态选项卡"导航"功能组中的"转至页脚"按钮,插入点光标跳转至页脚编辑位置。

③单击页眉和页脚工具的"页眉和页脚"动态选项卡"插入"功能组中的"日期和时间"按钮,在弹出的"日期和时间"对话框中,选择语言为"中文(简体/中国大陆)",在可用格式中选择如样张所示的阿拉伯数字"××××年××月××日星期×"。勾选"自动更新"后单击"确定"。

④单击页眉和页脚工具的"页眉和页脚"动态选项卡"关闭"功能组中的"关闭页眉和页脚"按钮,完成页眉和页脚的添加。

(5) 按样张,在文末插入公式。

①将插入点光标定位到文末,按键盘上的回车键,另起一段。

②单击"插入"选项卡"符号"功能组中的"公式"按钮,使用公式工具的"公式"动态选项卡,配合"结构"功能组和"符号"功能组,进行公式的编辑和插入,如图3-66所示。

$$x(t) = \sum_{k=-\infty}^{+\infty} a_k \cdot e^{jk\left(\frac{2\pi}{T}\right)t}$$

图3-66 公式编辑

③公式中的括号的输入使用键盘,在英文输入法状态下直接输入即可。

④公式中的求和符号需选择公式工具的"公式"动态选项卡"结构"功能组的"大型运算符"中的"有极限的求和符",如图3-67所示。

⑤公式中的"·"符号需选择公式工具的"公式"动态选项卡"符号"功能组中"运算符"类别的"点运算符",如图3-68所示。

公式中的"∞"和"π"符号可以在"基础数学"类别中找到。

⑥ 注意公式最后的 t 位于 e 的上标中，而不是和 e 平级，在录入时需要光标确定位置后再输入。

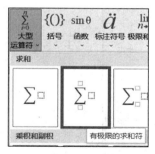

图 3-67 有极限的求和符

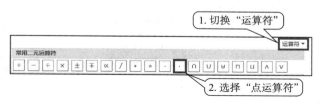

图 3-68 运算符

3.4 引用、邮件及审阅

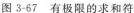 知识导入

熟悉"引用""邮件""审阅"选项卡，掌握目录、脚注及尾注、题注及交叉引用、邮件合并等长文档规范技巧。

3.4.1 "引用"选项卡

"引用"选项卡由"目录""脚注""信息检索""引文与书目""题注""索引"和"引文目录"功能组组成。其作用是使文档内容条理更清晰，更符合科学论文和书籍的格式规范。

1. "目录"功能组

"目录"功能组由"目录""添加文字"和"更新目录"三个按钮组成。

1）目录

在长文档编辑中，可以通过为文档添加目录来提供文档概述。

单击"目录"功能组的"目录"按钮，在弹出的下拉列表中可以选择"手动目录""自动目录 1"和"自动目录 2"等内置目录样式，如图 3-69 所示。

手动目录提供了目录的框架，具体目录内容由用户自行添加。自动目录可以直接提取使用了各级标题样式的文字，自动生成目录。

自动目录可以提取三级标题的目录，如果所需创建的目录级别超过三级，则需要用户设置"自定义目录"。单击"目录"下拉列表中的"自定义目录"按钮，可以打开"目录"对话框，如图 3-70 所示。

2）添加文字

单击"目录"功能组中的"添加文字"按钮，可以选择目录中所包含的标题的级数，为目录添加更多条目。

3）更新目录

单击"目录"功能组中的"更新目录"按钮，可以刷新目录。在对文档内容进行更改后，"更新目录"可以使所有条目都指向最新的正确页码。

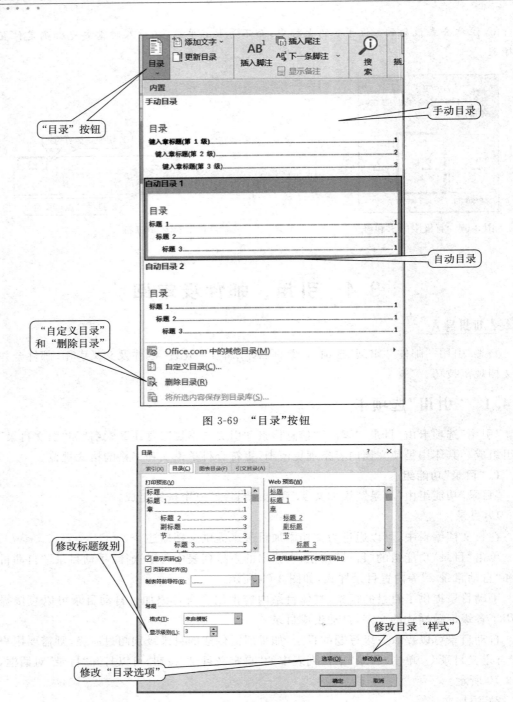

图 3-69 "目录"按钮

图 3-70 "目录"对话框

2. "脚注"功能组

当文档中需要对某段文字添加注释、说明或者注明其参考来源时,需要用到脚注和尾注功能。脚注和尾注的内容在设置上没有太大区别,位于当前页面的页脚的注释称为"脚注",位于整个文档末尾处的注释称为"尾注"。两者都可以通过"脚注"功能组来完成添加。

"脚注"功能组由"插入脚注""插入尾注""下一条脚注""显示备注"四个按钮组成，如图 3-71 所示。

1）插入脚注或尾注

将插入点光标定位到需要文档中添加脚注或尾注的文字后，单击"脚注"功能组的"插入脚注"或"插入尾注"按钮，可以看到原插入点所在的文字右上角出现了字体较小的脚注或尾注的数字编号，同时插入点光标跳转到当前页面的页脚或者文档尾部，此时可以进行注释内容的输入，如图 3-72 所示。

图 3-71　"脚注"功能组

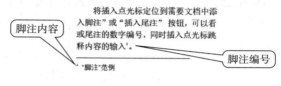

图 3-72　"脚注"范例

2）编辑脚注或尾注

在文档中的任意页面编辑时，都可以通过单击"脚注"功能组的"显示备注"按钮快速定位到脚注或尾注的注释位置，对注释内容进行修改编辑。双击该注释可以使插入点光标回到其对应的注释编号位置。可以单击"下一条脚注"按钮定位到下一条脚注。

单击"脚注"功能区右下角的对话框启动器按钮，可以打开"脚注和尾注"对话框，对脚注和尾注的位置、格式进行设置，如图 3-73 所示。

图 3-73　"脚注和尾注"对话框

3．"题注"功能组

科学论文、书籍等长文档中会出现大量的图片和表格，按照写作规范需要对这些图片和表格进行编号命名，并添加简要的文字说明。手动输入这种编号和说明时，容易在文档内容增减、位置变换时打乱编号的顺序,如果手动修改,一方面会引发巨大的工作量,另一方面也容易在修改时出错。对此,Word 2016 提供了"题注"功能,并相应提供了"交叉引用"功能,帮助用户快速准确地做好图片和表格的编号以及引用工作。

"题注"功能组由"插入题注""插入表目录""更新表格""交叉引用"四个按钮组成,如图 3-74 所示。

1) 插入和编辑题注

选中要插入题注的图片或者表格,单击"题注"功能组中的"插入题注"按钮,在弹出的"题注"对话框中选择内置标签或者单击"新建标签",如图 3-75 所示。

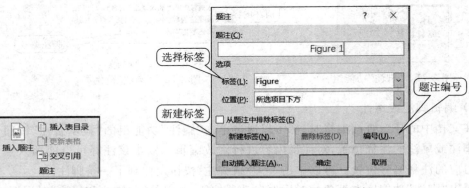

图 3-74 "题注"功能组　　　　图 3-75 "题注"对话框

以图片题注为例,需要针对图片新建标签并编号,单击"题注"对话框中的"新建标签"按钮,在弹出的"新建标签"对话框中输入标签名称,如图 3-76(a)所示。再单击"题注"对话框中的"编号"按钮,在弹出的"题注编号"对话框中选择题注的编号格式,如图 3-76(b)所示。

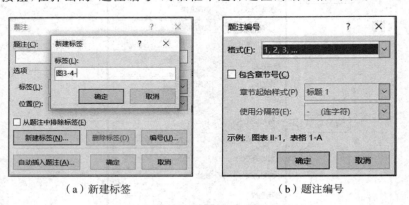

(a) 新建标签　　　　　　　　(b) 题注编号

图 3-76 "新建标签"和"题注编号"对话框

当文档中的所有图片都按类似的形式设置题注之后,无论是新增、删除图片,还是调换前后顺序,图片的编号都可以通过单击键盘上的 F9 键自动调整更新。

2) 交叉引用

如前所述,当图片插入了题注之后,可以通过"交叉引用"功能来引用图片题注。单击"题注"功能组的"交叉引用"按钮,在弹出的"交叉引用"对话框中选择引用的类型和内容,找到图片题注的类型,并选择引用具体哪一张图片的题注,如图 3-77(a)所示。

交叉引用除了可以引用图片题注外,还可以引用标题[图 3-77(b)]、表格、脚注和尾注等类型。通过交叉引用,即使引用的目标发生了编号变化或位置移动,也可以随之更新引用的结果。

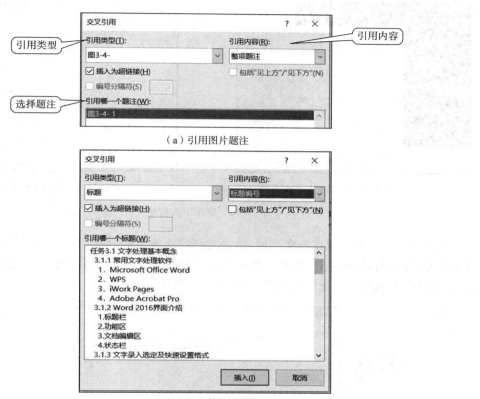

(a)引用图片题注

(b)用文档标题引

图 3-77 "交叉引用"对话框

值得注意的是,想要方便地完成交叉引用,文档编辑前期的铺垫工作必须提前做好。例如:图片或表格插入后要预先设置题注;各级标题要预先保存并套用标题样式;参考文献要预先设置脚注或尾注。只有各个引用目标的被引用格式设置准确,交叉引用才能准确快速地发挥其功能,从而使文档的编辑更规范、更高效。

3.4.2 "邮件"选项卡

"邮件"选项卡由"创建""开始邮件合并""编写和插入域""预览结果"和"完成"等功能组组成,其主要作用是帮助用户批量快速地制作信封及邮件。

1. 制作信封和标签

"创建"功能组用于创建信封和标签,包括中文信封及其他信封。

单击"创建"功能组的"中文信封"按钮,弹出"信封制作向导"对话框,如图 3-78(a)所示。按照向导的要求逐步输入收信人信息、寄信人信息等相关内容,即可方便地完成中文信封的创建,并直接可供打印使用,如图 3-78(b)所示。

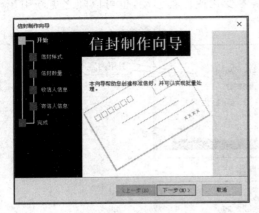
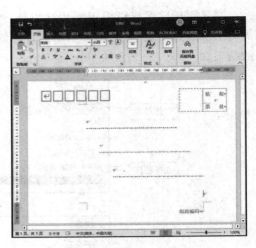

（a）"信封制作向导"对话框　　　　　　　（b）生成的中文信封文件

图 3-78　制作中文信封

英文信封和标签的制作与之类似，单击"创建"功能组的"信封"或"标签"按钮，弹出"信封和标签"对话框，如图 3-79 所示。在对话框的相关位置填入收信人地址、寄信人地址等内容，在"选项"中选择信封或标签的型号，即可完成制作并打印。

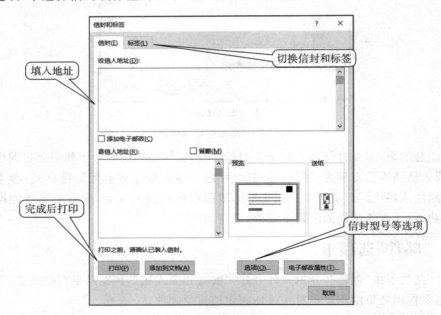

图 3-79　"信封和标签"对话框

2. 邮件合并

邮件合并功能占据了"邮件"选项卡的多个功能组，Word 2016 以类似向导的形式，在功能区从左至右设置了从"开始邮件合并"到"选择收件人"，编写"问候语""规则"，再到"预览结果"，并最终"完成并合并"的一系列功能，帮助用户完成邮件合并的操作，如图 3-80 所示。

图 3-80 邮件合并相关各功能组

3.4.3 "审阅"选项卡

"审阅"选项卡在文档编辑中有着不可或缺的辅助与检查功能,由"校对""辅助功能""语言""中文简繁转换""批注""修订""更改""比较""保护"和"墨迹"功能组组成。

1. "校对"功能组

"校对"功能组可以检查拼写和语法的错误,提供了同义词词库,帮助用户丰富语言的表达。此外,字数统计功能在前文介绍状态栏时已有提及,不再赘述。

2. "语言"功能组

"语言"功能组可以对文档或者段落进行翻译,可以设置校对语言并更新输入法词典,将所选的暂不能识别的词加入输入法词典,使之在今后可以被识别。在翻译时,Word 2016 会打开"翻译工具"任务窗格,在此可以自动检测文字来源的语言,选择翻译的目标语言,如图 3-81 所示。

3. "中文简繁转换"功能组

对于中文环境的用户,常有简体汉字和繁体汉字互相转换的需求。选定需要转换的段落,单击"审阅"选项卡的"中文简繁转换"功能组的相应命令按钮,即可完成简体和繁体汉字之间的转换。

4. "批注"功能组

审阅文档时,需要对文档的修改提出意见和建议,可以使用"批注"功能,添加当前用户的审阅批注。

5. "修订"功能组

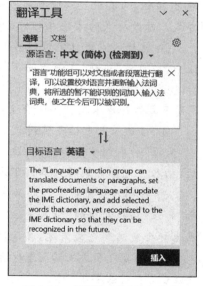

图 3-81 "翻译工具"任务窗格

"修订"功能组具有对文档所做的更改进行跟踪的功能。文档进入修订状态时,可以与其他用户合作进行修订、提供反馈,所有的修改记录会被保存。

6. "更改"功能组

在完成修订之后,用户可以通过"更改"功能组选择接受或者拒绝修订或批注的内容。

7. "比较"功能组

通过"比较"功能组的"比较"命令按钮,可以比较文档的两个版本的修订前后的区别,也可以将多个用户的修订内容合并到一个文档中。

8. "限制编辑"功能组

"限制编辑"功能组中,可以限制其他用户的更改编辑或者限制允许修改的格式。

民航信息素养实例

制作《民航票价分类》文稿

（1）打开素材文件 Word3-4.docx，为第 1 页的"票价"设置一级标题。为各页的"普通票价""特种票价""头等舱、公务舱票价""儿童票/婴儿票票价"设置二级标题。在一级标题"票价"前插入自动目录，样式为"自动目录2"。

微课：制作《民航票价分类》文稿

① 在 Word 2016 中选择"文件"选项卡中的"打开"命令，找到素材文件所在位置，打开 Word3-4.docx 文件。或者直接在 Windows 资源管理器中找到素材文件所在位置，双击打开 Word3-4.docx 文件。

② 选定文章开头的"票价"二字，单击"开始"选项卡"样式"功能组中的"标题1"按钮，为其设置一级标题。用类似的方法，选定各页的"普通票价""特种票价""头等舱、公务舱票价""儿童票/婴儿票票价"字符，单击"开始"选项卡"样式"功能组中的"标题2"按钮，为其设置二级标题。如果默认样式不符合格式要求，可以自行修改各级标题的样式。修改样式的方法在之前已讲解，不再赘述。

③ 将插入点光标定位到第 1 页的一级标题"票价"之前，单击"引用"选项卡"目录"功能组中的"目录"按钮，在弹出的下拉列表中选择"自动目录2"，完成目录的插入。

（2）在第 2 页正文第一段末尾（"……限制很少。"）后插入脚注，内容为"优待"。在第 3 页正文第一段末尾（"……自主定价。"）后插入尾注，内容为"市场化"。

① 将插入点光标定位到第 2 页正文第一段末尾（"……限制很少。"），单击"引用"选项卡"脚注"功能组中的"插入脚注"按钮，可以看到此段末尾出现脚注的数字符号。插入脚注后，插入点光标会跳转到本页下方，在脚注编辑区中输入文字"优待"。

② 将插入点光标定位到第 3 页正文第一段末尾（"……自主定价。"），单击"引用"选项卡"脚注"功能组中的"插入尾注"按钮，可以看到此段末尾出现尾注符号。插入尾注后，插入点光标会跳转到全文末尾，在尾注编辑区中输入文字"市场化"。

（3）在第 1 页文末插入素材图片 Word3-4.jpg，为图片插入题注。新建题注标签"图 3-4-"，题注位置在所选项目下方。

① 将插入点光标定位到第 1 页正文末尾后的空行处，单击"插入"选项卡"插图"功能组中的"图片"按钮，在弹出的下拉列表中选择"此设备"，找到素材图片 Word3-4.jpg 所在位置，完成图片的插入。

② 选中图片，单击"引用"选项卡"题注"功能组中的"插入题注"按钮，在弹出的"题注"对话框中进行题注设置。

③ 在"题注"对话框中单击"新建标签"按钮，在弹出的"新建标签"对话框中输入标签名称"图 3-4-"，单击"确定"按钮。

④ 在"题注"对话框中，单击"标签"右侧的下拉箭头，选择刚刚新建的标签"图 3-4-"。单击"位置"右侧的下拉箭头，选择题注位置为"所选项目下方"，如图 3-82 所示。

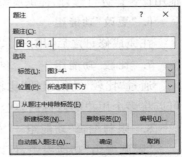

图 3-82 "题注"设置

⑤ 在"题注"对话框中单击"确定"按钮,完成题注的插入。可以在图片下方看到插入的图片题注编号"图 3-4-1"。

(4) 在第 1 页正文末尾("……限制很少。")后录入文字"如",插入交叉引用,引用类型为"图 3-4-",引用的题注为"图 3-4-1"。在交叉引用文字后录入文字"所示"。

① 将插入点光标定位到第 1 页正文末尾,录入文字"如"。

② 单击"引用"选项卡"题注"功能组中的"交叉引用"按钮,在弹出的"交叉引用"对话框中选择引用类型为"图 3-4-",引用题注列表中的"图 3-4-1"。单击"插入",完成交叉引用的插入,如图 3-83 所示。

③ 在交叉引用文字后录入文字"所示。",效果如图 3-84 所示。

 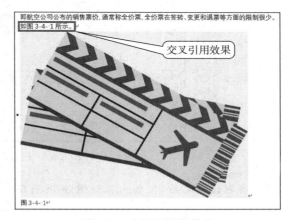

图 3-83 "交叉引用"设置　　　　　　　图 3-84 "交叉引用"效果

④ 如果改变图片题注的编号或者前后顺序,可以看到交叉引用位置的图片编号也会随之改变。

(5) 打开素材中的 Word3-4-邮件合并.docx,使用邮件合并,将该文档和素材中的 Word3-4-邮件名单.docx 合并为一个文件:合并结果.docx。

① 在 Word 2016 中选择"文件"选项卡中的"打开"命令,找到素材文件所在位置,打开 Word3-4-邮件合并.docx 文件。

② 单击"邮件"选项卡的"开始邮件合并"功能组的"选择收件人"按钮,在弹出的下拉列表中选择"使用现有列表"选项,如图 3-85 所示。在弹出的"选取数据源"对话框中选择素材中的 Word3-4-邮件名单.docx,单击"打开"按钮。

③ 将插入点光标定位到文档中"同学"二字前,单击"邮件"选项卡的"编写和插入域"功能组的"插入合并域"按钮,在弹出的下拉列表中选择字段"姓名",如图 3-86 所示。

图 3-85　选择收件人　　　　　　图 3-86　插入合并域

④ 类似地，将插入点光标定位到文档中"项目"二字前，单击"邮件"选项卡的"编写和插入域"功能组的"插入合并域"按钮，在弹出的下拉列表中选择字段"项目"。

⑤ 当需要根据插入记录的性别值改变项目的男子、女子组别时，可以使用"规则"。将插入点光标定位到刚刚插入的"项目"前，单击"邮件"选项卡的"编写和插入域"功能组的"规则"按钮，在弹出的下拉列表中选择"如果……那么……否则"选项。在弹出的"插入Word域：如果"对话框中设置规则，如图3-87所示。当"性别"等于"男"时，插入文字"男子"，否则插入文字"女子"。单击"确定"按钮保存规则。

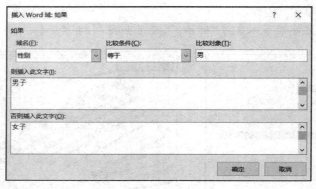

图3-87 规则设置

完成规则设置之后，文档内容如图3-88所示。

图3-88 文档内容

⑥ 单击"邮件"选项卡的"预览结果"功能组的"预览结果"按钮，通过单击"下一条""上一条"按钮可以逐条预览邮件合并之后的效果，如图3-89所示。

预览时，文档内容如图3-90所示。

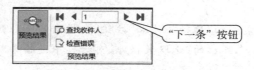 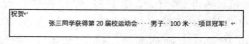

图3-89 "预览结果"功能组　　　　　图3-90 文档预览内容

⑦ 单击"邮件"选项卡的"完成"功能组的"完成并合并"按钮，在弹出的下拉列表中选择"编辑单个文档"选项，也可以根据需要选择发送电子邮件或者直接打印文档，如图3-91所示。

在弹出的"合并到新文档"对话框中选择需要合并的记录数目，本题选择合并全部记录，也可以选择某个范围的记录。单击"确定"按钮完成邮件合并，如图3-92所示。

⑧ 此时Word会弹出新的邮件文件，其中以多页方式排列各个不同姓名对象的邮件，将该文件另存为"合并结果.docx"。

图 3-91 "完成并合并"按钮

图 3-92 "合并到新文档"对话框

练 习 题

一、单选题

1. 在使用 Word 过程中,可随时按键盘上的_____键以获得联机帮助。

  A. F1   B. Alt   C. Ctrl   D. Shift

2. 按快捷键 Ctrl+S 的功能是_____。

  A. 删除文字   B. 粘贴文字

  C. 保存文件   D. 复制文字

3. 在文字操作中打开并编辑了 5 个文档,单击快速访问工具栏中的"保存"按钮,则_____。

  A. 保存当前文档,当前文档仍处于编辑状态

  B. 保存并关闭当前文档

  C. 关闭除当前文档外的其他 4 个文档

  D. 保存并关闭所有打开的文档

4. 在 Word 操作中,如果有需要经常执行的任务,使用者可以将完成任务要做的多个步骤录制到一个_____中,形成一个单独的命令,以实现任务执行的自动化和快速化。

  A. 批处理   B. 域   C. 宏   D. 代码

5. _____不属于文字处理软件。

  A. WPS   B. LibreOffice Writer

  C. LaTex   D. DreamWeaver

6. 关于 PDF 文档,说明不正确的是_____。

  A. PDF 是 Portable Document Format 的缩写,意为"可移植文档格式"

  B. 由 Adobe 公司最早开发的跨平台文档格式

  C. Adobe Acrobat Pro 可以将 PDF 文件格式导出为 Word 格式

  D. Adobe Acrobat Reader 只能对 PDF 文本进行阅读,不能进行标注

7. _____不属于文字操作文档视图。

  A. Web 版式视图   B. 浏览视图

  C. 大纲视图   D. 草稿视图

8. Word 文档编辑过程中，使用_____可以进行快速格式复制操作。
   A. 编辑菜单   B. 段落命令   C. 格式刷   D. 格式菜单
9. 在 Word 中，以下不可以用格式刷复制的格式是_____。
   A. 图形格式   B. 字体格式   C. 段落缩进   D. 分栏
10. 在 Word 中，_____是指已经命名的字符和段落格式，直接套用可以减少重复操作，提高文档格式编排的一致性。
    A. 格式   B. 样式   C. 模板   D. 主题
11. 在 Word 中，可以通过在"_____"对话框的"高级"选项卡中调整字符间距与位置。
    A. 字体   B. 段落   C. 高级   D. 样式
12. 文字操作中，现有前后两个段落且段落格式也不同，当删除前一个段落结尾处的段落标记时_____。
    A. 两个段落合并为一段，原先格式不变
    B. 仍为两段，且格式不变
    C. 两个段落合并为一段，并采用前一段落格式
    D. 两个段落合并为一段，并采用后一段落格式
13. 如果文档中某一段与其前后两段之间要求留有较大的间隔，最好的解决方法是_____。
    A. 在每两行之间用按回车键的办法添加空行
    B. 用段落格式设定来增加段间距
    C. 在每两段之间用按回车键的办法添加空行
    D. 用字符格式设定来增加间距
14. 在 Word 中，表述错误的是_____。
    A. 选择文件功能区中的打印选项可以进行页面设置
    B. 表格和文本可以互相转换
    C. 可以给文本选择各种样式，并且可以更改样式
    D. 页边距不能通过标尺进行设置
15. 文字操作窗口中，利用_____可方便地调整段落的缩进、页面上下左右的边距、表格的列宽。
    A. 标尺   B. 格式工具栏
    C. 常用工具栏   D. 表格工具栏
16. 不属于段落缩进方式的是_____。
    A. 首行缩进   B. 悬挂缩进   C. 两端缩进   D. 右缩进
17. 在 Word 中，设定了制表位后，只需要按_____键，就可以将光标移到下一个制表位上。
    A. Ctrl   B. Tab   C. Shift   D. Alt
18. 下面不属于段落对齐方式的是_____。
    A. 居中   B. 两端对齐   C. 分散对齐   D. 首行对齐

19. 在 Word 中,项目符号和编号是对于_____来添加的。
    A. 整篇文档　　　　B. 段落　　　　　　C. 行　　　　　　　D. 节
20. 在 Word 中,要给段落添加边框,可以使用_____实现。
    A. "开始"选项卡"段落"组"边框"命令
    B. "插入"选项卡"边框"命令
    C. "开始"选项卡"字体"命令
    D. "插入"选项卡"字体"命令
21. 在文字操作中,"页面设置"选项卡不能设置页面的_____。
    A. 上下边距　　　　B. 左右边距　　　　C. 纸张大小　　　　D. 对齐方式
22. 为了修改文档某部分的栏数,必须使该部分成为独立的_____。
    A. 段　　　　　　　B. 章　　　　　　　C. 栏　　　　　　　D. 节
23. 文字操作中可通过"页面设置"功能区进行_____操作。
    A. 设置行间距　　　　　　　　　　　　B. 设置水印
    C. 设置段落格式　　　　　　　　　　　D. 设置分栏
24. _____是一种将文字和图片以某种逻辑关系组合在一起的文档对象。
    A. SmartArt　　　　B. 剪贴画　　　　　C. 图表　　　　　　D. 形状
25. Word 2016 中提供了_____,支持手写公式的图像识别。
    A. 手绘公式　　　　　　　　　　　　　B. 鼠标公式
    C. 墨迹公式　　　　　　　　　　　　　D. 形状公式
26. 关于 Word 的查找和替换功能,描述正确的是_____。
    A. 不可以指定查找文字的格式,只可以指定替换文字的格式
    B. 可以指定查找文字的格式,但不可以指定替换文字的格式
    C. 不可以按指定文字的格式进行查找及替换
    D. 可以按指定文字的格式进行查找及替换
27. 通常情况下,文档每页末尾处的注释称为_____。
    A. 标注　　　　　　B. 题注　　　　　　C. 脚注　　　　　　D. 尾注
28. 文档内的图片在添加_____后,使用者可以通过插入交叉引用的方式在文档的任意位置引用该图片。
    A. 脚注　　　　　　B. 题注　　　　　　C. 引文　　　　　　D. 索引
29. 在 Word 中,如果需要给通讯录中的所有成员制作一份通知,_____操作既简便又快速。
    A. 邮件合并　　　　　　　　　　　　　B. 交叉引用
    C. 复制粘贴　　　　　　　　　　　　　D. 逐个制作
30. 在 Word 2016 的_____选项卡中,可以对中文文字进行"简繁转换"。
    A. 视图　　　　　　B. 开始　　　　　　C. 引用　　　　　　D. 审阅

二、操作题

打开"Word 综合.docx"文件,请参照样张,按要求进行编辑和排版,将结果以原文件名保存。

(1) 将正文中所有"维修"及之前任意 2 个字符的文字格式替换为华文琥珀、加着重号。

在文章起始位置创建"自动目录2"样式的目录。

(2) 为正文中的3个二级标题设置项目符号★（提示：Wingdings字体集中），并设置颜色为"标准色:红色"。

(3) 将标题"航线维修"转为繁体。将标题后的正文第一段分为等宽的两栏，并添加分隔线。

(4) 在正文最后一段设置首字下沉2行，并为下沉字添加"深色网格"图案、图案颜色为"标准色-红色"的文字底纹。

(5) 为页面添加页面边框，效果图案为树，宽度为15磅的艺术型方框。

(6) 插入"空白"型页眉，内容为自动更新的日期，其格式参考样张。在页面底端插入"圆角矩形3"样式的页码，设置页码编号格式为"A,B,C,…"，起始页码为"C"。

(7) 使用素材中的"Word综合.jpg"图片，制作图片水印，并设置为"冲蚀"。

(8) 在正文第一段插入脚注，内容为"航线维修"，脚注位置：页面底端。

(9) 在文末左侧插入"五角星"的形状，设置其高度和宽度均为4厘米，使用素材中的Word综合.jpg图片填充，并设置"四周型"环绕。

(10) 在文末右侧插入SmartArt图形"循环"类别中的"分段循环"，参考样张适当调整其大小并修改文本，设置"四周型"环绕，更改颜色为"彩色轮廓-个性色2"，样式为"粉末"。

第四章　电子表格软件应用

知识背景

电子表格最初的概念来源于对传统纸质表格的电子化,但数据处理能力远超纸质表格。从诞生时的数据记录、计算和存取,到现今的数据管理、数据分析及数据可视化,电子表格随着技术的发展,功能越来越强大。对工作和学习中遇到的数据处理需求,可以灵活地运用电子表格进行制表运算、数据分析,是本课程学习使用电子表格软件的目标。

思政素养

在日常工作中,最常用的信息化工具之一就是电子表格软件。了解和掌握相关软件对自身学习和工作办公都有着不可或缺的作用。通过完成学习相关内容,培养民航学子的爱国精神,增强民航建设使命感。

4.1　电子表格基础

知识导入

了解常用的电子表格软件,熟悉 Excel 2016 软件操作界面,掌握工作簿、工作表、单元格及区域的基本操作,掌握基本的数据输入方法。

4.1.1　常用电子表格软件

1. WPS 表格

WPS 表格同样是金山公司 WPS 套件中的一部分,WPS 2016 的电子表格主界面如图 4-1 所示。它是一个免费的数据分析和可视化工具,通过为用户提供免费的模板来管理图表、跟踪预算以及分析个人或企业财务。WPS Spreadsheet 提供了资产负债表、个人预算、项目计划、时间表和日历等类别的各种精美模板。同时提供了大量的免费图表,可以帮助用户轻松实现数据可视化。

WPS 表格与 Microsoft Excel、Google Sheet、LibreOffice Calc 和 OpenOffice Calc 等办公套件电子表格软件完全兼容。它还与常见的文件格式兼容,如 .xls、.xlsx、.xlsm、.xlt 和 .csv。它支持用户在移动设备、计算机或网页上编辑 Excel 文件,还支持 Excel 和 PDF 文件之间的转换。

2. Microsoft Office Excel

Microsoft Office Excel 是微软办公套装软件的一个重要的组成部分,用于各种数据的处理、统计、分析并辅助决策。由于其具有简单易用的特点,被广泛地应用于各行各业的数据管理和统计,尤其商业、财经、金融等领域。如图 4-2 所示是 Excel 2016 的开始界面。

图 4-1　WPS 2016 电子表格主界面

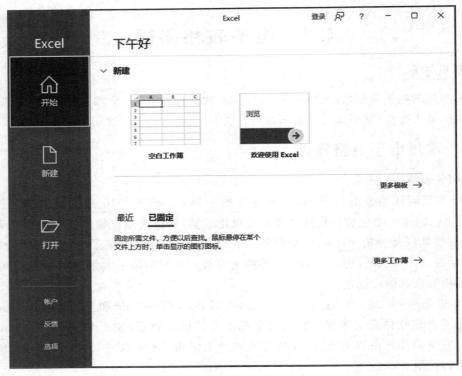

图 4-2　Excel 2016 开始界面

用户可以使用 Excel 创建工作簿和工作表，设置表格格式，以便分析数据并作出更明智的业务决策。可以通过编写公式或利用内置函数对数据进行计算，以多种方式透视数据，并以各种具有专业外观的图表来显示数据,使数据达到可视化的效果。Excel 的应用场景还包括财务会计、预算编制、账单编制、销售报表、计划跟踪和日历调用等。

Excel 的发展同样经历了几十年。凭借其强大的功能和微软公司在 PC 平台上的背景,辅以成功的营销手段,从 20 世纪 90 年代起,Excel 就一直是应用最为广泛的电子表格软件。

3. iWork Numbers

iWork Numbers 是苹果公司的电子表格软件。大多数苹果设备内置有 Numbers,它带来醒目的表格和图像,让用户能够创建精美的电子表格。通过实时协作功能,可以使整个用户团队成员无论用的是 Mac、iPad、iPhone 还是个人计算机,都能共享工作进度。

如图 4-3 所示是 iWork Numbers 在多种设备上的主界面。Numbers 用空白画布代替无数的条条框框,用户可以在画布上随意移动各种内容、组织数据。

图 4-3　iWork Numbers 在多种设备上的主界面

Numbers 支持数百种函数,无论是复杂的精密计算、推算公式、筛选数据还是总结含义,直观的工具使操作更容易上手。利用智能分类和数据透视表功能,还可以快速整理并汇总表格,以便深入理解数据背后反映出的信息。

数据标注清晰且尺寸可调节的条状图和柱状图、直观全面的雷达图和环状图、交互式的图表,以及包含超过 700 种自定义形状的素材库,帮助用户将表格转换为精美的可视化数据效果。

Numbers 可以打开 Microsoft Excel 的 .xlsx 文件,也可以将其导出为其他格式,包括 Excel 文件(.xlsx)、PDF 文件(.pdf)、CSV 文件(.csv)以及 TSV 文件(.tsv)。

4. LibreOffice Calc

在之前章节已做过介绍,LibreOffice 是一款功能强大且免费的办公套件,Calc 是该套件中的电子表格组件,可以完美兼容 Microsoft Excel 的 .xlsx 和 .xls 文件。Libreoffice Calc 主界面如图 4-4 所示。

4.1.2　Excel 2016 界面介绍

在学习使用 Excel 2016 进行电子表格编辑之前,首先需要熟悉软件的工作界面。以默认的普通视图为例,Excel 2016 的工作界面主要由五个部分组成,包括标题栏、功能区、名称框与编辑栏、工作表编辑区和状态栏,如图 4-5 所示。

图 4-4　LibreOffice Calc 主界面

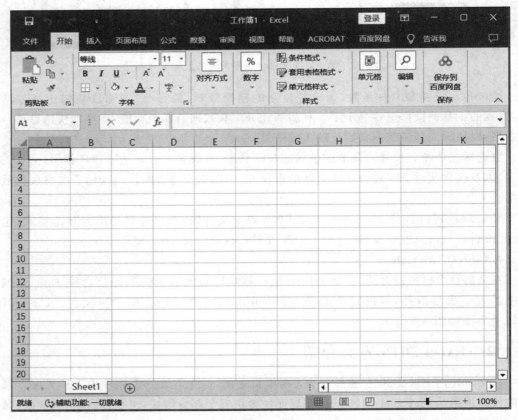

图 4-5　Excel 2016 工作界面

1. 标题栏

Excel 的标题栏延续了 Office 套件的统一风格,从左至右为:快速访问工具栏、文档名称、用户登录按钮、功能区显示选项和窗口控制按钮,如图 4-6 所示。之前的章节中对标题栏各部分作用已经有过介绍,故不再赘述。

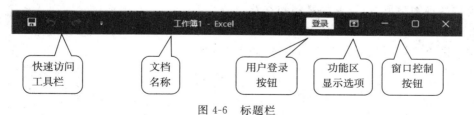

图 4-6　标题栏

2. 功能区

与 Word 一样,Excel 的功能区也是由选项卡组成,每个选项卡由若干个功能组组成。其中,"公式"和"数据"等选项卡为 Excel 所特有,如图 4-7 所示。

Excel 的"文件"选项卡结构与 Word 一样,包含"新建""打开""信息""保存""打印""共享""关闭""选项"等常用命令,用于管理文件和相关数据的创建、保存、打印及个人信息设置等。特别的是,Excel 的"文件"选项卡多了一个"发布"选项,用于发布文件到 Power BI。Power BI 是微软公司旗下的一个统一、可扩展的自助服务和企业商业智能平台。用户可以利用 Excel 数据发布到 Power BI,实现数据可视化,并将视觉对象无缝融入日常应用中。

"开始"选项卡包含"剪贴板""字体""对齐方式""数字""样式""单元格""编辑"等功能组,用于对工作表内的数据和单元格进行编辑和格式设置。它是最常用的选项卡之一。如图 4-8 所示是"单元格"功能组。

图 4-7　选项卡

图 4-8　"单元格"功能组

"插入"选项卡包含"表格""插图""加载项""图表""演示""迷你图""筛选器""链接""文本""符号"等功能组,用于在 Excel 工作表中插入各种对象,如数据透视表、图表和迷你图等。

"页面布局"选项卡包含"主题""页面设置""调整为合适大小""工作表选项"和"排列"等功能组,用于设置工作表的页面样式、外观和布局,如设置主题和配色方案,设置页面的纸张大小和方向,设置页边距、页眉和页脚等。

"公式"选项卡包含"函数库""定义的名称""公式审核"和"计算"功能组,主要提供与公式有关的命令和工具。值得注意的是,"插入函数"这个功能并不在"插入"选项卡中,而是在"公式"选项卡中。"函数库"功能组包含了 Excel 2016 提供的全部函数类型,单击函数类别按钮可以弹出其对应的函数列表。

"数据"选项卡包含"获取和转换数据""查询和连接""排序和筛选""数据工具""预测"及"分级显示"等功能组,主要用来获取外部数据和管理数据,对数据进行排序、筛选、分类汇总以及模拟分析预测。

"审阅"选项卡包含"校对""中文简繁转换""见解""语言""批注""保护"和"墨迹"功能组,主要用于对工作表进行校对、审阅以及修订。

"视图"选项卡包含"工作簿视图""显示""缩放""窗口"和"宏"功能组,主要用于设置工作表窗口的视图类型,以及宏的录制和查看。

3. 名称框与编辑栏

功能区下方区域是名称框与编辑栏,如图 4-9 所示。

图 4-9 名称框与编辑栏

名称框与编辑栏的左侧部分是名称框,用于显示当前活动单元格的地址。此外,可以为单一单元格、连续或者不连续的多个单元格区域定义一个名称。当选择有名称的单元格时,名称框里就显示的是已定义的名称,而不是地址。可以从名称框中输入直接地址或者是名称来选中相应的单元格。如果想要删除已经命名的名称,可以单击"公式"选项卡"定义的名称"功能组的"名称管理器",在弹出的"名称管理器"对话框中选中不需要的名称,单击"删除"按钮,如图 4-10 所示。

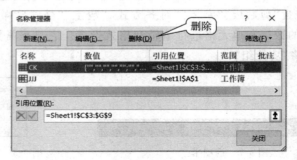

图 4-10 "名称管理器"对话框

值得注意的是,名称框里定义的区域名称可以直接作为参数用于函数的计算。比如求名称为 ABC 的区域内数值的和,函数可以直接写作"=SUM(ABC)"。

名称框与编辑栏的右侧部分是编辑栏,选中单元格后可以在编辑栏中输入单元格的内容,包括文字、数据及公式等。

名称框和编辑栏中间会出现以下三个按钮。

左边的"✕"符号是"取消"按钮,它的作用是取消编辑栏的输入,恢复到单元格输入之前的状态。取消输入的快捷键是键盘上的 Esc 键。

中间的"✓"符号是"输入"按钮,它的作用是确定编辑栏的输入,输入栏中的内容为当前选定单元格的内容。确定输入的快捷键是键盘上的回车键。

右边的"f_x"符号是"插入函数"按钮,单击此按钮在单元格中插入函数,同时在编辑栏中出现"="引导的公式。

4. 工作表编辑区

如图 4-11 所示是工作表编辑区。工作表编辑区是 Excel 2016 操作界面中存储和编辑数据的区域,由单元格组成,用于存储、显示、输入和修改不同类型的数据,包括中文汉字、英文字母、符号、文本型数字和数值型数字等,还可以插入并编辑图片,甚至插入声音和视频等。

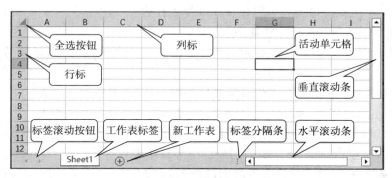

图 4-11 工作表编辑区

1）全选按钮

全选按钮位于工作表编辑区的左上角,是带有"◢"符号的按钮。其功能是单击后可以选中所有单元格。

2）列标

列标位于工作表编辑区的上方,用于显示列数,默认用字母表示。列的编号依次用字母 A、B…AA…XFD 表示,Excel 2016 共有 16384 列。

除了默认的 A1 引用样式,Excel 2016 还有另一种引用样式——R1C1 引用样式。在 R1C1 引用样式中,列标用数字表示,但 R1C1 引用样式并不常用。

3）行标

行标位于工作表编辑区左侧,用于显示行数,用数字表示。行的编号从 1 到 1048576,Excel 2016 共有 1048576 行。

4）垂直滚动条

垂直滚动条位于工作表编辑区右侧,用于查看工作表编辑区中超过屏幕显示行范围而未显示出来的内容。

垂直滚动条的使用方法有三种:一是单击上方"▲"和下方"▼"滚动按钮实现上下按行滚动,每单击一下,滚动一行;二是单击滚动条和"▲""▼"两个滚动按钮之间的空白位置处,按屏幕滚动,每单击一下,向上或向下滚动一屏幕工作表编辑区内容;三是直接按住鼠标左键拖曳滚动条,可以到达想要的行。

5）水平滚动条

水平滚动条位于工作表编辑区下方右侧,用于查看工作表编辑区中超过屏幕显示列范围而未显示出来的内容。

与垂直滚动条类似,水平滚动条的使用方法也有三种:一是单击左方"◀"和右方"▶"滚动按钮实现左右按列滚动,每单击一下,滚动一列;二是单击滚动条和"◀""▶"两个滚动按钮之间的空白位置处,按屏幕滚动,每单击一下,向左或向右滚动一屏幕工作表编辑区内容;

三是直接按住鼠标左键拖曳滚动条,可以到达想要的列。

6) 工作表标签

工作表标签位于工作表编辑区下方左侧。从左向右依次为:标签滚动按钮、工作表标签和新工作表按钮。工作表标签用来标记工作表的名称,如Sheet1。白底绿字的标签为当前活动工作表的标签。Excel 2016的一个工作簿中默认有一个工作表,用户可以根据需要新建工作表,但一个工作簿最多只可以包含255个工作表。

(1) 标签滚动按钮的使用方法如下。

当工作表标签数量过多,向右超过"水平滚动条"的位置时,将激活左键"◀"和右键"▶"。

单击标签右滚动按钮"▶",工作表标签向左滚动,可查看右侧工作表。

单击标签左滚动按钮"◀",工作表标签向右滚动,可查看左侧工作表。

按住Ctrl键,单击左键"◀",滚动到第一个工作表。

按住Ctrl键,单击左键"▶",滚动到最后一个工作表。

在左键"◀"和右键"▶"以及两者之间的位置,右击,弹出"激活"对话框,将显示所有工作表名称。选择任一工作表,单击"确定"按钮,可切换并激活所选工作表。

(2) 工作表标签的使用方法。单击工作表标签可以选定、切换工作表。如果需要选择多个工作表,则先选中起始工作表标签;如果要选定的工作表相邻,同时按住Shift键,然后选中最后一个工作表标签。如果要选定的工作表不相邻,则同时按住Ctrl键,依次选中需要的每个工作表标签。如果要选择全部的工作表,则选择任意工作表标签单击鼠标右键,在快捷菜单中选择"选定全部工作表"选项。

右击工作表编辑区底部的工作表标签,在弹出的快捷菜单中选择"工作表标签颜色",在二级菜单中选择颜色即可改变工作表标签的颜色,如图4-12所示。

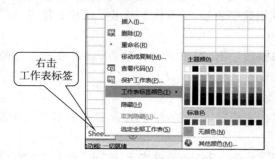

图4-12 工作表标签颜色

(3) 新工作表按钮的使用方法。每单击一下,新建一个工作表,默认工作表名称依次为:Sheet2、Sheet3…,依次类推。

7) 标签分隔条

标签分隔条位于工作表标签和水平滚动条中间。向左或向右拖动"标签分隔条"按钮可以显示或隐藏工作表标签和水平滚动条。

8) 单元格

在工作表编辑区中,行、列交汇处的区域称为单元格。单元格可存储字符、数字、公式、图形、声音和视频等内容。

单元格的名称或地址默认由"列标"和"行标"组成。例如,A 列和第 1 行交汇处的区域称为 A1 单元格。Excel 2016 共有 17179869184 个单元格。

在工作表编辑区单击鼠标左键,选中的单元格为活动单元格。单击选择某一个单元格,该单元格就是活动单元格。活动单元格边框默认为绿色,一个工作表中有且只有一个活动单元格,只有在活动单元格中才能输入和修改数据。

有关单元格的基本操作会在下一节中介绍。

5. 状态栏

状态栏位于界面的最底端(图 4-13),用于显示当前文档的工作状态。

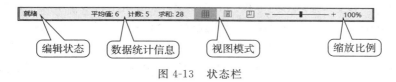

图 4-13　状态栏

状态栏的左侧区域用于显示当前工作区的状态:默认情况下,状态栏显示"就绪"字样,表示工作表正准备接收新的信息;在单元格中输入数据时,状态栏会显示"输入"字样;当对单元格的内容进行编辑和修改时,状态栏会显示"编辑"字样。

选中一片数据区域,在状态栏中间区域会显示当前所选中数据的一些信息,比如最大值、最小值、计数、平均值和求和等。可以在状态栏上单击鼠标右键进行设置,选择性地显示所需要的信息。

状态栏的右侧区域是视图切换按钮和显示比例按钮。默认情况下,Excel 2016 打开的工作表处于普通视图,单击状态栏上相应的按钮即可切换到阅读视图或者 Web 版式视图。

单击"+"和"-"按钮可以进行工作表窗口显示比例调整,将工作表编辑区放大、缩小查看。也可以直接单击状态栏最右侧的缩放级别按钮,直接选择或输入所需要的显示比例。

4.1.3　工作簿、工作表、单元格、区域

工作簿、工作表、单元格和区域是 Excel 2016 电子表格文档最基础的构成元素,本节介绍与之相关的概念和基本操作。

1. 工作簿

Excel 2016 电子表格文档的官方名称是工作簿,是存储和处理数据的文件。在 Excel 2016 中,建立一个空白的工作簿后,系统自动将该工作簿命名为"工作簿 1",工作簿的扩展名为".xlsx"。

工作簿和工作表的关系就像书本和页面的关系,每个工作簿中可以包含多张工作表,Excel 2016 的工作簿所能包含的最大工作表数为 255,并且数量受内存大小的限制。

2. 工作表

工作表是构成工作簿的主要元素,每张工作表都有自己的名称,用户可以根据需要修改工作表的名称。Excel 2016 中新建的空白工作簿默认包含 1 张工作表,命名为"Sheet1",用户可以根据需要向工作簿中插入更多的工作表。

1) 添加、删除、重命名和隐藏工作表

(1) 添加工作表。单击工作表标签中"新工作表"按钮。选择"开始"选项卡的"单元格"

功能组的"插入"下拉列表的"插入工作表"命令。在工作表标签区单击鼠标右键,在弹出的快捷菜单中选择"插入"选项。在弹出的"插入"对话框中,选择"常用"中"工作表"选项插入空白的工作表,或者利用"常用"或"电子表格方案"模板快速生成工作表。

(2) 删除工作表。删除工作表的操作与插入工作表的操作类似。如果被删除的工作表中包含数据,则在删除时会弹出一个提示框,提示用户是否永久删除这些数据。如果确定删除,是不能通过"撤销"命令恢复的。

(3) 重命名工作表。直接双击需要重命名的工作表标签,输入新表名。在工作表标签上单击鼠标右键,在弹出的快捷菜单中选择"重命名"选项。单击"开始"选项卡的"单元格"功能组中的"格式"按钮,在弹出的下拉列表中选择"重命名工作表"选项。

(4) 隐藏工作表。在工作表标签上单击鼠标右键,在快捷菜单中选择"隐藏"选项。单击"开始"选项卡的"单元格"功能组中的"格式"按钮,在弹出的下拉列表中选择"隐藏和取消隐藏/隐藏工作表"选项。对于已经隐藏的工作表,采用类似的操作可以取消隐藏。

2) 移动和复制工作表

(1) 相同工作簿文件之间工作表。在要移动的工作表标签上单击鼠标右键,在弹出的快捷菜单中选择"移动或复制"选项,弹出"移动或复制工作表"对话框,在"下列选定工作表之前"列表中选择要将工作表移至的位置。如果是要复制工作表,则需要勾选"建立副本"选项,单击"确定"按钮。新生成的副本工作表将被插入在原工作表之前。

在要移动的工作表标签上按住鼠标左键,拖曳鼠标将工作表移动到需要的位置。如果按住鼠标左键同时再按住 Ctrl 键,则可以实现工作表的复制。

(2) 不同工作簿文件之间工作表。将目标工作簿打开后,切换回当前工作簿。在当前工作簿的工作表标签上单击鼠标右键,在弹出的快捷菜单中选择"移动或复制"选项,打开"移动或复制工作表"对话框。在对话框的"工作簿"下拉列表中会出现要复制或者移动到的工作簿选项,选定目标工作簿即可。如果选定的是新工作簿选项,就会产生一个新工作簿窗口,要复制或移动工作表也已经存在此新工作簿中,最后经保存后会产生一个新工作簿文件。

3) 拆分、冻结与合并工作表

(1) 拆分工作表。当需要同时查看工作表不同区域数据时,可以将工作表在垂直和水平方向进行拆分。单击"视图"选项卡"窗口"功能组中的"拆分"按钮,会出现四个窗格,用鼠标选中横向或者纵向拆分框上,拖曳鼠标可改变窗格比例。表格拆分时在一个窗格内选中单元格进行操作,其他窗格对应的单元格中将进行同样操作,再次单击"拆分"命令按钮,将取消对工作表的拆分。

(2) 冻结工作表。如果需要在滚动浏览时始终在窗口中显示前几行或前几列,可以采用"冻结"行或列的方法。使用冻结功能的方法是:单击"视图"选项卡"窗口"功能组的"冻结窗格"按钮,在弹出的下拉列表中出现"冻结窗格""冻结首行"和"冻结首列"三个选项。

利用"冻结窗格"命令可以指定需要冻结的行或列。操作方法是:先选定需要冻结的区域右下角的单元格,然后选择"冻结窗格"命令,当前工作表窗口以选定的单元格左上角为限,划分四个部分,其中左上侧部分在上下或左右滚动浏览始终保持冻结状态。再次单击功能区中相同位置的"取消冻结窗格"命令可取消冻结状态。

(3) 合并工作表。工作表合并功能可以将分布在多个工作表内的数据合并在一起。

如果需要合并的数据量不大,可以利用剪贴板直接将要合并的数据复制粘贴到一起。

如果需要合并的数据量比较大，在 Excel 2016 中可以使用 Power Query。单击"数据"选项卡"获取和转换数据"功能组中的"获取数据"按钮，在弹出的下拉列表中选择"自文件"命令，在二级列表中选择"从 Excel 工作簿"选项。在"导入数据"对话框中选中需要合并的工作簿，单击"导入"按钮。之后进入导航器界面，选中工作表内容，单击"转换数据"按钮。进入 Power Query 编辑界面，取消选中不需要的表名，之后单击 Data 列扩展数据，单击"确定"按钮，完成数据表的合并。单击"关闭并上载"按钮即可将数据加载到当前工作簿中，如图 4-14 所示。

图 4-14　Power Query 编辑器

3. 单元格

1）单元格基本概念

单元格是构成 Excel 表格的最小单位，针对 Excel 的操作都是以单元格作为基本单位的。单元格按照行和列，排列形成一张二维表格。不同的工作表中的单元格之间形成一个三维的结构。单元格通过对应的列标和行标进行命名、引用，任何数据都只能输入单元格中。

如前一小节所介绍的，在 Excel 2016 的默认情况下，使用字母标记列标，而且组合使用字母表，列号依次为 A、B、C…Z、AA、AB、AC…AZ、BA、BB、BC…BZ、CA…。行号则使用数码，例如：BC16 表示第 BC 列第 16 行的单元格。

如果要引用其他工作表中的单元格，则需要使用地址表示的三维结构。在单元格的"列标行标"名称前加上工作表的名称，并在二者之间用英文输入法的感叹号分开。如图 4-15 所示，A1＝Sheet2！B16 表示当前工作表的 A1 单元格引用了工作表 Sheet2 中第 B 列第 16 行的单元格的数据"我是 B16"。

图 4-15　跨工作表的单元格引用

单元格既可以存储数值型数据，也可以存储字符型数据。关于数据类型，后续章节会有详细介绍。

每个单元格存储字符的个数不受显示宽度的影响，最多可以存储32767个字符，但在单元格中仅能显示出1024个字符。如果单元格右侧的邻居单元格中没有数据，此单元格的内容可以延伸显示，否则只能显示在自己的空间范围内。增大单元格的显示宽度可以使更多的内容显示出来，但不能改变单元格的存储能力。

2）单元格基本操作

（1）单元格的选定及鼠标状态。当鼠标指针指向单元格时，通常显示为一个白色空心的十字，此时可以单击鼠标左键进行单元格的选定，也可以按住鼠标左键拖曳，选定被鼠标指针划过的单元格，形成一个区域。

当鼠标指针指向已被选定的活动单元格或区域的边框时，鼠标指针显示为实心带箭头的十字，此时可以拖动单元格或者区域，实现内容的移动。

当鼠标指针指向单元格或区域右下角的绿色小点（称为"自动填充柄"）时，鼠标指针显示为黑色实心的小十字。此时可以按住鼠标左键，垂直或水平拖曳鼠标，实现数据的自动填充。

当鼠标指向活动单元格时，双击鼠标左键，单元格内显示闪烁的插入点光标，此时可以编辑单元格中的数据进行常规的字符删除、修改等操作。

（2）调整列宽和行高。单元格有默认的列宽，行高会根据内容字体的大小自动调整。

选中列标，选择"开始"选项卡"单元格"功能组中的"格式"按钮，在弹出的下拉列表中选择"自动调整列宽"选项。或者将鼠标指针停在列标的右边分隔线上，当出现双向箭头时双击，都可以自动调整列宽。

鼠标拖曳列标的右边分隔线到合适为止。或者选中列标，单击鼠标右键，在快捷菜单中选择"列宽"命令，在弹出的对话框中输入精确的数值来调整列宽。

改变行高的操作方法与改变列宽的方法类似。

（3）隐藏、取消隐藏列或行。将鼠标移动到列标的右分隔线上，从右往左拖动此分隔线，拖动时列宽显示在该列的右上方，当拖到列宽为0时，就隐藏了该列数据。对行数据的隐藏可以使用相似的方法。

选中某列、某行后，单击鼠标右键，在快捷菜单中选择"隐藏"命令。或者选择"开始"选项卡"单元格"功能组中的"格式"按钮，在弹出的下拉列表中选择"隐藏和取消隐藏"选项中的"隐藏列"或"隐藏行"选项，也可以达到隐藏行或列的效果。

将鼠标指针指向隐藏列的列标或隐藏行的行号，当指针成为双线双箭头时，从左至右拖曳出被隐藏的列或从上到下拖曳出被隐藏的行；或当指针成为双线双箭头时双击，也可以取消隐藏。

还可以选中包含隐藏列左右列或隐藏行的上下行，单击鼠标右键，在快捷菜单中选择"取消隐藏"命令来达到取消隐藏行或列的目的。

（4）插入、删除、合并和清除单元格。插入：选中单元格，单击鼠标右键，在弹出的快捷菜单中选择"插入"选项，在弹出的"插入"对话框中选择当前单元格右移或是下移，插入整行或是整列。也可以选择"开始"选项卡"单元格"功能组中的"插入"按钮，在弹出的下拉列表中单击"插入单元格"选项来完成。

删除:与插入单元格的操作类似。

合并:选中需要合并的单元格区域,选择"开始"选项卡"对齐方式"功能组中的"合并后居中"按钮,在弹出的下拉列表中选择"合并单元格"命令。单击"对齐方式"功能组右下角的对话框启动器,在弹出的"设置单元格格式"对话框勾选"对齐"标签中的"合并单元格"选项。

清除内容:按 Delete 键可以清除单元格中的内容,单元格不会被删除。

4. 区域

区域是多个相邻单元格(矩形区域)所构成的集合。区域既可以是单行、单列的,也可以是一个矩形范围的。通常使用矩形的左上角单元格地址和右下角单元格地址的组合表示一个区域,两个地址之间用英文的冒号分隔。也可以用左下角单元格和右上角单元格的地址组合来表示区域。

例如,A1:A100、C9:D11 和 B2:F33 都是合法的区域。

对于一个区域,可以命名一个名称。区域的名称必须以字母开头,由多个字符构成,中间没有空格和标点,不得与单元格重名。例如,可以把区域 C9:D11 命名为"A36K",但不能命名为"A36",因为已经有同名的 A36 单元格了。

鼠标选定区域的左上角单元格,然后按住鼠标左键向右下角单元格拖曳鼠标,直到覆盖整个区域,在区域名文本框中输入一个合法的区域名称,就为此区域建立了一个名称。

4.1.4 数据类型及数据输入

数据类型是指为了对数据进行存储和运算所进行的分类,针对不同类型的数据有不同的输入方法。

1. 数据类型

1) 文本型数据

汉字、西文字母、数字、空格以及符号都属于文本型数据。有些数据虽然是数字,但并不是数值型数据,例如:手机号码是文本数据,因为手机号码的数字只是一种识别符号,并不参加算术运算。单元格中的文本型数据自动左对齐。文本型数据的特点是可以进行字符串运算,不能进行算术运算(除数字串以外)。在输入数字字符的文本型数据(例如邮政编码、身份证号和电话号码等)时,可以在输入数字前加一个英文输入状态下的单引号,再输入数字;也可以先选定空单元格,将其格式设置为"文本格式",使以后输入的数字以文本格式显示。当输入的文字长度超过单元格的宽度时,如果右侧单元格内没有内容,则延伸显示;若右侧有内容,则超出部分隐藏。

2) 数值型数据

数字、运算符号、标点符号、小数点以及一些特殊符号(如 $、%、& 等)都属于数值型数据。输入这些数据时,系统自动右对齐。当输入的数值长度超过 11 位时,单元格中的数字将会自动以科学记数的形式显示,如"1.23456E+11";如果数字的位数超过了 15 位,则多于 15 位的数字将会被当作 0 来处理。输入分数时,应先输入"0"及一个空格,然后输入分数,否则会认为是日期格式的数据。如果单元格中数字被"♯♯♯♯♯♯"代替,说明单元格的宽度不够,应增加单元格的宽度。

值得注意的是,Excel 2016 中,日期和时间也属于数值型数据。当输入的数据与内置的格式相匹配时,会自动转换成日期或时间,右对齐显示。输入日期时通常用斜线"/"、连字符

"-"分隔,如 2023/03/1 或 2023-03-1 或 23-Mar-1;输入时间时通常用冒号":"分隔,默认情况下系统以 24 小时制显示时间,若以 12 小时制显示,则需在键入时间后输入一个空格,再输入"AM"表示上午,"PM"表示下午,如 18:18 或 6:18PM。如果要输入当时的日期,按 Ctrl+分号组合键;如果要输入当时的时间,则按 Ctrl+Shift+分号组合键。常用的日期和时间格式有"yyyy/mm/dd""dd-mm-yy""mm/dd/yy""hh:mm""hh:mm:ss"和"hh:mm PM"等。

3）逻辑型数据

逻辑型数据包括 TRUE(真)和 FALSE(假)两种,TRUE 为 1,FALSE 为 0。逻辑型数据之间进行四则运算或是逻辑型数据与数值型数据之间进行运算时,TRUE 的作用等同于 1,FALSE 的作用等同于 0。

4）错误值

错误值通常是在使用公式时,由于种种原因没能返回需要的结果,而是返回了一串不同字符组成的错误值代码。常见的错误值及错误产生的原因见表 4-1。

表 4-1 常见的错误值及原因

错误值	错误原因
#VALUE!	在需要数字或逻辑值时输入了文本,Excel 不能将其转换为正确的数据类型
#DIV/0!	使用 0 值作为除数
#NAME?	使用了不存在的名称或是函数名称拼写错误
#N/A	在查找函数中,无法找到匹配的内容
#REF!	删除了有其他公式引用的单元格或工作表,致使单元格引用无效
#NUM!	在需要数字参数的函数中,使用了不能接受的参数
#NULL!	在公式中未使用正确的区域运算符,产生了空的引用区域;在区域引用之间使用了交叉运算符(空格字符)来指定不相交的两个区域的交集

2. 数据输入

1）输入数据的常用方法

单击单元格,在对应的编辑栏内直接输入数据,按回车键完成。双击单元格,可在编辑状态下修改数据。输入数据后,按回车键可以自动跳到下一列;按 Tab 键可以自动跳到下一行,实现按行输入。当需要在同一个单元格中另起一行输入数据时,只需按 Alt+Enter 组合键即可。如果需要在一个单元格中显示多行文本,可以通过设置单元格格式的"自动换行"实现。如果需要在多个单元格(可以是非连续的单元格或区域)中输入相同的数据,可以利用 Ctrl+Enter 组合键实现。

2）选择性粘贴

在单元格中输入数据时,可以利用剪贴板进行数据的复制粘贴。但有时在粘贴数据时,只需要粘贴数据的一部分内容或属性,比如只粘贴文字内容而不要文字的格式,此时可以使用"选择性粘贴"功能。

先复制内容,然后在要粘贴的目标位置单击鼠标右键,可以在弹出的快捷菜单中选择"粘贴选项"[图 4-16(a)];或者选择"选择性粘贴"选项,在弹出的"选择性粘贴"对话框中选择需要的选项[图 4-16(b)]。在复制数据时,选择性粘贴给用户提供了更多的选项。

 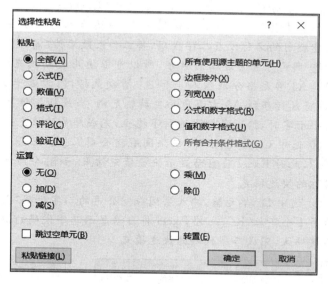

(a) 右键—粘贴选项　　　　　　　　(b) "选择性粘贴"对话框

图 4-16　选择性粘贴

3）输入数据的快速方法

当需要输入大量数据时，Excel 2016 提供了丰富的手段，提高了输入效率，减少了输入差错。

"记忆"输入：在表格中输入一列具有许多相同或部分相同的数据时，可以利用"记忆式键入"功能。当在单元格中键入第一个字母或前几个字母或第一个汉字时，Excel 2016 会与该列已输入的数据项进行匹配，找出相符的数据项，自动显示其余的字符。如果要输入的数据项与给出的数据项相同，按键盘上的回车键就可以完成输入。

"选择列表"输入：在一个单元格中输入了文本型数据后，要在该列的下一个单元格中重复输入该类型的数据时，只需单击鼠标右键，在快捷菜单中选择"从下拉列表中选择……"选项，系统会显示已经输入的数据项列表，可以在列表中选择要输入的文本型数据。

"自动填充"输入：自动填充柄在介绍 Excel 软件界面时已作介绍。使用自动填充柄可以按等差数列、等比数列和系统预先定义的方法进行数据填充，用户也可根据自己的需要自定义序列，来完成数据的自动填充。

"快速填充"输入：与"自动填充"所能实现的简单功能不同，Excel 2016 的"快速填充"功能可以根据用户的示范输入智能地填充数据，它可以实现某些需要函数才能完成的操作，体现了高效和智能的特点。"快速填充"功能不仅可以实现批量提取，在提取的同时将多列单元格的不同内容提取出来再合并在一起，还可以实现字符顺序的调整、大小写转换等功能。

民航信息素养实例

制作《浦东机场1号航站楼航空公司分布》电子表格

（1）启动 Excel 2016，打开素材文件“Excel4-1. xlsx”。参照样张，在工作表中利用自动填充柄输入序号，用快速填充的方法从B列中提取航空公司的名称以及二字代码，将工作表改名为“浦东 T1”。

微课：制作《浦东机场1号航站楼航空公司分布》电子表格

① 因为序号为连续的数字，所以可以使用自动填充柄快速输入。在A2、A3单元格分别输入1和2。滑动鼠标，同时选中A2、A3单元格，再将鼠标移到A3右下角的自动填充柄，当鼠标指针显示为黑色实心的小十字时，按下鼠标左键向下拖曳，完成序号的填充。

② 选中C2单元格，输入“法国航空公司”。选中C3单元格，输入“荷兰”，此时 Excel 将自动显示快速填充结果，如图4-17所示。按回车键确认，完成航空公司名称的快速填充。

③ 选中D2单元格，输入法国航空公司的二字代码“AF”；选中D3单元格，输入二字代码的第1个字母“K”，此时 Excel 将自动显示二字代码的快速填充结果，如图4-18所示。按回车键确认，完成二字代码的快速填充。

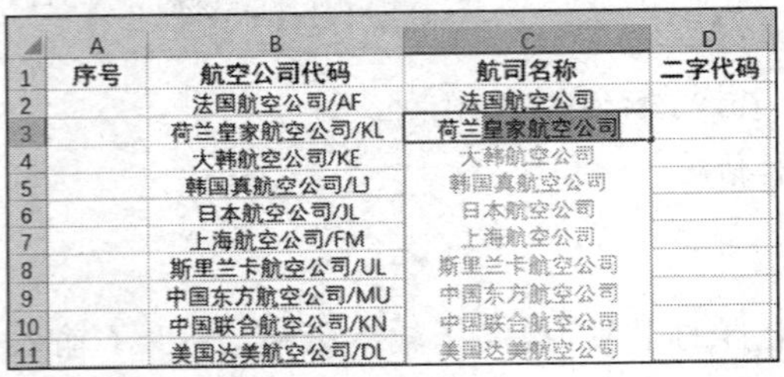

	A	B	C	D
1	序号	航空公司代码	航司名称	二字代码
2		法国航空公司/AF	法国航空公司	
3		荷兰皇家航空公司/KL	荷兰皇家航空公司	
4		大韩航空公司/KE	大韩航空公司	
5		韩国真航空公司/LJ	韩国真航空公司	
6		日本航空公司/JL	日本航空公司	
7		上海航空公司/FM	上海航空公司	
8		斯里兰卡航空公司/UL	斯里兰卡航空公司	
9		中国东方航空公司/MU	中国东方航空公司	
10		中国联合航空公司/KN	中国联合航空公司	
11		美国达美航空公司/DL	美国达美航空公司	

图4-17 “航司名称”的快速填充效果

	A	B	C	D
1	序号	航空公司代码	航司名称	二字代码
2		法国航空公司/AF	法国航空公司	AF
3		荷兰皇家航空公司/KL	荷兰皇家航空公司	KL
4		大韩航空公司/KE	大韩航空公司	KE
5		韩国真航空公司/LJ	韩国真航空公司	LJ
6		日本航空公司/JL	日本航空公司	JL
7		上海航空公司/FM	上海航空公司	FM
8		斯里兰卡航空公司/UL	斯里兰卡航空公司	UL
9		中国东方航空公司/MU	中国东方航空公司	MU
10		中国联合航空公司/KN	中国联合航空公司	KN
11		美国达美航空公司/DL	美国达美航空公司	DL

图4-18 “二字代码”的快速填充效果

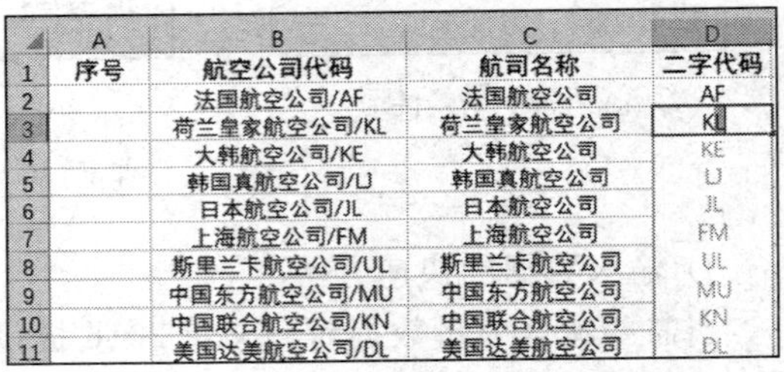

④ 鼠标右键单击左下角的 Sheet1 标签，在弹出的快捷菜单中选择“重命名”命令，在工作表标签处输入“浦东 T1”。

（2）复制“浦东 T1”工作表，并将复制的新工作表重新命名为“备份表”，工作表的标签颜色改为标准色：黄色。

① 鼠标右键单击左下角的“浦东 T1”标签，在弹出的快捷菜单中选择“移动或复制”命令，在弹出的对话框中选中“建立副本”复选框，在“下列选定工作表之前”中选择“移至最后”选项，单击“确定”。

② 完成复制后，原工作表之后出现了“浦东 T1(2)”工作表，双击该工作表标签，输入“备份表”，按回车键确认。

③ 右击“备份表”标签，在弹出的快捷菜单中选择“工作表标签颜色”中的标准色：黄色。

（3）在“浦东 T1”工作表中的“二字代码”列前插入列，列名为“联系电话”，然后将“联系电话”列隐藏。

① 选中“浦东 T1”的D列列标，单击鼠标右键，在弹出的快捷菜单中选择“插入”命令，即可在“二字代码”列前插入一列空白列。在新的D1单元格输入“联系电话”。

② 选中新的D列，单击鼠标右键，在弹出的快捷菜单中选择“隐藏”命令。

（4）将“浦东 T1”工作表中的 E2:E12 区域名称定义为“EZDM”。为“C9”单元格添加批注"国内航线",并显示批注。

① 选中"浦东 T1"工作表中的 E2:E12 区域,在名称框中直接输入"EZDM"。或者鼠标右键单击该区域,在快捷菜单中选择"定义名称"命令,并在弹出的"新建名称"对话框中的"名称"文本框中输入"EZDM"。

② 选中 C9 单元格,单击鼠标右键,在弹出的快捷菜单中选择"插入批注"命令。在批注文本框的内容位置输入"国内航线"。

③ 再次右击 C9 单元格,在弹出的快捷菜单中选择"显示/隐藏批注"命令。

(5) 保存工作簿,另存为 C:\KS\Excel4-1.xlsx。

① 单击"文件"选项卡中的"另存为"命令,单击"浏览"找到文件存放位置 C 盘 KS 文件夹,按题目要求另存为"Excel4-1.xlsx"。

② 完成后即可关闭 Excel。

4.2 公式与函数

了解公式的基本概念,掌握运算符及单元格引用的使用方法,掌握常用函数的一般应用与嵌套应用。

4.2.1 公式

1. 公式的基本概念

公式是 Excel 数据处理中必不可少的一类表达式,它的表达范围比较宽泛,既可以是一个常量表达式,也可以是一个运算表达式,还可以是一个函数表达式。其组成部分包括常量、运算符、引用和函数。其中引用包含了单元格引用和区域引用。

常量即数值数据或者字符数据,它可以直接输入公式中,例如:2035、民航。常量是无须计算就能得出的值,通过运算表达式或函数表达式得出的值都不是常量。

运算符是指公式中用到的运算符号,除了最基本的加减乘除以外,还有其他类型的运算符。

引用的实质是单元格地址,用来引用对应单元格的数据内容。在函数中,也可以引用区域,或者引用区域的名称作为参数。单元格引用包含了相对引用、绝对引用和混合引用三种引用方式。

函数是 Excel 内置的可供执行特殊计算的表达式,函数的存在丰富了 Excel 公式的内容,可以以更简便的方式完成用户的很多计算。

2. 运算符

运算符用于指定要对公式中的元素执行的计算类型。Excel 2016 遵循用于计算的常规数学规则,即括号、指数、乘法和除法以及加法和减法,使用括号可更改计算顺序。

运算符的类型有四种:算术运算符、比较运算符、文本链接运算符和引用运算符。

值得注意的是,Excel 公式中所有运算符均为英文输入法状态下的标点符号,如果使用汉字标点将会无法识别。

1) 算术运算符

若要进行基本的数学运算(如加法、减法、乘法或除法)、合并数字以及生成数值结果,可以使用算术运算符,见表 4-2。

表 4-2　算术运算符

算术运算符	含义	示例
+(加号)	加	=3+3
-(减号)	减	=3-3=-3
*(星号)	乘	=3*3
/(正斜杠)	除	=3/3
%(百分号)	百分比	50%
^(脱字号)	求幂	=3^3

2) 比较运算符

可以使用比较运算符比较两个值,见表 4-3。当使用这些运算符比较两个值时,结果为逻辑值 TRUE 或 FALSE。

表 4-3　比较运算符

比较运算符	含义	示例
=(等号)	等于	=A1=B1
>(大于号)	大于	=A1>B1
<(小于号)	小于	=A1<B1
>=(大于或等于号)	大于或等于	=A1>=B1
<=(小于或等于号)	小于或等于	=A1<=B1
<>(不等号)	不等于	=A1<>B1

3) 文本链接运算符

可以使用与号(&)连接一个或多个文本字符串,用来生成一段新的文本,见表 4-4。

表 4-4　文本链接运算符

文本运算符	含义	示例
&(与号)	将两个值连接起来产生一个连续的文本值	="民"&"航"结果为"民航"

4) 引用运算符

可以使用引用运算符对单元格区域进行合并计算,见表 4-5。

表 4-5　引用运算符

引用运算符	含义	示例
:(冒号)	区域运算符,生成一个对两个单元格之间所有单元格的引用(包括这两个单元格)	B5:B15
,(逗号)	联合运算符,将多个引用合并为一个引用	=SUM(B5:B15,D5:D15)
(空格)	交集运算符,生成一个对两个引用中共有单元格的引用	B7:D7,C6:C8

3. 单元格引用

单元格引用是指对工作表中的单元格或单元格区域的引用,它可以在公式中使用,以便 Excel 可以找到需要公式计算的值或数据。在公式运算中,用户可以输入常量,但是使用常量的公式不便套用,也不便进行大批量的运算。单元格引用是 Excel 公式和函数中最为常见的构成部分,它通过行标和列标来指明数据引用的位置,当 Excel 公式中引用单元格地址后,会自动根据行标和列标寻找到对应的单元格,并引用单元格中的数据进行计算。

在公式中,可以使用单元格引用来引用工作表中一个或多个相邻单元格内的数据,或引用工作表中不同区域包含的数据,或引用同一工作簿的其他工作表中的数据。

1) 单元格引用的两种样式

A1 引用样式:由列标(字母)和行号(数字)组成,比如:A1 单元格,表示在第 1 列第 1 行的单元格。

R1C1 引用样式:由行号(数字)和列标(数字)组成,比如:R1C1,R1 表示第 1 行,C1 表示第 1 列。

在默认情况下,Excel 使用的是 A1 引用样式,如需使用 R1C1 引用样式,要先进行设置。本书中所指的单元格引用都使用默认的 A1 引用样式。

2) 相对引用、绝对引用和混合引用

默认情况下,单元格引用采用相对引用,也就是引用的位置是相对于当前单元格的位置。复制包含相对单元格引用的公式时,该公式中的引用将根据相对位置的变化而变化。

当用户不希望引用的位置随着相对位置的变化而变化,始终保持一个固定的引用位置时,可以使用绝对引用。相对引用改为绝对引用的方法就是在列标与行标前添加英文输入法状态下的美元符号"$",使列标与行标固定。可以将美元符号"$"看作一把锁,锁住列和行的引用位置不变,无论公式被复制到哪里,都可以保持引用的位置锁定不变。

混合了相对引用和绝对引用的引用方式就称为混合引用。用户可以固定引用地址中列标与行标的其中一个。可以只固定列,或者只固定行,具体固定的方法也是在列标或行标前添加美元符号"$"。

相对引用、绝对引用和混合引用见表 4-6。在 A1 单元格内输入公式,复制该公式,粘贴到 C3 单元格中,观察不同的单元格引用方式下的不同结果。

表 4-6 相对引用、绝对引用和混合引用

对 A1 复制到 C3 的公式	引用的内容	得到的结果
(表格:A列第0行为0,C3单元格高亮)	A1(相对列和相对行)	C3(相对引用)
	\$A\$1(绝对列和绝对行)	\$A\$1(绝对引用)
	A\$1(相对列和绝对行)	C\$1(混合引用)
	\$A1(绝对列和相对行)	\$A3(混合引用)

相对引用:当把公式复制到 C3 单元格中时,行和列的引用都会根据相对位置改变而发生改变。在 A1 单元格内输入公式"=A1",复制该公式,粘贴到 C3 单元格中,得到的结果是"=C3"。

绝对引用：当把公式复制到 C3 单元格中时，行和列的引用都不会发生改变。在 A1 单元格内输入公式"＝＄A＄1"，复制该公式，粘贴到 C3 单元格中，得到的结果是"＝＄A＄1"。

混合引用：当把公式复制到 C3 单元格中时，行和列的其中一个引用会根据相对位置改变而发生改变。在 A1 单元格内输入公式"＝A＄1"，复制该公式，粘贴到 C3 单元格中，得到的结果是"＝C＄1"。在 A1 单元格内输入公式"＝＄A1"，复制该公式，粘贴到 C3 单元格中，得到的结果是"＝＄A3"。

4.2.2 函数

函数是公式的一种形式，是 Excel 内置的可供执行特殊计算的表达式。Excel 中的函数由函数名、括号以及括号内的参数组成。函数名提示函数的具体作用，Excel 中常用的函数名多以英文单词来命名，易于理解。函数参数跟在函数名后面的括号中，每个参数之间用半角逗号分隔。参数就是参加运算的数据。不同的函数，参数的形式也是有所不同的。参数可以是常数、单元格引用地址、单元格区域、单元格区域名称或者嵌套的函数。

1. 函数的输入方法

1）直接输入法

首先，单击需要输入公式的单元格（往往选择一个具有代表性的单元格），使之成为当前位置。其次，切换到英文输入状态，直接输入一个以"＝"开头的公式。在此过程中，可以借助 Excel 的提示，直接选择函数名称。最后，以回车键确认输入，系统将自动计算，并在单元格中显示出计算结果。

在此过程中，可以借助编辑栏。在凡是需要输入单元格名称（或者区域）的地方，都可以单击（或拖曳），然后可以继续输入运算符号或函数名称。最后，按回车键确认输入的公式。

2）"公式"选项卡"函数库"功能组

首先，单击需要输入公式的单元格，使之成为当前位置。然后，切换到"公式"选项卡"函数库"功能组，直接从中选择某个函数，快速地实现函数的输入，如图 4-19 所示。

3）编辑栏的函数按钮

首先，单击需要输入公式的单元格，使之成为当前位置。然后单击编辑栏左侧的按钮 f_x，调出"插入函数"对话框，可以从中直接选择需要的函数，也可以通过"搜索＋转到"的方式寻找合适的函数。单击"确定"完成函数的插入，如图 4-20 所示。

图 4-19 "公式"选项卡"函数库"功能组

图 4-20 "插入函数"对话框

选择函数并插入之后,需要选择函数运算对应的参数。在选择参数时,可以直接手动输入参数;也可以单击参数输入框右侧的折叠按钮,将对话框折叠后,选择表格中的参数;还可以直接拖动函数参数对话框至空位,选择表格中的参数。

4)自动填充

利用自动填充柄将已有函数填充到其他的单元格。具体方法已做过介绍,不再赘述。

2. 常用函数

1)统计函数

(1) SUM 函数:即求和函数,用于计算参数的算术平均值。

语法格式:=SUM(Number1,[Number2],…)

参数中,Number1 为必需参数,表示要计算求和的第一个数值,可以是数字、单元格引用或者数组;[Number2]为可选参数,表示要计算求和的第二个数值,中括号表示此参数非必需,实际输入时可以不用添加;其他参数依次类推。

(2) AVERAGE 函数:即平均值函数,用于计算参数的算术平均值。

语法格式:=AVERAGE(Number1,[Number2],…)

参数中,Number1 为必需参数,表示要计算平均值的第一个数值,可以是数字、单元格引用或者数组;[Number2]为可选参数,表示要计算平均值的第二个数值;其他参数依次类推。

(3) MAX 函数:即最大值函数,用于统计一组参数中的最大值。

语法格式:=MAX(Number1,[Number2],…)

参数中,Number1 为必需参数,表示要返回最大值的第一个数值,可以是数字、单元格引用或者数组;[Number2]为可选参数,表示要返回最大值的第二个数值;其他参数依次类推。

(4) MIN 函数:即最小值函数,用于统计一组参数中的最小值。

语法格式:=MIN(Number1,[Number2],…)

参数中,Number1 为必需参数,表示要返回最小值的第一个数值,可以是数字、单元格引用或者数组;[Number2]为可选参数,表示要返回最小值的第二个数值;其他参数依次类推。

(5) COUNT 函数:即计数函数,用于统计参数中包含数字的个数。

语法格式:=COUNT(Value1,[Value2],…)

参数中,Value1 为必需参数,表示计算其中数字个数的第一个参数,可以是直接输入的数字,也可以是单元格引用或数组;[Value2]为可选参数,表示计算其中数字个数的第二个参数;其他参数依次类推。

(6) RANK 函数:即排名函数,用于返回一个数字或一组数字中的排位次序。

语法格式:=RANK(Number,Ref,[Order])

参数中,Number 为必需参数,表示需要进行排位的数值,可以是数字或者单元格引用;Ref 为必需参数,表示 Number 参数要在此范围内进行排位的数值列表,可以是数组或者单元格区域;[Order]为可选参数,表示排位的排序方式,1 表示升序,0 表示降序,参数默认降序。

(7) SUMIF 函数:即条件求和函数,用于计算某个区域内满足给定条件的所有单元格的算术平均值。

语法格式：=SUMIF(Range,Criteria,[Sum_range])

参数中，Range 为必需参数，表示要进行条件判断的单元格区域。Criteria 为必需参数，表示要进行判断的条件，可以是数字、表达式、单元格引用或者文本字符串；[Sum_range]为可选参数，表示要计算算术平均值的实际单元格。若忽略不写，则对 range 参数指定的单元格区域进行计算。

(8) AVERAGEIF 函数：即条件平均值函数，用于计算某个区域内满足给定条件的所有单元格的算术平均值。

语法格式：=AVERAGEIF(Range,Criteria,[Average_range])

参数中，Range 为必需参数，表示要进行条件判断的单元格区域；Criteria 为必需参数，表示要进行判断的条件，可以是数字、表达式、单元格引用或者文本字符串；[Average_range]为可选参数，表示要计算算术平均值的实际单元格。若忽略不写，则对 range 参数指定的单元格区域进行计算。

(9) COUNTIF 函数：即条件计数函数，用于统计所选取区域中满足指定条件的单元格个数。

语法格式：=COUNTIF(Range,Criteria)

参数中，Range 为必需参数，表示要统计的单元格区域；Criteria 为必需参数，表示要进行判断的条件，可以是数字、表达式、单元格引用或者文本字符串。

2) 逻辑函数

(1) AND 函数，即逻辑"与"函数，检查所有参数是否均为 TRUE，如果所有参数均为 TRUE，则返回 TRUE，只要有一个参数为 FALSE，则返回 FALSE。

语法格式：=AND(Logical1,[Logical2],…)

参数中，Logical1 为必需参数，表示要进行逻辑判断的条件，判断的内容可以是逻辑值、数组或单元格引用；[Logical2]为可选参数，要求同 Logical1；其他参数依次类推。

(2) OR 函数，即逻辑"或"函数，检查只要一个参数的逻辑值为 TRUE，则返回 TRUE，只有所有参数的逻辑值均为 FALSE 时，才返回 FALSE。

语法格式：=OR(Logical1,[Logical2],…)

参数中，Logical1 为必需参数，表示要进行逻辑判断的条件，判断的内容可以是逻辑值、数组或单元格引用；[Logical2]为可选参数，要求同 Logical1；其他参数依次类推。

(3) NOT 函数，即逻辑"非"函数，对参数的逻辑值求反，参数的逻辑值为 TRUE 时返回 FALSE，参数的逻辑值为 FALSE 时返回 TRUE。

语法格式：=NOT(Logical)

参数中，Logical 为必需参数，表示要进行逻辑判断的条件，判断的内容可以是逻辑值、数组或单元格引用。

(4) IF 函数，即条件函数，也是逻辑函数的一种。它判断参数的逻辑值，并定义 TRUE 和 FALSE 两种判断结果下不同的返回值。

语法格式：=IF(Logical_test,[Value_if_true],[Value_if_false])

参数中，Logical_test 为必需参数，表示要进行逻辑判断的条件，判断的内容可以是数值或者表达式；Value_if_true 为必需参数，设置一个表达式，当逻辑判断为 TRUE 时，返回该表达式的结果；Value_if_false 为必需参数，要求同 Value_if_true。

值得注意的是，如果函数单元格返回值为 0（零），则有可能是由于 Value_if_true 或 Value_if_False 参数无参数值。若要查看正确的返回值，应为两个参数添加参数文本。

3）日期函数和时间函数

（1）YEAR、MONTH、DAY 函数：YEAR、MONTH、DAY 这三个函数分别对应年、月、日函数，提取给定的参数日期中的年、月、日数据。

语法格式：=YEAR(Serial_number)、=MONTH(Serial_number)、=DAY(Serial_number)

参数中，Serial_number 为必需参数，必须是一个合法的日期值。如果是手动输入的日期，必须用英文输入法的一对双引号""包括起来。如果是"2023-2-31"这种非法日期，或者超出 Excel 日期范围的日期，则将返回错误值。

（2）NOW、TODAY 函数：NOW、TODAY 这两个函数分别返回当前系统的时间和日期。

语法格式：=NOW()、=TODAY()

这两个函数不需要参数，参数即当前系统的时间和日期。

（3）EDATE 函数：EDATE 函数通过设置与指定日期（Start_date）相隔（之前或之后）的月份数，返回表示计算后得到的日期。

语法格式：EDATE(Start_date,Months)

参数中，Start_date 为必需参数，代表开始的日期，必须是一个合法的日期值，如果是手动输入的日期，必须用英文输入法的一对双引号""包括起来；Months 为必需参数，代表 Start_date 之前或之后的月份数。Months 为正值将生成未来日期，为负值将生成过去日期。

（4）DATEDIF 函数：DATEDIF 函数返回结束日期（End_date）与指定日期（Start_date）之间相隔（之前或之后）的年数、月数或者天数。

语法格式：DATEDIF(Start_date,End_date,Unit)

参数中，Start_date 为必需参数，代表开始的日期；End_date 为必需参数，代表结束的日期。

以上两个参数同样必须是一个合法的日期值。如果是手动输入的日期，必须用英文输入法的一对双引号""包括起来。

Unit 为要返回的信息类型。"Y"表示 Start_date 与 End_date 之间的整年数，"M"表示该段时期内的整月数，"D"表示该段时期内的天数。

3. 函数的嵌套

在某些情况下，需要将一个函数作为另一个函数的参数来使用。

例如，IF 函数可以进行嵌套，对第一次逻辑判断后返回的结果再进行多次逻辑判断后，返回最终的结果，如图 4-21 所示。

有效返回值：当将嵌套函数作为参数使用时，该嵌套函数返回的值类型必须与参数使用的值类型相同。例如，如果参数返回一个 TRUE 或 FALSE 值，那么嵌套函数也必须返回一个 TRUE 或 FALSE 值；否则，Excel 会显示 #VALUE! 错误值。

嵌套级别限制：一个公式可以包含多达七级的嵌套函数。如果将一个函数（称此函数为 B）用作另一个函数（称此函数为 A）的参数，则函数 B 相当于第二级函数。

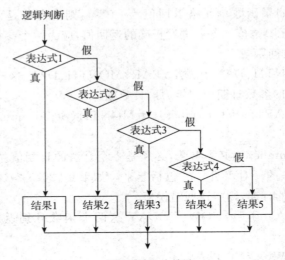

图 4-21 IF 函数的多层嵌套

制作《民航学院学生会干部成绩表》电子表格

(1) 启动 Excel 2016,打开素材"Excel4-2.xlsx"文件。利用常用函数计算和统计学生的年龄、三科总分、学生人数和女生人数。

① 选中 D3 单元格,在编辑栏输入"=YEAR(TODAY())-YEAR(C3)",或者输入"=YEAR(NOW())-YEAR(C3)",按回车键确认。选中 D3 单元格,单击右键,在弹出的快捷菜单中选择"设置单元格格式",在"数字"标签中的"分类"中选择"常规"选项,单击

微课:制作《民航学院学生会干部成绩表》电子表格

"确定"。拖曳单元格右下角的自动填充柄,向下填充至 D12 单元格,计算出学生的年龄。

② 选中 J3 单元格,选择"开始"选项卡中的"编辑"功能组,单击"自动求和"下拉列表中的"求和",此时在 J3 单元格中会显示"=SUM(G3:I3)",按回车键,求出第一个学生的三科总分。选中 J3 单元格,拖曳单元格右下角的自动填充柄向下填充至 J12 单元格,计算出学生的三科总分。

③ 选中 B14 单元格,选择"自动求和"下拉列表中的"计数",鼠标选中 G3:G12 区域,更改系统默认的选择范围。此时,在 B14 单元格中显示"=COUNT(G3:G12)",按回车键确认。

④ 选中 B15 单元格,单击编辑栏的 f_x 按钮,在弹出的"插入函数"对话框中搜索函数"COUNTIF",单击"转到",在"插入函数"中选择"COUNTIF",单击"确定"按钮。在弹出的"函数参数"对话框中,单击 Range 右侧的按钮,选择 E3:E12 区域后按回车键确认,然后在 Criteria 文本框中输入"女",如图 4-22 所示。此时在 F18 单元格中显示"=COUNTIF(E3:E12,"女")",单击"确定"按钮,完成女生人数的统计。

(2) 利用常用函数计算和统计各科目的最高分、最低分、平均分和 90 分以上人数。

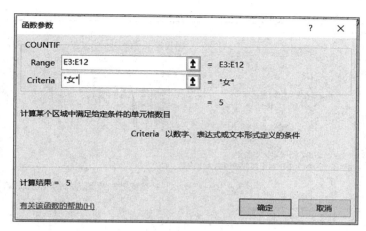

图 4-22 COUNTIF 函数参数

① 选中 G14 单元格,选择"自动求和"下拉列表中的"最大值",鼠标选中 G3:G12 区域,在 G14 单元格中显示"=MAX(G3:G12)",按回车键,得到大学英语课程的最高分。

② 选中 G15 单元格,选择"自动求和"下拉列表中的"最小值",鼠标选中 G3:G12 区域,在 F17 单元格中显示"=MIN(G3:G12)",按回车键,得到大学英语课程的最低分。

③ 选中 G16 单元格,选择"自动求和"下拉列表中的"平均值",鼠标选中 G3:G12 区域,在 F15 单元格中显示"=AVERAGE(G3:G12)",按回车键,得到大学英语课程的平均分。

④ 选中 G17 单元格,选择"自动求和"下拉列表中的"其他函数",在弹出的对话框中选择"或选择类别"下拉菜单中的"统计",在"选择函数"中选择"COUNTIF",单击"确定"按钮。在弹出的对话框中,单击 Range 右侧的按钮,选择 G3:G12 区域后按回车键确认,然后在 Criteria 文本框中输入">=90"。此时在 F18 单元格中显示"=COUNTIF(G3:G12,">=90")",单击"确认"按钮完成英语科目 90 分以上人数的统计。

⑤ 选中 G14:G17 单元格区域,拖曳单元格右下角的自动填充柄向右填充至 I17 单元格,即完成各科目的最高分、最低分、平均分和 90 分以上人数的统计。

(3) 利用统计函数计算学生三科总分的排名。

① 选中 K3 单元格,单击编辑栏的 f_x 按钮,在弹出的"插入函数"对话框中搜索函数"RANK",单击"转到",在"插入函数"中选择"RANK",单击"确定"。在弹出的"函数参数"对话框中,单击 Number 右侧的按钮,选择"J3"。在 Ref 文本框中拖选 J3:J12 区域。由于本题参照的数据范围为固定范围,因此需要将 J3:J12 区域设置为"\$J\$3:\$J\$12"绝对地址引用。可以手动添加美元符号 \$,也可以在选中地址按键盘上的 F4 键,将地址更改为绝对地址引用。此时在 K3 单元格中显示"=RANK(J3,\$J\$3:\$J\$12)",如图 4-23 所示。最后单击"确认"按钮。

也可以直接选中 K3 单元格,在此单元格中输入"=RANK(J3,\$J\$3:\$J\$12)",按回车键确认。

② 选中 K3 单元格,拖曳单元格右下角的自动填充柄向下填充至 K12 单元格,完成学生三科总分的排名统计。

(4) 利用函数嵌套计算学生三科总分的等级。等级的规则为:三科总分大于或等于 270 分为优秀;小于 270 分且大于或等于 240 分为良好;小于 240 分为一般。

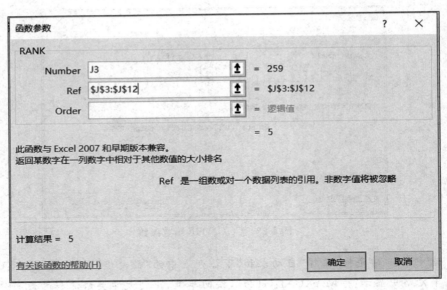

图 4-23 RANK 函数参数

① 选中 L3 单元格,单击编辑栏的 f_x 按钮,在弹出的"插入函数"对话框中,选择"IF"函数,单击"确定"按钮。在弹出的"IF"函数的"函数参数"对话框中,将光标定位在第 1 行"Logical_test"文本框中,先用鼠标选定 J3 单元格,再输入">=270"。

② 单击第 2 行"Value_if_true"文本框,输入文字"优秀",如图 4-24 所示。

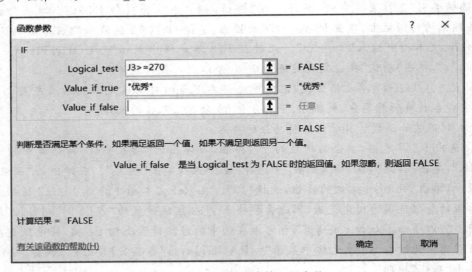

图 4-24 IF 函数嵌套第一层参数

③ 单击第 3 行"Value_if_false"文本框,此时"优秀"两字被自动加上了一对西文字符的引号。当光标在第 3 行文本框时,在名称框中单击"IF",如图 4-25 所示。

④ 选择左上角的"IF"函数,弹出新的"函数参数"对话框,在第 1 行"Logical_test"文本框中设置"J3>=240",在第 2 行"Value_if_true"文本框中输入文字"良好",在第 3 行"Value_if_false"文本框中设置"一般",如图 4-26 所示。

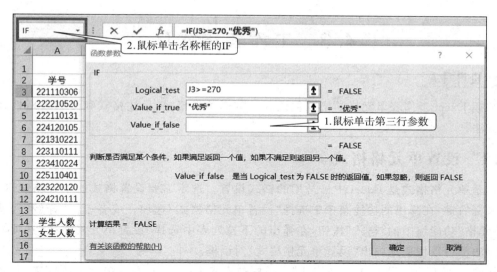

图 4-25 嵌套 IF 函数

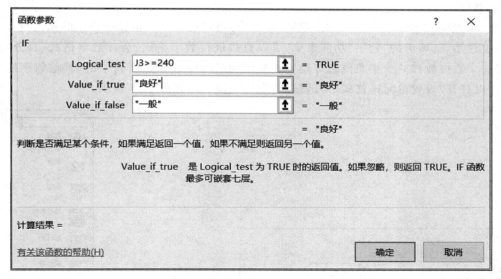

图 4-26 IF 函数嵌套第二层参数

也可在 J3 单元格中直接输入"=IF(J3>=270,"优秀",IF(J3>=240,"良好","一般"))",按回车键确认,即可显示该生等级。

⑤ 选中 J3 单元格,拖曳单元格右下角的自动填充柄,向下填充至 J12 单元格,完成学生等级的计算。

(5) 保存工作簿,另存为 C:\KS\Excel4-2.xlsx。

① 单击"文件"选项卡中的"另存为"命令,单击"浏览"找到文件存放位置 C 盘 KS 文件夹,按题目要求另存为 Excel4-2.xlsx。

② 完成后即可关闭 Excel。

4.3 工作表格式化

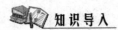知识导入

掌握 Excel 工作表单元格的格式化设置。掌握条件格式、批注格式和套用表格格式的使用方法。

4.3.1 设置单元格格式

设置单元格格式是 Excel 中最常用的格式设置。选定需要设置格式的单元格或区域，单击鼠标右键，在弹出的快捷菜单中选择"设置单元格格式"选项。或者单击"开始"选项卡的"单元格"功能组中的"格式"按钮，在弹出的下拉列表中选择"设置单元格格式"选项。这两种方法都可以快速地弹出"设置单元格格式"对话框。

如图 4-27 所示，"设置单元格格式"对话框包含多个标签，分别从单元格的数字、对齐方式、字体、边框和底纹等几个方面进行设置，使表格更加美化。

1. 数字

在"设置单元格格式"对话框的"数字"标签中，可以进行单元格数字格式的相关设置。

在"开始"选项卡的"数字"功能组中，可以直接进行数字格式、会计数字格式、百分比样式、增加小数位数和减少小数位数等设置。其中"数字格式"下拉列表中的"其他数字格式"选项可以打开"设置单元格格式"对话框的"数字"选项卡，如图 4-28 所示。

图 4-27 "设置单元格格式"对话框

图 4-28 "数字格式"下拉列表

2. 对齐方式

在默认状态下，单元格中字符型数据是左对齐的，数值型数据是右对齐的，逻辑型数据是居中对齐的。在"开始"选项卡的"对齐方式"功能组中，可以对单元格中的数据进行对齐方式的相关设置。其中"合并后居中"按钮的下拉列表中有"合并后居中""跨越合并""合并单元格""取消单元格合并"命令。

在"设置单元格格式"对话框的"对齐"标签中，可以进行对齐方式的设置。其中，"跨列居中"对齐方式与"合并后居中"的视觉效果类似，但"跨列居中"时单元格并没有合并，只是单元格内容显示在中间而已。

3. 字体

Excel2016 单元格中默认显示的是等线字体的 11 号字，在"开始"选项卡中的"字体"功能组中，可以直接使用其中的按钮对选中单元格或区域进行字体、字号、加粗、倾斜、下划线、字体颜色、边框线和填充颜色等设置。在"设置单元格格式"对话框的"字体"标签中，也可以进行相关设置。

4. 边框

选定需要设置边框的单元格或区域，单击"开始"选项卡的"字体"功能组中"边框"右侧的下拉箭头，在弹出的下拉列表中可以选择不同的边框线。在"设置单元格格式"对话框的"边框"标签中，也可以进行边框的相关设置。

在 Excel 中可以手动绘制边框线。通过"边框"下拉列表的"绘制边框"类别中的选项实现，当选择"绘制边框"命令时，鼠标指针变成铅笔形状，拖动鼠标，为单元格绘制边框。默认为黑色实线，绘制完成后再单击该命令就取消绘制功能。通过选择"线型"和"线条颜色"可以为边框线设置不同颜色、不同类型的线条。绘制错的线条可以通过"擦除边框"命令来消除。"绘制边框网格"命令能实现一次完成单元格区域内部和外部线条的绘制。

5. 底纹

每个工作表中的单元格在默认情况下都是没有填充颜色的，为了突出显示单元格中的内容，可以为其填充不同的颜色。

单击"开始"选项卡的"字体"功能组中的"填充颜色"按钮，可以为选定的单元格或区域设置填充颜色，即底纹。单击"填充颜色"按钮右侧的下拉按钮，在弹出的下拉列表中可以选择标准色、主题颜色，还可以通过"其他颜色"命令重新调色。

在"设置单元格格式"对话框中，选择"填充"选项卡，也可以对单元格或区域设置背景颜色或图案样式。

6. 单元格样式

如图 4-29 所示，Excel 2016 预设了"好、差和适中""数据和模型""标题""主题单元格样式""数字格式"五种类型的单元格样式。对于不同内容的单元格，可直接应用相应的样式。用户还可以通过"新建单元格样式"命令来自定义单元格的样式，将其存储后以备使用。

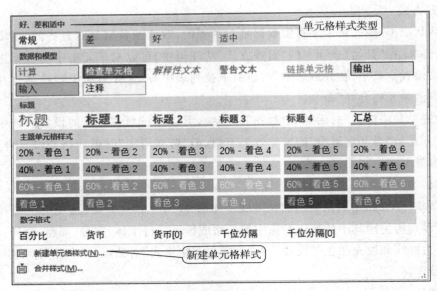

图 4-29 "单元格样式"下拉列表

4.3.2 条件格式、批注格式、套用表格格式

条件格式、批注格式和套用表格格式的作用都是快速地对工作表中的单元格设置外观格式。

1. 条件格式

条件格式顾名思义就是针对不同的条件对单元格区域设置不同的格式。根据单元格的内容区别,有条件地应用格式,以便更为直观地根据需求分类显示数据和内容。

如图 4-30 所示,条件格式主要包括五种默认的规则:突出显示单元格规则、最前/最后规则、数据条、色阶和图标集,用户可以根据需求为单元格区域添加不同规则的条件格式。另外还有三种规则选项,用于新建、清除和管理规则。

1)突出显示单元格规则

突出显示单元格规则主要包括大于、小于、介于、等于、文本包含、发生日期和重复值。用于对符合规则的区域数据突出显示不同的格式效果。

2)最前/最后规则

最前/最后规则主要包括前 10 项、前 10%、最后 10 项、最后 10%、高于平均值和低于平均值。用于在选定的区域中查找该区域中的最高、最低项,或者该区域中高于或低于平均值的项,并对其设置相应的格式。

3)数据条

在选定的单元格区域中添加数据条,数据条会随着数值的变化而变化。变化的方法主要是渐变填充和实心填充。数据条的长度代表单元格中数据的值。数据条越长,表示单元格的值越高;数据条越短,则值越低。

4)色阶

在选定的单元格区域中添加色阶,单元格中的颜色会随着数值的变化而变化。色阶是

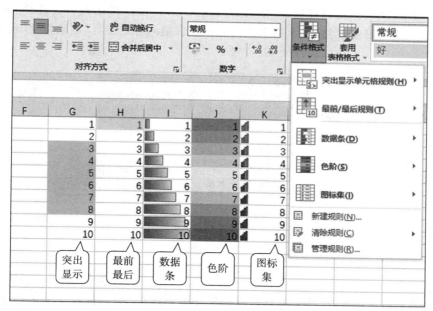

图 4-30 "条件格式"设置效果

通过颜色刻度,比较直观地了解数据分布和数据变化。通常有双色和三色,用颜色的深浅来表示某个区域中数值的高低。

5) 图标集

图标集主要包括方向、形状、标记和等级四种样式,用于对数据进行图标注释。在设置中选择某种图标,选定的单元格就会添加对应的图标,图标的颜色随着数值的变化而变化。

6) 新建规则

新建规则可以进行自定义规则设定,可以对单个单元格进行设置或者整行整列设置,也可以对整个工作表进行规则设置。

7) 清除规则

选择"条件格式"下拉列表中的"清除规则"选项,在子列表中选择"清除所选单元格的规则"或"清除整个工作表的规则"可以清除规则。

8) 管理规则

管理规则中可以查看单元格已经设置的规则,并对已设置的规则进行编辑和修改。

2. 批注格式

在实际应用时,有时单元格的数据较为孤立,不容易理解数据的具体含义。单元格批注就是为单元格的内容添加说明、注释性的文字,以帮助用户理解单元格的信息。

选定需要添加批注的单元格,单击"审阅"选项卡"批注"功能组的"新建批注"按钮,或者单击鼠标右键,在快捷菜单中选择"插入批注"选项,可以在弹出的批注框内输入批注作者信息和批注内容。

如图 4-31 所示,单元格添加了批注后,会在该单元格的右上角出现一个红色的小三角,该标记称为批注标记。批注默认是隐藏的,在浏览表格时,将鼠标指针移到该单元格,屏幕上就会显示单元格批注的内容。选中含有批注的单元格,单击鼠标右键,在快捷菜单中选择

"编辑批注"命令,此时批注框被激活,移动插入点光标,可修改批注内容。选择"显示/隐藏批注"可以显示或者隐藏批注,显示的批注将悬浮在表格内容之上。"删除批注"可以删除不需要的批注。

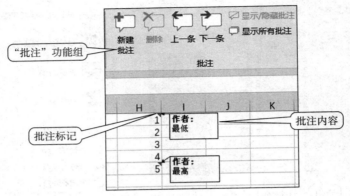

图 4-31　批注效果

在批注处于显示状态时,将鼠标指针移到批注框的边框,选中该批注框的边框,此时在边框上出现控制点。单击鼠标右键,在快捷菜单中选择"设置批注格式"选项,弹出"设置批注格式"对话框。在对话框中有"字体""对齐""颜色与线条""大小""保护""属性""页边距""替代文字"8 个标签,可以进行相关的批注格式设置,如图 4-32 所示。

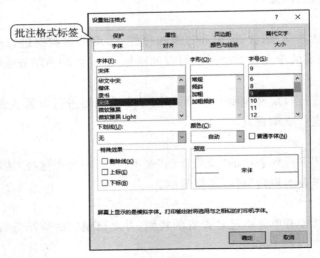

图 4-32　"设置批注格式"对话框

值得注意的是,如果没有选中批注框的边框,而只是选中批注中的文字,在单击鼠标右键弹出的"设置批注格式"对话框中将只有"字体"选项卡,无法进行更多其他设置。

3. 套用表格格式

"套用表格格式"可以对单元格区域中的原始数据进行表格化、格式化,可以利用预设的配色方案方便地美化表格,还可以使用格式化后的筛选器对数据进行筛选。

在"开始"选项卡的"样式"功能组中,单击"套用表格格式"按钮,在弹出的下拉列表中选择合适的配色方案。在"创建表"对话框中输入要套用表格格式的区域地址或者直接拖曳选中区域,勾选是否"表包含标题",单击"确定"按钮,如图4-33所示。

选定已套用格式的表格,在"表设计"动态选项卡中进行表格格式的进一步设置,如图4-34所示。

在"表设计"动态选项卡的"属性"功能组中,单击"调整表格大小"按钮可以调整表格的范围。在"表格样式选项"功能组中,通过勾选标题行、汇总行、第一列、镶边行和镶边列等选项,可以进一步调整表格的构成。

图 4-33 "创建表"对话框

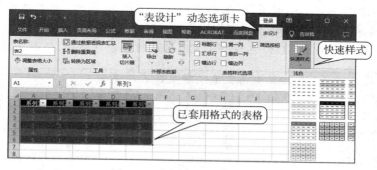

图 4-34 "表设计"动态选项卡

已套用格式的表格自带筛选和排序功能,表格各列标题的右侧出现筛选下拉箭头,单击它可以对数据信息进行排序和筛选等设置。

已套用格式的表格无法进行数据"分类汇总"等操作。可以在"表设计"动态选项卡的"工具"功能组中,单击"转换为区域"按钮,将已套用格式的表格转换为普通区域,此时表格的配色效果依然保留,但是不再具备默认的筛选功能。

民航信息素养实例

制作《2022年国内民用运输机场吞吐量排名》电子表格

(1) 启动 Excel 2016,打开素材 Excel4-3.xlsx 文件。将标题文字设置为华文行楷、18磅、粗体,在A1:G1区域中跨列居中对齐。A1:G1区域填充背景色为"标准色:黄色",图案样式为"12.5%灰色";除标题外所有数据居中对齐;将各列宽调整为最适合的宽度。

微课:制作《2022年国内民用运输机场吞吐量排名》电子表格

① 选中A1单元格,单击"开始"选项卡中的"字体"功能组,在"字体"下拉列表中选择"华文行楷",在"字号"下拉列表中选择"18",选中"加粗"按钮。

② 选中A1:G1区域,单击鼠标右键,在弹出的快捷菜单中选择"设置单元格格式"选项,在弹出的"设置单元格格式"对话框中选择"对齐"标签,在"水平对齐"下拉列表中选择"跨列居中"。

③ 在"设置单元格格式"对话框中切换到"填充"标签,在背景色中选择"标准色:黄色",图案样式选择"12.5%灰色",单击"确定"按钮。

④ 选中 A2:G20 区域，单击"开始"选项卡"对齐方式"组中的"居中"按钮。

⑤ 选取 A 列至 G 列，选择"开始"选项卡中的"单元格"功能组，单击"格式"下拉列表中的"自动调整列宽"命令。

（2）设置表格的边框线，外框为粗线，内框为细线。利用条件格式，将旅客吞吐量、货邮吞吐量和起降架次数据设置为"图标集"中的"5 个框"。

① 选中 A1:G20 区域，单击鼠标右键，在弹出的快捷菜单中选择"设置单元格格式"选项，在弹出的"设置单元格格式"对话框中选择"边框"选项卡，先选择粗线，单击"外边框"，再选择"细线"，单击"内部"，最后单击"确定"按钮。

② 选中 B3:B20 区域，选择"开始"选项卡"样式"功能组，单击"条件格式"按钮，在弹出的下拉列表中选择"图标集"中的"5 个框"选项。

③ 用同样的方法，为 D3:D20 区域、F3:F20 区域设置条件格式，如图 4-35 所示。

机场	旅客吞吐量(万人次)	旅客吞吐量排名	货邮吞吐量（万吨）	货邮吞吐量排名	起降架次（万架次）	起降架次排名
广州/白云	26104989	1	1884082.039	2	266627	1
重庆/江北	21673547	2	414775.407	8	188586	8
深圳/宝安	21563437	3	1506955.025	3	235693	2
昆明/长水	21237520	4	310122.24	10	193788	5
杭州/萧山	20038078	5	829831.366	5	190400	6
成都/双流	17817424	6	529873.097	7	159812	9
上海/虹桥	14711588	7	184538.096	15	122668	14
上海/浦东	14178386	8	3117215.591	1	204378	4
西安/咸阳	13558364	9	206288.532	14	125857	12
成都/天府	13275946	10	81664.913	29	120270	16
北京/首都	12703342	11	988674.571	4	157630	10
长沙/黄花	12508779	12	155768.005	16	114123	18
南京/禄口	12140530	13	377920.813	9	125896	11
武汉/天河	11606393	14	298655.173	11	115062	17
海口/美兰	11162161	15	124372.891	23	105675	21
北京/大兴	10277623	16	127497.193	21	105922	20
厦门/高崎	10125604	17	262105.15	12	99838	23
乌鲁木齐/地窝堡	10035368	18	93683.114	26	89661	26

图 4-35　边框设置和图片集设置

（3）将 D10 单元格批注的文字格式设置成华文琥珀、蓝色、12 磅、加粗倾斜，文字在批注框中水平、垂直居中对齐，批注框的背景色为"海螺"。

① 鼠标右键单击 D10 单元格，在弹出的快捷菜单中选择"显示/隐藏批注"选项，显示批注。选中批注框，单击鼠标右键，在弹出的快捷菜单中选择"设置批注格式"选项，在弹出的"设置批注格式"对话框中将"字体"标签中的相关参数设置为华文琥珀、蓝色、12 磅、加粗倾斜。

② 在"设置批注格式"对话框中选择"对齐"标签，将"文本对齐方式"分别设置为水平居中、垂直居中。

③ 在"设置批注格式"对话框中选择"颜色与线条"标签，将"填充"设置为"海螺"，单击"确定"。

（4）新建一个工作表 Sheet2，将 Sheet1 的 A2:G20 区域中的数据复制到 Sheet2 中（不保留原格式）。对 Sheet2 的数据表格套用表格格式中的"中等深浅"的"蓝色，表样式中等深浅 6"，并转换到普通区域。

① 单击工作表标签右侧的"+"号按钮，新建工作表 Sheet2。

② 选择 Sheet1 中的 A2:G20 区域,单击鼠标右键,在弹出的快捷菜单中选择"复制"。切换到 Sheet2,鼠标右键单击 Sheet2 的 A1 单元格,在弹出的快捷菜单中选择"粘贴选项"中的"值"。

③ 选中 Sheet2 工作表中的 A1:G19 区域,选择"开始"选项卡中的"样式"功能组,单击"套用表格格式"按钮,在下拉列表中选择"中等深浅"中的"蓝色,表样式中等深浅 6",在弹出的"套用表格式"对话框中保持默认内容,单击"确定"按钮,此时所有列的右侧都出现了筛选按钮。

④ 光标停在已经套用表格格式的区域中,单击表格工具的"表设计"动态选项卡"工具"功能组中的"转换为区域"按钮,在弹出的对话框中单击"是"按钮,将表格转换到普通区域。

(5) 保存工作簿,另存为 C:\KS\Excel4-3.xlsx。

① 单击"文件"选项卡中的"另存为"命令,单击"浏览"找到文件存放位置 C 盘 KS 文件夹,按题目要求另存为 Excel4-3.xlsx。

② 完成后即可关闭 Excel。

4.4 数据管理及数据可视化

知识导入

掌握 Excel 的排序、筛选、分类汇总和数据透视表等数据管理功能,掌握图表数据可视化功能。

4.4.1 数据管理

完成运算和美化后的表格,可以对数据进行进一步管理,为数据整理出一定的规律,使数据的受众可以一目了然地明晰数据背后的深层含义。Excel 2016 常用的数据管理手段主要包括排序、筛选、分类汇总和数据透视表。

1. 排序

排序是对区域中的数据按某种规律进行顺序排列。对数据进行排序是数据分析不可缺少的组成部分。

1) 排序的规则

以升序为例,排序的规则如下,降序反之。

(1) 数字:数字按从小到大排序。

(2) 文本:如果单元格数据只包含文字(中文或英文),可按字母或笔画排序。

按字母排序:中文默认按汉语拼音字母顺序排序。第一个字母相同的情况下,继续比较第二个字母,依次类推。比如:"张一"和"张二"按字母升序排序,在"张"字拼音相同的情况下,因为"二"的拼音首字母"e"在"一"的拼音首字母"y"之前,所以"张二"将排在"张一"之前。

按笔画排序:通过排序选项的设置,可以使中文按汉字笔画多少来排序。如果笔画相同,则按起笔的顺序排序:横、竖、撇、捺、折。如果前两项都相同,则按字形结构排序:左右、上下、整体。比如:"张一"和"张二"按笔画升序排序,在"张"字笔画相同的情况下,因为"一"

只有一笔,"二"有两笔,所以"张一"将排在"张二"之前。

"排序选择"对话框如图 4-36 所示。

如果还包含数字、字母和各种符号,将按此顺序排列:

空格 0~9!"♯ $ ％ ＆ ( ) ＊,. ／ ：；？＠［ \ ］^ _ '｛ | ｝ ~ ＋ ＜ ＝ ＞ A~Z

(3) 日期/时间:越早的日期/时间越小。

(4) 逻辑值:FALSE<TRUE。

(5) 错误值:优先级相同。

(6) 空单元格:无论是升序还是降序排列,空单元格总在最后。

2) 设置排序

选定需要排序的数据区域,选择"开始"选项卡"编辑"功能组的"排序和筛选"按钮,或者选择"数据"选项卡"排序和筛选"功能组。如图 4-37 所示,选择其中的选项:"按 A 到 Z 排序"选项表示按升序对所选数据进行排序;"按 Z 到 A 排序"选项表示按降序对所选数据进行排序;"自定义排序"可以通过对多个系列设置不同的排序条件,对数据进行排序。

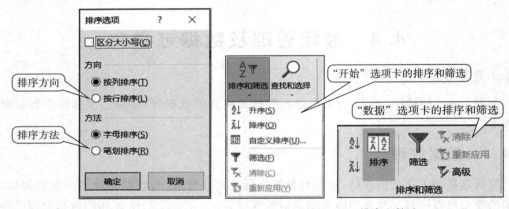

图 4-36 "排序选项"对话框　　图 4-37 排序和筛选

3) 设置自定义排序

如图 4-38 所示,在"排序"对话框中选择"添加条件"按钮,添加一个新条件。

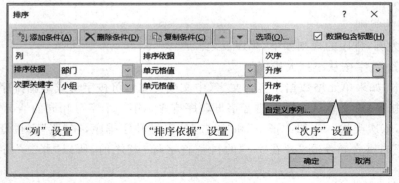

图 4-38 "排序"对话框

在"列"设置中,从下拉列表选择要作为"主要关键字"的列,然后选择要作为"次要关字"的第二列。

在"排序依据"设置中，一般选择"单元格值"。

在"次序"设置中，可以选择"升序""降序"或者"自定义序列"。

要删除条件，可以选择"删除条件"选项。

如果数据中具有标题行，可以选择"数据包含标题"选项。单击"确定"按钮后完成排序。

4) 自定义序列

自定义序列可以按用户自定义的顺序进行排序。例如，某个列包含要用作排序依据的值："高""中""低"。如果按字母顺序排序，"升序"排序会将"低"放在最前面，而"高"会出现在"中"的前面。如果"降序"排序，"中"会最先出现，"高"在中间。无论使用哪种顺序，都无法实现"中"的排序位于中间。因此可以通过创建自定义序列解决。

单击"排序"对话框"次序"设置中的"自定义序列"选项，在弹出的"自定义序列"对话框中输入序列后添加至自定义序列列表中，如图 4-39 所示。

值得注意的是，只能根据值（文本、数字、日期或时间）创建自定义序列。不能根据格式（单元格颜色、字体颜色或图标）创建自定义序列。自定义序列的最大长度为 255 字符，并且第 1 个字符不得以数字开头。

图 4-39 "自定义序列"对话框

2. 筛选

筛选可以使工作表仅显示符合筛选条件的数据，隐藏不符合条件的数据。对于数据量比较大的工作表，筛选可以筛选一列，也可以筛选多列。并且筛选数据后，还可以重新筛选以获得最新的筛选结果，或者清除筛选以重新显示所有数据。

1) 自动筛选

自动筛选可以分为按值列表（文本筛选和数字筛选等）、按格式（按颜色筛选）和按条件三种筛选类型。

选定工作表的数据区域内的任意单元格，选择"开始"选项卡"编辑"功能组的"排序和筛选"按钮，或者选择"数据"选项卡"排序和筛选"功能组，选择其中的"筛选"按钮，在数据区域各列的列标题右侧会出现"筛选"按钮（下拉箭头）。

根据筛选的数据类型不同，在"筛选"按钮弹出的下拉列表中（图 4-40）的，出现的筛选条件也会有所区别。待筛选数据是文本，则显示"文本筛选"；待筛选数据是数字，则显示"数字筛选"；待筛选数据是日期，则显示"日期筛选"；待筛选数据中包含颜色，则显示"按颜色筛选"。选择合适的筛选条件，输入或勾选筛选内容，然后单击"确定"按钮完成数据筛选。

可以使用通配符对数据进行模糊筛选，通配符问号"？"表示匹配单个字符，星号"＊"表示任意一个字符。

2) 高级筛选

对于复杂条件的筛选，可以使用高级筛选。

单击"数据"选项卡"排序和筛选"功能组中的"高级"按钮，弹出"高级筛选"对话框。设置筛选方式、列表区域、条件区域和是否选择不重复的记录，然后单击"确定"按钮，如图 4-41 所示。

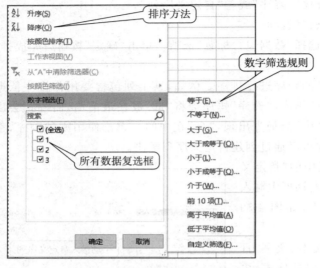

图 4-40　"筛选"按钮的下拉列表　　　　图 4-41　"高级筛选"对话框

如果需要在原区域显示筛选结果，则选择"在原有区域显示筛选结果"。如果需要将筛选结果复制到其他位置，则单击"将筛选结果复制到其他位置"，然后激活"复制到"编辑框并设置目标区域的左上角单元格。

列表区域即为待筛选的原数据区域。

条件区域至少要包含两行：第 1 行是标题行，用于放置筛选条件的标题，标题要与待筛选的数据区域的标题相同；第 2 行是筛选条件行，用于放置筛选条件。

值得注意的是，条件区域一般放置到列表区域的上方或下方，因为如果将条件区域放置在数据区域的左右侧，在筛选数据时会将条件区域隐藏掉。条件值和列表区域之间至少有一行空白行的间隔。

如果筛选不重复的记录，则勾选"选择不重复的记录"。

3）清除筛选

在数据区域已设置筛选的情况下，单击某列的筛选按钮，可以清除该列的筛选效果。选择"开始"选项卡"编辑"功能组的"排序和筛选"按钮，或者选择"数据"选项卡"排序和筛选"功能组。单击其中的"清除"按钮，可以清除筛选区域的筛选效果，但是保留"筛选"按钮。单击其中的"筛选"按钮，可完全退出已有筛选。

3. 分类汇总

分类汇总就是先对数据进行分类，再对分类后的数据进行统计汇总。分类的效果可以通过排序来实现。汇总的效果可以通过使用 SUBTOTAL 函数与统计函数（包括求和函数、平均值函数、计数函数等）来实现。

在对数据进行分类汇总前，要先对需要分类的数据列进行排序。然后选定该区域中任意单元格，单击"数据"选项卡"分级显示"功能组中的"分类汇总"按钮，在弹出的"分类汇总"对话框中设置相关效果，如图 4-42 所示。

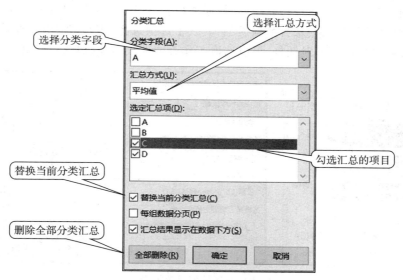

图 4-42 "分类汇总"对话框

分类字段是需要分类的字段名(列的标题)。

汇总方式是所需的汇总方式,如求和、计数。

选定汇总项可以勾选需要汇总的字段名。

如果按每个分类汇总自动分页,可以选中"每组数据分页"复选框。

数据可以进行多次汇总,分类汇总默认选中"替换当前分类汇总"复选框,如果要对数据进行多次分类汇总,则需要取消该选项的勾选。

分类汇总默认选中"汇总结果显示在数据下方"。

在"分类汇总"对话框中单击"全部删除"按钮,即可删除工作表的分类汇总。

如图 4-43 所示,在分类汇总完成后,如果需要只显示其中部分分类汇总,可以单击行表左侧的分级显示符号"1,2,3,…"。使用"+"和"-"按钮来显示或隐藏各个分类汇总的明细数据行。

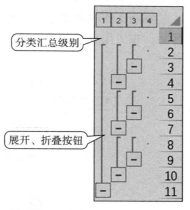

图 4-43 "分类汇总"的分级显示

4. 数据透视表

数据透视表是一种可以快速汇总大量数据的交互式方法。使用数据透视表可以对数据进行汇总、分析和浏览,并可将汇总后的数据以交互式表格的形式呈现在用户面前。使用数据透视表可以深入分析数值数据,帮助用户发现关键数据,并作出关键决策。

创建数据透视表,首先需要确定数据源。数据源即用于创建数据透视表的数据来源。可以是 Excel 工作表的数据区域、其他数据的透视表,也可以是外部的数据源。

数据源的每列数据的第 1 行包含该列的标题,数据源中不能包含空行和空列,不能包含空单元格,不能包含合并单元格,数据源中不能包含同类字段(既可当标题,也可当数据的数据内容)。

单击"插入"选项卡"表格"功能组的"数据透视表"按钮,在下拉列表中可以选择"表格和区域""来自外部数据源"和"来自数据模型"。三个选项选择"表格和区域"选项,弹出"来自表格或区域的数据透视表"对话框,可以选取工作表内部数据源,如图4-44所示。

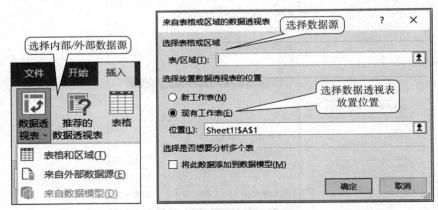

图4-44 "由表格或区域创建数据透视表"对话框

在对话框中设置两个内容:"选择表格或区域"中选择需要的数据源;"选择放置数据透视表的位置"中可以选择新工作表,也可以选择现有工作表。如果希望在当前工作表中某个单元格开始的位置创建数据透视表,可以提前选定该单元格。单击"确定"按钮即可在目标位置创建数据透视表。

在新工作表里创建好数据透视表,此时的数据透视表只有占位,没有实质内容,如图4-45所示。在工作表编辑区右侧出现了"数据透视表字段"窗格,在此窗格中按需求对字段进行拖动。

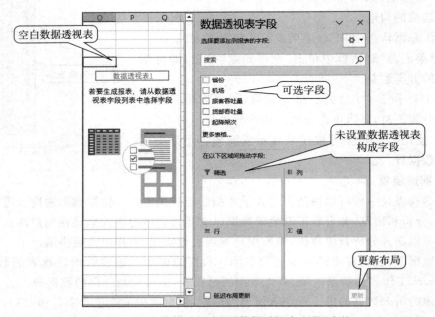

图4-45 空白数据透视表及"数据透视表字段"窗格

在数据透视表字段窗格中可以进行数据透视表的设计工作。其中字段列表与源数据的列标题相对应，显示源数据所有的字段标题。一个字段对应数据源的一列。

数据透视表由筛选、列标签、行标签和值区域四个部分组成。其中，筛选控制透视表的数据源的范围；列标签和行标签在水平和垂直方向展开数据；值区域统计数据。

在数据透视表设计中，不需要输入公式或手动插入行和列，只需鼠标拖曳字段到相应区域即可完成，如图 4-46 所示。在值区域中可以设置数据需要的汇总方式，如求和、计数等。

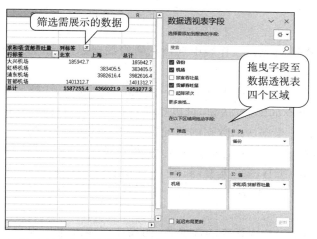

图 4-46　完成的数据透视表及"数据透视表字段"窗格

在已插入的数据透视表中，可以设置行标签、列标签以及值的筛选，如图 4-47 中的列标签"省份"字段通过筛选，只显示北京和上海的数据。筛选的效果也可以在"筛选"区域中设置。

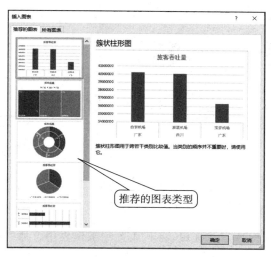

图 4-47　"插入图表"对话框"推荐的图表"标签

选中已插入的数据透视表，在数据透视表工具中，有"数据透视表分析"和"设计"两个动态选项卡。在"数据透视表分析"动态选项卡可以进行数据透视表的设置、单个字段的设置、

213

数据源的编辑和数据计算等操作；在"设计"动态选项卡可以进行透视表的布局和样式的设置。

4.4.2 数据可视化

在 Excel 2016 中，可以使用图表和数据透视图对数据进行可视化展示，以直观的方式展示数据的趋势以及数据之间的关系。

1. 图表

1）插入图表

在 Excel 2016 中需要先在工作表中选择正确的数据源区域，然后插入图表。数据源的概念及要求与数据透视表相同。

选择"插入"选项卡"图表"功能组中的各个图表类型按钮，如插入柱形图或条形图。或者选择功能组中的"推荐的图表"按钮，可以打开"插入图表"对话框，进行图表类型的选择。如图 4-47 所示是 Excel 根据所选数据的情况提供的"推荐的图表"。

如果在推荐的图表中没有合适的图表类型，可以单击选择对话框中的"所有图表"标签，在此列出了可供选择的所有图表类型，如图 4-48 所示。经过扩展后，Excel 2016 增加了树状图、旭日图、直方图、箱形图、瀑布图和漏斗图等图表类型，提供了更为丰富的数据可视化方案。

在创建图表时尽量先选取正确的数据源，如果在图表制作过程中发现原有数据源选择不合理，可以通过图表工具的"图表设计"动态选项卡中"数据"功能组的"选择数据"按钮来进行数据源的调整，也可以在此功能组中切换数据的行和列，如图 4-49 所示。

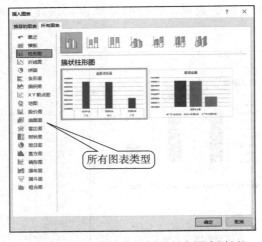

图 4-48 "插入图表"对话框"所有图表"标签

图 4-49 "数据"功能组

插入图表后，通过鼠标选定并拖曳，将其放置到工作表中合适的位置。

2）编辑图表

图表基本的构成元素有图表类型（图表的结构）、图表标题、坐标轴、数据、数据标签、图例和网格线等，如图 4-50 所示。

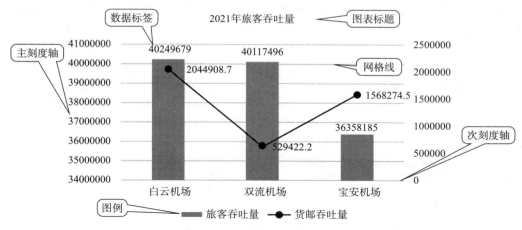

图 4-50 图表的各构成元素

选定已插入的图表,在图表工具中出现两个动态选项卡:"图表设计"和"格式"。在"图表设计"动态选项卡中可以进行图表的布局、图表样式和数据的编辑设置。在"格式"动态选项卡中可以进行图表的形状样式、艺术字样式、排列及大小设置。

图表中的各个构成元素均可以进行单独的设置。最直接的设置方法是双击需要修改的元素,即可打开相应元素的设置窗格。比如要修改图表标题的格式,直接双击标题,在编辑区右侧打开"设置图表标题格式"进行设置。

也可以鼠标右键单击需要修改的元素,在弹出的快捷菜单中选择相应元素的设置选项,打开相应元素的设置窗格。比如要修改坐标轴的格式,鼠标右键单击坐标轴,在弹出的快捷菜单中选择"设置坐标轴格式",在编辑区右侧打开该窗格进行设置,如图 4-51 所示。

图 4-51 设置坐标轴格式窗格

2. 数据透视图

数据透视图通过对数据透视表中的汇总数据添加可视化效果来对其进行补充,以便用户查看数据的比较、模式和趋势。区别于普通图表,数据透视图具备良好的交互性,是一种动态图表。普通图表的数据源为工作表内的数据;数据透视图的数据源可以是工作表的数据,也可以是外部数据源。

通过"插入"选项卡"图表"功能组,或者数据透视表工具的"数据透视表分析"动态选项卡"工具"功能组,可以插入"数据透视图",如图 4-52 所示。

如果数据透视图是建立在数据透视表的基础上,那么数据透视图的默认样式由数据透视表决定。数据透视表上的四大区域(筛选、列、行、值)与数据透视图一一对应,行区域对应

215

数据透视图的 X 轴,列区域对应数据透视图的 Y 轴,值区域对应数据透视图中的数据系列,如图 4-53 所示。

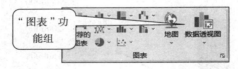
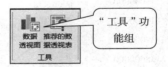

图 4-52　建立在数据透视表基础上的数据透视图

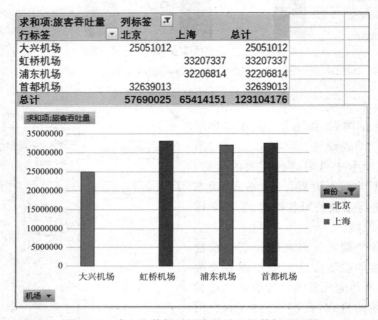

图 4-53　建立在数据透视表基础上的数据透视图

值得注意的是,数据透视图无法创建散点图、股价图等类型图表,也无法切换数据源的位置,还无法调整数据标签的大小。如果在数据透视图中添加趋势线,且此趋势线所基于的数据透视表添加或删除相关字段时,趋势线会消失。

民航信息素养实例

制作《某航空公司乘务部工资表》电子表格

(1) 启动 Excel 2016,打开素材 Excel4-4.xlsx 文件。在"排序"工作表中,将数据按乘务一部、乘务二部和乘务三部次序进行排序,对同一部门按职位从高至低排序,结果如图 4-54 所示。

① 将光标定位到数据区域内,或者直接选中 A2:H17 区域。选择"数据"选项卡中的"排序和筛选"功能组,单击"排序"按钮,弹出"排序"对话框。

② 主要关键字选择"部门",在"选项"中设置排序方法为"笔画排序"。

微课:制作《某航空公司乘务部工资表》电子表格

	A	B	C	D	E	F	G	H
1	某航空公司乘务部工资表							单位：元
2	工号	部门	姓名	性别	职位	基本工资	小时费	应发工资
3	10011	乘务一部	王安海	男	客舱经理	10000	3800	13800
4	10291	乘务一部	杨思涛	男	乘务长	7200	4000	11200
5	10105	乘务一部	王昊硕	男	乘务员	4500	6200	10700
6	10121	乘务一部	史骏春	女	乘务员	4400	6500	10900
7	10117	乘务一部	臧逸骏	女	乘务员	4500	3800	8300
8	20009	乘务二部	陈子骏	男	客舱经理	10500	4000	14500
9	20001	乘务二部	孙家青	女	客舱经理	10800	4100	14900
10	20498	乘务二部	郑程星	女	乘务长	7900	5800	13700
11	20887	乘务二部	李章慧	女	乘务员	4800	5800	10600
12	20112	乘务二部	朱佳卿	女	乘务员	4700	2000	6700
13	30003	乘务三部	周海育	女	客舱经理	11000	3500	14500
14	30004	乘务三部	庄永臻	女	客舱经理	9900	4000	13900
15	30111	乘务三部	尹舒文	女	乘务长	7600	5000	12600
16	30101	乘务三部	张盛华	男	乘务员	6800	5500	12300
17	30110	乘务三部	陆云天	男	乘务员	4800	6000	10800

图 4-54　排序样张

③ 职位从高到低为客舱经理、乘务长和乘务员。单击"添加条件"按钮，在次要关键字中选择"职位"，在"次序"中选择"自定义序列"，在弹出的对话框中输入"客舱经理,乘务长,乘务员"，单击"确定"按钮。

④ 回到"排序"对话框，如图 4-55 所示，单击"确定"按钮，完成排序。

图 4-55　排序设置

（2）切换到"筛选"工作表，在此筛选出乘务一部应发工资">12000"和"<=9000"的人员数据，结果如图 4-56 所示。

	A	B	C	D	E	F	G	H
1	某航空公司乘务部工资表							单位：元
2	工号	部门	姓名	性别	职位	基本工	小时费	应发工
3	10011	乘务一部	王安海	男	客舱经理	10000	3800	13800
17	10117	乘务一部	臧逸骏	女	乘务员	4500	3800	8300

图 4-56　筛选样张

① 选中数据区域中的任意一个单元格，选择"数据"选项卡中的"排序和筛选"功能组，单击"筛选"按钮。

② 在"部门"字段的下拉列表中选择"乘务一部"。

③ 在"应发工资"字段的下拉列表中，选择"数字筛选"中的"介于"命令，弹出"自定义自动筛选方式"对话框。

④ 在对话框中，设置"应发工资"大于 12000 或者小于或等于 9000，如图 4-57 所示，单击"确定"按钮，完成筛选。

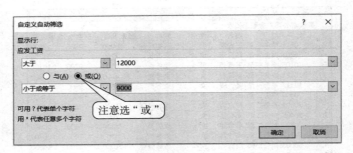

图 4-57 自定义自动筛选

（3）切换到"分类汇总"工作表，按"部门"分类汇总"应发工资"的总和，再统计各部门职位人数，结果如图 4-58 所示。

	A	B	C	D	E	F	G	H
1	某航空公司乘务部工资表							单位：元
2	工号	部门	姓名	性别	职位	基本工资	小时费	应发工资
3	10011	乘务一部	王安海	男	客舱经理	10000	3800	13800
4					客舱经理 1			
5	10291	乘务一部	杨思涛	男	乘务长	7200	4000	11200
6					乘务长 计 1			
7	10105	乘务一部	王昊硕	男	乘务员	4500	6200	10700
8	10121	乘务一部	史骏春	女	乘务员	4400	6500	10900
9	10117	乘务一部	臧逸骏	女	乘务员	4500	3800	8300
10					乘务员 计 3			
11		乘务一部 汇总						54900
12	20009	乘务二部	陈子骏	男	客舱经理	10500	4000	14500
13	20001	乘务二部	孙家青	女	客舱经理	10800	4100	14900
14					客舱经理 2			
15	20498	乘务二部	郑程星	女	乘务长	7900	5800	13700
16					乘务长 计 1			
17	20887	乘务二部	李章慧	女	乘务员	4800	5800	10600
18	20112	乘务二部	朱佳卿	女	乘务员	4700	2000	6700
19					乘务员 计 2			
20		乘务二部 汇总						60400
21	30003	乘务三部	周海育	女	客舱经理	11000	3500	14500
22	30004	乘务三部	庄永臻	女	客舱经理	9900	4000	13900
23					客舱经理 2			
24	30111	乘务三部	尹舒文	男	乘务长	7600	5000	12600
25					乘务长 计 1			
26	30101	乘务三部	张盛华	女	乘务员	6800	5500	12300
27	30110	乘务三部	陆云天	男	乘务员	4800	6000	10800
28					乘务员 计 2			
29		乘务三部 汇总						64100
30					总计数 15			
31		总计						179400

图 4-58 分类汇总样张

① 在分类汇总前，必须先按"部门"和"职位"进行排序。具体方法第 1 题已做介绍。

② 将光标放至数据区域，选择"数据"选项卡"分级显示"功能组中的"分类汇总"按钮，弹出"分类汇总"对话框。

③ 在对话框中，选择"分类字段"为"部门"，"汇总方式"为"求和"，"选定汇总项"中勾选"应发工资"，其他选项默认，如图 4-59 所示，单击"确定"按钮。

④ 将光标放至数据区域，再次单击"分类汇总"按钮，在弹出的"分类汇总"对话框中，将"分类字段"选择为"职位"，"汇总方式"选择为"计数"，"选定汇总项"中勾选"职位"，取消勾选默认的"替换当前分类汇总"选项，如图 4-60 所示，单击"确定"按钮，完成分类汇总。

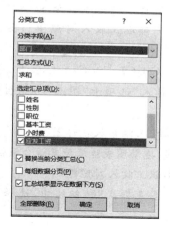

图 4-59　第一次分类汇总

图 4-60　第二次分类汇总

（4）切换到"数据透视表"工作表，在 J2 单元格开始的区域制作数据透视表，汇总出各部门、各职位应发工资的总和与小时费的平均值，其结果如图 4-61 所示。

行标签	列标签 男 求和项:应发工资	平均值项:小时费	女 求和项:应发工资	平均值项:小时费	求和项:应发工资汇总	平均值项:小时费汇总
客舱经理	28300	3900	43300	3867	71600	3880
乘务长	23800	4500	13700	5800	37500	4933
乘务员	33800	5900	36500	4525	70300	5114
总计	85900	4929	93500	4438	179400	4667

图 4-61　数据透视表样张

① 将光标停在数据表中的任意单元格内。

② 选择"插入"选项卡"表格"功能组中的"数据透视表"按钮，弹出"来自表格或区域的数据透视表"对话框。

③ 在弹出的对话框中，在"表/区域"文本框选择要分析的单元格区域 A2:H17，在"选择放置数据透视表的位置"选项中选择放置在"现有工作表"中 J2 单元格开始的区域，如图 4-62 所示。单击"确定"按钮，出现"数据透视表字段"任务窗格和数据透视表工具。

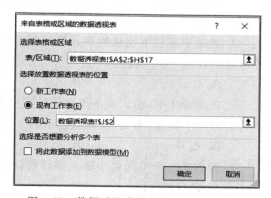

图 4-62　数据透视表的数据源及放置位置

④ 在"数据透视表字段"任务窗格中设置需要的选项。按住鼠标左键，直接拖曳"职位"字段到"数据透视表字段"任务窗格的"行标签"处；将"性别"字段拖曳到"列标签"处。

⑤ 将"应发工资"字段拖曳到"数据透视表字段"任务窗格的"数值"处。拖曳的数据项默认为"求和项"，同样将"小时费"字段拖曳到"数值"处，单击"小时费"字段右侧下拉箭头，在弹出的快捷菜单中选择"值字段设置"命令，在弹出的"值字段设置"对话框中选择"计算类型"中的"平均值"。

⑥ 单击"平均值项：小时费"的"值字段设置"对话框左下角的"数字格式"按钮，设置数值格式为不保留小数，适当调整列宽，完成数据透视表的制作。

219

(5) 切换到"图表"工作表,根据乘务一部的所有员工的基本工资和小时费,在 A19:H34 区域,制作三维簇状柱形图,图表标题为"乘务一部职工收入对照图",图表样式套用"样式 6",其结果如样张 5 所示。

① 选中 C2 单元格,按住 Ctrl 键,再依次选中 C3、C7、C9、C14、C17、F2、F3、F7、F9、F14、F17、G2、G3、G7、G9、G14、G17 单元格。单击"插入"选项卡"图表"功能组右下角的对话框启动器。

② 选择左侧图表类型中的"柱形图",在右侧选择"三维簇状柱形图"。

③ 将新建好的图表按要求放置在 A19:H34 区域,拖动图表边缘使其适合该区域的大小。

④ 选中图表标题,将标题文字修改为"乘务一部职工收入对照图"。

⑤ 在"图表工具"的"图表设计"动态选项卡的"图表样式"功能组中,选择图表样式为"样式 6"。

(6) 保存工作簿,另存为 C:\KS\Excel4-4.xlsx。

① 单击"文件"选项卡中的"另存为"命令,单击"浏览"找到文件存放位置 C 盘 KS 文件夹,按题目要求另存为"Excel4-4.xlsx"。

② 完成后即可关闭 Excel。

练 习 题

一、单选题

1. 电子表格中,一个工作簿中最多可以包含_____个工作表。

  A. 16   B. 255   C. 1204   D. 1111

2. 要选中多块不连续的单元格区域,可通过多次单击,并在从第二次单击时开始每次单击时结合_____键。

  A. Ctrl   B. Alt   C. Shift   D. Tab

3. 在 Excel 中,输入文本类型的数字字符串(如学号、产品条形码编号等)时,要在数字字符前加一个英文(西文)输入状态下的_____。

  A. 逗号   B. 分号   C. 单引号   D. 双引号

4. 若想在一个单元格中输入多行数据,可通过_____组合键在单元格内进行换行。

  A. Ctrl+Enter   B. Alt+Enter

  C. Shift+Enter   D. Enter

5. 在 Excel 中,如果某单元格显示为"＃＃＃.＃＃＃",这表示_____。

  A. 公式错误   B. 格式错误

  C. 行高不够   D. 列宽不够

6. 清除单元格的内容后,_____。

  A. 单元格的格式、边框、批注都不被清除

  B. 单元格的边框也被清除

  C. 单元格的批注也被清除

  D. 单元格的格式也被清除

7. 要在电子表格工作表的 A 列和 B 列之间插入一列，在选择"插入"命令前，应选中_____。

　　A. A1 单元格　　　　　　　　　　B. C1 单元格

　　C. A 列　　　　　　　　　　　　D. B 列

8. 在电子表格中，_____可拆分。

　　A. 合并过的单元格　　　　　　　B. 没合并过的单元格

　　C. 基本单元格　　　　　　　　　D. 任意单元格

9. 电子表格工作表进行智能填充时，鼠标指针的形状是_____。

　　A. 空心粗十字　　　　　　　　　B. 向左上方箭

　　C. 实心细十字　　　　　　　　　D. 向右上方箭头

10. 在电子表格中，若要对工作表重新命名，可采用_____。

　　A. 单击工作表标签　　　　　　　B. 双击工作表标签

　　C. 单击表格标题行　　　　　　　D. 双击表格标题行

11. 在复制的数据内容中含有公式时，可通过_____方式只粘贴这些公式的计算结果。

　　A. 默认粘贴　　　　　　　　　　B. 直接粘贴

　　C. 选择性粘贴　　　　　　　　　D. 保留源格式粘贴

12. 在选择性粘贴时，可以使复制的数据与原数据修改时保持一致的选项是_____。

　　A. 值　　　　B. 格式　　　　C. 转置　　　　D. 粘贴链接

13. 在 Excel 中，复制工作表公式单元格时，其公式中的_____。

　　A. 绝对地址和相对地址都不变

　　B. 绝对地址和相对地址都会自动调整

　　C. 绝对地址不变，相对地址自动调整

　　D. 绝对地址自动调整，相对地址不变

14. 以下不属于电子表格单元格引用的是_____。

　　A. 交叉引用　　　　　　　　　　B. 混合引用

　　C. 相对引用　　　　　　　　　　D. 绝对引用

15. 在电子表格中，在打印学生成绩单时，对不及格的成绩用红色表示，当要处理大量的学生成绩时，利用_____命令最为方便。

　　A. 查找　　　　B. 条件格式　　　　C. 数据筛选　　　　D. 定位

16. 在 Excel 工作表的单元格中输入公式时，应先输入_____号。

　　A. =　　　　B. &　　　　C. @　　　　D. %

17. 如果电子表格某单元格显示为"#DIV/0!"，这表示_____。

　　A. 公式错误　　　　　　　　　　B. 格式错误

　　C. 行高不够　　　　　　　　　　D. 列宽不够

18. 在 Excel 某单元格中，"=6<>7"公式的计算结果为_____。

　　A. 0　　　　B. 1　　　　C. FALSE　　　　D. TRUE

19. 在 Excel 中，用来进行计数的函数是_____。

　　A. AVERAGE()　　　　　　　　　B. SUM()

　　C. MAX()　　　　　　　　　　　D. COUNT()

20. 在 Excel 中，_____函数可以返回一个数字在一组数据中的排名。
    A. MEDIAN   B. RANK   C. RATE   D. RAND
21. 单元格 C3 中输入公式为"＝IF(AND(B3＞＝9.9,B3＜＝10.1),"合格","不合格")"，若 B3 的值为 10，则单元格 C3 显示_____。
    A. 合格   B. 不合格   C. 10   D. 错误标记
22. 在 Excel 中，默认的文本排序方式是_____。
    A. 区位码   B. 序列   C. 字母   D. 笔画
23. 筛选就是从数据列表中显示满足符合条件的数据，筛选有_____筛选和高级筛选。
    A. 自动   B. 手动   C. 低级   D. 简单
24. 使用高级筛选时，处于条件区域内同一行的条件是_____关系。
    A. 与   B. 或   C. 非   D. 与或
25. 要对数据表按某个字段进行分类汇总，首先需要对该字段进行_____操作。
    A. 排序   B. 筛选   C. 取消隐藏   D. 计算
26. _____可以对大量数据进行快速汇总和建立交叉列表的交互式表格。
    A. 数据透视表   B. 分类汇总   C. 筛选   D. 排序
27. 利用 Excel "_____"选项卡"表格"组中的有关命令可以用来插入数据透视表。
    A. 插入   B. 公式   C. 数据   D. 开始
28. 关于数据透视表，_____说法是错误的。
    A. 数据透视表是一种交互式的表
    B. 可以动态地改变它们的版面布置，以便按照不同方式分析数据
    C. 可以重新安排行标签、列标签和字段值
    D. 如果原始数据发生更改，就会自动更新数据透视表
29. 产生图表的数据发生变化后，图表_____。
    A. 会发生相应的变化
    B. 会发生相应的变化，但与数据无关
    C. 不会发生变化
    D. 必须经过编辑后才会发生变化
30. 在 Excel 图表中，_____可以放置在单个单元格中。
    A. 柱形图   B. 迷你图   C. 直方图   D. 透视图

二、操作题

打开素材文件夹中的 Excel 综合.xlsx 文件，按要求对各工作表进行编辑处理，将结果以原文件名保存(计算必须用公式或函数，否则不计分)。

(1) 在 Sheet1 中，设置 A1:J1 区域"跨列居中"；标题"我国各大航空公司历年载客量统计表"字体为楷体、大小为 20、加粗。

(2) 在第二行上方插入一行，将 A2:B2 区域"合并后居中"，输入文本"航空公司"；将 C2:K2 区域"合并后居中"，输入文本"年份"。

(3) 设置 A 列至 J 列自动调整列宽。为 A2:K10 区域添加"粗外侧框线"和蓝色细实线的内边框。

（4）利用条件格式，将历年来"深圳航空公司"载客量低于 20 百万人次的数据设置为橙色字体、紫色填充；"中国国际航空公司"载客量最多的 5 年数据设置为浅红色填充。

（5）在 L 列中相应单元格计算各航空公司载客量历年来的最大值；在 M 列中计算 2019 年各航空公司的载客量的排名；利用函数在 N4 单元格计算"中央直管"航空公司 2019 年载客量总和；在 O6 单元格，计算历年来南航载客量超过 100 百万人次（即 1 亿人次）的次数。

（6）新建工作表 Sheet2，将 Sheet1 中 A3:K10 区域的数据以"值"的形式复制到 Sheet2 中 A1 起始的位置。

（7）在 Sheet2 中，筛选出"地方国企"航空公司历年的载客量数据。

（8）利用 Sheet2 的数据，在 Sheet2 中的 A11 起始位置处创建数据透视表，要求以"公司性质"为行标签，统计 2013 年航空公司载客量的平均值和 2017 年航空公司载客量的总和，最后在数据透视表筛选出"地方国企"的数据，所有结果保留 1 位小数，设置数据透视表样式为"浅色 10"，重命名 Sheet2 工作表标签为"数据透视表制作"。

（9）在 Sheet3 中，对所有数据按"公司性质"为主要关键字降序、"公司名称"为次要关键字升序排序，根据排序结果，创建分类汇总，按"公司性质"为分类字段，汇总"2016 年"的总和，汇总结果显示在数据下方。

（10）参考样张，在 Sheet4 中的 A12:L31 区域，创建 2011 年和 2019 年所有航空公司载客量的"带数据标记的折线图"，标题为"2011 和 2019 各大航空公司载客量比较"，图表样式套用"样式 5"，设置快速布局为"布局 1"。添加数据标注，显示"系列名称"和"值"。设置坐标轴标题为"载客量"。设置绘图区外部右上斜偏移阴影。图表区采用默认色渐变填充、边框圆角。

第五章 演示文稿软件应用

知识背景

演示文稿,顾名思义是主要用于演示的文稿。区别于文本文档侧重于阅读的特点,同样是以文字、图表以及多媒体素材为主要载体的信息媒介,演示文稿更侧重于演示、宣讲的特点。在日常生活中,演示文稿的使用场景有作业汇报、课题答辩、授课课件和商业宣传等。通过构建逻辑框架、提炼内容要素和美化文稿外观,将演示文稿的"形"(即"外观")与"实"(即"内容")完美地展现在受众面前,是本课程学习使用演示文稿软件的目标。

思政素养

作为现代化民航强国的大学生,演示文稿软件的应用是必须具备的基本技能。了解和掌握相关软件对自身学习和工作办公都有着不可或缺的作用。通过学习知识,培养民航学子的责任意识,增强民航建设使命感。

5.1 演示文稿基础

知识导入

了解常用的演示文稿软件,熟悉 PowerPoint 2016 软件操作界面、视图方式,掌握演示文稿新建幻灯片、幻灯片版式设置等基本操作。

5.1.1 常用演示文稿软件

1. WPS 演示

WPS 演示是一款专业且免费的演示文稿编辑工具,可以使用户以专业有效的方式在幻灯片中呈现文本、图像、音频以及视频。如图 5-1 所示是 WPS 2019 的演示文稿主界面。

WPS 演示与 Microsoft PowerPoint 和 Google Slides 兼容。支持常见的 PowerPoint 格式,例如 .ppt、.pptx 和 .pptm,同时支持 PPT 和 PDF 文件之间的转换。用户可以在 Windows、Mac、Linux、Android 和 iOS 等不同的平台上轻松编辑演示文稿文件。WPS 演示文稿的压缩演示文稿文件功能可以控制文件大小以便于共享,在文稿包含视频和音频等媒体文件时非常有用。WPS 演示文稿提供了具有不同主题的各种精致模板,用户可以免费下载。

2. Microsoft Office PowerPoint

Microsoft Office PowerPoint 是微软公司的产品,是 Microsoft Office 软件套装的一部分,用于演示文稿制作与放映。如图 5-2 所示是 PowerPoint 2016 的开始界面。

第五章　演示文稿软件应用

图 5-1　WPS 2019 演示文稿主界面

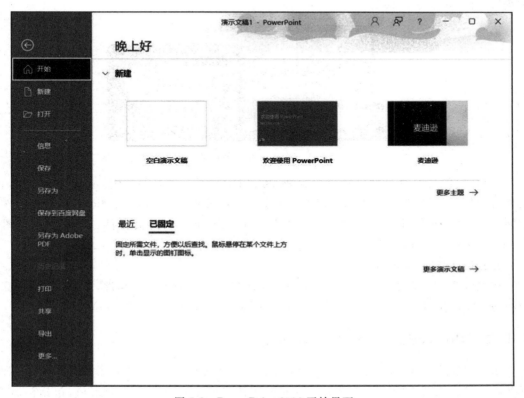

图 5-2　PowerPoint 2016 开始界面

PowerPoint 软件取其首尾字母,简称为 PPT。用 PowerPoint 制作的演示文稿默认扩展名为 .pptx,而 Office 2007 版本之前的演示文稿扩展名为 .ppt,所以在日常使用过程中,会约定俗成地把演示文稿的文档本身也简称为 PPT。

演示文稿融合了文本、图形、图表、音频和视频等多媒体元素,结合动画等动态效果,把用户要表达的信息更加生动地展现出来。一个演示文稿由若干张幻灯片组成。文稿中各种多媒体元素的添加和展现都是在幻灯片上完成的。放映的过程也是以幻灯片为基础,按照用户设置的顺序逐一进行播放。

用户可以用 PowerPoint 高效、简便地编制个性化的演示文稿。PowerPoint 2016 在保留了旧版本大部分功能的基础上,增加了软件间的共享和网络的应用,从而使演示文稿可以应用到更广泛的领域中,且编制更为简单。

PowerPoint 广泛应用于论文答辩、培训教学、演讲报告以及商务宣传方面,是目前最主流的演示文稿软件之一。

3. iWork Keynote

iWork Keynote 是苹果公司的演示文稿软件。用户依靠其强大的工具和炫目的特效,可以轻松制作绚丽夺目的演示文稿。

iWork Keynote 在多种设备上的主界面如图 5-3 所示。它的界面特点是简洁直观,重要的工具位于前端而且居中。通过实时协作功能,可以使团队中的每位成员无论使用 Mac、iPad、iPhone 还是 PC 都能同时配合操作,为演示文稿轻松添加美观的图表,编辑照片、音频和视频,加入影院级的特效。

图 5-3　iWork Keynote 在多种设备上的主界面

Keynote 的文件兼容性支持十分完善,可以打开 Microsoft PowerPoint 的 .pptx 和 .ppt 文件,同时可以将制作好的演示文稿保存为 Keynote 文件(.keynote)、Microsoft PowerPoint 文件(.pptx)、Adobe PDF 文件(.pdf)、影片(.m4v 或 .mov)、网页文件(.html)、静态图像(.jpeg、.png 或 .tiff)以及动画 GIF(.gif)。

4. LibreOffice Impress

在之前章节已介绍,LibreOffice 是一款功能强大且免费的办公套件,Impress 是该套件中的演示文稿组件,可以完美兼容 Microsoft PowerPoint 的 .pptx 和 .ppt 文件。

5.1.2　PowerPoint 2016 界面介绍

在学习使用 PowerPoint 2016 进行演示文稿编辑之前,首先需要熟悉软件的工作界面。以默认的普通视图为例,PowerPoint 2016 的工作界面主要由五个部分组成,包括标题栏、功能区、缩略图窗格、幻灯片编辑区和状态栏,如图 5-4 所示。

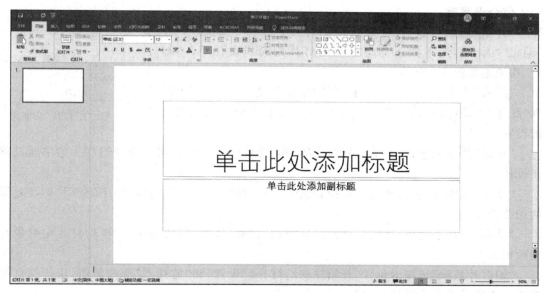

图 5-4　PowerPoint 2016 工作界面

拖动界面中编辑区和窗格之间的边框线，可以手动调整窗格的大小。

1. 标题栏

PowerPoint 的标题栏延续了 Office 套件的统一风格，从左至右由五个部分组成：快速访问工具栏、当前文档名称区域、用户登录按钮、功能区显示选项和窗口控制按钮，如图 5-5 所示。之前的章节中对标题栏各部分作用已经有过介绍，故不再赘述。

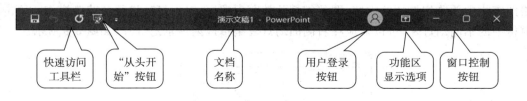

图 5-5　标题栏

与 Word、Excel 的标题栏有区别的是：PowerPoint 标题栏的快速访问工具栏预置有一个名为"从头开始"的特殊按钮。单击该按钮，可以从演示文稿的第一张幻灯片开始放映。

2. 功能区

与 Word、Excel 一样，PowerPoint 的功能区也是由选项卡组成，每个选项卡由若干个功能组组成。其中，"切换""动画""幻灯片放映"等选项卡为 PowerPoint 所特有，如图 5-6 所示。

图 5-6　选项卡

PowerPoint 的"文件"选项卡结构与 Word、Excel 一样，包含"新建""打开""信息""保存""打印""共享""关闭""选项"等常用命令，用于管理文件和相关数据的创建、保存、打印及个人信息设置等。

"开始"选项卡包含"剪贴板""幻灯片""字体""段落""绘图""编辑"功能组,用于插入幻灯片及幻灯片的版式设计等。"幻灯片"功能组如图 5-7 所示。

图 5-7 "幻灯片"功能组

"插入"选项卡包含"表格""图像""插图""链接""文本""符号"和"媒体"等功能组,用于演示文稿中各种元素的插入以及超链接的设置。

"设计"选项卡包含"页面设置""主题"和"背景"等功能组,用于选择幻灯片的主题及背景设计。

"切换"选项卡包含"预览""切换到此幻灯片"和"计时"等功能组,用于幻灯片切换效果的相关设置。

"动画"选项卡包含"预览""动画""高级动画"和"计时"等功能组,用于幻灯片中对象动画的相关设置。

"幻灯片放映"选项卡包含"开始放映幻灯片""设置"和"监视器"等功能组,用于幻灯片放映方式的设置及幻灯片的放映。

"审阅"选项卡包含"校对""辅助功能""语言""中文简繁转换""批注"和"比较"等功能组,用于演示文稿的校对及批注的设置。

"视图"选项卡包含"演示文稿视图""母版视图""显示""显示比例""颜色/灰度""窗口"和"宏"等功能组,主要用于演示文稿的视图、窗口安排及宏的录制。

3. 缩略图窗格

缩略图窗格是 PowerPoint 所特有的,幻灯片按编号顺序在此窗格排列。用户可以在缩略图窗格中预览幻灯片的内容,调整幻灯片的前后顺序,对幻灯片进行分节等操作。单击此窗格中的不同幻灯片,可以对应在右侧的幻灯片编辑区内展示幻灯片,如图 5-8 所示。

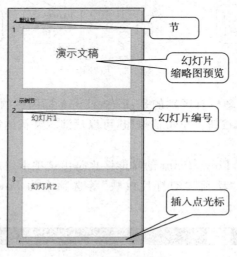

图 5-8 缩略图窗格

4. 幻灯片编辑区

如图 5-9 所示,幻灯片编辑区是 PowerPoint 的主要工作区域。同一时刻在幻灯片编辑区只能显示当前选中的一张幻灯片。用户在此区域对幻灯片进行编辑操作：插入多媒体元素并设置其外观和动画效果；设置幻灯片的切换效果；以及审阅、校对。

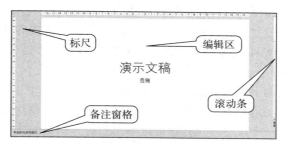

图 5-9　幻灯片编辑区

值得注意的是，在幻灯片编辑区中包含了一块称为"备注窗格"的区域。在该区域可以添加演讲的备注内容，用来提醒演讲者一些在幻灯片页面上不显示的内容，比如：提醒该页内容控制在多少时间，或者是需要向观众穿插提出的问题和答案等。在播放幻灯片时，只有演讲者可以在演讲设备上看到备注内容，观众在放映设备中无法看到。

在默认情况下备注窗格是隐藏的，可以通过单击"视图"选项卡中"显示"功能组的"备注"按钮来显示该区域。或者通过单击状态栏上的"备注"按钮，也可以打开备注窗格。

与 Word 类似，可以勾选"视图"选项卡中"显示"功能组的"标尺"选项，在编辑区中打开标尺。

5. 状态栏

与 Word、Excel 一样，PowerPoint 的状态栏位于界面的最底端，如图 5-10 所示，用于显示当前演示文稿的信息状态。PowerPoint 的状态栏从左至右包括当前幻灯片编号和总数、错误校对、语言、辅助功能、备注按钮、批注按钮、视图模式和缩放比例等。在状态栏上单击鼠标右键可以自定义状态栏，增加或减少显示选项。

图 5-10　状态栏

5.1.3　PowerPoint 2016 演示文稿视图

演示文稿视图是软件用来显示演示文稿内容的界面形式。PowerPoint 2016 提供了普通视图、大纲视图、幻灯片浏览视图、备注页视图、阅读视图和幻灯片放映视图共 6 种演示文稿视图方式。如图 5-11 所示是其中 5 种，幻灯片放映视图需要在放映时调出。

图 5-11　"演示文稿视图"功能组

1. 普通视图

普通视图是 PowerPoint 打开后默认的视图方式，是演示文稿编辑时最常用的视图。普通视图的界面在上一节已经详细介绍过，不再赘述。普通视图主要用来设计演示文稿的总体结构、编辑单张幻灯片,可以满足大部分的编辑需要。

2. 大纲视图

大纲视图包含大纲窗格、幻灯片编辑区和备注窗格。大纲视图的操作基本与普通视图类似,两者最大的区别在于大纲窗格中只显示演示文稿的文本内容和组织层次结构,而普通视图的幻灯片缩略图窗格中还可以显示图形、图表、音频和视频等多媒体元素。

3. 幻灯片浏览视图

如图 5-12 所示,幻灯片浏览视图以缩略图形式,在主窗格中平铺显示各张幻灯片。主要用于幻灯片整理浏览功能,如需要对所有的幻灯片进行整理编排或次序调整,以及排练计时之后要显示每张幻灯片的放映时间,都可以使用幻灯片浏览视图。

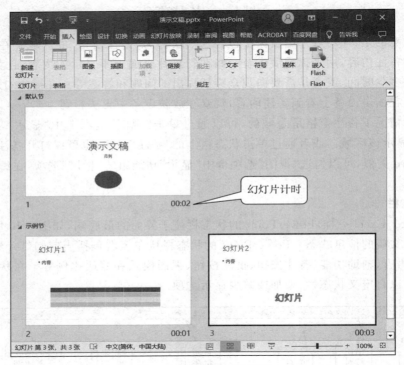

图 5-12　幻灯片浏览视图

4. 备注页视图

备注页视图显示当前幻灯片及其备注内容,备注的作用上节已作介绍。如图 5-13 所示,备注页视图上方显示当前幻灯片,下方显示该幻灯片的备注信息。在此视图中不能编辑幻灯片内容,只能编辑备注内容,如果需要在备注中插入图片等元素,必须切换到备注页视图。

5. 阅读视图

如图 5-14 所示,阅读视图中,幻灯片的编辑工具被隐藏,默认状态下仅保留标题栏和状态栏。其作用是帮助用户创建一个阅读、播放演示文稿内容的环境,而不必使用幻灯片放映视图。按 Esc 键可以退出阅读视图,返回阅读之前所处的视图。

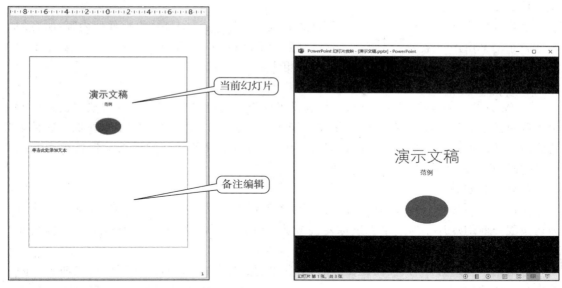

图 5-13　备注页视图　　　　　　　　　图 5-14　阅读视图

6. 幻灯片放映视图

幻灯片放映视图是一个特殊的视图,在"视图"功能组中无法直接选择,可以通过"幻灯片放映"等相关按钮来启动。在此视图中无法编辑幻灯片,只能放映幻灯片,用于彩排预演或者正式演示。放映过程中,可以通过按 Esc 键退出放映。

5.1.4　演示文稿基本操作

1. 新建演示文稿

PowerPoint 2016 提供了两种新建演示文稿的方式:通过空白演示文稿新建;通过模板和主题新建;如图 5-15 所示。

图 5-15　新建演示文稿

1）新建空白演示文稿

新建空白演示文稿会默认添加一张标题版式的幻灯片，该幻灯片没有任何内容，所有的设计和布局都由用户来决定并完成。这种新建演示文稿的方式需要用户有一定的自主设计能力和PowerPoint使用经验及技巧，给用户更大的自由度。

2）利用模板和主题创建

与Word、Excel类似，PowerPoint也提供了模板功能，用户可以利用内置或联机共享的模板创建演示文稿，以统一的配色风格和布局方式快速地形成每张幻灯片的外观。这种新建演示文稿的方式适合缺乏自主设计能力的用户，可以更简便地使演示文稿保持美观和统一，提高用户的制作效率。

2. 选定幻灯片

以普通视图为例，选定幻灯片可以在缩略图窗格中完成。单击某张幻灯片，该幻灯片就会切换成当前幻灯片。通过单击鼠标左键或者按键盘上的上下方向键↑↓，可以切换当前幻灯片。

选定第一张幻灯片后，按住键盘上的Shift键再选定另一张幻灯片，可以选定两者之间的多张连续的幻灯片。选定第一张幻灯片后，按住Ctrl键单击各张幻灯片，可以选定多张不连续的幻灯片。对于已经分节的演示文稿来说，单击缩略图窗格中的节名称，可以选定该节下所有幻灯片。

3. 新建幻灯片

演示文稿由若干张幻灯片组成，新建演示文稿之后，会默认添加一张没有内容的幻灯片，用户可以通过新建幻灯片来增加演示文稿的内容。

在新建幻灯片前，先将插入点指针定位到需要的位置。可以定位某张幻灯片为当前幻灯片，新建幻灯片会默认插入当前幻灯片之后，成为新的当前幻灯片。也可以将插入点指针定位在缩略图窗格中的两张幻灯片之间，在此插入新建幻灯片。

直接单击"开始"选项卡"幻灯片"组中的"新建幻灯片"按钮，可以新建一张和当前幻灯片具有相同版式的幻灯片（标题版式除外）。也可以通过按键盘上的回车键或者Ctrl＋M组合键完成。

单击"开始"选项卡"幻灯片"组中的"新建幻灯片"按钮中的下拉箭头，在弹出的下拉列表中，可以选择需要的版式来新建幻灯片，如图5-16所示。

用户在编辑演示文稿时可以插入已有演示文稿中的幻灯片。在"新建幻灯片"按钮的下拉列表中单击"重用幻灯片"选项，在右侧弹出的"重用幻灯片"窗格中，单击"浏览"命令找到并打开已有的演示文稿，单击其中所需要的幻灯片即可完成插入。

4. 移动、复制、删除幻灯片

使用剪贴板可以剪切、复制幻灯片，并粘贴到演示文稿中需要的位置，完成幻灯片的移动和复制。同时打开不同的演示文稿，使用剪贴板可以完成不同演示文稿间的幻灯片移动和复制。

在缩略图窗格中选中幻灯片后，直接按住鼠标左键将其拖动到目标位置，可以完成幻灯片的移动。直接按键盘上的Delete键或Backspace键可以完成幻灯片的删除。

5. 版式和占位符

PowerPoint 2016提供了11种幻灯片版式。版式是PowerPoint预置的排版格式，通过

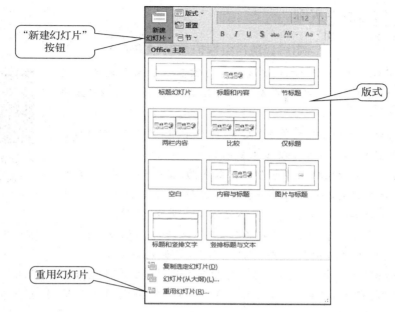

图 5-16 "新建幻灯片"按钮

版式可以对需要插入的内容进行合理布局。版式的布局是通过预设不同的占位符来达成的。占位符是一种带有提示信息的虚线框,是为标题、文本和图表等内容预留的位置。占位符的提示信息只在幻灯片编辑区中显示,在缩览图中和放映幻灯片时不会显示。除了"空白"版式外,其他幻灯片版式中都包含各种功能不同的占位符。

6. 逻辑节

如果演示文稿中的幻灯片数量较多,可以使用逻辑节来对幻灯片进行分组,使演示文稿的层次分明,便于用户定位和管理。

1) 新建逻辑节

在缩略图窗格中,选定需要新增节的幻灯片,单击"开始"选项卡"幻灯片"组中的"节"按钮,在弹出的下拉列表(图 5-17)中选择"新增节"选项,可以对当前幻灯片及之后的幻灯片新建逻辑节。新建的无标题节需要进行重命名。

2) 重命名节

在缩略图窗格中,选定需要重命名的节,单击"开始"选项卡"幻灯片"组中的"节"按钮,在弹出的下拉列表中选择"重命名节"选项,在"节名称"文本框中输入名称,单击"重命名"按钮后确认。

图 5-17 "节"按钮

3) 删除节

在缩略图窗格中,选定需要删除的节,单击"开始"选项卡"幻灯片"组中的"节"按钮,在弹出的下拉列表中选择"删除节"选项。

以上操作均可以在缩略图窗格中通过选定相关对象后,单击鼠标右键,在快捷菜单中选择相应命令完成。

民航信息素养实例

制作《民航净空保护》演示文稿(一)

(1) 启动 PowerPoint 2016,新建空白演示文稿。在标题幻灯片的标题占位符输入文字"净空保护区域",副标题占位符输入文字"民用航空"。

微课:制作《民航净空保护》演示文稿(一)

① 启动 PowerPoint 2016,单击"文件"选项卡中的"新建"命令,选择右侧的"空白演示文稿",完成演示文稿的创建。

② 新建的空白演示文稿默认包含一张版式为"标题幻灯片"的空白幻灯片,用于演示文稿创建标题。单击标题占位符,按要求录入文字"净空保护区域"。然后单击副标题占位符,按要求录入文字"民用航空"。

(2) 新建一张"标题和内容"版式的幻灯片,在标题占位符输入文字"什么是净空?",并将文字在占位符中水平居中。新建一张"空白"版式的幻灯片。

① 单击"开始"选项卡"幻灯片"功能组中的"新建幻灯片"按钮的下拉箭头,在弹出的下拉列表中,选择"标题和内容"版式,插入新建幻灯片。单击标题占位符,按要求录入文字"什么是净空?"。

② 单击标题占位符边缘的框线,选定标题占位符,单击"开始"选项卡"段落"功能组中的"居中"按钮,将标题文字在占位符中水平居中。

③ 在"新建幻灯片"按钮的下拉列表中,选择"空白"版式,插入新建幻灯片。

(3) 复制第 1 张标题幻灯片,并将标题文字修改为"保护净空,人人有责",然后将该幻灯片移动到演示文稿最后。

① 在幻灯片缩略图窗格中选中第 1 张幻灯片,单击"开始"选项卡"剪贴板"功能组中的"复制"按钮右侧的下拉箭头,在弹出的下拉列表中选择第二个"复制",即"复制幻灯片"。或者在幻灯片缩略图窗格中选中第 1 张幻灯片,直接单击鼠标右键,在弹出的快捷菜单中选择"复制幻灯片"。

② 新复制的幻灯片将紧随原来的标题幻灯片,成为第 2 张幻灯片。将该幻灯片的标题占位符中的文字删除,并录入文字"保护净空,人人有责"。

③ 保持该幻灯片的选定状态,按住鼠标左键将其拖曳到幻灯片缩略图窗格中最后的位置,使其成为新的最后一张幻灯片。

(4) 将幻灯片大小设置为全屏显示 4∶3,确保适合。

单击"设计"选项卡"自定义"组中的"幻灯片大小"按钮,在弹出的下拉列表中,选择"标准(4∶3)"选项,在弹出的"Microsoft PowerPoint"对话框中选择"确保适合"选项,如图 5-18 所示。

(5) 重用幻灯片:将素材演示文稿"法律法规.pptx"的第 2 张、第 3 张、第 4 张幻灯片依次插入第 3 张幻灯片之后。

① 在幻灯片缩略图窗格中,将插入点指针定位到第 3 张幻灯片和第 4 张幻灯片之间。在"新建幻灯片"按钮的下拉列表中,选择"重用幻灯片"选项。

② 此时幻灯片编辑区右侧会调出"重用幻灯片"窗格,在此窗格中单击"浏览"按钮,选择素材文件夹中的"法律法规.pptx"。窗格中将列出"法律法规.pptx"演示文稿中的所有

幻灯片,按要求依次单击其中的第 2 张、第 3 张、第 4 张幻灯片,即可在现有演示文稿中依次插入(重用)这三张幻灯片,如图 5-19 所示。此处可根据需要决定是否选中"保留源格式"复选框。

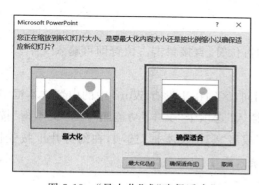

图 5-18 "最大化"或"确保适合"

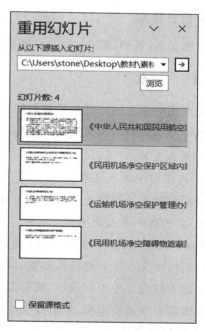

图 5-19 "重用幻灯片"窗格

③ 完成后单击"重用幻灯片"窗格右上角的"×"按钮关闭该窗格。

(6) 删除第 3 张幻灯片。

在幻灯片缩略图窗格中,选定第 3 张幻灯片,单击鼠标右键,在弹出的快捷菜单中选择"删除幻灯片"命令,完成幻灯片的删除。

(7) 分别为第 1 张、第 2 张、第 3 张和最后一张幻灯片新增节,并依次重命名为"标题""定义""法规""结尾"。

① 在幻灯片缩略图窗格中,选定第 1 张幻灯片,单击"开始"选项卡"幻灯片"功能组中的"节"按钮,在弹出的下拉列表中选择"新增节"。或者在幻灯片缩略图窗格中,选定第 1 张幻灯片,单击鼠标右键,在弹出的快捷菜单中选择"新增节"选项。

② 在弹出的"重命名节"对话框中录入"标题"二字,单击"重命名"按钮,完成节的新增和重命名。

③ 用同样的方法,依次选中第 2 张、第 3 张以及最后一张幻灯片,依次新增节,并依次按要求重命名节名称为"定义""法规""结尾"。

(8) 保存演示文稿,另存为 C:\KS\power5-1.pptx。

① 单击"文件"选项卡中的"另存为"命令,单击"浏览"找到文件存放位置 C 盘 KS 文件夹,按题目要求另存为 power5-1.pptx。

② 完成后既可以关闭 PowerPoint,也可以播放演示文稿查看效果后关闭 PowerPoint。

5.2 幻灯片基本元素

知识导入

掌握文本、表格、图片、SmartArt 和超链接等幻灯片基本元素的插入应用及格式设置。

5.2.1 文本

文本是演示文稿幻灯片最基本的元素,即使没有其他类型的元素,单纯在幻灯片上堆砌文字也可以达到演示的效果,传递想表达的信息。

1. 录入文本

1) 占位符中录入文本

在预设版式的幻灯片中留有用于布局的占位符,直接单击占位符即可输入文字。

2) 文本框中录入文本

PowerPoint 的文本框和 Word 的基本相同,区别在于没有 Word 中的内置文本框,只有最基础的横排文本框和竖排文本框。单击"插入"选项卡"文本"功能组中的"文本框"按钮,在弹出的下拉列表中可以选择"横排文本框"或者"竖排文本框"选项,在幻灯片上按住鼠标左键拖曳即可绘制文本框,然后在文本框中录入文字。

3) 形状中录入文本

PowerPoint 的形状和 Word 的基本相同,区别在于比 Word 多了"动作按钮"类别。单击"插入"选项卡"插图"功能组中的"形状"按钮,在弹出的下拉列表中可以选择所需要的形状进行绘制,绘制完成后可以在形状上录入文本。

4) 艺术字录入文本

PowerPoint 的艺术字和 Word 的相同。单击"插入"选项卡"文字"功能组中的"艺术字"按钮,在弹出的下拉列表中选择所需的艺术字样式。插入艺术字后即可录入文本。

2. 文本格式化

文本格式化主要是指对文本的字体、字号、字体颜色和对齐方式等进行设置,PowerPoint 的文本格式设置方法和 Word 基本相同。

选定文本或文本所在的占位符或文本框,在"开始"选项卡的"字体"功能组中可以直接单击相应按钮设置字体的格式,也可以通过功能组右下角的对话框启动器在"字体"对话框中设置。

3. 段落格式化

如图 5-20 所示,PowerPoint 设置段落格式的项目比 Word 少,主要包括对齐方式、文字方向、项目符号和编号、行距等。选定文本或文本所在的占位符后,在"开始"选项卡的"段落"功能组中可以直接单击相应按钮设置段落格式,也可以通过单击功能组右下角的对话框启动器按钮,在弹出的"段落"对话框中设置。

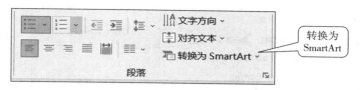

图 5-20 "段落"功能组

5.2.2 表格、图片、形状、SmartArt、图表、公式和符号

在 PowerPoint 2016 幻灯片中插入表格、图片、形状、SmartArt、图表、公式和符号的方法和在 Word 中的操作基本类似,通过"插入"选项卡的各个功能区完成相应的操作。

相比 Word,PowerPoint 的 SmartArt 多了"转换为 SmartArt"的添加方式。选定段落文本,单击"开始"选项卡"段落"功能组中的"转换为 SmartArt"按钮,在弹出的下拉列表中选择需要的 SmartArt 类型,即可将选定的文字段落快速转换为 SmartArt,而不再需要先插入 SmartArt 后再逐一录入文字。

除了插入外,还可以通过带有图片版式的幻灯片中的图片占位符来添加图片,如图 5-21 所示。

图 5-21 图片占位符

此外,PowerPoint 的形状比 Word 多了"动作按钮"类别。动作按钮的主要作用是在放映时通过鼠标单击或悬停,完成预先设置的动作,如超链接到某一张幻灯片。

5.2.3 超链接

超链接是幻灯片中的一个对象指向另一个对象的连接关系。通过为幻灯片中的对象设置超链接和动作,可以制作出交互式的演示文稿。

在 PowerPoint 2016 中可以使用"插入"选项卡的"链接"功能组中的"链接"和"动作"按钮进行超链接的设置,如图 5-22 所示。

图 5-22 "链接"功能组

设置超链接前,必须选定某一对象作为链接点。除了"链接"功能组外,还可以在链接对象上单击鼠标右键,在弹出的快捷菜单中选择"超链接"进行设置。当访问该链接点时触发超链接,跳转链接到目标对象。触发超链接的条件称为"动作"。动作默认为"单击鼠标",也可以设置为"鼠标悬停",如图 5-23 所示。

可以设置成超链接的对象,可以是文本、表格、图片、文本框和形状等。值得注意的是,音频和视频不能设置成超链接对象。设置超链接的文本会增加下划线,超链接文字颜色会

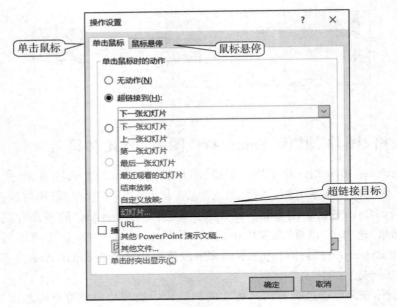

图 5-23 动作设置

根据幻灯片的主题而改变。可以通过"设计"选项卡"变体"功能组中的"自定义颜色"来修改超链接文字和已访问超链接的配色方案。

超链接指向的目标既可以是同一演示文稿中的另一幻灯片、网址和电子邮件地址,也可以是其他 PowerPoint 演示文稿或者其他文件。

5.2.4 页眉和页脚

PowerPoint 的页眉和页脚作用与 Word 类似,但内容略有差别。单击"插入"选项卡"文本"功能组中的"页眉和页脚"按钮,在弹出的"页眉和页脚"对话框中可以设置"日期和时间""幻灯片编号"及"页脚"文字内容,如图 5-24 所示。

图 5-24 "页眉和页脚"对话框

如果要在当前幻灯片插入页眉和页脚,可以单击"应用"按钮来完成。如果需要将当前幻灯片插入的页眉和页脚应用到其他所有幻灯片,可以单击"全部应用"按钮。

5.2.5 音频和视频

PowerPoint 2016 中可以插入音频和视频对象。与 Word 需要打开外部播放器不同,PowerPoint 的音频和视频可以直接在幻灯片放映时播放,丰富了幻灯片的放映效果。

单击"插入"选项卡"媒体"功能组中的"音频""视频"按钮,在弹出的下拉列表中选择音频和视频文件插入方式。在插入音频时可以选择"PC 上的音频"和"录制音频",在插入视频时可以选择"此设备"和"联机视频"。也可以选择"屏幕录制"按钮,如图 5-25 所示。

图 5-25 "媒体"功能组

对已插入的音频或视频对象可以通过"音频工具/格式""音频工具/播放""视频工具/格式"和"视频工具/播放"动态选项卡来设置音频或视频的格式和播放方式。

民航信息素养实例

制作《民航净空保护》演示文稿(二)

(1)打开素材文件 PPT5-2.pptx,在第 2 张幻灯片后插入新建幻灯片,版式为"空白"。在该幻灯片上部插入艺术字"净空范围",样式为艺术字样式库第 1 行第 5 列,艺术字在幻灯片页面中水平居中。设置艺术字文本效果"发光:5 磅,橙色,主题色 2"。形状样式"强烈效果-橙色,强调颜色 2",形状效果:映像"半映像:8 磅偏移量"。

微课:制作《民航净空保护》演示文稿(二)

① 在 PowerPoint 2016 中选择"文件"选项卡中的"打开"命令,找到素材文件所在位置,打开 PPT5-2.pptx 文件。或者直接在 Windows 资源管理器中找到素材文件所在位置,双击打开 PPT5-2.pptx 文件。

② 在幻灯片缩略图窗格中,将插入点指针定位到第 2 张幻灯片和第 3 张幻灯片之间。单击"开始"选项卡"幻灯片"功能组中的"新建幻灯片"按钮的下拉箭头,在弹出的下拉列表中,选择"空白"版式,完成新建幻灯片的插入。

③ 单击"插入"选项卡"文本"功能组中的"艺术字"按钮,在弹出的下拉列表中,选择艺术字样式库第 1 行第 5 列,完成艺术字的插入。

④ 在幻灯片编辑区出现艺术字占位符,直接在此占位符中录入文字"净空范围"。选定艺术字的外部框线,按住鼠标左键将其拖曳到幻灯片页面上方,在绘图工具"形状格式"动态选项卡的"排列"功能组中,单击"对齐"按钮,在弹出的下拉列表中选择"水平居中"选项。

⑤ 保持艺术字的选定状态,在绘图工具"形状格式"动态选项卡的"艺术字样式"功能组中单击"文本效果"按钮,在弹出的下拉列表中选择"发光"类别的"发光:5 磅,橙色,主题色 2"。

⑥ 保持艺术字的选定状态,在绘图工具"形状格式"动态选项卡的"形状样式"功能组中单击"其他"按钮,在弹出的下拉列表中选择"主题样式"分类的"强烈效果-橙色,强调颜色 2"。在同一功能组中单击"形状效果"按钮,在弹出的下拉列表中选择"映像"类别的"半映像:8 磅偏移量"。艺术字最终效果如图 5-26 所示。

(2) 在第 3 张幻灯片的艺术字下方插入素材文件夹中的"净空范围.jpg"图片。设置图片高度为 10 厘米,宽度为 16 厘米,图片在幻灯片页面中水平居中。设置图片样式为"映像圆角矩形";图片效果为"预设 6";图片边框为"标准色:黄色"、粗细为 6 磅。

① 保持选定第 3 张幻灯片,单击"插入"选项卡"图像"功能组中的"图片"按钮,在弹出的下拉列表中选择"此设备",找到素材文件夹中的"净空范围.jpg"图片,完成插入。

② 保持图片选定状态,在图片工具的"图片格式"动态选项卡的"大小"功能组中,设置高度为 10 厘米。但因为图片默认"锁定纵横比",所以改了高度后,图片的宽度也会随之改变。此时需要单击"大小"功能组右下角的对话框启动器,打开"设置图片格式"窗口。

③ 在"设置图片格式"窗格中,此时展示的是"大小"标签。先取消窗格中"锁定纵横比"的勾选,再设置图片高度为 10 厘米,宽度为 16 厘米,如图 5-27 所示。

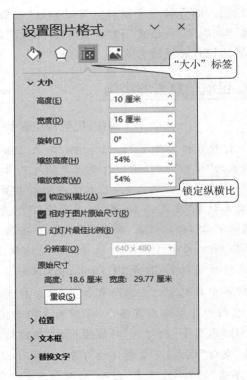

图 5-26　艺术字效果　　　　　图 5-27　设置图片格式

④ 保持图片选定状态,关闭"设置图片格式"窗格,在图片工具的"图片格式"动态选项卡的"图片样式"功能组中单击"其他"按钮,在下拉列表中选择"映像圆角矩形"。单击同组的"图片效果"按钮,在弹出的下拉列表中选择"预设",在子菜单中选择"预设 6"效果。单击同组的"图片边框"按钮,在弹出的下拉列表中选择颜色为"标准色:黄色",粗细为 6 磅。

(3) 在第 3 张幻灯片后插入新建幻灯片,版式为"空白"。在该幻灯片中插入 SmartArt 图形,该 SmartArt 图形版式为"列表"类别中的"图片题注列表"。按样张,添加形状,并依次在 SmartArt 图形中插入素材图片和文字。设置 SmartArt 样式为"三维"类别的"卡通",形状填充为"羊皮纸"纹理,形状效果为"柔滑边缘:50 磅",在页面中水平垂直居中。

① 保持选定第 3 张幻灯片,在"新建幻灯片"按钮的下拉列表中选择"空白"版式,完成

新建幻灯片的插入。

② 保持选定第 4 张幻灯片，单击"插入"选项卡"插图"功能组中的"SmartArt"按钮，在弹出的"选择 SmartArt 图形"对话框中，选择"列表"类别中的"图片题注列表"。在 SmartArt 工具的"SmartArt 设计"动态选项卡的"创建图形"功能组中单击"添加形状"按钮，可以为现有的 SmartArt 图形添加新的形状。添加的形状默认在现有形状后面，也可以单击"添加形状"按钮右侧的下拉箭头，在弹出的下拉列表中选择添加形状的位置。

③ 按样张，依次单击 SmartArt 图形中的图片占位符，插入素材文件夹中的"风筝""气球""烟花""无人机"和"孔明灯"图片，并在各个图形的文字占位符中录入相应的文字。

④ 保持 SmartArt 图形的选中状态，在 SmartArt 工具的"SmartArt 设计"动态选项卡的"SmartArt 样式"功能组中单击"其他"按钮，选择"三维"类别中的"卡通"样式。

⑤ 保持 SmartArt 图形的选中状态，在 SmartArt 工具的"格式"动态选项卡的"形状样式"功能组中单击"形状填充"按钮，在弹出的下拉列表中选择"纹理"选项的"羊皮纸"。在同一功能组中，单击"形状效果"按钮，在弹出的下拉列表中的"柔化边缘"选项中选择"变体"的"50 磅"。

⑥ 保持 SmartArt 图形的选中状态，在 SmartArt 工具的"格式"动态选项卡的"排列"功能组中单击"对齐"按钮，在弹出的下拉列表中选择"水平居中"和"垂直居中"。SmartArt 图形最终效果如图 5-28 所示。

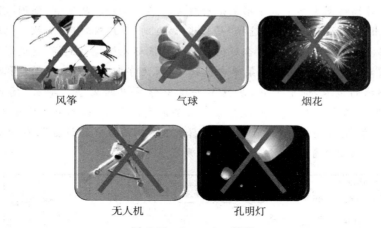

图 5-28　SmartArt 样张

（4）在第 6 张幻灯片的文字下方插入图表：饼图，饼图数据如图 5-29 所示。设置图表高度为 10 厘米，宽度为 15 厘米。修改图表标题为"某机场某年度侵犯净空次数比例"，并修改图表样式为"样式 3"。

① 在幻灯片缩略图窗格中选中第 6 张幻灯片。单击"插入"选项卡"插图"功能组中的"图表"按钮，在弹出的"更改图表类型"对话框，选择"饼图"类别中的"饼图"。

② 如图 5-29 所示，在插入的饼图上方的 Excel 表格中修改文字和数字，完成后关闭 Excel 表格。保持图表选中状态，在图表工具的"格式"动态选项卡的"大小"功能组中设置图表高度为 10 厘米，宽度为 15 厘米。按住鼠标左键将图表拖曳到文字下方合适的位置。

③ 保持图表选中状态，在图表标题占位符中修改文字并按要求录入文字"某机场某年

民航信息技术基础

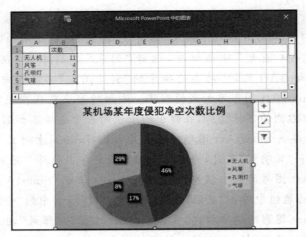

图 5-29　图表数据及样张

度侵犯净空次数比例"。在图表工具的"图表设计"动态选项卡的"图表样式"功能组中单击选择"样式 3"。

（5）在第 7 张幻灯片的文字下方插入形状"星与旗帜"类别中的"双波形"。为形状添加文字"管理办法"。为形状设置超链接，使单击形状时链接到第 8 张幻灯片。

① 在幻灯片缩略图窗格中选中第 7 张幻灯片。单击"插入"选项卡"插图"功能组中的"形状"按钮，在弹出的下拉列表中单击选择"星与旗帜"类别中的"双波形"形状。此时鼠标指针变成十字形，在第 7 张幻灯片文字下方合适的位置按住鼠标左键拖曳鼠标，完成形状的插入。

② 右击该形状，在弹出的快捷菜单中选择"编辑文字"选项，输入文字"管理办法"。

③ 单击形状的边缘，选中形状，注意不要选中形状中的文字。单击"插入"选项卡"链接"功能组中的"链接"按钮，或者直接在形状上单击鼠标右键，在弹出的快捷菜单中选择"超链接"。在弹出的"插入超链接"对话框中，选择左侧"本文档中的位置"，在幻灯片列表中选择第 8 张幻灯片，单击"确定"按钮，如图 5-30 所示。

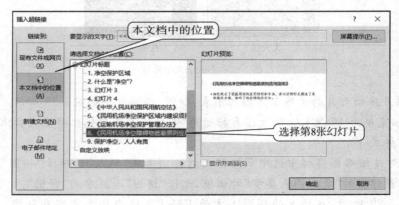

图 5-30　"插入超链接"对话框

（6）在第 8 张幻灯片的文字下方插入素材文件夹中的视频"净空安全.mp4"，调整到适当位置设置该视频自动播放。

242

① 在幻灯片缩略图窗格中选中第8张幻灯片。单击"插入"选项卡"媒体"功能组中的"视频"按钮,在弹出的下拉列表中选择"此设备",找到素材文件夹中的"净空安全.mp4"视频文件,完成插入。按住鼠标左键将视频拖曳到文字下方合适的位置。

② 保持视频选中状态,在视频工具的"播放"动态选项卡的"视频选项"功能组中,选择"开始"选项右边的下拉箭头,在弹出的下拉列表中选择"自动"选项。

(7) 保存演示文稿,另存为 C:\KS\power5-2.pptx。

① 单击"文件"选项卡中的"另存为"命令,单击"浏览"找到文件存放位置 C 盘 KS 文件夹,按题目要求另存为 power5-2.pptx。

② 完成后既可以关闭 PowerPoint,也可以播放演示文稿查看效果后关闭 PowerPoint。

5.3 幻灯片主题、背景及母版

知识导入

掌握幻灯片的主题、背景格式及母版的设置,充实幻灯片的视觉效果,完成演示文稿的美化。

5.3.1 主题

主题是 PowerPoint 2016 预置的一系列幻灯片视觉效果及配色方案设置,通过统一的配色风格和布局方式快速地形成每张幻灯片的外观。

PowerPoint 预置的主题可以进行个性化的设置,用户根据需求可以在"设计"选项卡的"变体"功能组中单击"其他"按钮,在弹出的下拉列表中进行颜色、字体、效果和背景样式的修改,如图 5-31 所示。

如上节内容中提到的超链接颜色更改,就可以在"变体"功能组的"颜色"选项中选择"自定义主题",在弹出的"新建主题颜色"对话框中完成,如图 5-32 所示。

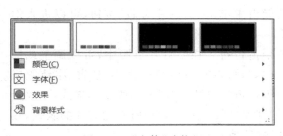

图 5-31 "变体"功能组

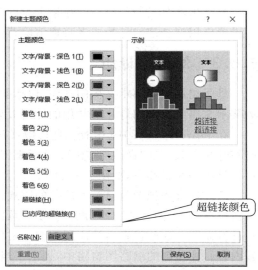

图 5-32 "新建主题颜色"对话框

5.3.2 背景格式

如上一小节所述,套用幻灯片主题是一种快速简便的美化幻灯片视觉效果的方法。如果用户在此基础上对整个演示文稿的视觉效果有更进一步的追求,则可以自行设置幻灯片的背景格式。

设置幻灯片背景格式最为快速的操作方法是直接在幻灯片编辑区的当前幻灯片的背景空白处单击鼠标右键,在弹出的快捷菜单中选择"设置背景格式"选项。也可以单击"设计"选项卡"自定义"功能组中的"设置背景格式"按钮。这两种操作都会在编辑区右侧弹出"设置背景格式"窗格,在其中可以进行幻灯片背景的填充,如图 5-33 所示。

填充幻灯片背景的方式有四种:纯色填充、渐变填充、图片或纹理填充和图案填充。在相应的选项下可以进行背景的具体设置。其中"图片或纹理填充"比另外三种填充多了"艺术效果"和"图片"的设置选项,如图 5-34 所示。

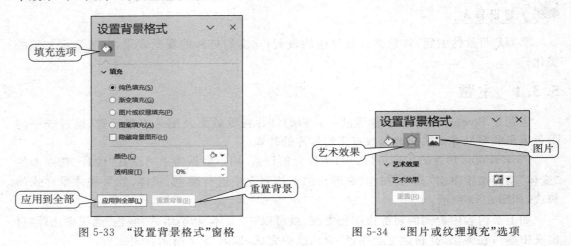

图 5-33 "设置背景格式"窗格　　　　图 5-34 "图片或纹理填充"选项

分别单击"设置背景格式"窗格下方的"应用到全部"和"重置背景"两个按钮,可将更新的设置应用到全部幻灯片或者直接清除背景设置。

5.3.3 幻灯片母版

母版控制整个演示文稿的外观,包括颜色、字体、背景、效果和其他所有内容。可以理解为演示文稿中全部幻灯片所共用的外观效果的集合。

在 PowerPoint 2016 中有三种母版:幻灯片母版、讲义母版和备注母版。其中最常用的是幻灯片母版。在"视图"选项卡"母版视图"功能组中单击"幻灯片母版"按钮,可以进入幻灯片母版的编辑环境,如图 5-35 所示。

幻灯片母版视图只显示幻灯片的版式及各个占位符。在幻灯片母版中,可以调整或插入占位符,插入图片或文本,设置背景和页脚。比如,可以对占位符的大小、位置、字体等格式进行设置。这些设置会被应用到演示文稿中所有相关幻灯片,但是只改变其格式,不改变其内容。在左侧的缩略图窗格中,列出了当前幻灯片母版下所包含的所有幻灯片的版式,在此可以针对某一种版式进行独立的设置,而不影响其他版式。

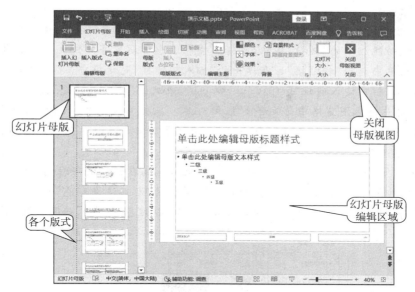

图 5-35 "幻灯片母版"编辑视图

要退出母版编辑状态,可以单击"幻灯片母版"选项卡"关闭"功能组中的"关闭母版视图"按钮。

熟练使用幻灯片母版进行外观效果的设置,尤其在大型演示文稿的编辑中,可以节约大量的编辑时间,提高用户效率。

民航信息素养实例

制作《民航净空保护》演示文稿(三)

(1) 打开素材文件 PPT5-3.pptx,设置演示文稿中所有幻灯片的主题为"回顾",变体颜色为"黄色",变体背景样式为"样式9"。应用主题后,适当调整演示文稿中图片和图表的位置,使之在页面中水平居中。

① 在 PowerPoint 2016 中选择"文件"选项卡中的"打开"命令,找到素材文件所在位置,打开 PPT5-3.pptx 文件。或者直接在 Windows 资源管理器中找到素材文件所在位置,双击打开 PPT5-3.pptx 文件。

微课:制作《民航净空保护》演示文稿(三)

② 单击"设计"选项卡的"主题"功能组中的"回顾",更改演示文稿中所有幻灯片的主题。

③ 单击"设计"选项卡的"变体"功能组中"其他"按钮,在弹出的下拉列表中选择"颜色",在弹出的二级列表中选择"黄色"。

④ 单击"设计"选项卡的"变体"功能组中"其他"按钮,在弹出的下拉列表中选择"背景样式"为"样式9"。

⑤ 适当调整演示文稿中图片和图表的位置,可以使用鼠标拖曳,也可以使用"对齐"命令。

(2) 为第 5 张幻灯片的标题插入超链接,目标为"http://www.caac.gov.cn"。修改第 5 张幻灯片的主题为"环保",设置超链接颜色为"标准色:蓝色",设置已访问的超链接颜色为"标准色:紫色"。

① 在幻灯片缩略图窗格中选定第 5 张幻灯片。选定标题占位符中的文字,单击"插入"选项卡"链接"功能组中的"链接"按钮,或者直接在选中标题文字的情况下单击鼠标右键,在弹出的快捷菜单中选择"超链接"。在弹出的"插入超链接"对话框中,选择左侧"现有文件或网页",在"地址"栏中输入网址"http://www.caac.gov.cn",单击"确定"按钮。

② 在幻灯片缩略图窗格中选定第 5 张幻灯片。鼠标右键单击"设计"选项卡的"主题"功能组中的"环保",在弹出的快捷菜单中选择"应用于选定幻灯片",仅更改当前第 5 张幻灯片的主题,而不改变其他幻灯片的主题。

③ 单击"设计"选项卡的"变体"功能组中"其他"按钮,在弹出的下拉列表中选择"颜色",在弹出的二级列表中选择"自定义颜色"选项。在弹出的"新建主题颜色"对话框中,设置超链接颜色为"标准色:蓝色",设置已访问的超链接颜色为"标准色:紫色",如图 5-36 所示。

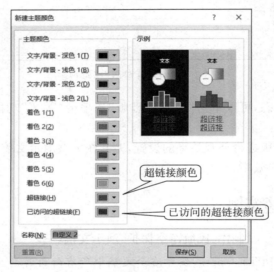

图 5-36 "新建主题颜色"对话框

(3) 设置第 5 张幻灯片的背景格式为预设的渐变填充"顶部聚光灯-个性色 5"。

① 保持选定第 5 张幻灯片,单击"设计"选项卡的"自定义"功能组中"设置背景格式"按钮,在幻灯片编辑区右侧打开"设置背景格式"窗格。

② 在"设置背景格式"窗格中选中"渐变填充",选择"预设渐变"中的"顶部聚光灯-个性色 5"。

③ 单击"设置背景格式"窗格右上角的"×"按钮,关闭窗格。

(4) 除标题幻灯片外,利用母版在其他幻灯片中添加日期和时间、页脚、幻灯片编号,其中日期格式为"××××年×月×日",要求能自动更新;页脚内容为"净空区域保护"。

① 单击"视图"选项卡中"母版视图"功能组的"幻灯片母版"按钮,进入幻灯片母版视图。在左侧幻灯片缩略图窗格中,按住键盘上的 Ctrl 键,选中第 1 个主题和第 2 个主题的母版幻灯片。

② 单击"插入"选项卡"文本"功能组中的"页眉和页脚",在弹出的"页眉和页脚"对话框中选中"日期和时间""幻灯片编号""页脚""标题幻灯片中不显示"复选框。其中"日期和时间"选择"自动更新",日期格式选择"××××年×月×日"。"页脚"输入框中录入文字"净

空区域保护",单击"全部应用"按钮,如图5-37所示。

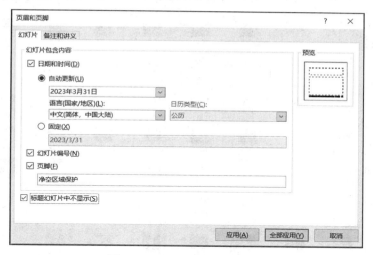

图 5-37 "页眉和页脚"对话框

③ 单击"关闭母版视图"按钮,退出母版视图。
(5) 保存演示文稿,另存为 C:\KS\power5-3.pptx。
① 单击"文件"选项卡中的"另存为"命令,单击"浏览"找到文件存放位置 C 盘 KS 文件夹,按题目要求另存为 power5-3.pptx。
② 完成后既可以关闭 PowerPoint,也可以播放演示文稿查看效果后关闭 PowerPoint。

5.4 幻灯片切换、自定义动画及放映设置

知识导入

掌握幻灯片的切换、幻灯片中各元素的自定义动画设置以及幻灯片放映设置,丰富演示文稿的放映效果。

5.4.1 幻灯片切换

PowerPoint 放映演示文稿时,当一张幻灯片结束需要放映下一张幻灯片时,如果不设置幻灯片切换效果,将会直接显示下一张幻灯片的内容,而不会有任何视觉上的过渡效果。如果需要丰富演示文稿的这部分效果,需要用到"切换"选项卡。

在"切换"选项卡中有三个功能组,分别是"预览""切换到此幻灯片"和"计时"。

幻灯片的切换效果是给当前幻灯片设置的。选定需要设置的幻灯片,单击"切换"选项卡"切换到此幻灯片"功能组的"其他"按钮,弹出下拉列表,选择其中一种切换效果。幻灯片的切换效果包括"细微""华丽""动态内容"三个类别,每个类别各有若干效果,如图5-38所示。

切换效果选定后,可以在同一功能组中设置"效果选项"。每种切换效果的效果选项内容之间都不尽相同。比如"华丽"类别中的"风"效果可以设置"向右"或"向左"的效果选项[图5-39(a)],"细微"类别中的"随机线条"效果就可以设置"垂直"和"水平"的效果选项

民航信息技术基础

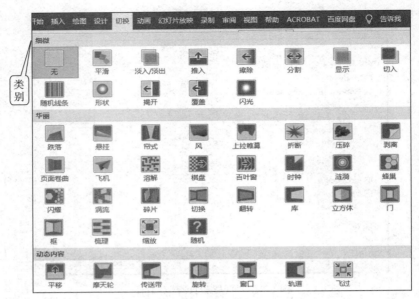

图 5-38 "切换"效果类别

[图 5-39(b)],而有些效果完全没有效果选项。所以,需要根据具体情况设置效果选项。

完成效果选项设置后,可以在"计时"功能组中设置幻灯片切换的声音、持续时间和换片方式等内容,如图 5-40 所示。需要注意的是,"持续时间"的"02.00"是指 2s,而"设置自动换片时间"的"00:03.01"是指 3.01s,这两者在时间的表述方法上有细微的差别。

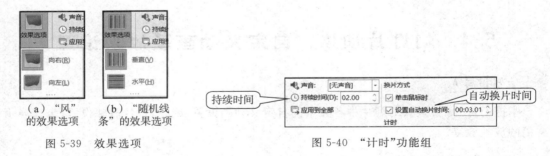

图 5-39 效果选项 　　　　　　　图 5-40 "计时"功能组

单击"切换"选项卡的"预览"按钮,可以在普通视图下的编辑窗口中预览切换效果。如果要取消幻灯片的切换效果,可以选中该幻灯片,在"切换到此幻灯片"功能组中选择"无"选项。

5.4.2 自定义动画

PowerPoint 放映演示文稿时,幻灯片上的文字、图片、表格等元素都可以设置炫目的动画效果,包括进入、强调、退出和动作路径等。如果需要丰富演示文稿的这部分效果,则用到"动画"选项卡。

在"动画"选项卡中有四个功能组,分别是"预览""动画""高级动画""计时"。

在幻灯片中选定需要添加动画效果的对象,单击"动画"选项卡"动画"功能组的"其他"按钮,弹出下拉列表,选择其中一种动画效果。幻灯片的动画效果包括"进入""强调""退出""动作路径"四个类别,每个类别各有若干效果,如图 5-41 所示。

第五章　演示文稿软件应用

图 5-41　"动画"效果类别

"进入"类别设置对象进入幻灯片的动画效果;"强调"类别设置对象突出强调展示一次的动画效果;"退出"类别设置对象退出幻灯片的动画效果;"动作路径"类别设置对象在幻灯片上按设置好的路径运动,该路径既可以是系统默认的,也可以是用户绘制的。

如果下拉列表中展示的选项不能满足需要,可以单击下方的选项,在弹出的"更多进入效果"对话框中选择更多的效果,如图 5-42 所示。

动画效果选定后,可以在同一功能组中设置"效果选项",如图 5-43 所示。与切换效果类似,每种动画效果的效果选项内容之间也都不尽相同。所以,需要根据具体情况设置效果选项。

图 5-42　"更多进入效果"对话框

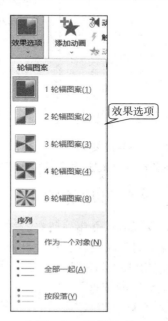

图 5-43　效果选项

249

对于单个对象在设置完动画效果后,还可以在"动画"选项卡"高级动画"功能组中添加动画效果,为同一个对象叠加有先后顺序的多个动画效果。

完成动画添加和效果选项设置后,可以在"计时"功能组中设置动画开始方式、持续时间和延迟等内容,还可以对已设置的多个动画的先后顺序进行重新排序,如图5-44所示。

也可以单击"高级动画"功能组中的"动画窗格"按钮打开动画窗格,在其中进行相应设置,如图5-45所示。

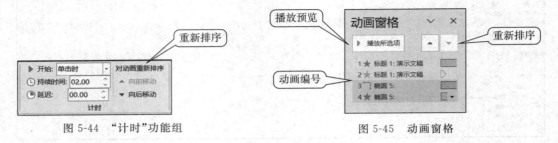

图 5-44 "计时"功能组　　　　　图 5-45 动画窗格

以上部分动画效果,比如动画触发条件、声音、文本整批发送以及计时效果,还可以通过单击"动画"选项卡"动画"功能组右下角的对话框启动器,打开"效果选项"对话框进行设置,如图5-46所示。

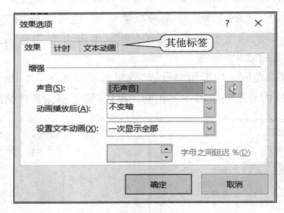

图 5-46 "效果选项"对话框

如果不再需要某个动画效果,可以在幻灯片编辑窗格或者动画窗格中选定对象的动画编号,按 Delete 键进行删除,或者在"动画"功能组中选择"无"选项。

5.4.3　幻灯片放映

完成了演示文稿中所有幻灯片的内容插入、外观美化、切换及动画效果设置后,最后进行幻灯片的放映设置。相关设置均在"幻灯片放映"选项卡中进行。

在"幻灯片放映"选项卡中有三个功能组,分别是"开始放映幻灯片""设置"以及"监视器"。

1. 放映和结束

在"幻灯片放映"选项卡"开始放映幻灯片"功能组中,单击"从头开始"按钮,即可从第1张幻灯片开始放映,该操作的快捷键是键盘上的 F5 键。单击"从当前幻灯片开始"按钮,即可从当前选中的幻灯片开始放映,该操作的快捷键是 Shift+F5。

单击状态栏右侧的视图按钮中的"幻灯片放映"按钮，即可从当前幻灯片开始放映。

放映幻灯片时，幻灯片会占满整个计算机或投影仪屏幕，在屏幕上单击鼠标右键，在弹出的快捷菜单中有一系列命令可以完成幻灯片的翻页、定位、结束放映等动作。为了不影响放映效果，PowerPoint 2016 也为演讲者提供了一些功能快捷键。

切换到下一张（触发下一对象）：单击鼠标左键，或者按↓键、→键、PageDown 键、回车键、Space 键，或者鼠标滚轮向后滚动。

切换到上一张（回到上一步）：按↑键、←键、PageUp 键或 Backspace 键，或者鼠标滚轮向前滚动。

鼠标功能转换：按 Ctrl+P 键可将鼠标指针转换成"绘画笔"，此时可以按住鼠标左键在屏幕上做标记。按 Ctrl+A 键可还原成普通指针状态。

结束放映：按 Esc 键。

在默认情况下放映演示文稿时，幻灯片按序号顺序播放，直到最后一张，界面黑屏，并等待用户退出放映状态。

2. 设置放映方式

用户可以根据不同需要设置演示文稿的放映方式。单击"幻灯片放映"选项卡"设置"组中的"设置幻灯片放映"按钮，可以打开"设置放映方式"对话框，如图 5-47 所示。可以设置放映类型、需要放映的幻灯片范围等。其中，"放映选项"组中的"循环放映，按 Esc 键终止"适用于无人控制的展台、广告等幻灯片放映，能实现演示文稿反复循环播放，直到按键盘上的 Esc 键终止。

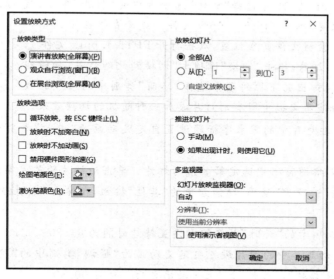

图 5-47　"设置放映方式"对话框

PowerPoint 2016 有三种放映类型可以选择。

1) 演讲者放映（全屏幕）

演讲者放映是默认的放映类型，是一种灵活的放映方式，以全屏幕的形式显示幻灯片。演讲者可以控制整个放映过程，也可以用"绘画笔"勾画，适用于演讲者一边讲解一边放映的场合，例如会议、课堂等。

2）观众自行浏览（窗口）

该方式以窗口的形式显示幻灯片，观众可以利用菜单自行浏览、打印，适用于终端服务设备且同时被少数人使用的场合。

3）在展台浏览（全屏幕）

该方式以全屏幕的形式显示幻灯片。放映时，键盘和鼠标的功能失效，只保留鼠标指针最基本的指示功能。

3. 排练计时

通过排练计时，可以使演讲者在演讲时不操作 PowerPoint，而是按预先排练的旁白时间来配合播放演示文稿的内容。

单击"幻灯片放映"选项卡"设置"组中的"排练计时"按钮，可以从头播放演示文稿中的所有幻灯片，并进行排练计时，如图 5-48 所示。幻灯片上所有元素和动画效果的展现均可以根据旁白时间设置播放时间。

图 5-48 "排练计时"录制控件

在"幻灯片浏览"视图中可以查看排练计时后的幻灯片播放时间。

民航信息素养实例

制作《民航净空保护》演示文稿（四）

（1）打开素材文件 PPT5-4.pptx，设置所有幻灯片切换效果为"随机"。

① 在 PowerPoint 2016 中选择"文件"选项卡中的"打开"命令，找到素材文件所在位置，打开 PPT5-4.pptx 文件。或者直接在 Windows 资源管理器中找到素材文件所在位置，双击打开 PPT5-4.pptx 文件。

② 选中所有幻灯片，单击"切换"选项卡"切换到此幻灯片"功能组中的"其他"按钮，在弹出的下拉列表中选择"华丽"类别中的"随机"效果。该效果可以为演示文稿中所有幻灯片添加一种随机的切换效果。

微课：制作《民航净空保护》演示文稿（四）

（2）为第 3 张幻灯片中的艺术字标题设置自定义动画为"进入"类别中的"弹跳"，持续时间为 01.30。

① 在幻灯片缩略图窗格中选定第 3 张幻灯片。单击幻灯片的艺术字标题的边框，选定艺术字，单击"动画"选项卡"动画"功能组中的"其他"按钮，在弹出的下拉列表中选择"进入"类别的"弹跳"。

② 在"动画"选项卡的"计时"功能组中设置持续时间为 01.30。

（3）为第 3 张幻灯片中的图片设置自定义动画为"强调"类别中的"陀螺旋"，效果选项为"逆时针"和"完全旋转"，"开始"为"上一动画之后"，延迟 00.30。

① 保持选定第 3 张幻灯片，单击图片。单击"动画"选项卡"动画"功能组中的"其他"按钮，在弹出的下拉列表中选择"强调"类别中的"陀螺旋"。

② 在"动画"选项卡"动画"功能组中单击"效果选项"，在弹出的下拉列表中选中"逆时针"和"完全旋转"两个选项。

③ 在"动画"选项卡"计时"功能组中，单击"开始"右侧的下拉箭头，选择"上一动画之后"选项，设置延迟为 00.30。

(4) 为演示文稿设置幻灯片放映效果,新建自定义放映,命名为"法律法规",按顺序添加放映第 5~8 张幻灯片。

① 单击"幻灯片放映"选项卡"开始放映幻灯片"功能组中的"自定义幻灯片放映"按钮,在弹出的下拉列表中选择"自定义放映"。

② 在弹出的"自定义放映"对话框中单击"新建"。在弹出的"定义自定义放映"对话框中,勾选左侧的第 5~8 张幻灯片,单击中间的"添加"按钮,再单击"确定",完成自定义放映的设置,如图 5-49 所示。

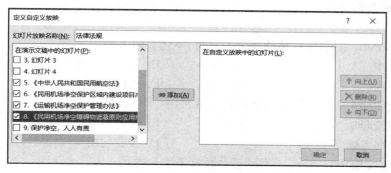

图 5-49 "定义自定义放映"对话框

(5) 保存演示文稿,另存为 C:\KS\power5-4.pptx。

① 单击"文件"选项卡中的"另存为"命令,单击"浏览"找到文件存放位置 C 盘 KS 文件夹,按题目要求另存为 power5-4.pptx。

② 完成后既可以关闭 PowerPoint,也可以播放演示文稿查看效果后关闭 PowerPoint。

练 习 题

一、单选题

1. 下列不是 PowerPoint 能保存的文件格式扩展名的是_____。
   A. .potx B. .wmv C. .pptx D. .dbk
2. PowerPoint 文档打印时不能选择的颜色效果是_____。
   A. 灰度 B. 纯黑白 C. 颜色 D. RGB 色
3. PowerPoint 演示文稿的基本组成单元是_____。
   A. 文本 B. 图形 C. 超链接 D. 幻灯片
4. PowerPoint 中编辑时可以多次被不同文档使用的是_____。
   A. 母版 B. 模板 C. 版式 D. 节
5. PowerPoint 2016 模板文件的扩展名是_____。
   A. .potx B. .pptx C. .ppt D. .ppot
6. 在 PowerPoint 中,幻灯片中占位符的作用是_____。
   A. 表示文本长度 B. 限制插入对象的数量
   C. 表示图形大小 D. 为文本、图形等对象预留位置

7. 在 PowerPoint 中,"页眉和页脚"对话框中不能设置_____。
   A. 日期和时间   B. 幻灯片编号
   C. 幻灯片页眉   D. 页脚
8. 在 PowerPoint 演示文稿中,利用_____可以将幻灯片整理成组,使幻灯片更加直观和易于管理。
   A. 节   B. 编号   C. 页码   D. 母版
9. 在 PowerPoint 演示文稿中,选中某段文字设置超链接,不能链接到_____。
   A. 现有文件或网页   B. 文档中的图片
   C. 电子邮件地址   D. 本文档中的位置
10. PowerPoint 中动作路径动画分为三类,不包含以下的_____。
    A. 基本   B. 直线和曲线
    C. 特殊   D. 细微型
11. PowerPoint 中可以影响所有幻灯片效果的,不包含以下的_____。
    A. 改变母版   B. 改变动画
    C. 改变主题   D. 改变切换
12. 在演示文稿中,_____不属于动画效果的分类。
    A. 切换   B. 进入   C. 退出   D. 动作路径
13. PowerPoint 触发器动画除使用鼠标单击对象的方式触发外,还可以使用_____来触发动画。
    A. 书签   B. 节   C. 切换   D. 动画刷
14. 在 PowerPoint 中,在_____选项卡下设置幻灯片的背景。
    A. 插入   B. 开始   C. 设计   D. 动画
15. 在 PowerPoint 中,若要在每张幻灯片相同位置都显示同一图片,应在_____中进行图片插入操作。
    A. 普通视图   B. 幻灯片母版
    C. 幻灯片浏览视图   D. 阅读视图
16. 在 PowerPoint 浏览视图下,按住 Ctrl 键并拖动某张幻灯片,所完成的操作是_____。
    A. 移动幻灯片   B. 复制幻灯片
    C. 删除幻灯片   D. 隐藏幻灯片
17. 在设置幻灯片切换时,不可以设置_____。
    A. 声音   B. 持续时间
    C. 切换顺序   D. 换片方式
18. 在 PowerPoint 中,在_____方式下可以进行幻灯片的放映控制。
    A. 普通视图   B. 幻灯片浏览视图
    C. 幻灯片放映视图   D. 幻灯片母版视图
19. 在演示文稿中,如果要演示计算机操作过程给大家看,可以使用_____命令,将操作过程提前插入幻灯片中。
    A. 动作   B. 屏幕截图
    C. 屏幕录制   D. 加载项

20. 强制使用演示者视图的组合键是_____。
   A. Alt＋F5　　　　　　　　　　B. Ctrl＋F5
   C. Alt＋F12　　　　　　　　　　D. Alt＋Shift＋F5

二、操作题

打开素材文件夹中的 PPT 综合.pptx 文件,按要求进行编辑和排版,将结果以原文件名保存。

(1) 设置幻灯片大小为"标准(4∶3)",按照比例缩小确保合适。

(2) 为第 1、2、3 张幻灯片分别新增节,将节名称依次重命名为"国产飞机""C919""ARJ21"。

(3) 设置所有幻灯片的设计主题为"回顾",更改主题的变体颜色为"蓝色暖调"。

(4) 设置第 2 张幻灯片的版式为"两栏内容"。

(5) 将第 2 张幻灯片左侧正文的所有项目符号由小圆点改为黑色方块,为右侧正文占位符添加文本"净空保护区域",将右侧正文整体转换为 SmartArt "垂直图片重点列表",更改颜色为"彩色填充-个性色 2",在 SmartArt 的圆形图形中插入素材图片 C919.jpg,设置图片效果为"预设 5",图片超链接到地址:"http://www.comac.cc"。

(6) 在第 2 张幻灯片左侧正文下方空白处插入"动作按钮:转到开头",鼠标单击时超链接到"第一张幻灯片",设置该按钮的高度和宽度均为 2 厘米。

(7) 设置第 2 张幻灯片的背景格式为"水滴"的纹理填充,透明度为"20%"。

(8) 在第 2 张幻灯片的默认位置插入"幻灯片编号"和自动更新的"日期和时间"。

(9) 设置幻灯片母版,母版的标题文字颜色为"标准色:深红",母版的标题文字字体为"黑体"。

(10) 设置第 3 张幻灯片的切换方式为"华丽"类别中的"涟漪",效果选项为"从左上部"。

(11) 设置第 3 张幻灯片的标题文字"ARJ21"的动画效果为"强调"类别中的"跷跷板",持续时间"02.00","上一动画之后"开始计时。

(12) 设置幻灯片的放映方式为"观众自行浏览"。

第六章　智慧民航信息技术应用

知识背景

新一代信息技术是以大数据、云计算、物联网和人工智能为代表的新兴技术,既是信息技术的纵向升级,也是信息技术的横向融合。新一代信息技术是当今世界创新最活跃、渗透性最强和影响力最广的领域,正在引发新一轮全球范围内的科技革命,并以前所未有的速度转化为现实生产力,引领当今世界科技、经济、政治和文化日新月异,改变着人们的学习、生活和工作方式。目前,5G、大数据和人工智能等新一代信息技术在智慧民航中已得到了推广应用。

思政素养

党的二十大提出,要构建新一代信息技术、人工智能等一批新的产业增长引擎。通过学习新一代信息技术的概念和技术特点,熟悉新一代信息技术在我国智慧民航建设中的典型应用,树立创新精神和文化自信,增强爱国情怀,提高职业素养,激发利用新一代信息技术建设民航强国的热情。

6.1 大数据技术

知识导入

大数据时代已经来临,本节将介绍大数据的概念、特征、常用技术和在工作生活中的典型应用,讲解并讨论大数据在智慧民航中的应用案例,使学生能正确认识大数据,并掌握常用的大数据技术,通过对数据进行专业化处理,实现大数据的价值增长。

6.1.1 大数据的概念

21世纪是数据信息快速发展的时代,移动互联、社交网络和电子商务等极大拓展了互联网的边界和应用范围,各种数据正在迅速增加。互联网(社交、搜索、电商),移动互联网(微博),物联网(传感器、智慧地球),以及车联网、GPS、医学影像、安全监控和金融(银行、股市、保险)都在疯狂着产生数据。国家"十四五"规划和2035年远景目标纲要中明确指出,加快构建全国一体化大数据中心体系,强化算力统筹智能调度,建设若干国家枢纽节点和大数据中心集群,建设E级和10E级超级计算中心。

根据国际数据公司(IDC)发布的《数据时代2025》显示,2025年全球每年产生的数据将从2018年的33ZB增长到175ZB。2017—2022年全球大数据储量趋势如图6-1所示。以腾讯为代表的互联网公司,它们的数据总量超过了千PB级别;电信、金融、保险、电力、石化、医疗、航空、气象、旅游、教育和交通等行业或部门每年产生的数据均达到数十PB,有的数据量甚至高达数百PB,这些数据不仅有结构化的数据,还包含大量的非结构化数据;制造业的大数据类型以产品设计数据、企业生产环节的业务数据和生产监控数据为主;在其他传统行业,虽然线下商业销售、农林牧渔业、线下餐饮、食品、科研、物流运输等行业数据量剧增,但是数据量还处于积累期,整体体量不算大,多则达到PB级别,少则数十TB或数百TB级别。由此可见,数据的爆发式增长(实时数据、非结构化数据、机器数据)和社会化趋势(碎片化信息、用记行为、用户关系)是大数据应运而生的本质原因。

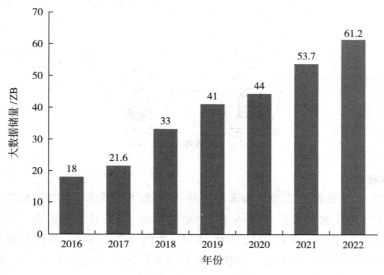

图 6-1　2017—2022 年全球大数据储量趋势图

大数据(big data)也称巨量资料,是指无法在一定时间范围内用常规软件工具进行捕捉、管理和处理的数据集合,是需要新处理模式才能具有更强的决策力、洞察发现力和流程优化能力的海量、高增长率和多样化的信息资产。大数据技术是指从各种各样类型的数据中,快速获得有价值信息的能力,大数据由巨型数据集组成,这些数据集大小常超出人类在可接受时间下的收集、管理和处理能力。

6.1.2　大数据的特征

一般来说,大数据主要具有以下五个典型特征,即数据体量大(volume)、数据多样性(variety)、输入和处理速度快(velocity)、价值密度低(value)以及真实性(veracity)。大数据的5V特征如图6-2所示。

1. 数据体量大

大数据中数据的采集、存储和计算的量都非常大。随着时间的推移,社交网络、移动网络和各种智能服务工具产生的数据增长从过去的 GB 到 TB,从数百太字节到数十数百拍字节,甚至达到 EB 的规模。例如,在交通领域,某市交通智能化分析平台数据来自网络摄像头/传感器、公交、轨道交通、出租车以及省际客运、旅游、化危运输、停车、租车等运输行业,还有问卷调查和地理信息系统数据。4 万辆车每天可产生 2000 万条记录,交通卡刷卡记录每天 1900 万条,手机定位数据每天 1800 万条,出租车运营数据每天 100 万条,电子停车收费系统数据每天 50 万条,定期调查覆盖 8 万家庭等,这些数据在体量上已达到了大数据的规模。

图 6-2 大数据的 5V 特征

2. 数据多样性

数据多样性就是指数据的种类和来源多样化,有结构化数据、半结构化数据和非结构化数据。其中,非结构化数据占据 90% 左右,主要包括文本、图片、音频、视频、单击流量和文件记录等;半结构化数据包括 HTML 文档、XML 文档、JSON 数据、邮件和网页等。大数据具备异构和多样性的特征,数据之间存在无模式或者模式不明显和不连贯的语法或句义。

3. 输入和处理速度快

现今网络上数据流的速度很快(快数据),有些数据具有很强的时效性,超过了有效时间段后,这些数据就会失去价值与作用,所以需要有处理、分析"快数据"的技术。大数据区别于传统数据挖掘的一个显著特征就是高速。使用大数据技术,原来需要处理 4 个多月的 1PB 数据,现在仅需 1s 就可以完成。数据的高速处理,可以保证及时有效地运用数据的作用和价值。

4. 价值密度低

随着互联网及物联网的广泛应用,信息感知无处不在,信息海量,但价值密度相对较低,可以用"浪里淘沙却又弥足珍贵"来形容。因为这个特性,所以需要通过强大的算法来挖掘海量数据中的有用数据,这也是大数据时代最需要解决的问题。大数据包含很多深度的价值,大数据分析挖掘和利用将带来巨大的商业价值。以用户上网购物为例,当用户在购物平台上下单购物后,就会在后台记录该用户的购物数据,包括商品的品种、数量、型号、时间信息、支付方式信息、商品配送信息和联系方式等。数据累积到一定时间后,当用户再次打开该购物平台时,系统就会自动推送其感兴趣的物品。其实,这是购物平台背后强大的算法在起作用,通过算法对用户消费的数据进行挖掘和分析,找到用户的消费习惯和购物爱好等有价值的数据,这样既可以给用户带来便利、个性化的体验,也可以给自己的运营带来可观的销售增量。

5. 真实性

真实性就是数据的准确性和可信赖度,即数据的质量。海量数据并不一定都能反映用户真实的行为信息或者客观事物的真实信息。数据本身如果是虚假的,那么它就失去了存在的意义,因为任何通过虚假数据得出的结论都可能是错误的,甚至是相反的。

6.1.3 大数据的相关技术

现在谈论的大数据,不是指数据本身,而是包括数据和大数据技术两个方面。大数据技术是指伴随着大数据的采集、存储、分析和应用的相关技术,是使用非传统的工具对大量结构化、非结构化数据进行处理,从而获得分析和预测结果的一系列数据处理和分析技术。大数据技术的体系庞大且复杂,主要包含数据的采集与预处理、数据存储、数据计算、数据挖掘和分析、数据可视化等各种技术范畴和不同的技术层面。

1. 数据的采集与预处理

数据采集包括文件日志的采集、数据库日志的采集、关系型数据库的接入和应用程序的接入等。在数据量比较小时,可以写定时的脚本将日志写入存储系统,但随着数据量的增长,这些方法无法提供数据安全保障,并且运维困难,因此需要更强壮的解决方案。比较常用的技术框架有 Kafka、Flume 和 Logstash 等。

Kafka 是一种高吞吐量的分布式发布订阅消息系统,它可以处理消费者在网站中的所有动作流数据。对于像 Hadoop 一样的日志数据和离线分析系统,且又要求实时处理的限制,Kafka 是一个可行的解决方案,通过 Hadoop 的并行加载机制来统一线上和离线的消息处理,也是为了通过集群来提供实时的消息。

Flume 是 Cloudera 提供的一个高可用、高可靠和分布式的海量日志采集、聚合和传输的系统,Flume 支持在日志系统中定制各类数据发送方,用于收集数据;同时,Flume 可以对数据进行简单处理,并写到各种数据接收方,比如文本、HDFS、Hbase 等。

Logstash 是具有实时流水线能力的开源的数据收集引擎,能够同时从多个来源采集数据、转换数据,然后将数据发送到"存储库"中。它提供了大量插件,可帮助用户解析、丰富、转换和缓冲任何类型的数据。

2. 数据存储

随着结构化数据和非结构化数据量的持续增长,以及分析数据来源的多样化,此前存储系统的设计已经无法满足大数据应用的需要。大数据存储比较常用的技术框架有 Hadoop、HBase 和 Redis 等。

Hadoop 作为一个开源的框架,专为离线和大规模数据分析而设计,实现了一个分布式文件系统,其中一个核心组件是 HDFS(hadoop distributed file system)。HDFS 有高容错性的特点,并且用来设计部署在低廉的硬件上。而且它提供高吞吐量来访问应用程序的数据,适合那些有着超大数据集的应用程序。

HBase 是一个分布式的、面向列的开源数据库,是一种"Key-Value"系统,也是一个适合于非结构化数据存储的数据库。它部署在 HDFS 上,克服了 HDFS 在随机读写方面的缺点,与 Hadoop 一样,主要依靠横向扩展,通过不断增加廉价的商用服务器来增加计算和存储能力。

Redis 是一种速度非常快的非关系数据库,可以存储键与五种不同类型的值之间的映射,可以将存储在内存的键值对数据持久化到硬盘中,使用复制特性来扩展性能,还可以使用客户端分片来扩展读写性能。

3. 数据计算

MapReduce 是面向大数据并行处理的计算模型、框架和平台,其作为 Hadoop 的查询引擎,用于大规模数据集的并行计算,Map(映射)和Reduce(归约)是它的主要思想。极大地方便了编程人员在不会分布式并行编程的情况下,将自己的程序运行在分布式系统中。大数据计算常用的技术框架有Spark、Flink和Hive等。

Spark是专为大规模数据处理而设计的快速通用的计算引擎。Spark启用了内存分布数据集,除了能够提供交互式查询外,还可以优化迭代工作负载。它将Job中间输出结果保存在内存中,从而不需要读取HDFS,因此Spark能更好地适用于数据挖掘与机器学习等需要迭代的MapReduce的算法。

Flink是由Apache软件基金会开发的开源流处理框架,用于在无边界和有边界数据流上进行有状态的计算。Flink以数据并行和流水线方式执行任意流数据程序,能在所有常见集群环境中运行,并能以内存速度和任意规模进行计算。

Hive是基于Hadoop的一个数据仓库工具,用来进行数据提取、转化和加载,这是一种可以存储、查询和分析存储在Hadoop中的大规模数据的机制。Hive的核心工作就是把SQL语句翻译成MapReduce任务来执行,可以将结构化的数据映射为一张数据库表,并提供HQL(Hive SQL)查询功能,因此Hive非常适合对数据仓库进行统计分析。

4. 数据挖掘和分析

数据挖掘是指通过关联分析、聚类分析和时序分析等各种算法,从海量数据中识别出有效的、最终可理解的信息和一些无法通过观察得出的某种现象的深层次原因。例如,某学校发现高等数学课程不及格率有逐年上升趋势,总认为是学生学习不认真所致,后来,通过挖掘本校近10年所有该门课程不及格的学生数据,发现有较高比例的不及格学生来自西部欠发达地区,而且发现有较高比例不及格学生的家庭收入非常高或非常低。这就找出了高等数学课程不及格现象的深层原因主要是"生源地"和"家庭经济状况"两个方面。

数据分析是整个大数据处理流程的核心,其目的是把隐没在一大批看似无序数据中的信息集中、萃取和提炼出来,以找到内在的规律。根据分析深度不同,数据分析可以分为描述性分析、预测性分析和规则性分析三种类型。

数据挖掘和数据分析的本质是一样的,都是从数据中发现有价值的信息,从而帮助用户改进、完善自己的决策。它们之间最大的区别在于,数据分析是针对以往取得的成绩,指出哪些方面做得好,哪些方面需要改进;而数据挖掘是通过以往的成绩来预测未来的发展趋势,并为决策者提供建议。例如,某运营商发现用户不及时缴费的现象越来越多,使用数据分析观察不缴费人群,发现不及时缴费人群中贫困人口占比较高,于是得出的结论是"因为收入偏低导致人们缴费不及时",改进策略是"适当降低资费";使用数据挖掘算法,通过关联分析不及时缴费的数据,竟然发现深层次的原因是"大部分不及时缴费的人群离收费点都比较远",于是改进策略是"多设立一些营业厅或自助缴费点"。显然,后者得出的结论更准确,所采取的措施也会更加有效。

5. 数据可视化

随着数据的容量和复杂度的增加,大数据时代让数据生动形象说话的要求越来越迫切。数据可视化就是将大型数据库中的数据以图形图像的形式表示,并利用数据分析和开发工具发现其中未知信息的处理过程。核心思想是以单个图元素表示每个数据项,大量数据量构成数据图像,同时以多维数据的形式表示数据的各个属性值,这样便于从不同的维度观察数据,也可以更深入地分析数据。常见的数据可视化工具包括Tableau、PowerBI和FineBI

等。例如,FineBI 是帆软软件有限公司推出的一款商业智能产品,本质是通过分析企业已有的信息化数据,发现并解决问题,辅助决策;FineBI 的定位是业务人员/数据分析师自主制作仪表板,进行探索分析,以最直观快速的方式了解自己的数据,发现数据的问题。用户只需要进行简单的拖曳操作,选择自己需要分析的字段,几秒内就可以看到数据分析结果,通过层级的收起和展开,可以迅速地了解数据的汇总情况。

6.1.4 大数据的典型案例

大数据已无处不在,企业、金融、电子商务、医疗和社交网络等各行各业都已经融入大数据的印迹,并在各行各业发挥出巨大的优势。企业大数据的应用可以提升企业的生产效率和竞争力;利用大数据进行市场分析,更准确地了解消费者的消费行为,挖掘新的商业模式;销售规划方面,通过大数据分析,可以优化商品价格;运营方面,利用大数据分析可以提高运营效率和运营满意度,优化劳动力投入,准确预测人员配置要求,避免产能过剩,降低人员成本;供应链方面,利用大数据可以优化库存,优化物流环节,指导供应商协同工作等,可以缓和供需之间的矛盾,控制预算开支,提升服务。

1. 啤酒和尿布

20 世纪 90 年代,全球零售业巨头沃尔玛的超市管理人员分析销售数据时发现了一个令人难以理解的现象:在某些特定的情况下,"啤酒"与"尿布"两件看上去毫无关系的商品会经常出现在同一个购物篮中,这种独特的销售现象引起了管理人员的注意,经过后续调查发现,这种现象出现在年轻的父亲身上,于是尝试推出了将啤酒和尿布摆在一起的促销手段。没想到这个举措居然使尿布和啤酒的销量都大幅增加了,取得了较好的经济效益。如今,"啤酒+尿布"的例子早已成了大数据技术应用的经典案例,被人们津津乐道。

2. Google 成功预测冬季流感

2009 年,Google 通过分析 5000 万条美国人最频繁检索的词汇,将之和美国疾病中心在 2003—2008 年季节性流感传播时期的数据进行比较,并建立一个特定的数学模型。通过该模型,最终成功预测了 2009 年冬季流感的传播,甚至可以具体到特定的地区和州。

3. 招商银行减少客户流失率

招商银行通过数据分析识别出招行信用卡价值客户经常出现在星巴克、麦当劳等场所后,通过"多倍积分累计、积分兑换"等活动吸引优质客户;通过构建客户流失预警模型,对流失率等级前 20% 的客户发售高收益理财产品予以挽留,使金卡和金葵花卡客户流失率分别降低了 15% 和 7%;通过对客户交易记录进行分析,有效识别出潜在的小微企业客户,并利用远程银行和云转介平台实施交叉销售,取得了良好成效。

4. 大数据打击电信诈骗

针对近年来高发的电信网络诈骗犯罪,全国公安机关出重拳、下狠手,预警防范效果突出,打击治理工作取得显著成效,持续上升的犯罪势头得到有效遏制。据了解,国家反诈中心能在 1h 内完成涉诈要素信息采集,24h 内找到潜在受害者并开展精准预警劝阻,2021 年 4 月—2022 年 5 月,直接推送全国预警指令 4067 万条,各地利用公安大数据产出预警线索 4170 万条,成功避免 6178 万名群众受骗。

除此之外,还有其他很多的大数据应用案例,随着技术的不断发展,未来会有更多的大数据应用出现。

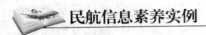 **民航信息素养实例**

大数据在智慧民航中的应用

大数据技术在民航中的应用受到的关注度日渐提升,在民航飞行训练、民航气象服务、民航安全管理和民航旅游服务中发挥了重要作用。

1. 大数据技术在民航飞行训练中的应用

在民航飞行训练中,大数据的应用为训练单位的管理工作和训练方式注入了新的活力,对飞行训练工作的有效性提升起着助推作用,在经济效益增加的同时,也使民航飞行训练计划更加完善,确保了飞行训练的安全性。

1) 大数据为飞行训练安全提供保障

航空飞行对安全性有着高要求,特别是通航飞行训练,其特殊性质决定了它的高风险性,因此对我国通航飞行训练工作实效性的提高是一个挑战,也就意味着要想实现我国飞行训练培养工作的快速发展,必然需要培养单位积极就自身飞行训练培养进行创新。中国国际航空股份有限公司顺应时代发展潮流,思维与时俱进,在自身已有大规模数据的基础上,结合更多外来数据的获取,然后对其合理整合,明确把握不同的数据含义,发展数据挖掘的科学思想,研发数据挖掘的有用工具,真正让数据指导飞行训练工作,使数据价值集中展现,从而推动飞行训练工作以计划为导向,逐步向系统靠拢,切实提高飞行训练的安全性,最大限度地开发空域资源的利用率,使得飞行训练效率在各种综合条件的支持下得到提升。为进一步保障飞行人员在训练过程中的安全,利用大数据监控加强对飞机的维护工作至关重要。相关工作人员基于多年来的海量飞行训练数据的积累,定期就飞机发动机的使用状态进行研究,对飞行训练数据的其他功能进行深度挖掘,进而调整飞行员培养方案,改进教学工作质量,监控飞行过程,改进操作程序,由此可以让意外事故的发生率降低,保障飞行人员的人身安全,降低不必要的成本消耗。在飞行员的初级训练中,半数的情况下主要由学员自己完成训练任务,比如学生进行单人单飞或者机长训练。因此,在对学生训练管理的过程中,将所有数据进行整理和分析,补充和完善原有的培训工作,增加学生应对特殊情况应急处理的训练及其他相关的安全教育,可以最大化体现现有资源数据的重要价值,学生在飞行训练中的安全得到了充分的保障,培养单位的教学工作效率也得到提高,为今后的飞行员培养工作注入了活力,提供了新的思路,为飞行员更好、更快地成为符合培养标准和社会需求的优秀人才起到了积极的作用。当然,大数据流转迅速、数据庞杂和个体数据价值密度不高的特点也使得它在应用于民航飞行训练工作时,需要培养单位立足于自身实际,对大数据应用要求和原则要准确把握,对数据特点要深入研究,并考虑数据变化波动的因素以便灵活调整。

2) 大数据为民航飞行训练发展助力

当下大数据时代已然到来,在民航和通航领域已经展开了新一轮的竞争,国家有关部门也对促进通用航空业的发展提出了新的指导意见,站在全新的角度对通航发展计划指明了方向。在2016年提出了"大数据驱动"下推进民用航空数据中心的设立,加强信息集中统一管理等要求,旨在引领民航改革工作跟上时代步伐,对大数据进行高效利用,提高相关工作效率。因此,在外部客观环境的推动下,加上飞行训练培养单位自身能动作用的发挥,大数据的应用在民航飞行训练中必然可以有一番成就。

3) 民航飞行训练中大数据的分析与处理

在飞机飞行训练中,飞机发动机的参数是飞机飞行数据中的重要组成部分,其参数数据能够有效反映隐藏问题,因此,在民航飞行训练中,大数据还应用于对该参数数据的分析与处理。具体而言,在使用大数据对飞行训练数据进行分析和处理时,主要使用的技术模型有支持向量机和关联挖掘算法。前者属于二类分类模型,能够对飞行数据进行分类和预测;后者属于无监督学习算法,主要是对大规模飞行训练数据进行处理,并对数据属性之间的关系进行探索,从而对飞行员操作时的不规范行为进行衡量,提升民航飞行训练的安全性和时效性。在使用支持向量机对飞行训练数据进行分析和处理时,主要是以逻辑回归为基础构建线性分类器并对数据进行预处理,开展预处理是因为飞行训练数据的存储结构和保存具有一定特点,无法在该模型上直接应用原始数据,在此过程中,数据的预处理需要经过特征值的选取、数据的清洗以及数据特征的缩放。在开展特征值的选取时,主要选取飞行环境、发动机性能以及飞行姿态状态等参数,数据选取结束后,因为原始数据中可能存在空缺以及无效等问题数据,所以需要对选取的数据进行清洗。首先,删除无效数据,主要是将地面热身等待时间段的数据进行剔除,从而保证后续模型建立的有效性;其次,处理空缺数据,由于电子器件数据传输存在不稳定的现象,故在选取的原始数据中存在特征值缺少的情况,所以需要补全空缺数据,为强化数据补全的合理性,主要是对空缺部分前后数据进行平均值的计算,将计算结果插入到空缺处,从而强化数据的有效性;最后,处理异常数据,一般情况下可将其直接删除,并使用均值法进行补全。在数据清洗完毕后,对数据特征进行缩放,将数据的特征属性控制在一定区间内,主要使用的方法有比例调节,从而实现数据归一化。在数据预处理结束后,需要对其进行精度分析,对模型误差进行修改,从而保证数据的有效性,强化飞行训练的时效性。关联分析算法同样需要进行数据的预处理,因与支持向量机算法的预处理步骤相同,故不再赘述。在数据预处理结束后,关联分析算法需要对频繁项集以及关联规则进行挖掘,从而通过数据判断飞行操作中存在的问题。在进行频繁项集的挖掘时,主要使用 Apriori 算法和 FP-Growth 技术,剔除不符合标准的数据,并进行计数统计,直到算法完成。在对关联规则进行挖掘时,主要是在频繁项集的基础上进行关联规则的搜寻,通过层次搜索以及层列表合并获得数据集,再构建单个频繁项集元素集合,生成候选关联规则集,直到没有新的候选集结束。通过该技术,能够对操作失误进行有效的判断,加强数据反馈。

随着我国民航飞行训练的不断发展,将大数据分析的价值最大化利用,可以实现飞行效率的有效提升,促进飞行训练计划性和安全性的提高,让民航飞行训练迈入新的发展阶段。

2. 大数据技术在民航气象服务中的应用

大数据技术以其海量数据资源和全新的运算优势吸引了民航气象部门的关注。目前,大数据技术正在深入民航气象工作的方方面面,如气象资料的采集、融合、处理以及气象产品的制作等。

1) 航空气象大数据分析

航空气象资料既有中低空的风向、风速、能见度、温度和露点温度等信息,又有高空中的气压分布、云量、云高和积冰层等信息,所以航空气象数据种类繁杂,结构各异,具有大数据多样化的特点;为保证气象数据的更新率,气象资料的采集时间单位一般为每天、每小时甚至是每分钟,这就使得目前我国气象资料的收集量在飞速增加,已经达到 PB 级别,具有大数据体量大的特点;随着航班排布越来越密集,航空公司、空管部门等航空气象用户对气象资料的及时性提出了更高的标准,这就要求民航气象中心对气象数据具有更高的处理能力和处理速度,具有大数据要求处理速度快的特点;现阶段对海量的航空气象数据挖掘程度还不够深,如果能够利用好这些气象资料,深入挖掘其中的数据潜在价值,就可以为航空飞行安全提供保障,具有大数据高价值的特点。

2)航空气象大数据分析的具体实现

为了使航空气象大数据分析得以实现,民航气象大数据服务框架主要由以下层次组成:基础设施层、云平台层、云应用层和大数据服务层。

(1)基础设施层。基础设施层是云平台搭建的基础,该层的搭建将直接关系到整个气象云平台能否正常工作,所以基础设施层必须拥有存储和处理航空气象数据的硬件,如计算机处理系统、数据中心和网络环境等。基础设施层应具有气象资源抽象、气象资源监控、负载管理、存储管理、资源部署、安全与风险管理以及计费管理等功能。需要将原有的基础设施按照云计算环境的要求进行相应改造,要建设基础设施资源池,将过去各地建立的分布式民航气象数据库系统中的数据储存在统一的资源池中,这样可以有效避免数据冗余现象,降低系统的维护成本,大大提高数据的利用率。

(2)云平台层。当基础设施层搭建好后,继续运用云计算技术在基础设施层上搭建平台层。运用Hadoop可以构建分布式文件系统,可利用服务器集群,根据自定义业务逻辑,对海量气象数据进行分布式处理。HBase的底层存储是基于Hadoop,是一个分布式、可扩展的大数据库,能够实时读写大量数据,达到大数据检索的要求。MapReduce是一个分布式运算程序的编程框架,具有良好的扩展性,可以实现数据的并行计算。Hive是构建在Hadoop之上的数据仓库,可以实现航空气象静态数据的存储和索引。

(3)云应用层。当平台层的搭建工作完成后就可以为应用层做技术支撑,是云计算平台各应用软件的集合。应用层主要是用来对相关应用执行开发工作,运用的是平台层的软件工具,然后对气象站点进行监控、云平台监控与管理、气象服务等。气象监测点和检测设备是气象站点主要监控对象。云平台监控与管理是对区域气象中心的服务器节点加以管理,在气象云平台这样大规模的数据环境中,如果不对服务器节点加以管理,很容易就出现因负载不均衡而导致的资源闲置或上层服务性能受影响的情况。气象服务主要为气象数据的采集、处理后进行的气象产品制作。

(4)大数据服务层。当应用层为相关软件工具进行开发工作后,大数据服务层就可以根据相关应用进行大数据气象服务。利用HBase的实时数据索引可以进行站点监控与云平台监控功能。利用MapReduce对气象数据进行分布式处理,可以完成数值预报和航空气象产品的制作工作,并做好对用户开放的相关服务工作。

6.2 云计算技术

知识导入

云计算技术与大数据技术是相辅相成的,没有云计算提供强大的算力和存储,大数据是难以落地的。本节将介绍云计算的相关概念、基本特征和服务模式,讲解并讨论云计算在智慧民航中的应用案例,帮助学生掌握云计算的关键技术和在民航业中的应用场景。

6.2.1 云计算的概念

云是对计算机集群的一种形象比喻,每个群包括几十台甚至上百万台计算机。通过互联网随时随地为用户提供各种资源和服务,用户只需一个能上网的终端设备就能按需求获得资源。广义上讲,云计算(cloud computing)把许多计算资源集合起来形成计算资源的共享池(叫作"云"),通过软件实现自动化管理,能为用户快速提供资源使用。也就是说,计算能力作为一种商品可以在互联网上流通,就像现实中的水、电、煤气资源一样,可以方便地取用,且价格较为低廉。狭义上讲,"云"实质上就是一个网络,云计算就是一种提供资源的网络,使用者可以随时获取"云"上的资源,按需求量使用,并且可以看成是无限扩展的,只要按使用量付费即可。

云计算是并行计算、分布式计算、网格计算、效用计算、网络存储、虚拟化等计算机技术和网络技术发展融合的产物,也可以看成是它们的商业实现。其核心概念就是以互联网为中心,在网站上提供快速且安全的云计算服务与数据存储,让每一个使用互联网的人都可以使用网络上的庞大计算资源与数据中心。云计算的概念有多种说法,普遍认可的是美国国家标准与技术研究院的定义:云计算是一种无处不在、便捷且按需对一个共享的可配置计算资源(包括网络、服务器、存储、应用和服务)进行网络访问的模式,它能够通过最少量的管理以及与服务提供商的互动实现计算资源的迅速供给和释放。

云计算的本质是一种基于互联网的超级计算模式,它将计算任务分布在大量计算机构成的资源池中,使各种应用系统能够根据需要获取算力、存储空间和各种软件服务。从狭义概念上看,云计算的基本原理是,厂商通过分布式计算和虚拟化技术,搭建数据中心或超级计算机,免费或以按需租用方式向用户提供数据存储、数据分析及科学计算等服务,如数据仓库的出租服务。从广义概念上看,云计算的基本原理是,通过建立网络服务器集群,向各种不同类型的客户提供在线软件服务、硬件租借、数据存储和计算分析等不同类型的服务,如金蝶公司推出的在线财务软件服务。无论狭义还是广义,云计算的核心原理都是按需服务,用户可以根据自己的需要,对资源随时获取,按需使用,随时扩展,按使用量付费。

6.2.2 云计算的特点

云计算的主要特点包括以下几个方面。

1. 超大规模

"云"一般较大,具有相当的规模,能赋予用户前所未有的计算能力。微软等公司的"云"均拥有几十万台服务器,企业建设的私有云一般也会有数百上千台服务器。

2. 虚拟化

云计算支持用户在任意位置使用各种终端获取服务。所请求的资源来自云端,而不是固定的有形实体。用户的各种操作在"云端"进行,用户无须了解操作运行的具体位置,只需一台终端(计算机),即可通过网络获取各种能力超强的服务。

3. 高可靠性

"云"使用了数据多副本容错、计算节点同构可互换等措施来保障所提供的服务是可靠的;使用云计算可能比使用本地计算机更加可靠。

4. 高可扩展性

"云"的规模可以动态伸缩,满足应用和用户规模高速增长的需要。

5. 高性价比

"云"的自动化管理使数据中心管理成本大大降低;"云"的公用性和通用性使资源的利用率大幅度提升;"云"机房可以建在电力资源丰富的地区(如贵州),从而大大降低能源成本。因此,"云"具有高性价比。

6. 按需服务

即自助式服务,根据用户的需求,以服务的形式为用户快速配备计算能力、存储能力和相关资源,并实现自动动态调整,全过程不需要系统管理的干预。

7. 具有潜在的风险

云计算服务目前垄断在服务供应商手中,数据安全与保密依靠的是他们的商业信用。云计算中的数据对数据所有者以外的其他用户是保密的,但对于云计算服务供应商却是公开透明的。这种依赖于供应商商业信用的数据,从理论上讲存在较大的风险,这也是用户选择云计算服务机构尤其是国外机构时不得不考虑的一个重要因素。

6.2.3 云计算的关键技术

云计算系统使用了许多应用技术,其中以虚拟化技术、分布式存储技术、云平台技术、并行编程技术、数据管理技术、云安全技术和绿色节能技术最为关键。

1. 虚拟化技术

虚拟化技术是云计算最重要的核心技术之一,它为云计算服务提供基础设施层面的支撑,是信息通信服务快速走向云计算的最主要助推力。所谓虚拟化,是指将计算机物理资源(服务器、网络、内存、外存等)充分整合和高效利用的技术,包括设备虚拟化、存储虚拟化、网络虚拟化和平台虚拟化等。云计算虚拟化技术包含资源、网络、应用和桌面在内的全系统虚拟化,可以实现将所有硬件设备、软件应用和数据隔离开,打破硬件配置、软件部署和数据分布的界限,实现IT架构的动态化和资源的统一管理调度,让用户能够动态地使用虚拟资源和物理资源,从而提高资源的利用率和灵活性。云计算的虚拟化技术具有资源分享、资源定制和细粒度资源管理等特点,是实现云计算资源融合和按需服务的基础。比如,使用虚拟化技术将一台计算机虚拟为多台逻辑计算机,每个逻辑计算机可运行不同的操作系统,并且应用程序可以在相互独立的空间内运行而不互相影响,从而提高计算机的使用效率,如图6-3所示。

2. 分布式存储技术

分布式存储就是将数据分散存储到多个数据存储服务器上。云计算系统由大量服务器组成,同时为大量用户服务,因此云计算系统按分布式存储方式存储数据,利用多台存储服务器分担存储负荷,利用位置服务器定位存储信息,利用冗余存储保证数据的可靠性。分布式存储技术不仅摆脱了硬件设备的限制,还具有可用性好、扩展性好、存取效率高和可靠性高等优势。

HDFS是Hadoop团队基于使用流数据模式访问和处理超大文件的需求而开发的分布式文件系统,是分布式计算中数据存储管理的基础,具有高容错、高可靠性和高可扩展性等特点,可以为海量数据提供可靠的存储操作,也给分布式数据存储的应用与处理带来了极大的便利。分布式存储技术的结构图如图6-4所示。

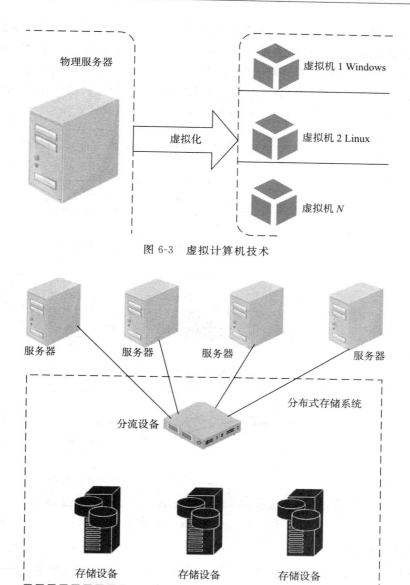

图 6-3 虚拟计算机技术

图 6-4 分布式存储技术

3. 云平台技术

云计算具有规模庞大的硬件资源，分布地点不同，运行着众多的应用；而云平台技术能够使大量分布在不同地点的服务器协同工作，方便进行业务部署，快速发现和恢复系统故障，通过自动化、智能化的手段实现大规模系统的可靠运行。云平台可分为三大类，如图 6-5 所示。云平台的主要特点是方便用户应用，用户只需调用云平台提供的接口，即可在云平台中完成自己的工作，而不必关心云平台底层的实现。因为云平台是基于大规模数据的数据中心和网络，所以云平台可以提供高性能的计算服务和无限的资源。

4. 并行编程技术

云计算可采用并行编程模式，支持并发处理，是一个多用户多任务系统，即在同一时间同时执行多个计算任务,是基于并行编程技术的云计算系统,可通过网络把强大的服务器计算资源高效快捷地分发到终端用户手中。MapReduce 是当前云计算主流并行编程模式之一,它的思想是将要执行的问题分解成 Map 和 Reduce 的方式,也就是将任务自动分解为多个子任务,先通过 Map 程序将数据分割成不相关的区块,分配给大量的计算机进行分布式处理计算,再通过 Reduce 程序将计算结果汇总输出,如图 6-6 所示。

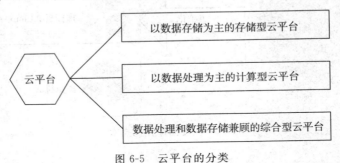

图 6-5　云平台的分类

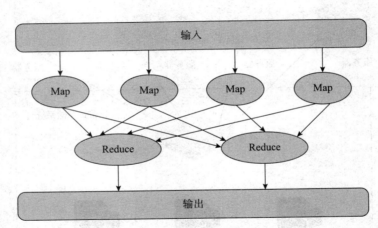

图 6-6　MapReduce 并行处理

5. 数据管理技术

数据管理技术是指对数据进行收集、组织、存储、加工、传输和使用等一系列工作的总和。云计算系统需要对分布存储的海量数据进行分析和处理,在巨大规模的数据中查找特定的数据,高效稳定地管理大数据集。这是云计算数据管理技术必须解决的问题。目前应用于云计算的数据管理技术最常见的是 GFS 所提供的分布式数据存储的 BigTable 和 Hadoop 团队开发的开源数据管理模块 HBase。

6. 云安全技术

安全问题已经成为阻碍云计算发展的主要因素之一。数据显示,1/3 已经使用云计算的组织和 1/2 尚未使用云计算的组织,其 ICT 管理都将云安全作为进一步部署云的最大障碍。在云计算体系中,安全涉及很多层面,包括网络设备安全、服务器硬件安全、系统软件安全、应用软件安全和系统操作权限等。因此,云安全技术遍布了云产业发展的全过程。无论是传统的软件安全厂商还是硬件安全厂商,都在积极研发云计算安全产品和方案。相信在不久的将来,云安全问题将得到很好的解决。

7. 绿色节能技术

节能环保是当今社会的主流趋势。云计算也以低成本、高效率著称。云计算具有巨大的规模经济效益,在提高资源利用效率的同时,节省了大量能源。绿色节能技术已经成为云计算必不可少的技术,未来越来越多的节能技术将会被引入云计算中。

6.2.4 云计算的服务模式

云计算的服务模式是一种全新的模式,它包括三种典型的服务模式,分别在基础设施层、平台层和软件层实现。

1. 基础设施即服务

基础设施即服务(infrastructure as a service,IaaS)是指用户通过互联网可以从完善的计算机基础设施中获得服务。IaaS模式是将数据中心、基础设施等硬件资源通过Web分配给用户的商业模式,分配的硬件资源包括CPU、内存、存储和网络等,用户可以部署和运行任意软件。IaaS最大的优势在于,它能轻松实现存储、网络、服务器和处理能力的自动部署,允许用户根据需要购买硬件资源。运行IaaS的服务器规模达到几十万台之多,因此可以认为能够申请的资源几乎是无限的,而且IaaS是由公众共享的,具有更高的资源使用效率。IaaS模式也有显而易见的劣势,最常见的问题就是面对后期成长过程中爆炸式增加的数据,用户一开始租用的服务器或存储空间可能无法满足需求,因而需要花费更高的费用升级服务器或扩容存储空间,且这类成本会持续增加。同时,这种服务模式还存在安全漏洞。当前,IaaS代表企业有腾讯云、华为云等。

2. 平台即服务

平台即服务(platform as a service,PaaS)对资源的抽象层次更进一步,它建立在IaaS基础上,为用户提供应用程序的开发和运行环境。究其实质,它是将软件研发的平台作为一种服务提供给用户,在该服务模式中,用户不需要为硬件设施付费,只需要支付一定比例的租赁费用,就可以拥有一个完整的应用开发平台。通用的PaaS技术难度高,成熟的产品并不多,主要用户是软件开发人员。

3. 软件即服务

软件即服务(software as a service,SaaS)的针对性更强,它是一种通过互联网提供软件服务的模式,软件厂商将应用软件统一部署在自己的服务器上,用户无须购买软件,可以根据自己的实际需求,通过互联网向厂商订购所需的软件服务,并按订购的服务量和时间长短向厂商支付费用。SaaS应用软件的价格通常为全包费用,囊括了通常的应用软件许可证费、软件维护费以及技术支持费,将其统一为每个用户的月度租用费。对于广大中小型企业来说,SaaS是采用先进技术实施信息化的最好途径。但SaaS绝不仅适用于中小型企业,所有规模的企业都可以从SaaS中获利。SaaS模式比PaaS模式更具专业性和集成性,代表产品有腾讯的微信平台、QQ平台、在线教育平台—职教云和用友新一代云ERP等。

4. 传统服务模式与三种服务模式的对比

传统服务模式与云计算的三种服务模式对比如图6-7所示。下面以吃比萨为例,说明三种模式之间的联系与区别。现在用户想吃比萨,最传统的是在家自己做,这需要用户买烤箱、买原材料、发面、做面饼等,然后放进烤箱烤制。这就是传统模式,用户几乎要管理所有的软硬件。此外,还有三种方式可以实现。第一种是从比萨店买好速食比萨饼,回家烘焙,在自己的餐桌上吃，这种方式需要一个比萨供应商和一张餐桌，这就是 IaaS 模式。第二种是打电话叫外卖，让比萨店将做好的比萨送到家，然后坐在自己家餐桌上吃，这就是 PaaS 模式。第三种是直接到比萨店去吃，连餐桌都是比萨店的，自己不需要准备任何材料，这就是 SaaS 模式。

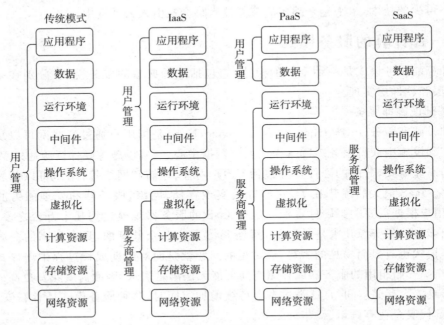

图 6-7　传统模式与云计算的三种服务模式对比

从用户体验角度来看，这三种服务模式的关系是独立的，因为它们面对不同类型的用户。从技术角度来看，三者也并不是简单的继承关系。SaaS 可以基于 PaaS 或者直接部署于 IaaS 之上，PaaS 可以构建在 IaaS 之上，也可以直接构建在物理资源之上。三种服务中，SaaS 模式占据的市场份额最大，IaaS 的市场增长最快。云计算有四种部署模型，即公有云、私有云、社区云和混合云，每一种模式都具备独特的功能，可以满足用户不同的需求。

 民航信息素养实例

云计算在智慧民航中的应用

随着社会经济的迅速发展和民航信息服务市场容量的扩大，民航服务产业不断拓展，民航信息服务业的竞争日趋激烈。通过云计算技术，网络服务提供者可以在数秒之内，达成处理数以千万计甚至亿计的信息，实现和"超级计算机"同样强大效能的网络服务。中国民航信息网络股份有限公司提出将资源池化的基础设施、公共的开发部署及运行平台和应用软件服务整合成民航公共信息服务云平台。

1. 民航公共信息服务云平台建设方案

国外航空公司凭借技术优势和优质服务相继进入国内市场，国内航空公司、机场、代理人和分销商等民航服务行业参与者都面临着严酷的竞争考验和挑战：基础软件及核心应用系统大部分采用国外产品，存在安全风险；民航业务量大幅上升，互联网、移动服务等多媒体服务渠道的建立，对民航信息业务系统造成了巨大压力，继续升级传统 IT 架构（主机）成本过高,采购费用和能源消耗非常大;现有民航信息化技术架构弹性不足,无法满足航空公司、代理人和旅客等服务对象快速变化的业务需求,制约了服务对象业务的拓展能力。随着民航服务市场的扩大,对信息资源的安全性和共享性提出了更高的要求,迫使民航系统向更集中、更统一和更简便的云计算平台转变,亟须将传统的大型主机业务迁移到云平台上。

民航公共信息服务云平台建设内容主要包括三大部分:中国航信云计算管理系统,将计算、网络和存储等 IT 基础设施资源整合成资源池,通过 IaaS 方式,向中国航信内部和外部用户提供云主机、云存储和云网络服务等云端公共服务资源;中国航信云计算生产系统,以中国航信研发的拥有完全自主知识产权的中间件为基础,将集成开发环境、运行环境和管理监控环境整合成服务资源,通过 PaaS 方式,向中国航信内部和外部用户提供集成化的开发、部署和运维平台环境;中国航信云计算服务系统,通过 SaaS 方式,向航空公司、机场、第三方代理人和政府用户提供定制化、可配置、易扩展和高可靠的应用服务,以及各类服务接口。总体建设方案如图 6-8 所示。

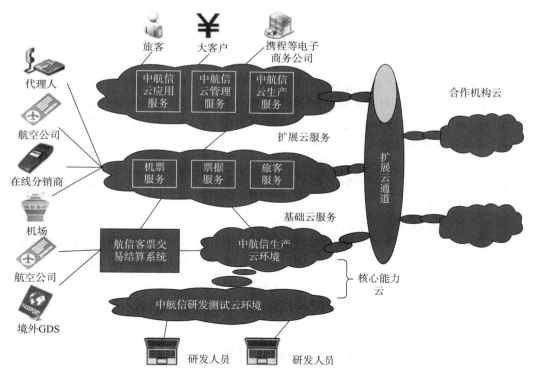

图 6-8 民航公共信息服务云平台总体建设方案

2. 云计算管理系统

云计算管理系统将数据中心中的资源整合为提供基本计算、存储能力的资源池,是实现物理资源层抽象能力的虚拟化技术平台,为业务系统提供云主机、云存储和云网络服务等基础设施资源,用户可以通过自助式服务门户按需获取自己所需的计算、存储和网络资源。构建云计算服务平台具备弹性可扩展的基础架构、友好的用户界面、基于角色的多租户管理和丰富多样的资源交付手段,可同时支持多种不同的虚拟化平台,且具备强大的二次开发接口以帮助用户快速部署系统及应用的映像库,可动态实时跟踪资源使用情况的计费统计系统,以及供用户使用的自服务管理界面;同时,整套系统还提供了高度的故障自动恢复能力和安全保护性,可以与数据中心现有的运维管理工具进行无缝整合。作为云基础架构的核心组成部分,通过提供完整的技术架构实现云计算服务平台的必要功能与数据中心各组成要素之间的协作。

3. 云计算服务系统

中国航信云采用航信云计算服务系统,通过 SaaS 方式,以专业、定制化服务为导向,向航空公司、机场、第三方代理人和政府用户提供定制化、可配置、易扩展和高可靠的应用服务,以及各类服务接口。可实际提供的服务包括机票服务、离港服务、航空共享业务服务(为民航业提供实时业务专属数据服务,相对独立的公共信息服务以及统一、权威的主数据管理服务)和航旅纵横服务等,以及面向中国航信外部的各类服务接口。同时,中国航信云采用统一的用户服务管理窗口,面向用户提供统一的用户管理、认证授权、服务提供、服务水平管理和计费管理等在线企业服务,并为航信云配套建设运行维护体系和安全防护体系。

4. 云计算生产系统

中国航信云采用航信云计算生产系统,以中国航信研发的拥有完全自主知识产权的中间件为基础,将集成开发环境、运行环境和管理监控环境整合成服务资源,通过 PaaS 方式,向中国航信内部和外部用户提供集成化的开发、部署和运维平台环境,用户只需关注业务逻辑实现。航信云生产系统具有高稳定性、高并发处理能力的特点,提供基础开发框架、运行容器、可复用构件和企业部署管理功能,在此基础上进行统一开发、测试和监控,集中运维支持和服务管理。可实现应用开发的规范化、标准化,提高应用组件的复用率,降低应用开发运维成本,确保应用的高可靠性。突破构件等服务资源统一注册、调用和编排,事务补偿、数据源服务、系统资源细粒度管理,故障隔离等关键技术,以保障交易类服务稳定、安全、可靠、高效和可扩展运行。航信云计算生产系统的规模可达到 2000TPS 级的并发访问能力、多租户管理以及支持实时服务计量。

民航公共信息服务云平台以云端服务的方式,提供给中国民航信息网络股份有限公司、航空公司、机场、第三方合作伙伴、旅客以及其他行业或部门,共同建设以旅客订票、旅行服务为核心的航空信息业云计算服务生态链,将传统的民航基于传统大型机的交易系统迁移到更集中、更统一和更简便的云平台,实现信息资源的高安全性与高共享性,促进了国内航空旅游信息服务业的发展,提高了国内航空信息服务产业的国际竞争力。

6.3 物联网技术

知识导入

当今时代,是万物智能互联的信息时代,掌握物联网技术至关重要。本节将介绍物联网的相关概念、类型、架构和关键技术,讲解物联网技术在智慧民航中的应用案例,帮助学生掌握基本的物联网技术。

6.3.1 物联网与互联网

1. 物联网的概念

物联网(internet of things,IoT)被称为继计算机和互联网之后的世界信息产业的第三

次浪潮,代表着当前和今后相当一段时间内信息网络的发展方向。其定义为:物联网是通过射频识别(RFID)、红外感应器、全球定位系统、激光扫描器、气体感应器等信息传感设备,按约定的协议,把任何物品与互联网连接起来,进行信息交换和通信,以实现智能化识别、定位、跟踪、监控和管理的网络。

物联网把所有东西都"连"起来,关键依靠感应处理终端、传输通道和控制处理平台。这样就可以让本来没有生命的东西能"感应"并"处理"信息,通过传输的网络传送到指定的地方或人,反过来还可以进行控制和指挥。

2. 物联网与互联网的区别

互联网对于物联网而言,有点类似"父与子"的关系,毕竟物联网是以互联网为基础核心发展起来的新一代信息网络,不过在使用形式上有着一定差别。

物联网的覆盖范围要远大于互联网。互联网的产生是为了人通过网络交换信息,其服务的主体是人。而物联网是为物而生,主要为了管理物,让物物自主交换信息,间接服务于人类。既然物联网为物而生,物比人笨,因此,物联网的真正实现必然比互联网的实现更难。物联网技术比互联网技术更复杂,产业辐射面更宽,应用范围更广,对经济社会发展的带动力和影响力更强。如果没有互联网作为物联网的基础,那么物联网将只是一个概念。互联网注重信息的互联互通和共享,解决的是人与人的信息沟通问题。物联网通过人与人、人与物、物与物的相联,解决的是信息化的智能管理和决策控制问题。

物联网涉及的技术范围更广。物联网运用的技术主要包括无线技术、智能芯片技术和软件技术,几乎涵盖了信息通信技术的所有领域。而互联网只是物联网的一个技术方向。互联网只能是一种虚拟的交流,而物联网实现的是实物之间的交流。技术导致物联网未来发展的前景要远好于互联网。

6.3.2 物联网的主要特征

一般认为,物联网具有以下三大特征。

1. 全面感知

全面感知就是指利用 RFID 技术、传感器、定位器和二维码等随时随地采集和获取物体的信息。通过全面感知,有效解决了人和物理世界的数据获取问题,类似人的五官和皮肤,主要功能是识别物体、采集信息。全面感知的特征所涉及的技术有物品编码、自动识别和传感技术。物品编码是给每个物品一个唯一标志的"身份";自动识别是使用自动识别装置靠近物体,就能自动识别物体的"身份";传感技术是用于感知物体,通过物体上植入的感应芯片来采集物体的温度、湿度、大小等各项信息。

2. 可靠传递

物联网是一种建立在互联网上的泛在网络。物联网技术的重要基础和核心仍旧是互联网,通过各种有线和无线网络与互联网融合,将物体的信息实时准确地传递出去。在物联网上的传感器定时采集的信息需要通过网络传输,由于其数量极其庞大,形成了海量信息,在传输过程中,为保障数据的正确性和及时性,传感器必须适应各种异构网络和协议。

3. 智能处理

物联网不仅提供了传感器的连接,其本身也具有智能处理的能力,能够对物体实施智能控制。物联网将传感器和智能处理相结合,利用云计算、模式识别等各种智能技术,扩充其应用领域。从传感器获得的海量信息中分析、加工和处理出有意义的数据,以适应不同用户的不同需求,发现新的应用领域和应用模式。

6.3.3 物联网的体系架构

物联网体系架构没有统一的标准,通常将物联网体系架构分为三层:底层是用来感知数据的感知层;中间层是用于传输数据的网络层;最上层是与行业需求相结合的应用层,如图 6-9 所示。

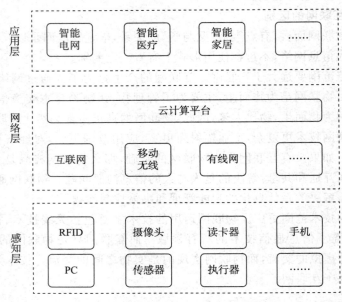

图 6-9 物联网的体系架构图

1. 感知层

感知层是让物品说话的先决条件,主要用于采集物理世界中发生的物理事件和数据,包括各类物理量、身份标识、位置信息、音频数据和视频数据等。物联网的数据采集涉及传感器、RFID、多媒体信息采集、二维码和实时定位等技术。感知层又分为数据采集与执行和短距离无线通信两个部分。数据采集与执行主要是运用智能传感器技术、身份识别以及其他信息采集技术对物品进行基础信息采集,同时接收上层网络送来的控制信息,完成相应动作。这相当于给物品赋予了嘴巴、耳朵和手,既能向网络表达自己的各种信息,又能接收网络的控制命令,完成相应动作。感知层的关键技术主要包括以下几种。

1) RFID 技术

RFID 技术也叫电子标签,是一种非接触式的自动识别技术,可识别高速运动物体并可同时识别多个标签,操作快捷方便。RFID 技术是物联网中最关键的一种技术,一般包括标签和阅读器两部分。为物体贴上标签,然后通过阅读器去识别它,这样就可以实现高效灵活的管理。RFID 技术最典型的应用就是超市中使用的条码识别技术,店员通过扫描枪扫一下物品上贴的标签(条形码),就能准确了解物品的名称、规格和价格等信息。

2) 传感器技术

它是计算机应用中的关键技术。计算机只能识别数字信号,需要传感器把模拟信号转换成数字信号,计算机才能处理。传感器通常由敏感元件和转换元件组成。

3) 无线传感网络

无线传感网络(wireless sensor network,WSN)是集分布式信息采集、信息传输和信息处理技术于一体的网络信息系统,具有低成本、微型化、低功耗、组网灵活和移动性好等优点。

2. 网络层

网络层完成大范围的信息沟通,主要借助于已有的广域网通信系统,把感知层感知到的信息快速、可靠和安全地传送到地球的各个地方,使物品能够进行远距离、大范围的通信。这相当于人借助火车、飞机等公共交通系统在地球范围内进行交流。网络层的关键技术主要包括以下几种。

1) ZigBee 技术

它是一种近距离、低复杂度、低功耗、低速率和低成本的双向无线通信技术,名称源于蜜蜂的八字舞。该技术主要适用于自动控制和远程控制领域,组建一个 ZigBee 网络,需要配置一个协调器节点、多个路由器和多个终端设备节点。

2) Wi-Fi 技术

它是一个基于无线网络通信技术的品牌,主要用于将计算机、手持设备等终端以无线方式互相连接起来。

3) 蓝牙技术

它是一种支持设备短距离通信(10m 以内)的无线电技术,能在包括移动电话、掌上电脑、无线耳机等具有蓝牙模板功能的设备之间进行无线信息交换。

4) GPS 技术

它是美国主导的一种全球定位系统,利用定位卫星在全球范围内进行实时定位、导航。当前,中国自主研发的"北斗"系统、俄罗斯研发的"格洛纳斯"系统、欧洲的"伽利略"系统和 GPS 系统并称全球四大卫星导航系统。

3. 应用层

应用层完成物品信息的汇总、协同、共享、互通、分析和决策等功能,相当于物联网的控制层、决策层。物联网的根本还是为人服务,应用层完成物品与人的最终交互,前面两层将物品的信息大范围地收集起来,汇总在应用层进行统一分析、决策,用于支撑跨行业、跨应用、跨系统之间的信息协同、共享、互通,提高信息的综合利用度,最大限度地为人类服务。其具体的应用服务又回归到前面提到的各个行业应用,如智能交通、智能医疗、智能家居、智能物流和智能电力等。

6.3.4 物联网的典型应用

物联网应用非常广泛,主要有城市管理、环境保护、数字医疗、公共安全、数字家庭、定位导航、物流管理、食品安全控制、花卉栽培和水系监测等领域。因此,物联网被称为是继计算机和互联网之后的第三次信息技术革命。信息时代,物联网无处不在。

1. 智能交通

智能交通是物联网所有应用场景中最有前景的应用之一。利用先进的信息技术、数据传输技术以及计算机处理技术等,集成到交通运输管理体系中,使人、车和路能够紧密配合,改善交通运输环境、保障交通安全以及提高资源利用率。行业内应用较多的前五大场景,包括智能公交车、共享单车、汽车联网、智慧停车以及智能红绿灯等。

2. 智能家居

有了物联网,人们就可以在办公室指挥家庭电器的操作运行,在下班回家的途中通过手机网络远程控制家里的电饭煲进行烧饭,开关空调调节室内温度,家庭设施能够自动报修。如今的智能家居系统比较完善,可以通过手机对家里的各种设备进行管理和监控等,如图 6-10 所示。

图 6-10 智能家居展示

3. 智能医疗

智能医疗能有效地帮助医院实现对人的智能化管理和对物的智能化管理。对人的智能化管理指的是通过传感器对人的生理状态(如心跳频率、体力消耗、血压高低等)进行捕捉,将它们记录到电子健康文件中,方便个人或医生查阅。对物的智能化管理指的是通过 RFID 技术对医疗物品进行监控与管理,实现医疗设备、用品可视化。当前主要的两个应用场景分别是医疗可穿戴和数字化医院。

4. 智能制造

制造领域的市场体量巨大,是物联网的一个重要应用领域,主要体现在数字化以及智能化的工厂改造上,包括工厂机械设备监控和厂房的环境监控。工厂机械设备监控通过在设备上加装物联网装备,使设备厂商可以随时随地对设备进行监控、升级和维护等操作,更好地了解产品的使用状况,完成产品全生命周期的信息收集,指导产品设计和售后服务;而厂房的环境监控主要监控空气温湿度、烟感等情况。数字化工厂的核心特点是产品的智能化、生产的自动化、信息流和物资流合一。

5. 智慧建筑

物联网技术的应用,让建筑向智慧建筑方向演进。智慧建筑越来越受到人们的关注,是集感知、传输、记忆、判断和决策于一体的综合智能化解决方案。当前的智慧建筑主要体现在用电照明、消防监测以及楼宇控制等方面,将设备进行感知、传输并远程监控,不仅能够节约能源,同时也能减少运维的楼宇人员。而对于古建筑,也可以进行白蚁(以木材为生的一种昆虫)监测,进而达到保护古建筑的目的。

6. 智能零售

智能零售分为三种不同的形式:远场零售、中场零售和近场零售,三者分别以电商、商场/超市和便利店/自动售货机为代表。物联网技术可以用于近场和中场零售,且主要应用于近场零售,即无人便利店和自动(无人)售货机。智能零售通过将传统的售货机和便利店进行数字化升级、改造,打造无人零售模式。通过数据分析,并充分运用门店内的客流和活动,为用户提供更好的服务,为商家提供更高的经营效率。

7. 智慧农业

智慧农业指的是利用物联网、人工智能、大数据等现代信息技术与农业进行深度融合,实现农业生产全过程的信息感知、精准管理和智能控制的一种全新的农业生产方式,可实现农业可视化诊断、远程控制以及灾害预警等功能。农业分为农业种植和畜牧养殖两个方面。农业种植分为设施种植(温室大棚)和大田种植,主要包括播种、施肥、灌溉、除草以及病虫害防治五部分,以传感器、摄像头和卫星等收集数据,实现数字化和智能机械化发展。当前,数字化的实现多以数据平台服务来呈现,而智能机械化以农机自动驾驶为代表。畜牧养殖主要是将新技术、新理念应用在生产中,包括繁育、饲养以及疾病防疫等。智慧农业物联网示意图如图 6-11 所示。

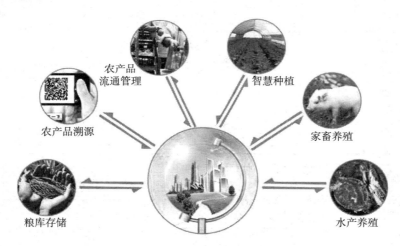

图 6-11 农业物联网示意图

8. 智能安防

智能安防是物联网的一大应用市场,传统安防对人员的依赖性比较大,非常耗费人力,而智能安防能够通过设备实现智能判断。智能安防系统是对拍摄的图像进行传输与存储,并对其进行分析与处理。一个完整的智能安防系统主要包括门禁、报警和视频监控三个部分,行业中主要以视频监控为主,可应用于家居、交通、医疗、物流、制造和零售等领域。

民航信息素养实例

物联网在智慧民航中的应用

《中华人民共和国国民经济和社会发展第十四个五年规划和 2035 年远景目标纲要》强调,要加快建设全国一体化大数据中心体系,推动物联网全面发展,打造支持固移融合、宽窄结合的物联接入能力。党的二十大报告也指出,"加快发展物联网,建设高效顺畅的流通体

系,降低物流成本。加快发展数字经济,促进数字经济和实体经济深度融合,打造具有国际竞争力的数字产业集群。"

中国南方航空股份有限公司依托"民航维修工程技术研究中心"平台,针对传统飞机维修场景资源需求量大、数字化水平低、维修差错集中等诸多痛点,不断探索飞机维修领域新信息技术应用,充分融合智慧维修与工业物联网理念,建立高效的民航飞机维修智慧工场。

1. 智慧维修简述

智慧维修就是将人的"智慧"转化为融入各种前沿技术之中,在增强维修品质、降低维修成本的同时,解除多余的人脑与体力的付出,使人获得更多的幸福感。依照智慧民航建设发展理念,结合民航飞机维修模式,建立以网络为基础、平台为中枢、数据为要素、安全为保障的民航飞机维修工业物联网体系,以数据中心为核心,平台、网络、安全协同运行,并拓展出具体应用模式,民航飞机智慧维修工场结构如图6-12所示。

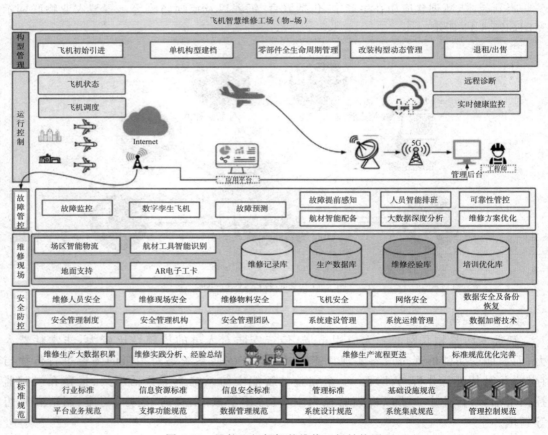

图6-12 民航飞机场智慧维修工场结构图

2. 构型管理

民航飞机维修的直接对象是民航运输飞机,维修工作的实施贯穿飞机初始引进到退租/出售的过程,维修工作的目标是保持飞机持续适航。飞机的维修计划、维修任务、改装设计等往往是为机队机群制定的,而维修工作却只能是单机实施,因此如何精准施策、精确施工,飞机构型管理至关重要。

构型管理是指智慧型动态管理,它以飞机引进时的初始构型为起点,以平台为核心,以网络串联,根据飞机全寿命周期中实施的各类维修/维护、软件升级、硬件加/改装等,实时、动态、自主识别更新,并传递至与之相关的各个环节。例如,当一架飞机的某个关键盖板锁扣构型因技术迭代改装后,除了维修直接相关的手册、工卡随之及时变更外,与之隐形相关的培训系统也应及时更新,以便于维修人员更新锁扣开关的新技能培训。

3. 运行控制

运行是飞机智慧维修工场的重要环节,高的飞机可用率和低的出勤故障率是评价维修保障能力的重要指标。在运行开始前保障飞机状态可用;在运行中远程实时监控,根据飞机报文对故障进行预判和预警,以平台为核心,联动维修工作的各个生产环节,提前制定排故方案,准备工具、航材,配备排故人员;在飞机到场后立即开展故障排除工作,并实时监测排故进展,与运行控制智慧协同,灵活调配飞机执飞航班,保障航班运行正常,旅客出行体验良好。

4. 故障管控

飞机维修工作的核心是排除飞机故障,保障飞机持续适航,保证运行安全。因此故障管控是智慧工场的核心。故障管控模块包含数据中心功能,而数据中心能够最大化发挥作用,关键技术支撑是数字孪生。利用数字孪生技术,将飞机全生命周期内技术数据和资产数据在虚拟端进行同步映射管控,飞机在引进阶段的初始构型管理,在持续适航阶段的维修方案、工程指令、改装设计、结构修理等技术状态管理,飞机系统与结构故障运行数据管理,都将以数据状态呈现在每架飞机的全生命周期模型中,为民航公司生产运行提供科学数据支撑。

5. 维修现场

飞机的维修工作包含技术文件的评估、维修方案的制定、工作单卡的制定、维修计划的安排等诸多环节,但最终的落实都在维修现场,维修现场是智慧工场涉及面最广、节点最多、网络最复杂的环节。智慧维修现场首先要实现智慧互联,有场区智能物流、航材工具智能识别、智慧地面支持以及AR电子工卡等。

场区智能物流通过智能调度中台进行人员工作的智能计划安排,航材、工具状态的智能监控以及数字化管理,结合航材工具智能识别、航材定位设备、机器人配送等实现有条不紊地开展整体智慧工场的生产维修工作。通过智能调度中台提供一体化工业互联网解决方案,实现生产的数字协同,提升维修工场的自动化运作程度。智能中台通过对接上层系统关键维修任务资源管控模块,其中包括计划管理、排程流程、物料需求计划,结合机器学习算法实现维修计划自动排程,并且实时跟踪维修计划中的里程碑节点、进度状态,同时实现根据维修排产计划自动运算物料的需求计划,结合物料采购回货入库情况,对缺料异常进行及时预警。

在智慧工场的应用场景中,飞机状态、维修方案、排故方案、施工工卡等均为实时同步状态,且与工具、航材库存信息物联,可实现航材工具智能识别与无人配送。当一份维修任务生成时,匹配该任务的工具、航材通过系统自动识别,进入待用状态,运用配送机器人,定时(或呼叫)从仓库各收货点收集运送航材配件并运送到维修机库的指定位置。配送机器人可以满足24小时无间断工作,适应机库多变的场景环境。同时具有远程呼叫能力,让配送机器人到达指定的发货点接收物品。整个系统采用5G网络作为主要的通信链路,满足全场景机器人实时位置定位跟踪。同时机器人将对接门控及电梯,完成行走路线上自动开门、自动乘梯业务,以达到全程自动输送物品的业务目标。

6. 安全防控

安全是一切工作的前提,也是底线。在智慧维修工场中,维修场景的所有相关要素均互联互通,安全环环相扣,牵一发而动全身。同时因5G网络、物联网、图像识别、AR/VR、经验预判等新技术的引入,智慧维修工场中的安全防护又有着得天独厚的优势。

以最直接的生产对象飞机为例,在维修工场中,经常需要推/拖飞机出入机库,如何利用现代物联和互联技术保障飞机安全是一个常见的问题。传统的人工监控由于机身与维修平台的间隙大小、视觉盲区、拖行线路干扰等而出现误判,具有较高的风险性。在智慧维修工场应用中可采用三维建模技术、多传感器融合技术等新技术构建飞机防撞功能,通过三维感知设备,实现机库内部实时三维检测、飞机轮廓提取、实时比对和实时预警,基于低时延、高带宽的5G网络将信息实时传送至终端和云控平台,指引飞机安全出入机库。

飞机入库防撞只是维修工场中一个普通的安全生产示例,在实际生产中还涉及维修人员安全、维修场地安全、维修物料安全、网络安全和数据安全等关键安全要素,要保证工场中各个环节的安全,除了新技术新设备的运用外,还要构建与之适应的管理制度,设立管理机构,组建管理团队,对整个工场运转进行全局的把控和实时的管理。

6.4 人工智能技术

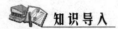 知识导入

人工智能技术是第四次工业革命的主导技术之一,也是国家从战略角度重点发展的关键技术。通过本节,让学生了解人工智能的基本内涵,掌握人工智能技术的简单应用,了解人工智能技术在智慧民航中的应用。

6.4.1 人工智能概述

1. 人工智能的定义

人工智能(artificial intelligence,AI)是研究、开发用于模拟、延伸和扩展人的智能的理论、方法、技术及应用系统的一门学科。人工智能追求的目标就是希望计算机拥有像人一样的思维过程和智能行为(识别、认知、分析、决策等),使机器能够胜任一些通常需要人类智慧才能完成的复杂工作。人工智能正在快速地改变人们的生活、学习与工作,将人类社会带入一个全新、智能化的时代。人工智能正在成为引领未来的战略性高科技和新一轮产业变革的核心驱动力,它必将催生新技术、新产品、新产业和新模式,引发经济结构重大变革,实现社会生产力的整体跃升。

2. 人工智能的诞生

英国著名的数学家、逻辑学家艾伦·图灵被称为"计算机科学之父""人工智能之父"。他在1936年提出"图灵机"设想,建立了数学逻辑符号与现实世界的联系,成为计算机及人工智能发展的重要基础。1956年8月,在美国汉诺斯小镇宁静的达特茅斯学院中,约翰·麦卡锡、马文·闵斯基、克劳德·香农、艾伦·纽厄尔、赫伯特·西蒙等科学家聚在一起,讨论着一个"不食人间烟火"的主题,即用机器来模仿人类学习以及其他方面的智能。会议开

了两个月时间,虽然大家没有达成普遍的共识,但是却为会议讨论的内容起了一个名字:人工智能。因此,1956年也就成了人工智能元年,一个崭新的学科——人工智能诞生了,并以它独具魅力的发展势头,开启了传奇又曲折的漫漫征程。

3. 人工智能的发展历程

人工智能充满未知的探索道路曲折起伏,其发展历程大致可划分为以下六个阶段。

第一是起步发展期:1956年—20世纪60年代初期。人工智能概念提出后,相继取得了一系列令人瞩目的研究成果,如机器定理证明、跳棋程序等,掀起了人工智能发展的第一个高潮。

第二是反思发展期:20世纪60—70年代初期。人工智能发展初期的突破性进展大大提升了人们对人工智能的期望,人们开始尝试更具挑战性的任务,并提出了一些不切实际的研发目标。然而,接二连三的失败和预期目标的落空(例如:无法用机器证明两个连续函数之和还是连续函数;机器翻译闹出笑话等),使人工智能的发展进入低谷期。

第三是应用发展期:20世纪70年代初期—80年代中期。20世纪70年代出现的专家系统模拟人类专家的知识和经验解决特定领域的问题,实现了人工智能从理论研究走向实际应用、从一般推理策略探讨转向运用专门知识的重大突破。专家系统在医疗、化学、地质等领域取得了成功,推动了人工智能进入应用发展的新高潮。

第四是低迷发展期:20世纪80年代中期—90年代中期。随着人工智能的应用规模不断扩大,专家系统存在的应用领域狭窄、缺乏常识性知识、知识获取困难、推理方法单一、缺乏分布式功能及难以与现有数据库兼容等问题逐渐暴露出来。

第五是稳步发展期:20世纪90年代中期—2010年。由于网络技术特别是互联网技术的发展,加速了人工智能的创新研究,促使人工智能技术进一步走向实用化。1997年,IBM的深蓝超级计算机战胜了国际象棋世界冠军卡斯帕罗夫。2008年,IBM提出"智慧地球"的概念。

第六是蓬勃发展期:2011年至今。随着大数据、云计算、互联网和物联网等信息技术的发展,泛在感知数据和图形处理器等计算平台推动以深度神经网络为代表的人工智能技术飞速发展,大幅跨越了科学与应用之间的技术鸿沟,诸如图像分类、语音识别、知识问答、人机对弈和无人驾驶等人工智能技术实现了从"不能用""不好用"到"可以用"的技术突破,迎来爆发式增长的新高潮。

6.4.2　人工智能分类

人工智能有三种类型,分别是弱人工智能、强人工智能和超人工智能。

1. 弱人工智能

弱人工智能(artificial narrow intelligence,ANI)是擅长于单个方面的人工智能。例如,能战胜象棋世界冠军的人工智能阿尔法狗,它只会下象棋,如果问其他的问题,那么它就不知道怎么回答了。

2. 强人工智能

强人工智能(artificial general intelligence,AGI),它拥有和人类一样的智能水平,可以代替一般人完成生活中的大部分工作。创造强人工智能比创造弱人工智能难得多,目前还做不到。强人工智能能够进行思考、计划、解决问题、抽象思维、理解复杂理念、快速学习和从经验中学习等操作。这也是所有人工智能企业目前想要实现的目标。走到这一步之后，机器人将替代人类大量工作。

3. 超人工智能

超人工智能（artificial super intelligence，ASI），其在所有领域都比人类大脑聪明很多，包括科学创新、通识和社交技能。

6.4.3 人工智能的关键技术

人工智能技术总体来说可分为两层，即基础支撑层和技术层。基础支撑层是指大数据技术研究和计算机算力提升对人工智能的发展起到了极大的推动作用；技术层的核心技术有机器学习、人工神经网络、深度学习、卷积神经网络、自然语言理解和专家系统等。

1. 机器学习

机器学习（machine learning，ML）是 AI 最常见的形式之一，是一种自动将模型与数据匹配，并通过训练模型对数据进行学习的技术。机器模仿人的学习过程，如同模仿一个婴儿认识动物的过程。将不同的动物图片展示给婴儿看，并告诉他图片上分别是哪些动物。当婴儿学习了足够多的动物图片，并积累了足够的学习经验后，他对动物的识别结果就会更加准确。婴儿识别动物的学习过程，可以归纳为根据图片的特征积累丰富的学习经验，再根据学习经验对其他未知图片进行识别判断。学习的样本图片越多，积累的经验就会越丰富，对未知图片的识别准确率就越高。机器学习的过程是计算机在内部建立一个识别模型，学习每张图片同时积累对应图片的特征，再根据图片数据和特征来完善识别模型，持续进行学习训练。每训练一个阶段，就对识别模型进行测试，测试通过率不高时就继续学习，直到达到高识别率为止，则该识别模型有效。机器学习的训练过程如图 6-13 所示。

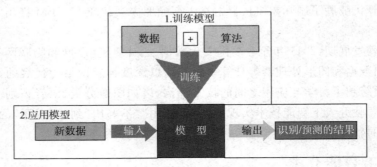

图 6-13 机器学习的训练过程

2. 人工神经网络与深度学习

人工神经网络（artificial neural network，ANN）是早期机器学习中的一个重要算法，其原理就是受人类大脑中互相交叉相连的神经元的启发。人工神经网络具有离散的层、连接和数据传播的方向。例如，把一幅图像切分成多个图像块，输入到神经网络的第一层，在第一层的每个神经元都把数据传递给第二层，第二层的神经元再向第三层传递，直到最后一层，生成结果。每个神经元都有不同的分配权重，这个权重正确与否与最后生成的结果是否正确密切相关，因此需要反复训练、调制神经元的权重，直至十分精确为止。

一个比较简单的人工神经网络结构分为输入层、隐含层和输出层，如图 6-14 所示。这个结构中,输入层有三个神经元,隐含层有三个神经元,输出层有一个神经元。重要的不是神经元,而是各个神经元之间的连线,即神经元通过学习训练所获得的分配权重。

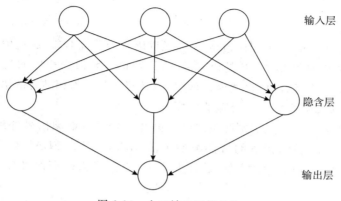

图 6-14 人工神经网络结构

深度学习(deep learning,DL)是机器学习中一种基于数据进行表征学习的方法,是一种能够模拟出人脑神经结构的机器学习方法,它的最终目标是让机器能够像人一样具有分析学习的能力,能够识别文字、图像和声音等数据。它虽然是机器学习的一种,但深度学习是利用深度神经网络,将模型处理得更为复杂,从而使模型对数据的理解更加深入。深度学习能让计算机具有人一样的智慧,当前人工智能大爆炸,其核心驱动力就是深度学习。

人工神经网络和深度学习目前提供了针对图像识别、语音识别和自然语言处理领域诸多问题的最佳解决方案,使人工智能相关技术取得了很大的进步。

3. 卷积神经网络

卷积是分析数学中关于积分变换的一种重要运算。卷积神经网络(convolutional neural networks,CNN)是深度学习的代表算法之一,具有表征学习能力,能够按其结构对输入信息进行平移不变分类,因此也被称为"平移不变人工神经网络"。

卷积神经网络仿造生物的视知觉机制构建,可以进行监督学习和非监督学习,其隐含层内的卷积核参数共享和层间连接的稀疏性,使卷积神经网络能够以较小的计算量对像素和音频进行学习,且有稳定的效果。

4. 自然语言理解

自然语言理解(natural language understanding,NLU),即文本理解,和语音图像的模式识别技术有着本质的区别,语言作为知识的载体,承载了复杂的信息量,具有高度的抽象性,对语言的理解属于认知层面,不能仅靠模式匹配的方式完成。

自然语言理解最典型的两种应用为搜索引擎和机器翻译。搜索引擎可以在一定程度上理解人类的自然语言,从自然语言中抽取出关键内容并用于检索,最终达到搜索引擎和自然语言用户之间的良好衔接。搜索引擎和机器翻译不分家,互联网、移动互联网为其充实了语料库,使其发展生态发生了质的改变。互联网、移动互联网除了将原先线下的信息(原有语料)进行在线化外,还衍生出来新型的用户原创内容(user generated content,UGC)模式:知识分享数据,如维基百科、百度百科等都是人为校准过的词条,噪声小;社交数据,如微博和微信等展现出用户的个性化、主观化和时效性,可以用作个性化推荐、情感倾向分析以及热点舆情的检测和跟踪等社区、论坛数据,果壳、知乎等为搜索引擎提供了问答知识、问答资源等数据源。

5. 语音识别

语音识别(automatic speech recognition)是以语音为研究对象,通过信号处理和识别技术让机器自动识别和理解人类口述的语言后,将语音信号转换为相应的文本或命令的一门技术。由语音识别和语音合成、自然语言理解、语义网络等技术相结合的语音交互正在逐步成为当前多通道、多媒体智能人机交互的主要方式。

语音识别流程分为训练和识别两条线路。语音信号经过前端信号处理、端点检测等预处理后,逐帧提取语音特征,传统的特征类型包括 MFCC、PLP、FBANK 等,提取好的特征会送到解码器,在训练好的声学模型、语言模型下,找到最为匹配的此序列作为识别结果输出。

6. 专家系统

专家系统(expert system)是一种具有大量专门知识和经验的计算机智能程序系统,能够利用人类专家的知识和方法来处理相关领域的问题。专家系统应用人工智能技术和计算机技术,根据某领域一个或多个专家提供的知识和经验进行推理和判断,模拟人类专家的决策过程,以解决那些需要人类专家处理的复杂问题。也就是说,专家系统是一种模拟人类专家解决某领域问题的计算机程序系统。

专家系统是人工智能最重要、最活跃的应用技术之一,通常由人机交互界面、知识库、推理机、解释器、综合数据库和知识获取六部分构成,其中以知识库和推理机相互分离而别具特色。专家系统的结构如图 6-15 所示。

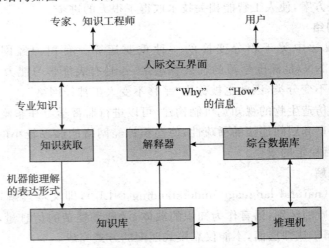

图 6-15 专家系统结构图

专家系统的分类方法有很多,其中按照任务类型可以分为解释型(用于分析符号数据)、预测型(根据对象的过去和现在情况推断对象的未来结果)、诊断型(根据输入信息找到对象的故障和缺陷)、调试型(给出自己确定的故障排除方案)、维修型(指定并实施纠正某类故障的规划)、规划型(根据给定的目标拟定行动计划)、设计型(根据要求形成所需的方案和图样)、监护型(完成实时监测任务)、控制型(完成实施控制任务)和教育型(诊断型和调试型的组合,用于教学和培训)等多种类型。专家系统未来的发展将以模型推理为主,以规则推理为辅,朝着更加专业化的方向发展。

6.4.4 人工智能的典型应用

人工智能已经逐渐走进人们的生活,并应用于各个领域,它不仅给许多行业带来了巨大的经济效益,也为人们的生活带来了许多便利。考虑到全面的感知智能所需的应用化技术、完善的数据、高性能芯片还有待于进一步发展,因此感知智能技术应用普及还需要 5~10 年时间,而认知层的技术突破,数据、计算等基础资源的提升和积累是值得期待的长期发展方向。目前,人工智能的典型应用主要有以下这些方面。

1. 人脸识别

人脸识别也称为人像识别、面部识别,是基于人的脸部特征信息进行身份识别的一种生物识别技术。人脸识别涉及的技术主要包括计算机视觉,图像处理等。

人脸识别的研究始于 20 世纪 60 年代,随着计算机技术和光学成像技术的发展,人脸识别水平得到不断提高。在 20 世纪 90 年代后期,人脸识别技术进入初级应用阶段。目前,人脸识别技术已广泛应用于多个领域,如金融、司法、公安、边检、航天、电力、教育和医疗等领域。

2. 机器翻译

机器翻译用到的技术主要是神经机器翻译技术(neural machine translation,NMT),该技术当前在很多语言上的表现已经超过人类。

随着经济全球化进程的加快及互联网的迅速发展,机器翻译技术在促进政治、经济、文化交流等方面的价值凸显,也给人们的生活带来了许多便利。例如人们在阅读英文文献时,可以方便地通过有道翻译、Google 翻译等网站将英文转换为中文,免去了查字典的麻烦,提高了学习和工作的效率。

3. 声纹识别

生物特征识别技术包括很多种,除人脸识别外,目前用得比较多的有声纹识别。声纹识别是一种生物鉴权技术,也称为说话人识别,包括说话人辨认和说话人确认。声纹识别的工作原理为:系统采集说话人的声纹信息并将其录入数据库,当说话人再次说话时,系统会采集这段声纹信息并自动与数据库中已有的声纹信息作对比,从而识别出说话人的身份。

相比于传统的身份识别方法(如钥匙、证件),声纹识别具有抗遗忘、可远程鉴权的特点,在现有算法优化和随机密码的技术手段下,声纹也能有效防录音、防合成,因此安全性高、响应迅速且识别精准。同时,相较于人脸识别、虹膜识别等生物特征识别技术,声纹识别技术具有可通过电话信道、网络信道等方式采集用户声纹特征的特点,因此其在远程身份确认上极具优势。

目前,声纹识别技术有声纹核身、声纹锁和黑名单声纹库等,可广泛应用于金融、安防、智能家居等领域,落地场景丰富。

4. 个性化推荐

个性化推荐是一种基于聚类与协同过滤技术的人工智能应用,它建立在海量数据挖掘的基础上,通过分析用户的历史行为建立推荐模型,主动给用户提供匹配他们的需求与兴趣的信息,如商品推荐、新闻推荐等。

个性化推荐既可以为用户快速定位需求产品,弱化用户被动消费意识,提升用户兴趣和留存黏性,又可以帮助商家快速引流,找准用户群体与定位,做好产品营销。个性化推荐系统广泛存在于各类网站和 App 中,本质上,它会根据用户的浏览信息、用户基本信息和对物品或内容的偏好程度等多因素进行考量,依托推荐引擎算法进行指标分类,将与用户目标因素一致的信息内容进行聚类,经过协同过滤算法,实现精确的个性化推荐。

5. 医学图像处理

医学图像处理是目前人工智能在医疗领域的典型应用,如在临床医学中广泛使用的核磁共振成像、超声成像等生成的医学影像。

传统的医学影像诊断,主要通过观察二维切片图发现病变体,这往往需要依靠医生的经验来判断。而利用计算机图像处理技术,可以对医学影像进行图像分割、特征提取、定量分析和对比分析等工作,进而完成病灶识别与标注,针对肿瘤放疗环节影像的靶区自动勾画,以及手术环节进行三维影像重建。

该应用可以辅助医生对病变体及其他目标区域进行定性甚至定量分析,从而大大提高医疗诊断的准确性和可靠性。另外,医学图像处理在医疗教学、手术规划、手术仿真、各类医学研究和医学二维影像重建中也起到重要的辅助作用。

当前,诸多科技巨头公司,如 IBM、微软、苹果等,都在智能医疗领域投入了大量的人力、物力和财力,也取得了一些比较醒目的成绩。例如,IBM 公司研发的"沃森(Watson)医生"系统将肿瘤精准治疗作为主攻领域,已经至少"学习"了肿瘤学研究领域的 42 种医学期刊、临床试验的 60 多万条医疗证据和 200 万页文本资料,能在 10min 内诊断出肿瘤的程度,并给出适当的个性化治疗方案。

6. 无人驾驶汽车

无人驾驶汽车是智能汽车的一种,也称为轮式移动机器人,主要依靠车内以计算机系统为主的智能驾驶控制器来实现无人驾驶。无人驾驶中涉及的技术包含多个方面,如计算机视觉、自动控制技术等。

美国、英国、德国等发达国家从 20 世纪 70 年代开始就投入无人驾驶汽车的研究中,中国从 20 世纪 80 年代起也开始了无人驾驶汽车的研究。

2006 年,卡内基-梅隆大学又研发了无人驾驶汽车 Boss,它能够按照交通规则安全地驾驶通过附近有空军基地的街道,并且会避让其他车辆和行人。近年来,随着人工智能浪潮的兴起,无人驾驶成为人们热议的话题,国内外许多公司纷纷投入自动驾驶和无人驾驶的研究中。智能驾驶比无人驾驶的概念更宽泛。典型的智能驾驶应用有主动刹车装置、自适应巡航等。主动刹车装置的技术原理很简单,就是在汽车前部装上雷达和红外线探头,当探知前方有异物或行人时,会自动帮助驾驶员刹车。自适应性巡航就是与前车保持一定距离,当前车加速时本车也跟随加速,前车减速时本车也减速。

7. 智能教育

从应用角度看,智能教育可以分为学习管理、学习评测、教学辅导和教学认知思考四个环节。从细分领域看,智能教育包括教育评测、拍照答题、智能教学、智能阅卷和 AI 自适应学习等。人工智能技术应用于教育领域,可以有助于教师因材施教,确定"一生一策"方案,提升教学与学习质量,促进教育均衡化和可负担化。

科大讯飞公司在探索人工智能应用教育领域起步早,技术成熟度高。它以"人工智能助力教育,因材施教成就梦想"为理念,围绕"因材施教"提供了覆盖教、学、考、评、管的教育全场景解决方案。它研发的讯飞智能学习机可以帮助学习者找到自己学习的薄弱项,规划最佳学习路径,提升学习效率;个性化学习手册是基于日常学业数据分析,在错题整理的基础上,为学生量身定制举一反三的错题巩固训练;智能评卷系统实现客观题智能评阅、主观题辅助批阅,有效降低了人工评卷的工作量。

 民航信息素养实例

人工智能在智慧民航中的应用

　　智慧民航是信息技术在民航领域的创新和深度融合,分析整合民航各种关键信息和要素资源,最终实现对行业安全、服务、运营和保障等需求进行数字化处理、智能化响应和智慧化支撑,我国智慧民航的四大模式形态如图6-16所示。近几年,中国智慧机场的建设逐渐步入正轨,部分机场发展十分迅速,已有人脸识别、智能语音导航等许多人工智能技术应用到机场建设中,促进智慧机场发展,这是实现智慧民航建设的关键一步。

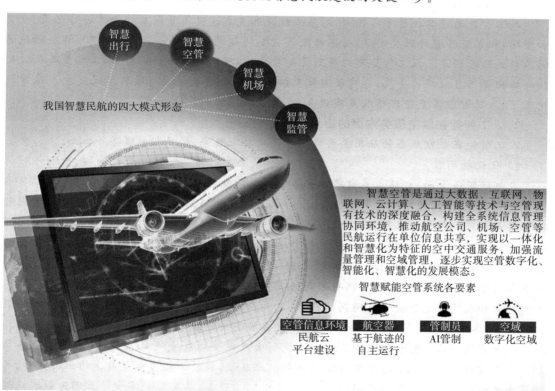

图6-16　我国智慧民航的四大模式形态

1. 人工智能在空中交通管理中的应用

　　空中交通管理的主要任务是有效维护空中交通安全和秩序,保障空中交通畅通,即防止民用航空器同航空器或障碍物相撞。塔台管制员是空中交通管理的核心,负责向航空器发布指令,通报影响航空器运行的有关情报,统计飞行情况等,其工作负荷与空中交通复杂性紧密相关。空中交通的复杂性与航空器数量、航空器密度、扇区几何形态、冲突解脱难度和天气等因素相关联，而管制员的超负荷工作会直接影响航空飞行的安全。

人工智能技术可针对这一问题进行改进，提供技术支持。通过运用人工智能技术可建立一套人工智能辅助系统，辅助塔台管制员优化空中交通管理模式，提升飞行管制工作的效率，降低管制员的工作负荷，提升航空器运作的安全性。

1）避免空中交通拥堵问题

人工智能技术可将收集到的气象信息、各航空公司各个时间段航班量和各航路情况等信息汇总共享，使管制员方便且清晰地了解整个航线及附近的空域交通情况，为后续的分析决策提供了基础信息。人工智能结合大数据技术，从各类数据中快速地获取有效信息并进行全面的分析，可以模拟演练未来飞行中遇到的各种情况及影响程度，合理预测可能出现的飞行冲突时间和地点，分析冲突解脱难度，自主规划并调整优化航班飞行时间间隔，合理安排飞行路线，形成最优方案，有效避免出现空中交通拥堵的现象，使空域资源利用率大幅提升，同时降低了航班延误率。

2）提供突发情况下的决策

人工智能通过其机器学习能力，对基本情况和突发情况下管制员的操作进行记录、分类和整理，积累经验进行深度学习，并不断改善突发问题的解决方法，形成模拟人解决问题的思维模式的数据库。人工智能可以帮助管制员监控，在遇到突发情况时，人工智能可及时反映并给出灵活且准确的决策，能有效避免人脑反应不及时而影响决策的情况发生。在常规情况下，人工智能甚至能代替人发布指令，大大节省了管制员的精力。

2. 人工智能在航空服务方面的应用

人工智能在航空服务的应用主要集中在优化机场服务、提升客舱服务等方面。

1）优化机场服务

在机场服务方面，机场在关键路口配备了人工智能机器人，通过智能语音识别技术负责回答旅客常见疑问，帮助旅客导航去其目的地，甚至还能与旅客进行情感上的互动。使用智能机器人也可以帮助旅客解决运输行李的最后一公里难题，自动完成手续，真正实现全自助行李托运。此外，人工智能基于计算机视觉运用人脸识别技术，通过机场各个摄像头收集的旅客影像数据，采集人脸图像、定位、预处理、身份确认与查找，可以快速有效地进行安检。目前人脸识别技术高速发展，其拥有超高的有效检出率和正确识别率，使人工智能对机场旅客的行为和表情能进行快速准确判断，及时对存在危险隐患的人群建立重点人群检测的数据库，并对其进行跟踪监管，实现自动安检，大幅提高安检效率。同时检测人流量，合理安排服务人员在岗人数，也能自动精准迅速地找到未及时登机或走失的人员，及时给予服务帮助。人工智能系统还能通过智能算法预测到航班延误，提前为旅客调整最优的出行方案，并计算出旅客出行或接机的具体时间，为旅客提供贴心服务，尽可能地减少旅客因为航班延误而蒙受的损失。

2）提升客舱服务

利用人工智能的数据挖掘技术，通过旅客在网站的历史浏览记录、历史消费记录、与人工智能客服的历史对话记录等，可将每个人的性格特征标签化，对旅客的性格特征和行为习惯进行深度分析，了解其潜在需求，为旅客分配合适的客舱座位，提供个性化的服务，如：为在意光线的旅客挑选靠窗的座位，为喜静的旅客挑选相同性格的人作为邻座，为怕寒的旅客提前准备好毛毯等。此外,在飞行途中还可使用自助点餐系统提供个性化的餐点,旅客能自由选择与搭配,或者选择通过人工智能对其过往点餐记录分析推荐的搭配均衡且符合旅客口味的套餐,最大限度地满足旅客的需求;使用人工智能机器人送餐,可在服务需求量大时,减轻空乘人员的压力,同时提升旅客的飞行体验。

3. 人工智能在市场营销中的应用

航空公司作为企业,自然也需要降低成本,提高总收益。人工智能作为营销工具,在为管理带来便利的同时,也为民航拓展了市场空间。营销观念的核心是满足顾客需要。与传统的市场营销有很大的不同,在信息时代,用户在各大软件上的搜索关键词、浏览痕迹和消费记录很容易被获取,人工智能可以利用其强大的信息检索功能轻松地将这些海量数据汇总成一个庞大的数据库,挖掘这些数据背后的潜在含义,利用强大的自动推理能力来推测消费者的消费习惯以及需求,通过精准推荐来投放广告、定制个性化界面。对于航空公司来说,若能获取到顾客在旅游出行平台上的搜索浏览记录,就能精准定位,根据其喜好定制个性化的出游方案,投其所好来提升顾客满意度,能在稳固旧客户的同时,吸引更多新顾客,为公司带来更多利益。

人工智能也能针对航空公司自身的情况,通过筛选过往成功案例制定出各种经营决策。面对市场环境的变化及时感应,对客流量、消费者的购票需求进行预测,及时调整机票的销售策略,调整价格,有效避免上座率不高而导致的损失,使航班的总收益最大化。人工智能的及时性和高效性远远超过了传统市场中经验丰富的策划人员。此外,使用人工智能客服能分析收集过往被咨询次数较多的问题,而后及时、精准地解答顾客的疑问,不仅有效降低人工成本,提高服务效率,还能提升服务素质水平,为航空公司赢得口碑,从而促进旅客的未来消费意愿。

4. 人工智能在信息安全管理方面的应用

人工智能对于民航网络信息安全的重要性也是不言而喻的。民航信息系统汇集了所有旅客的详细个人信息和业内的敏感信息,若发生数据泄露,不仅会使民航业产生巨大的损失,还会给旅客带来极大的困扰。若信息系统被攻击,极有可能导致在飞行过程中面临极大的安全威胁。事实上,中国民航信息系统面临着来自病毒、黑客攻击以及内部人员违规操作等安全威胁。

人工智能技术的应用有效提高了民航的网络信息安全性,其具有识别检测病毒和恶意代码的能力,比起传统恶意代码检测,人工智能技术能通过控制算法针对各种变形的未知恶意代码,快速精准检测并对其特征分析归类再查杀,有效解决安全检测中漏报以及误报的问题。人工智能可通过评估网络设备运行状况、网络行为以及用户行为等因素,对有可能的攻击来源进行检测,有效识别出问题文件的来源,提前感知面临的威胁,主动发现可疑行为,通过深度学习算法,不断地训练海量的数据,将检测到的异常行为的特征归纳总结再学习,最终达到动态实时监控、自我防护和自我决策的目的。在运用人工智能进行网络信息安全的检测与防护的过程中,不仅能大幅提高效率,减少资源消耗,节省更多的计算资源,还能有效避免相关工作人员安全防护技术水平不足而无法及时处理问题所产生的影响,提升了民航网站信息系统的安全程度。

在人工智能技术不断发展的背景下,将人工智能融入民航建设中,可增加民航业的创新力。应用人工智能技术预测分析,规避空中交通管理中的常规与突发问题;提供人性化和个性化服务来优化航空服务;实时分析市场环境,提供最优市场营销方案;保护民航信息系统,精准查杀恶意代码等,为智慧民航的建设提供了广阔的发展空间。

6.5 信息安全

2035年远景目标纲要强调健全国家网络安全法律法规和制度标准,加强重要领域数据资源、重要网络和信息系统安全保障。通过本节,让学生掌握信息安全的定义,熟悉国家信息安全等级保护管理办法,增强信息安全意识。

6.5.1 信息安全的定义

信息化技术快速发展,使信息化环境面临的挑战越来越严峻,信息系统客观存在的大量漏洞,极易被不法分子或黑客利用来对系统进行攻击。近年来,网络安全威胁事件频发,网络罪犯造成的各类损失快速增多,持续增长的网络威胁也促进我国信息安全技术的快速发展。随着《中华人民共和国网络安全法》等多部相关法律法规的颁布实施,信息安全已上升为国家战略。

国际标准化组织(International Organization for Standardization,IOS)对于信息安全给出了精确的定义,这个定义的描述是:信息安全是为数据处理系统建立和采用的技术和管理的安全保护,保护计算机硬件、软件和数据不因偶然和恶意的原因而遭到破坏、更改和泄露。ISO的信息安全定义清楚地回答了人们所关心的信息安全主要问题,它包括以下三个方面的含义。

1. 信息安全的保护对象

信息安全的保护对象是信息资产,典型的信息资产包括计算机硬件、软件和数据。

2. 信息安全的目标

信息安全的目标就是保证信息资产的基本安全属性。信息资产被泄露意味着保密性受到影响,被更改意味着完整性受到影响,被破坏意味着可用性受到影响,而保密性、完整性、可用性、可控性和不可否认性等基本属性是信息安全的最终目标。

1) 保密性

信息不被透露给非授权用户、实体或过程。保密性建立在可靠性和可用性基础之上,常用保密技术有以下几点:防侦收,使对手收不到有用的信息;防辐射,防止有用信息以各种途径辐射出去;信息加密,在密钥的控制下,用加密算法对信息进行加密处理,即使对手得到了加密后的信息,也会因没有密钥而无法读懂有用信息;物理保密,使用各种物理方法保证信息不被泄露。

2) 完整性

在传输、存储信息或数据的过程中,确保信息或数据不被非法篡改或在篡改后被迅速发现,能够验证所发送或传送的东西的准确性,并且进程或硬件组件不会被以任何方式改变,保证只有得到授权的人才能修改数据。完整性服务的目标是保护数据免受未授权的修改,包括数据的未授权创建和删除。通过如下行为完成完整性服务:屏蔽,从数据生成就受完整性保护的数据;证实,对受完整性保护的数据进行检查,以检测完整性故障;去屏蔽,从受完整性保护的数据中重新生成数据。

3）可用性

让得到授权的实体在有效时间内能够访问和使用到所要求的数据和数据服务，提供数据可用性保证的方式有如下几种：性能、质量可靠的软件和硬件；正确、可靠的参数配置；配备专业的系统安装和维护人员；网络安全能得到保证，发现系统异常情况时能阻止入侵者对系统的攻击。

4）可控性

指网络系统和信息在传输范围和存放空间内的可控程度。是对网络系统和信息传输的控制能力特性。使用授权机制，控制信息传播范围、内容，必要时能恢复密钥，实现对网络资源及信息的可控性。

5）不可否认性

对出现的安全问题提供调查，使参与者（攻击者、破坏者等）不可否认或抵赖自己所做的行为，实现信息安全的审查性。

3. 实现信息安全目标的途径

实现信息安全目标的途径要借助两方面的控制措施，即技术措施和管理措施。从这里就能看出技术和管理并重的基本思想，重技术轻管理或者重管理轻技术都是不科学的，并且是有局限性的错误观点。

6.5.2 信息安全的发展

信息安全的发展经历了以下三个主要阶段。

1. 通信保密时代

19世纪70年代前，通过密码技术解决通信保密问题，主要安全威胁是搭线窃听和密码分析，采用的保障措施就是加密，确保保密性和完整性。时代标志是1949年克劳德·香农发表的《保密通信的信息理论》和1977年美国国家标准局公布的数据加密标准。

2. 信息安全时代

20世纪70—90年代，确保计算机网络的硬件和软件传输、存储和处理信息的安全。主要安全威胁是非法访问、恶意代码、网络入侵和病毒破坏等。主要保障措施是安全操作系统（TCB）、防火墙、防病毒软件、漏洞扫描、入侵检测、公钥基础设施（PKI）、虚拟局域网（VPN）和安全管理等。时代标志是1985美国国防部公布的可信计算机系统评价准则（TCSEC）和ISO的安全评估准则CC（ISO 15408）。

3. 信息安全保障时代

20世纪90年代后期至今，不仅是对信息的保护，还包括信息系统的保护和防御，包括对信息的保护、检测、反应和恢复能力。信息保障强调信息系统整个生命周期的防御和恢复，同时安全问题的出现和解决方案也超越了纯技术范畴。典型标志是美国国家安全局制定的《信息保障技术框架》（IATF）。

6.5.3 信息系统安全保护等级划分

信息安全等级保护是对信息和信息载体按照重要性等级分级别进行保护的一种工作。在中国，信息安全等级保护广义上为涉及该工作的标准、产品、系统和信息等均依据等级保护思想的安全工作；狭义上一般指信息系统安全等级保护。我国《信息安全等级保护管理办法》规定，国家信息安全等级保护坚持自主定级、自主保护的原则。信息系统的安全保护等级应当根据信息系统在国家安全、经济建设和社会生活中的重要程度，信息系统遭到破坏后对国家安全、社会秩序、公共利益以及公民、法人和其他组织的合法权益的危害程度等因素确定。

信息系统的安全保护等级分为以下五级，且等级逐级增高。

第一级：信息系统受到破坏后，会对公民、法人和其他组织的合法权益造成损害，但不损害国家安全、社会秩序和公共利益。第一级信息系统运营、使用单位应当依据国家有关管理规范和技术标准进行保护。

第二级：信息系统受到破坏后，会对公民、法人和其他组织的合法权益产生严重损害，或者对社会秩序和公共利益造成损害，但不损害国家安全。国家信息安全监管部门对该级信息系统安全等级保护工作进行指导。

第三级：信息系统受到破坏后，会对社会秩序和公共利益造成严重损害，或者对国家安全造成损害。国家信息安全监管部门对该级信息系统安全等级保护工作进行监督、检查。

第四级：信息系统受到破坏后，会对社会秩序和公共利益造成特别严重损害，或者对国家安全造成严重损害。国家信息安全监管部门对该级信息系统安全等级保护工作进行强制监督、检查。

第五级：信息系统受到破坏后，会对国家安全造成特别严重损害。国家信息安全监管部门对该级信息系统安全等级保护工作进行专门监督、检查。

6.5.4 动态的自适应信息安全模型

单纯的防护技术容易导致系统的盲目建设，这种盲目包括两方面：一方面是不了解安全威胁的严峻性，不了解当前的安全现状；另一方面是安全投入过大且又没有真正抓住安全的关键环节，导致浪费。对于网络系统的攻击日趋频繁，安全的概念已经不仅仅局限于信息的保护，人们需要的是对整个信息和网络系统的保护和防御，以确保它们的安全性，包括对系统的保护、检测和反应能力等。

总的来说，安全模型已经从以前的被动保护转变成现在的主动防御，强调整个生命周期的防御和恢复能力。20世纪90年代末，美国国际互联网安全系统公司（ISS）提出了自适应网络安全模型（adaptive network security model，ANSM），并联合其他厂商组成 ANS 联盟，试图在此基础上建立网络安全的标准。该模型是可量化、可由数学证明、基于时间的、以 PDR 为核心的安全模型，也称 P2DR 模型，这里 P2DR 是 policy（安全策略）、protection（防护）、detection（检测）和 response（反应）的缩写，如图 6-17 所示。

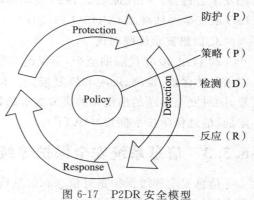

图 6-17　P2DR 安全模型

1. 安全策略（Policy）

根据风险分析产生的安全策略描述了系统中哪些资源需要得到保护，以及如何实现对它们的保护等。安全策略是 P2DR 安全模型的核心,所有的防护、检测、反应都是依据安全策略实施的,企业安全策略为安全管理提供管理方向和支持手段。

2. 防护（Protection）

通过修复系统漏洞、正确设计开发和安装系统来预防安全事件的发生;通过定期检查发现可能存在的系统脆弱性;通过教育等手段使用户和操作员正确使用系统,防止意外威胁;通过访问控制、监视等手段防止恶意威胁。

3. 检测（Detection）

在 P2DR 模型中,检测是非常重要的一个环节,检测是动态响应和加强防护的依据,它也是强制落实安全策略的有力工具,通过不断地检测和监控网络和系统,发现新的威胁和弱点,通过循环反馈及时采取有效的应对措施。

4. 反应（Response）

紧急反应在安全系统中占有最重要的地位,是解决安全潜在性问题最有效的办法。从某种意义上讲,安全问题就是要解决紧急反应和异常处理的问题。信息系统的安全是基于时间特性的,P2DR 安全模型的特点就在于动态性和基于时间的特性。反应速度主要使用以下几个时间值来衡量。

（1）攻击时间。表示从入侵开始到侵入系统的时间,高水平的入侵及安全薄弱的系统都能增强攻击的有效性,使攻击时间缩短。

（2）检测时间。系统安全检测包括发现系统的安全隐患和潜在攻击检测,以利于系统的安全评测。改进检测算法和设计可缩短时间,提高对抗攻击的效率。检测系统按计划完成所有检测的时间为一个检测周期。检测与防护是相互关联的,适当的防护措施可有效缩短检测时间。

（3）响应时间。包括检测到系统漏洞或监控到非法攻击系统启动处理措施的时间。例如,一个监控系统的响应可能包括监视、切换、跟踪、报警和反击等内容。安全事件的后处理（如恢复、总结等）不纳入事件响应的范畴之内。

（4）系统暴露时间。指系统处于不安全状况的时间。系统的检测时间与响应时间越长,或对系统的攻击时间越短,则系统的暴露时间越长,系统越不安全。

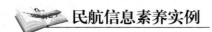

民航信息素养实例

信息安全案例

1. 西北工业大学遭美国国家安全局网络攻击

2022 年 6 月,西北工业大学发布《公开声明》称,西北工业大学电子邮件系统遭受网络攻击,有来自境外的黑客组织和不法分子向该校师生发送包含木马程序的钓鱼邮件,企图窃取相关师生的邮件数据和公民的个人信息。国家计算机病毒应急处理中心和 360 公司联合组成技术团队（以下简称"技术团队"）,全程参与了此案的技术分析工作。技术团队先后从西北工业大学的多个信息系统和上网终端中提取到了多款木马样本,综合使用国内现有数据资源和分析手段,并得到了欧洲、南亚部分国家合作伙伴的通力支持,全面还原了相关攻击事件的总体概貌、技术特征、攻击武器、攻击路径和攻击源头,初步判明相关攻击活动源自美国国家安全局（NSA）"特定入侵行动办公室"（Office of Tailored Access Operation,

TAO)。通过调查发现,在近年里,美国 NSA 下属 TAO 对中国国内的网络目标实施了上万次的恶意网络攻击,控制了数以万计的网络设备(网络服务器、上网终端、网络交换机、电话交换机、路由器、防火墙等),窃取了超过 140GB 的高价值数据。TAO 利用其网络攻击武器平台、"零日漏洞"(0day)及其控制的网络设备等,持续扩大网络攻击范围。经技术分析与溯源,技术团队现已澄清 TAO 攻击活动中使用的网络攻击基础设施、专用武器装备及技术,还原了攻击过程和被窃取的文件,掌握了美国 NSA 及其下属 TAO 对中国信息网络实施网络攻击和数据窃密的相关证据,涉及在美国国内对中国直接发起网络攻击的人员 13 名,以及 NSA 通过掩护公司为构建网络攻击环境而与美国电信运营商签订的合同 60 余份,电子文件 170 余份。

2. 国内企业非法为境外提供高铁数据

2022 年 4 月,我国国家安全机关破获一起为境外刺探、非法提供高铁数据的重要案件。上海某科技公司为牟取利益,持续采集、传递数据给某境外公司。这起案件是《中华人民共和国数据安全法》实施以来,首例涉案数据被鉴定为情报的案件,也是我国首例涉及高铁运行安全的危害国家安全类案件。根据犯罪嫌疑人提供的信息,境外势力向其作出明确要求,需要采购相应的间谍设备来采取行动,依靠这些设备在关键地点对相关信息进行采集,其中包括蜂窝通信以及物联网等诸多信息,导致众多数据传输至海外。如果将高铁运行数据泄露给境外公司或者觊觎中国崛起的国家,就会给中国的高铁行业,甚至是我们国家的安全带来极大的风险隐患。在科技高速发展的今天,关于各行业尤其是世界顶尖科研行业的数据保密工作,已经成为国家安全的重要保护部分。保守国家秘密是每位公民应尽的责任和义务,国家的利益高于一切,每个中国人要从小树立国家安全意识,自觉关心、维护国家的安全。

3. 某网约车平台违规收集个人信息

2021 年 7 月 2 日,为防范国家数据安全风险,维护国家安全,保障公共利益,依据《中华人民共和国国家安全法》《中华人民共和国网络安全法》等法规,网络安全审查办公室按照《网络安全审查办法》,对某网约车平台实施网络安全审查。为配合网络安全审查工作,防范风险扩大,审查期间该网约车平台停止新用户注册。7 月 16 日,该网约车平台被开始调查两周后,公安部、国安部、自然资源部等七大部门联手,共同进驻该网约车平台,经查该网约车平台存在 16 项违法事实,主要涉及:违法收集用户手机相册中的截图信息 1196.39 万条;过度收集用户剪切板信息、应用列表信息 83.23 亿条;过度收集乘客人脸识别信息 1.07 亿条,年龄段信息 5350.2 万条,职业信息 1633.56 万条,亲情关系信息 138.29 万条,"家"和"公司"打车地址信息 1.53 亿条;过度收集乘客评价代驾服务时、APP 后台运行时和手机连接监视记录仪设备时的精准位置(经纬度)信息 1.67 亿条;过度收集司机学历信息 14.29 万条,以明文形式存储司机身份证号信息 5780.26 万条;在未明确告知乘客情况下分析乘客出行意图信息 539.76 亿条,常驻城市信息 15.38 亿条,异地商务/异地旅游信息 3.04 亿条。7 月 21 日,国家互联网信息办公室依据相关法律法规,对该网约车平台全球股份有限公司处人民币 80.26 亿元罚款。

4. 某电动汽车擅自采集人脸照片

上海某汽车销售服务有限公司购买了具有人脸识别功能的摄像设备 22 台,全部安装在旗下门店,涉及 5 个直营店及 2 个加盟店,开通系统账号 8 个,2021 年 1—6 月期间,共计采集上传人脸照片 431623 张。通过算法对面部数据进行识别计算,以此进行门店的客流统计和客流分析,包括进店人数统计、男女比例和年龄分析等。采集消费者面部识别数据,并未经得消费者同意,也无明示或告知消费者收集、使用的目的。截至案发,该汽车销售服务有限公司已拆除上述门店内的人脸识别摄像设备,上传的人脸照片已进行删除。上海徐汇区市场监督管理局向上海该汽车销售服务有限公司送达《行政处罚听证告知书》后,该公司于2021年9月28日向徐汇区市场监督管理局提出听证申请。经听证,鉴于上海该汽车销售服务有限公司具有符合《中华人民共和国行政处罚法》规定的主动消除或者减轻违法行为危害后果的情形,根据相关规定,应在原处罚裁量基础上从轻处罚。

6.6 移动通信技术

国家"十四五"发展规划中明确构建基于 5G 的应用场景和产业生态,在智慧交通等领域开展试点示范。本节将介绍移动通信的定义、发展和 5G 技术在工作生活中的典型应用,重点讲解 5G 技术在智慧民航中的应用案例,使学生掌握 5G 技术的基本应用。

6.6.1 移动通信的定义

移动通信(mobile communication)是移动体之间的通信,或移动体与固定体之间的通信。移动体可以是人,也可以是汽车、火车、轮船、收音机等在移动状态中的物体。在过去的半个世纪中,移动通信的发展对人们的生活、生产、工作、娱乐乃至政治、经济和文化都产生了深刻的影响。移动通信的迅速发展,使用户彻底摆脱了终端设备的束缚,实现了完整的个人移动性、可靠的传输手段和接续方式,移动通信已演变成社会发展和进步的必不可少的工具。

移动通信是进行无线通信的现代化技术,这种技术是电子计算机与移动互联网发展的重要成果之一。移动通信技术经过第一代、第二代、第三代和第四代技术的发展,目前,已经迈入了第五代发展的时代(5G 移动通信技术),这也是目前改变世界的几种主要技术之一。现代移动通信技术主要可以分为低频、中频、高频、甚高频和特高频几个频段,在这几个频段之中,技术人员可以利用移动台技术、基站技术和移动交换技术,对移动通信网络内的终端设备进行连接,满足人们的移动通信需求。从模拟制式的移动通信系统、数字蜂窝通信系统、移动多媒体通信系统到目前的高速移动通信系统,移动通信技术的速度不断提升,延时与误码现象减少,技术的稳定性与可靠性不断提升,为人们的生产生活提供了多种灵活的通信方式。

6.6.2 移动通信技术的发展

移动通信技术的发展历程如图 6-18 所示。

1. 第一代移动通信技术

第一代移动通信系统(1G)是在 20 世纪 80 年代初提出的,它完成于 20 世纪 90 年代初。第一代移动通信系统是基于模拟传输的系统,具有业务量小、质量差、安全性差、没有加密和速度低的特点。1G 主要基于蜂窝结构组网,直接使用模拟语音调制技术,传输速率约 2.4Kbit/s。不同国家采用不同的工作系统。

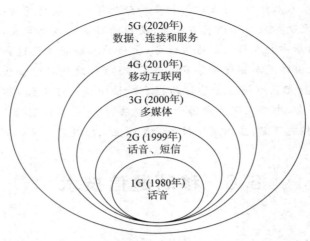

图 6-18 移动通信技术的发展

2. 第二代移动通信技术

第二代移动通信系统(2G)起源于 20 世纪 90 年代初期。欧洲电信标准协会在 1996 年提出了 GSM Phase 2+，采用更密集的频率复用、多复用和多重复用结构技术，引入智能天线技术、双频段等技术，有效地克服了随着业务量剧增所引发的 GSM 系统容量不足的缺陷。尽管 2G 技术在发展中不断得到完善，但随着用户规模和网络规模的不断扩大，频率资源已接近枯竭，语音质量不能达到用户满意的标准，数据通信速率太低，无法在真正意义上满足移动多媒体业务的需求。

3. 第三代移动通信技术

第三代移动通信系统(3G)，其最基本的特征是智能信号处理技术，智能信号处理单元将成为基本功能模块，支持话音和多媒体数据通信，它可以提供前两代产品不能提供的各种宽带信息业务，例如，高速数据、慢速图像与电视图像等。但是，第三代移动通信系统的通信标准有 WCDMA、CDMA2000 和 TD-SCDMA 三个分支，存在相互兼容的问题，因此已有的移动通信系统不是真正意义上的个人通信和全球通信。再者，3G 支持的速率还不够高，这些不足点不能适应未来移动通信发展的需要。

4. 第四代移动通信技术

第四代移动通信系统(4G)是集 3G 与 WLAN 于一体并能够传输高质量视频图像以及图像传输质量与高清晰度电视不相上下的技术产品。4G 系统能够以 100Mbit/s 的速度下载，比拨号上网快 2000 倍，上传的速度也能达到 20Mbit/s，并能够满足几乎所有用户对于无线服务的要求，而且计费方式更加灵活机动。

5. 第五代移动通信技术

第五代移动通信系统(5G)是对原有无线接入技术(包括 2G、3G、4G 和 Wi-Fi)的演进，以及一些新增的补充性无线接入技术集成后解决方案的总称。从某种程度上讲，5G 是一个真正意义上的融合网络。以融合和统一的标准，提供人与人、人与物以及物与物之间高速、安全和自由的联通。5G 网络的主要优势在于，数据传输速率远远高于以前的蜂窝网络，最高可达 10Gbit/s，比先前的 4G LTE 蜂窝网络快 100 倍。5G 从 10 年以前开始研究，现在在国内和欧洲等地已经形成规模应用,其具有四个重要特点。

(1) 时延大大降低。相对于 4G 的 30~50ms 的时延,5G 可达到低于 1ms。通常情况下,例如自动驾驶能达到 10ms、20ms 就已经足够。低时延对于能够实时地感知数据、传输数据和处理数据非常重要,尤其是对于传输数据。包括航空在内的交通、能源和制造等领域所要做的不仅是将数据回收,还要反向对现场生产系统进行控制、指导,从而形成一个循环。而整个过程要实时,对时延的要求就必须足够低,所以业内普遍认为 4G 在移动互联网里改变生活,5G 改变行业的生产系统里的应用。

(2) 带宽。未来想要通过 VR、AR 数据实现更高清的可视化,网络的传输速率将是一个重要支撑。5G 相对 4G 来说,提升了上百倍的速率,大量的视频基于 VR、AR 的技术将变为现实。例如飞行员的仿真培训、大量现场的作业系统等,可以实现老专家通过视频方式进行远程指导。

(3) 连接数。连接数可以达到上百倍的提升。现在 5G 在每平方公里其实可以做到 100 万的连接。全世界有几十亿人,若都要连接到网上,其连接数是非常大的。而这些物与物、物与人的连接,可能是未来把全量数据传上来实现数字平行世界或者数字孪生的基础。

(4) 在高速移动场景下的通信支持,对交通行业尤其重要。移动通信和无线通信的区别就在于,无线主要特征除不用线之外还要有移动。4G 当前已经达到了 350km 时速下对通信的支持,而 5G 能达到 900km,900km 基本可以达到对航空器的飞行要求。

6.6.3　5G 移动通信的主要应用

国际电信联盟(ITU)确定了 5G 未来应具有的三大使用情景:增强型移动宽带(enhance mobile broad band,EMBB)、超高可靠与低延迟的通信(ultra reliable & low latency communication,URLLC)和大规模(海量)机器类通信(massive machine type of communication,mMTC),前者主要关注移动通信,后两者则侧重于物联网。5G 移动通信技术的具体应用如图 6-19 所示。

图 6-19　5G 移动通信的具体应用

1. 增强移动带宽情景下的应用场景

1）超高清视频传输

超高清视频传输其优点在于能够对现实场景有最细致和逼真的还原，4G 的传输速率（平均 40Mbit/s）不足以满足 4K（最低要求 18~24Mbit/s）或者 8K（超过 135Mbit/s）超高清视频的传输需求，而 5G 的传输速率可高达 1Gbit/s，理论上能够提供良好的网络承载能力。

2）高速移动物体传输

在高速行驶的列车中（如高铁上），信号有时会很差，这是因为还没有达到信号间的无缝衔接，而增强移动带宽使用情景正好能有效地解决此类问题，通过提高网络传输速率，增强通信能力，最终提高用户体验。

2. 大规模机器类通信情境下的应用场景

1）智能家居

此类产品种类众多，而每个产品传输的数据量较小，且对时延要求不是特别敏感，5G 的大规模机器类通信情景正好满足此类型应用场景。

2）环境监测

环境监测是低功耗、大连接的应用场景之一，通常使用传感器进行数据采集，且传感器种类多样，同时对传输时延和传输速率不敏感，能够满足超高的连接密度。

3）智慧城市

智慧城市是公认的 5G 的重要应用场景之一，能够被连接的物体多种多样，包括交通设施、空气、水、电度表等，需要承载超过百万的连接设备，且各连接设备需要传输的数据量较小。

3. 高可靠低时延类通信情境下的应用场景

1）无人驾驶

无人驾驶已经应用在了特定的区域，而无人驾驶是自动驾驶的高级阶段，需要的延迟性更低，为了保证用户的安全，传输时延低至 1ms，且需要具有超强的可靠性。5G 的到来，有望真正地实现无人驾驶。

2）远程医疗手术

若想在城市与偏远山村之间实现远程医疗，需要在短时间内处理大量的数据，且为了防止误诊，网络的传输质量要足够高和足够可靠，网络延迟要足够低。

3）工业自动化控制

工业自动化控制是智能制造中的基础环节，核心在于闭环控制系统，系统通信的时延要达到毫秒级才能实现精确控制，同时要保证极高的可靠性，若发生传输错误或时延过长，则会造成巨大的经济损失。

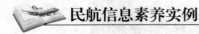
民航信息素养实例

5G 移动通信在智慧民航中的应用

以机场场面宽带移动通信系统（aeronautical mobile airport communications system, AeroMACS）作为机场航空移动通信系统，可以适用于近场航空器、机场地面交通以及其他近机场范围内场景的通信服务。航空 5G 机场场面宽带移动通信系统（5G AeroMACS）是将具有低时延、高可靠和大带宽特性的第五代移动通信技术 5G 应用于 AeroMACS 民航专用网络，在民用机场范围内，使用 5091~5150MHz 航空专用频率，符合国际民航组织航空安全通信等级要求的新一代航空宽带通信技术。航空 5G 机场场面宽带移动通信系统如图 6-20 所示。

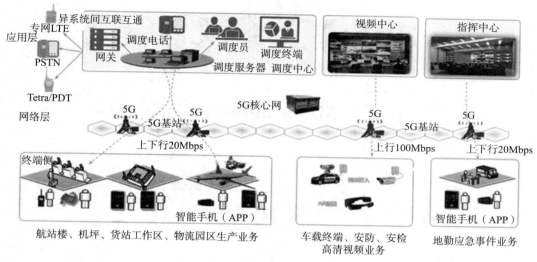

图 6-20　航空 5G 机场场面宽带移动通信系统

2021 年 4 月，中国民航局发布了《中国民航新一代航空宽带通信技术路线图》，明确指出以 5G 为代表的新一代航空通信技术应用于中国民航的实施路径，按照规划到 2025 年底，中国民航要完成基于 5G AeroMACS 技术的"机-车-场道-设施"协同运行应用示范，并在行业推广。2022 年 1 月，中国民航局发布《航空 5G 机场场面宽带移动通信系统建设应用实施方案》，明确了民航领域 5G AeroMACS 发展路径和重点工作，进一步加强相关法规标准体系建设，逐步完善与"机-车-场道-设施"协同运行配套的相关标准规范；强化系统设备研发制造，指导工业界研发适用于场面空侧应用场景的多类型航空 5G AeroMACS 基站和终端设备，为民航各业务用户提供匹配的设备和产品；推动网络建设和核准，强化航空 5G AeroMACS 网络与其他网络的多网融合，提升空管、机场和航空公司的协同运行能力和水平；推进"机-车-场道-设施"应用示范，促进 5G AeroMACS 机场场面运行全阶段、全流程和全场景深入推广应用。

在新一代航空宽带通信技术的不同应用场景中，机场空侧场景覆盖各类元素最全，支持扩展应用最丰富，且最具有民航特色，同时也是与航空安全运行关系最密切的。5G AeroMACS 通信系统应用领域如图 6-21 所示。

作为机场空侧场景采用的核心技术，5G AeroMACS 可以通过数字化采集、传输和存储的方式，实现业务运行数据在飞机驾驶舱、塔台、场面车辆及航空公司、机场运行控制部门等不同终端用户间安全、准确、快速和有效传输，传输内容包括：机场高精度数字地图，跑道、滑行道、廊桥、停机位占用情况，飞机、车辆实时位置，塔台发布的滑行路径等。5G AeroMACS 应用后，飞行员能够准确、快速地获取滑行路线，增强情景意识，减少话音信道占用；管制员能够随时关注跑滑区域占用时间、影响范围及停机位等情况，对飞机、车辆进行实时数字化管控；车辆驾驶员能够及时获取机场场面运行态势和计划，防止跑道侵入，保障飞机安全运行；机场和航空公司运控部门可以直观掌握机场场面飞机、车辆、场道和设施资源使用情况，及时调配

图 6-21 5G AeroMACS 通信系统应用领域

资源,进一步提升机场运行效率,扩大机场容量。一线工作人员提高了对所处生产环节的状态感知和掌控能力,而航班保障能力的增强也将提升旅客的出行体验。

5G AeroMACS 让空管、机场、航空公司和其他驻场单位能够实现信息实时传输与有效共享,为多主体协同运行提供坚实支撑,有力提升以"安全、效率、效益、绿色、容量"为核心的机场运行水平和能力,并促进场面资源管理精细化,进一步扩大机场容量。以车辆避让飞机和防止车辆侵入跑道应用为例,5G AeroMACS 能够实现基于秒级位置报告的场面车辆运行实时动态监视,这是现有机场无线通信系统无法做到的。正是基于这一点,车辆驾驶员与管制员能够通过数字化指令通信,实时共享运行态势,从而有效提高管制员的车辆管控能力和场面运行安全性。

我国 5G AeroMACS 技术和应用发展处于国际领先地位,中国民航局已经启动 5G AeroMACS 相关行业标准和规范的编制工作,同时积极在国际民航组织通信专家组会议上提出开展 AeroMACS 国际标准修订以支持 5G AeroMACS 技术,支持和鼓励民航各运行单位将 5G AeroMACS 技术和装备应用于各类业务运行场景,推动中国民航的数字化、智能化和智慧化建设。

6.7 区块链技术

知识导入

2035 年远景目标纲要确定培育壮大区块链等新兴数字产业。本节将介绍区块链的定义、分类和主要应用,讲解区块链技术在智慧民航中的应用案例,使学生了解区块链技术的基本应用。

6.7.1 区块链的定义

区块链,英文"Blockchain"或"Block Chain",是一种由多方共同维护,使用密码学保证传输和访问安全,能够实现数据一致存储、难以篡改、防止抵赖的记账技术,也称为分布式账本技术(distributed ledger technology),其特点是保密性强、不可篡改和去中心化。

区块链的大体运行机制如下:当网络中的任意两点进行数据交换时,该数据都会对应一个发送者和接收者,而当一个节点的数据交换积累到一定大小或条目数量之后,区块链就会自动将其打包,形成一个"块"(block),并附上一串具有"时间戳"作用的计算机密码。发送者和接收者具有匿名性(通常也由一串代码表示),也只有交易双方能够立刻知道彼此之间发生的交易,从而使区块链具有保密性强的特性。由于解开"时间戳"密码需要进行大量复杂的计算机运算,因此当最终网络中有一台计算机解开该密码时,其所付出的工作量是不可伪造的,从而使区块链具有不可篡改的特性。再加上每个区块的"时间戳"包含紧邻上一个区块的信息(术语为"哈希值"),因此整个网络中的块将按照顺序自动排列,形成最长的唯一链条,称为"链"(chain)。网络中所有节点都会寻找最长的链并与之同步,在这一过程中,网络中的所有节点都会同步到该链,也就是说网络中所有的节点具有平等的权限,整个过程不需要任何中央节点或中心数据库的运算处理,而是通过云计算分布式完成,杜绝了任何中心节点监控、封锁某一节点的可能,从而使区块链具有去中心化的特性。

从定义及特性可以看出,作为一种保密性强、不可篡改和去中心化的技术,区块链最适于承担类似"货币"或"账本"的职能,这也是迄今为止,区块链与经济和金融联系如此紧密的原因。

6.7.2 区块链技术的分类

随着技术与应用的不断发展,区块链由最初狭义的"去中心化分布式验证网络",衍生出了三种特性不同的类型,按照实现方式不同,可以分为公有链、联盟链和私有链。

公有链,即公共区块链,是所有人都可平等参与的区块链,接近于区块链原始设计样本。链上的所有人都可以自由地访问、发送、接收和认证交易,是"去中心化"的区块链。公有链的记账人是所有参与者,需要设计类似"挖矿"的激励机制,奖励个人参与维持区块链运行所需的必要数字资源(如计算资源、存储资源、网络带宽等),其消耗的数字资源最高,效率最低,目前仅能实现每秒100~200笔的交易频率,因此更适用于每个人都是一个单独的记账个体但发起频率并不高的应用场景。

联盟链,即由数量有限的公司或组织机构组成的联盟内部可以访问的区块链,每个联盟成员内部仍旧采用中心化的形式,而联盟成员之间是以区块链的形式实现数据共验共享,是"部分去中心化"的区块链。联盟链的记账人由联盟成员协商确定,通常是各机构的代表,可以设计一定的激励机制以鼓励参与机构维护、运行,其消耗的数字资源部分取决于联盟成员的投入,但在同等条件下低于公有链,效率则高于公有链,一般能够实现每秒10万笔左右的交易频率,适合于发起频率较高、根据需要灵活扩展的应用场景。

私有链,即私有区块链,完全为一个商业实体所有的区块链,其链上所有成员都需要将数据提交给一个中心机构或中央服务器来处理,自身只有交易的发起权而没有验证权,是"中心化"的区块链。记账人是唯一的,也就是链的所有者,且不需要任何的激励机制,因为链的所有者必然承担区块链的维护任务。其消耗数字资源最低，效率最高，承载能力完全取决于链的所有者投入的数字资源，但存在中心化网络导致的单点脆弱性，需要投入大量资源用于网络安全维护，方能保障链上资金的安全。

6.7.3 区块链的主要应用

1. 货币化应用

数字货币是非实物货币，非实物货币是区分于实物货币的一个概念，是指不存在于现实世界、不以物理介质为载体的货币形式，非实物货币可分为电子货币、虚拟货币和数字货币。基于区块链技术的数字货币具有去中心化、总量稳定和价格剧烈波动等特征，全球对于数字货币的研究已有三十余年的时间，全世界基于区块链技术的加密货币已有超过 1800 种，截至 2018 年年底，全球所有使用加密数字货币的用户达到 3500 万人。数字货币去中心化的特性对于要掌控国际金融体系的西方发达国家来说，面临诸多反对，推进速度较慢，发展中国家对区块链货币则宽容得多。

2. 非货币化应用

相较于货币化应用，区块链在非货币化应用上的发展相对顺畅，阻力较少，已开发出智能合约、金融服务、物流管理和在线投票等多种不同应用场景。其中，智能合约是指利用数字区块链分布式验证和不可篡改的特点实现在线的合同签署。结合高级数字身份验证以及数字违约金支付系统，区块链能够较好地确保合同法律效力，利用计算机系统自动化实现合同的智能仲裁与强制执行。目前，包括 IBM、以太坊等公司都推出了属于自己的智能合约服务。对此，各国基本都对智能合约规范市场秩序的潜力表示欢迎，美国于 2018 年 3 月针对区块链用于智能合约发布了报告，认为其具备法律可行性；白俄罗斯也于 2017 年年底通过颁布《数字经济发展法令》，成为有史以来第一个将智能合约合法化的国家。

6.7.4 区块链技术的未来展望

首先，区块链有助促进跨境金融安全。传统国际跨境支付需要依赖环球同业银行金融电讯协会（Society for Worldwide Interbank Financial Telecommunications，SWIFT）建立的国际专网，区块链利用基于共同验证的安全机制，使其可以直接使用国际互联网来实现跨境汇款，而不需要经过 SWIFT 这样的中心化机构。从网络安全的角度来说，这种机制能够有效避免国际黑客组织或外国情报组织针对中心节点的攻击和监视，更好地维护跨境金融安全。

其次，区块链有助促进电子政务发展。区块链已经率先在电子发票、智能合约等电子商务领域实现了应用，极大改进了传统需要依赖实体办事窗口的工商管理流程，且安全性已经在现实中得到了验证。随着我国改革开放的不断深入，区块链还将在便民利民方面发挥更大作用。如身份证、户口本、房产证、驾驶证、婚姻证明、亲属关系证明和学位学历证明等诸多繁杂的实体证明，通过区块链都能够实现电子化；在线工商注册登记、报税纳税、公积金、养老保险、医疗保险和水电燃气费等，也能够通过区块链实现在线可验证缴纳。

再次，区块链有助抑制基层腐败现象。作为一种去中心化的分布式网络验证机制，区块链适合服务于基层社区经济活动。然而现实中，基层经济活动往往伴随着权力的"微腐败"现象。在区块链公开透明的机制下，每一笔交易及与其关联的资产价值、行政程序，只要单击一下鼠标便一览无余，真正做到扎紧制度的笼子，营造出风清气正的基层制度环境。

最后,从国际政治角度来看,区块链的普及将极大程度拉近发展中国家与发达国家经济之间的差距,全球数字经济在技术标准上将更容易接轨。基于共同验证的技术将更有利于民族国家之间建立互信,促进区域和全球经济一体化。

 民航信息素养实例

区块链在智慧民航中的应用

在中国,区块链技术作为战略性前沿技术、核心技术和新一代信息技术加以创新发展。2016年,中国工业和信息化部发布了《中国区块链技术和应用发展白皮书》;同年底,区块链作为战略性前沿技术被写入《国务院关于印发"十三五"国家信息化规划的通知》。2019年10月24日,中共中央政治局就区块链技术发展现状和趋势进行第十八次集体学习,习近平总书记强调:区块链技术的集成应用在新的技术革新和产业变革中起着重要作用,我们要把区块链作为核心技术自主创新的重要突破口,加快推动区块链技术和产业创新发展。2020年年初,中国民航局印发了《中国民航四型机场建设行动纲要(2020—2035年)》,将推进综合运用区块链新技术纳入纲要内容,最终实现机场智慧化运行的目的。2021年年初,民航局《2021年全国民航工作报告》强调提升科技自主创新能力,将区块链技术运用在民航科技创新关键位置。

1. 基于区块链的机场航空安保管理

随着时代发展和中国经济的腾飞,机场规模越来越大,系统性越来越强,参与协同主体越来越多,数据信息量越来越大,安保设施设备越来越新颖,安保业务链条越来越长,覆盖面越来越广,实现跨区域、多主体和全流程的多维立体化数据共享协作,从而提高机场航空安保管理效能,显得既关键又迫切需要。

根据中国民航机场航空安全保卫管理体系(SeMS)相关要求,从机场实际航空安保管理业务角度出发,建设机场航空安保管理区块链系统(即联盟链系统),更有利于开展安保审计、风险管理、安保培训、安保监察和事件调查等安保管理工作,提升安保管理整体水平,促进安保目标达成,助力构建大机场航空安保区块链体系。

通过区块链技术更容易实现多家机场、航司、公安、民航监管方以及其他社会机构的信息共享,为机场航空安保提供多维度数据信息。机场航空安保管理联盟链系统的上线运营,能够初步实现在保证数据真实有效的情况下完成相关业务系统之间的数据打通,提高各部门单位之间的协同效率。在此基础上,可通过对更多的业务系统进行调研分析,接入联盟链,逐步扩大机场航空安保管理联盟链的应用范围,逐步实现机场安保管理区块链平台的基础架构搭建,打造涵盖信息传递、安全隐患整改、安保审计、风险管理和应急处突等安保管理功能的区块链平台。机场航空安保管理区块链数据流程如图6-22所示。

2. 基于区块链的"航旅链"服务平台

2022年11月1日,中国航信集团自主打造的民航区块链服务平台"航旅链"及链上相关产品悉数亮相。"航旅链"是中国航信利用自主可控的区块链技术,结合数字人民币应用解决方案,打造的区块链技术服务平台。在这一平台上,航信初步设计了商旅服务、数据出境申报和航空物流大数据平台等多种应用场景,面向不同类型的企业,提供技术赋能。基于中国航信"航旅链"区块链服务平台,中国航信同时推出了"差旅通""申报通"和"跨境通"三款创新应用产品和基于区块链智能合约的数字化人民币支付平台。

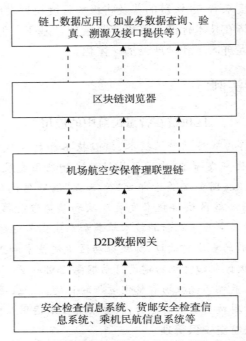

图 6-22 机场航空安保管理区块链数据流程示意图

"差旅通"是一款基于区块链技术的差旅票证应用产品,可帮助企业实现"出行上链、票证归集、自动验真"功能,提升员工出行报销效率、财务入账准确性。

"申报通"是一个服务民航数据出境安全评估申报工作的区块链工作平台,涵盖信息系统基础云平台,具备防篡改、可信存证和智能合约的区块链保障,为民航数据出境信息安全评估申报提供了一套全面、协同化的整体解决方案。

"跨境通"是一个从航空托运人到收货人的"端到端"物流供应链技术平台,可帮助跨境物流各方共享货物数据,实现货物状态实时更新。

3. 基于区块链的电子维修记录

2022 年 5 月 17 日,中国民航首份使用区块链技术的电子签名维修记录在南航广州航线正式亮相。南航由此告别传统的纸质维修记录模式,开启无纸化电子记录新时代。

长期以来,飞机维修行业采用纸质形式的文档、表格记录飞机维修工作,维修人员在纸质记录上采用手工签字确认。当前,南航集团机队规模突破 800 架,传统纸质维修记录文件已不能适应南航高质量发展需求,大量的纸质文件存在浪费大量的人力、物力执行打印、交接、执行和归档等问题,影响节能环保。另外,纸质记录还存在追溯性不强、查阅不便和生产管理效率低下等不足。

采用维修电子记录是民航业绿色低碳发展的趋势,也是智慧民航建设的必由之路。南航着力推动维修系统的数字化转型,借鉴行业先进管理要求,在业内率先使用人脸识别和区块链技术,独立自主开发具有南航特色的电子记录系统。该系统运用人脸识别技术,自动校验工作者信息,在工作者资质条件与维修任务匹配性通过系统检测的条件下,才能允许符合资质的工作者实施授权的维修工作和执行签名,防止未经授权的人员实施签名操作,保证工作记录签署数据的真实性。另外,该系统还运用区块链技术,在维修实施过程中实现了自动监控工作任务的产生、计划、控制、检验、关闭和记录归档等全维修生产环节,节约人员工时,也防止非授权人员篡改文件的数据信息。

6.8 量子信息技术

知识导入

习近平主席在党的第二十次全国代表大会上提出要加大发展量子信息等战略性新兴产业。通过本节将使学生了解量子信息技术的定义、发展和典型应用。

6.8.1 量子信息的定义

量子信息是关于量子系统"状态"所带有的物理信息。通过量子系统的各种相干特性(如量子并行、量子纠缠和量子不可克隆等),进行计算、编码和信息传输的全新信息方式。

量子是一个态,所谓态在物理上不是一个具体的物理量,也不是一个单位,也不是一个实体,而是可以观测记录的一组记录(也就是确定组不变量去测量另外一组量),但是这组记录可以运算。

根据摩尔定律,每18个月计算机微处理器的速度就增长一倍,其单位面积上集成的元件数目会相应地增加。可以预见在不久的将来,芯片元件就会达到它能以经典方式增长的极限。因此,突破这种尺度极限是当代信息科学所面临的一个重大科学问题。量子信息的研究就是充分利用量子物理基本原理的研究成果,发挥量子相干特性的强大作用,探索以全新的方式进行计算、编码和信息传输的可能性。量子力学与信息科学结合,不仅充分显示了学科交叉的重要性,而且量子信息的最终物理实现,会导致信息科学观念和模式的重大变革。

6.8.2 量子信息技术的发展

现代量子信息包括量子计算、量子通信和量子测量三大技术领域,研究发展水平、技术实用化程度、产品工程化能力和产业化应用前景等方面的情况各有差异,处于不同的发展阶段。量子信息技术总体发展与应用演进趋势如图6-23所示。

1) 量子计算领域

目前处于基于不同技术方案探索量子处理器物理实现的关键阶段,未来五年左右可能在量子计算原理样机和专用量子计算处理器的研制等方面取得突破,并在量子模拟、机器学习和大数据集的分析优化等领域获得实际应用。同时量子计算控制系统、人机界面和软件算法等应用研究,将为通用量子计算的实用化奠定基础。未来随着量子计算技术实用化水平的进一步提升,通用量子计算机将对基础科研和信息通信等诸多领域和行业产生更大影响。

2) 量子通信领域

量子密钥分发和量子保密通信技术已进入实用化阶段,可能在信息安全领域获得应用并产生重要影响。随着性能指标、工程化和实用化水平提升,可进一步探索基于卫星或光纤网络的长距离传输和广域组网应用。未来在量子纠缠和量子存储等共性关键技术突破之后,量子信息通信和量子互联网等方面可能产生更具基础共性和颠覆性的发展和应用。

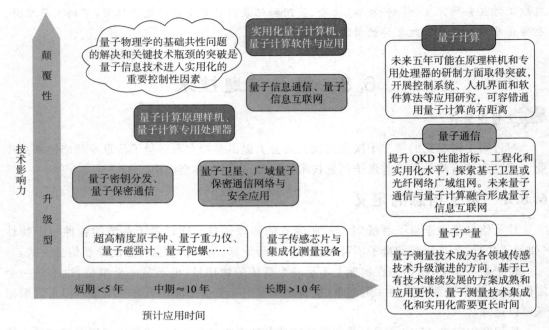

图 6-23 量子信息技术总体发展与应用演进趋势

3）量子测量领域

不同类型的测量技术和传感器元件的发展程度和应用前景存在一定差异，原子钟、核磁共振陀螺和单光子探测与干涉测量等基于已有技术平滑升级演进的量子测量方案发展更加成熟，实用化前景更为明确。量子纠缠测量、量子关联成像和超流体干涉测量等新兴方向在研究与应用方面面临更大挑战，实用化发展需要更长时间。未来随着技术研究突破，以及元件和设备集成度提升，量子测量技术将成为传感测量各技术领域的升级演进方向。

6.8.3 量子信息技术的典型应用

1. 量子计算

量子计算是一种遵循量子力学规律调控量子信息单元进行计算的新型计算模式。对照传统的通用计算机，其理论模型是通用图灵机；通用的量子计算机，其理论模型是用量子力学规律重新诠释的通用图灵机。从可计算的问题来看，量子计算机只能解决传统计算机所能解决的问题，但是从计算的效率看，由于量子力学叠加性的存在，某些已知的量子算法在处理问题时速度要快于传统的通用计算机。

量子力学态叠加原理使得量子信息单元的状态可以处于多种可能性的叠加状态，从而导致量子信息处理从效率上相比于经典信息处理具有更大潜力。普通计算机中的 2 位寄存器在某一时间仅能存储 4 个二进制数（00、01、10、11）中的一个，而量子计算机中的 2 位量子位寄存器可同时存储这四种状态的叠加状态。随着量子比特数目的增加，对于 n 个量子比特而言，量子信息可以处于两种可能状态的叠加，配合量子力学演化的并行性，可以展现比传统计算机更快的处理速度。

2. 量子通信

量子通信主要基于量子纠缠态的理论,使用量子隐形传态(传输)的方式实现信息传递。光量子通信的过程如下:事先构建一对具有纠缠态的粒子,将两个粒子分别放在通信双方,将具有未知量子态的粒子与发送方的粒子进行联合测量(一种操作),则接收方的粒子瞬间发生坍塌(变化),坍塌(变化)为某种状态,这个状态与发送方的粒子坍塌(变化)后的状态是对称的,然后将联合测量的信息通过经典信道传送给接收方,接收方根据接收到的信息对坍塌的粒子进行幺正变换(相当于逆转变换),即可得到与发送方完全相同的未知量子态。

经典通信较量子通信相比,其安全性和高效性都无法与之相提并论。量子通信不会"泄密",其一体现在量子加密的密钥是随机的,即使被窃取者截获,也无法得到正确的密钥,因此无法破解信息;其二,分别在通信双方手中具有纠缠态的两个粒子,其中一方粒子的量子态发生变化,另外一方的量子态也会随之立刻变化,并且根据量子理论,宏观的任何观察和干扰都会立刻改变量子态,引起其坍塌,因此窃取者由于干扰而得到的信息已经破坏,并非原有信息。高效性,被传输的未知量子态在被测量之前会处于纠缠态,即同时代表多个状态,量子通信的一次传输,就相当于经典通信方式速率的 128 倍。可以想象,如果传输带宽是 64 位或者更高,那么效率之差将是惊人的。

3. 量子测量

量子测量基于量子体系(如原子、光子、离子等)的量子特性或量子现象(如叠加态、纠缠态、相干特性等),通过对其量子态的调控和精确测量,对被测系统的各种物理量执行变换并进行信息输出,量子测量在测量精度、灵敏度和稳定性等方面与传统传感技术相比具有明显优势。测量传感技术历经机电式和光电式两代发展,目前前沿研究已经开始进入量子测量领域。国际计量基准中的七个基本物理量,已经有时间和长度两个实现了完全量子化标定,质量、电流、温度和物质量等物理量的量子化标定研究已经完成,并在 2018 年 11 月的第 26 届国际度量衡大会正式公布使用。

量子测量涉及原子(电子)能级跃迁、冷原子干涉、热原子自旋、电子自旋、核磁共振、单光子探测和纠缠态联合测量等不同的技术方案,可以分为三种类型。第一种是运用量子体系的分离能级结构来测量物理量;第二种是使用量子相干性,即波状空间或时间叠加状态来测量物理量;第三种是使用叠加态和纠缠态等量子体系中所独有的物理现象来提高测量的灵敏度或精度,突破经典理论极限。

6.8.4　量子信息产业发展

量子信息技术研究和应用探索发源于 20 世纪 90 年代,目前总体处于基础科研向应用研究转化的早期阶段,其技术发展演进和应用产业推广既具有长期性,也存在不确定性,各领域新兴技术的商业化应用和产业化发展的路线有待进一步探索。

在量子计算领域,基于多种技术路线的物理平台探索和量子物理比特数量提升持续取得进展,"量子优越性"得到首次验证。但可扩展量子计算的物理平台实现方案仍未明确,可容错量子逻辑比特仍未实现,量子计算解决实际计算困难问题的算力优势尚未充分验证,量子计算的适用范围和能力边界仍需进一步探索。

在量子通信领域,进入实用化阶段的量子密钥分发主要面向信息安全领域应用,其应用范围和影响力相对有限,同时面临后量子安全加密技术的竞争,商业化应用和产业发展仍需进一步探索。

在量子测量领域,原子钟、核磁共振陀螺和单光子探测等基于已有技术平滑升级演进的量子测量方向发展更加成熟,实用化水平更高。而基于量子相干性检测和量子纠缠探测的新技术方向在技术成熟度、设备集成化和工程化水平等方面仍有较大提升空间,未来量子测量在国防和航天等领域的应用有可能率先取得突破。

练 习 题

一、单选题

1. ETL 是与(　　)技术紧密相关的。
   A. 物联网　　　　　　　　　　　　B. 大数据
   C. 人工智能　　　　　　　　　　　D. 数字媒体
2. 人工智能,英文简写为(　　)。
   A. IP　　　　　B. AP　　　　　C. AI　　　　　D. IT
3. 人工智能技术总体来说可分为两层,即基础支撑层和(　　)。
   A. 表示层　　　B. 技术层　　　C. 网络层　　　D. 应用层
4. (　　)不属于物联网的体系框架。
   A. 感知层　　　B. 网络层　　　C. 应用层　　　D. 协议层
5. (　　)是人工智能的重要应用。
   A. 数据库　　　B. 操作系统　　C. 固态硬盘　　D. 机器翻译
6. 语音识别技术是让机器能够"听懂"人类的语音,将其转化为可读的(　　)信息。
   A. 视频　　　　B. 图像　　　　C. 声音　　　　D. 文字
7. 量子信息包括的量子计算、(　　)和量子测量 3 大技术领域。
   A. 量子纠缠　　　　　　　　　　　B. 量子通信
   C. 量子打印　　　　　　　　　　　D. 量子编辑
8. 5G 网络的主要优势在于,数据传输速率远远高于以前的蜂窝网络,另一个优点是(　　)。
   A. 较低的电磁辐射　　　　　　　　B. 较远的通信距离
   C. 较低的网络延迟　　　　　　　　D. 较强的穿墙能力
9. 在物联网即"万物相连的互联网",其简称(　　)。
   A. InT　　　　　B. IoT　　　　　C. SoT　　　　　D. InU
10. 区块链是指通过去中心化和去信任的方式集体维护一个可靠数据库的技术方案,实现从信息互联网到(　　)的转变。
    A. 数据互联网　　　　　　　　　　B. 货币互联网
    C. 信用互联网　　　　　　　　　　D. 价值互联网
11. 从定义及特性可以看出,区块链是一种保密性强、不可篡改、(　　)的技术。
    A. 去中心化　　　　　　　　　　　B. 高可靠性
    C. 低成本　　　　　　　　　　　　D. 绿色环保

12. (　　)是私有云计算基础架构的基石。
    A. 虚拟化　　　　　B. 分布式　　　　　C. 并行　　　　　D. 集中式
13. 微软于 2008 年 10 月推出云计算操作系统是(　　)。
    A. GoogleAppEngine　　　　　　　　B. Azure
    C. 蓝云　　　　　　　　　　　　　　D. EC2
14. 亚马逊 AWS 提供的云计算服务类型是(　　)。
    A. IaaS　　　　　B. PaaS　　　　　C. SaaS　　　　　D. 其他三个都是
15. 下列关于物联网论述错误的说法是(　　)。
    A. 物联网基于互联网
    B. 物联网用户端延伸和扩展到了任何物品与物品之间进行信息交换和通信
    C. 应用创新是物联网发展的核心,以用户体验为核心是物联网发展的灵魂
    D. 物联网中所有的元素本身不具有个性化和私有化特征
16. 大数据来源主要包括(　　)。
    A. 物联网、云计算、移动互联网、车联网
    B. 手机、平板电脑、PC、智能家电
    C. 网络日志、RFID、传感器网络、可穿戴设备
    D. 全部都是
17. 通过特定的技术手段和研究方法,在海量的数据海洋里找到合适的数据集,经过具体可行的数据分析和挖掘方法去得到可以利用的数据,是因为大数据(　　)。
    A. 数据量巨大　　　　　　　　　　　B. 数据类型繁多
    C. 信息处理速度快　　　　　　　　　D. 价值密度低
18. 利用大数据的预测能力可以精准地了解市场发展趋势、用户需求及行业走向等多方面的数据是指(　　)。
    A. 分析能力　　　B. 预测能力　　　C. 存储能力　　　D. 采集能力
19. 信息不被透露给非授权用户、实体或过程这是指信息的(　　)。
    A. 保密性　　　　　　　　　　　　　B. 不可否认性
    C. 可控性　　　　　　　　　　　　　D. 完整性
20. 网络蠕虫病毒以网络带宽资源为攻击对象,主要破坏网络的(　　)。
    A. 可用性　　　　B. 完整性　　　　C. 保密性　　　　D. 可靠性
21. (　　)不是大数据的特点。
    A. 数据量大　　　　　　　　　　　　B. 数据种类多
    C. 价值密度高　　　　　　　　　　　D. 处理速度快
22. 射频识别技术是(　　)的关键技术。
    A. 物联网　　　　　　　　　　　　　B. 云计算
    C. 人工智能　　　　　　　　　　　　D. 量子信息
23. (　　)不是云计算的特征。
    A. 虚拟化　　　　B. 灵活定制　　　C. 通用性　　　　D. 低可靠性
24. (　　)应用不属于 5G 的主要应用。
    A. VR 全景直播　　B. 数字货币　　　C. 自动驾驶　　　D. 智能电网

25. 随着物联网的发展,传感器也越来越智能化,不仅可以采集外部信息,还能利用嵌入的(　　)进行信息处理。

  A. I/O 设备   B. 感应器   C. 微处理器   D. 存储器

二、判断题

1. 云计算技术是对并行计算、分布式计算和网格计算技术的发展与运用。（　　）
2. 新一代信息技术已经成为中国经济增长的重要引擎。（　　）
3. 私有链即私有区块链,其链上所有成员都需要将数据提交给若干个中心机构来处理。（　　）
4. 信息安全的目标是保护信息的机密性、完整性、可用性、不可否认性。（　　）
5. 中国的 5G 移动通信技术处于世界领先水平。（　　）
6. 大数据的基本特征是处理速度快。（　　）
7. 云计算模式中用户不需要了解服务器在哪里,不用关心内部如何运作,通过高速互联网就可以透明地使用各种资源。（　　）
8. 信息安全的关键是技术,因此不需要加强管理制度的建设。（　　）
9. 以太网是专用于物联网的技术规范。（　　）
10. 人工智能是研究、开发用于模拟、延伸和扩展人的智能的理论、方法、技术及应用系统的一门学科。（　　）

附 录

附录 1　Windows 常用快捷键

如果完全使用菜单加鼠标的方式操作计算机,就会显得不那么专业。如果配合键盘上的快捷键进行操作,既方便快捷,又能显示出较高的信息素养。Windows 10 中常用的快捷键见附表。

附表　Windows 中常用的快捷键

快 捷 键	功　　能
Ctrl+C	复制
Ctrl+V	粘贴
Ctrl+X	剪切
Ctrl+A	全选
Ctrl+Z	撤销
Shift+Delete	彻底删除
Ctrl+S	保存
Ctrl+单击	选择不连续的项目
Shift+单击	选择不连续的项目
Ctrl+拖动	同盘文件或文件夹的复制
Shift+拖动	异盘文件或文件夹的移动
PrintScreen	截取整个屏幕(有的键盘缩写成 PrtScn)
ALT+PrintScreen	截取当前的活动窗口
Windows+Shift+S	框选屏幕任意区域
Windows+E	打开文件资源管理器
Windows+G	打开录屏
F2、Ctrl+Enter	批量重命名
Alt+Tab	在任务视图中切换窗口
Alt+Esc	在任务视图中关闭窗口
Windows+Tab	打开任务视图
Windows+Ctrl+左键	切换到相邻左侧的虚拟桌面
Windows+Ctrl+右键	切换到相邻右侧的虚拟桌面

附录 2　练习题参考答案

练习题参考答案

参考文献

[1] 田启明,张焰林.信息技术基础[M].北京:电子工业出版社,2022.
[2] 方风波,钱亮,杨利.信息技术基础(微课版)[M].北京:中国铁道出版社,2021.
[3] 唐倩,邵锐.信息技术基础[M].北京:中国水利水电出版社,2022.
[4] 王保成,王乐红.信息技术基础[M].北京:高等教育出版社,2022.
[5] 高建华,徐方勤,朱敏.大学信息技术[M].上海:华东师范大学出版社,2022.
[6] 潘瑾瑜."航空5G"为民航运行增速赋能[N].中国民航报,2022-06-29(5).
[7] 薛冰冰.全球航空运输数据巨头SITA遭黑客袭击,多家航空公司旅客信息泄露[EB/OL].https://www.jiemian.com/article/5765029.html,(2021-3-5)[2023-5-4].
[8] 中国航空报.航空公司逐渐成为网络攻击的目标[EB/OL].https://www.cannews.com.cn/2021/0727/329776.shtml,(2021-7-27)[2023-5-4].
[9] 飞机上一般是什么操作系统?[EB/OL].https://zhuanlan.zhihu.com/p/149837052,(2020-06-21)[2023-5-4].
[10] Vxworks操作系统介绍与系统组成[EB/OL].https://blog.csdn.net/m0_47020908/article/details/128910831,(2023-02-07)[2023-5-4].
[11] 陈青彬.机场航空安保管理的区块链技术应用探讨[EB/OL].https://www.163.com/dy/article/HMVFRI040552EK1Z.html,(2022-11-25)[2023-5-4].
[12] 国家互联网信息办公室对滴滴全球股份有限公司依法作出网络安全审查相关行政处罚的决定[EB/OL].http://www.cac.gov.cn/2022-07/21/c_1660021534306352.htm,(2022-7-21)[2023-5-4].
[13] 西北工业大学遭美国攻击最新调查结果[EB/OL].https://www.xdns.cn/html/20221102349.html,(2022-11-02)[2023-5-4].
[14] 非法采集人脸信息,小鹏被罚[EB/OL].https://www.163.com/dy/article/GRDNJ1FH0527DRNR.html,(2021-12-17)[2023-5-4].
[15] 夏瑾.自主可控区块链技术产品"航旅链"推动民航数字化转型[N].中国青年报,2022-11-01.
[16] 黄佳新.浅谈民航通信网架构及运用[J].信息通信,2020(10):80-82.
[17] 郭宪超,李廷元.大数据背景下民航气象服务的探讨[J].现代计算机,2021(1):111-114.
[18] 唐澜剑.大数据分析在民航安全管理中的应用[J].电子元器件与信息技术,2022(8):151-154.
[19] 张通喜.大数据在民航飞行训练中的应用[J].电子信息,2021(6):103-104.
[20] 彭明田,杨健,胡刚.基于云计算的民航公共信息服务平台[J].计算机技术与发展,2017,27(2):139-142.
[21] 李志明,任明翔,阳锦.民航飞机智慧维修+工业互联网关键生态要素研究[J].航空维修与工程,2022(8):26-31.
[22] 陈毓夔.浅析大数据和人工智能在民航维修安全管理的应用[J].科技资讯,2020(22):45-46,50.
[23] 杨奕烨,樊重俊,安艾芝.人工智能在智慧民航建设中的应用研究[J].智能计算机与应用,2020,10(12):214-215,219.
[24] 陈珂馨.民航信息网络安全建设方法分析[J].民航信息网络安全建设方法分析,2020(4):75-76.